新世纪翻译学R&D系列著作

◎ 立足于高素质翻译人才之培养创新

◎ 着重于专业化与学术化之高度结合

◎ 理论与实践相得益彰

◎ 策略与技巧有机融合

◎ 内容丰富、系统，视野宽阔

◎ 素材新颖、典型，应有尽有

新世纪翻译学R&D系列著作

总主编·主审 陈 刚

R&D

应用文体翻译：
理论与实践

PRAGMATIC
TRANSLATION:
THEORY&PRACTICE

主 编 伍 锋 何庆机
副主编 徐锡华 杜志峰

ZHEJIANG UNIVERSITY PRESS
浙江大学出版社

|Contents 目录

新世纪翻译学 R&D 系列著作

新世纪翻译学 R&D 系列著作

专业化与学术化
——学好翻译的关键

"新世纪翻译学 R&D 系列著作"
总　序

　　以翻译"专业化"和"学术化"为特色的"新世纪翻译学 R&D 系列著作"正陆续与广大读者见面。该系列著作是为适应全球化发展，满足国家和社会对翻译专业化或职业化的巨大需求而设计的一套丛书。

　　在全球化背景下的新世纪，翻译实践与翻译研究可谓方兴未艾，势不可挡。翻译本身，就是一种跨文化交流。作为一种语言文化交流不可或缺的手段，翻译发挥着沟通世界各国人民思想，促进政治、经济、文化、教育、科技、学术交流，促进社会发展的不可替代的作用。当今世界，翻译的重要性不言而喻，可以简洁地用三个英文单词或四个汉字来加以概括："Translate or die"(Engle & Engle，引自 Gentzler, 2004: 7)或"不译则亡"。国际著名翻译学家尤金・奈达在一本翻译专著中开宗明义地指出：翻译工作，既复杂(complex)，又引人入胜(fascinating)，"事实上，I. A. 理查兹在 1953 年就断言，翻译很可能是世界史上最为复杂的一种活动"[1]。一个不争的事实是，中英互译是世界诸语言互译中最为复杂、最为困难的一种。翻译几乎与语言同时诞生，是一项历史悠久的实践活动(old practice)，又是不断焕发勃勃生机的新的专业和职业(new profession)。套用笔者所在的被李约瑟(Joseph Needham)誉为"东方剑桥"的浙江大学翻译学研究所制定的口号"There is more to do in Translation Studies"，我们可以自豪地、充满信心地说：学习翻译，大有可为；研究翻译，前途无量。

---

[1] 参见 Nida, Eugene A. *Language, Culture, and Translating* [M]. Shanghai: Shanghai Foreign Language Education Press, 1993: 1.

早在 1987 年，王佐良先生就卓有远见地指出："翻译研究的前途无限。它最为实际，可以直接为物质与精神的建设服务，而且翻译的方面多，实践量大，有无穷无尽的研究材料；它又最有理论发展前途：它天生是比较的，跨语言、跨学科的，它必须联系文化、社会、历史来进行，背后有历代翻译家的经验组成的深厚传统，前面有一个活跃而多彩、不断变化的现实世界，但不论如何变化都永远需要翻译，需要对翻译提出新的要求，新的课题。"(王佐良，引自杨自俭等，1994：290) 不论全球化如何发展，但翻译却是永存的，翻译研究将与翻译实践共存，并且继续随着历史的发展而发展，随着世界的进步而进步。

翻译学，具有鲜明的跨语言、跨文化、跨社会、跨国界、跨地域、跨时空、跨学科、跨专业、跨职业、跨行业的特色，是一门开放型的综合性独立学科。翻译学研究的，不应仅仅局限于翻译(活动)本身，或仅仅是"二十年前"被认为的"培训翻译"，而应包括"与其有任何关系的一切领域"[2]，这在新的世纪里尤其需要走——而且必须走"专业化"和"学术化"的道路。翻译学这座雄伟的通天大厦不是靠一天所能建成的。"翻译学 R&D 系列著作"的陆续出版正是为了适应新世纪、新形势的发展，正是为了把翻译学大厦建设得更为壮观、把翻译学大厦装点得更加夺目而添砖加瓦。

"新世纪翻译学 R&D 系列著作"，顾名思义，是作者们本着在新的世纪对翻译的实践、理论及教学等进行进一步新的"研究与发展"(研发)，即 Research & Development (R&D)的精神，注重立意新、专题多、读者广。

一、立意新

该系列著作力求"专业化"和"学术化"的有机结合；引入世界著名管理大师菲利浦·克劳士比质量管理哲学的核心内涵"零缺陷"(**zero defects** 或 **ZD**)等理念(被誉为"创造了质量的新符号"[3])；关注"三大要点"之贯彻与实施。

---

[2] 原句亦可译为"与其有任何关系的全部"。参见 Bassnett, Susan & A. Lefevere. *Constructing Cultures* [C]. Shanghai: Shanghai Foreign Language Education Press, 2001: 1.
[3] 参见"质量管理百年历程"(中质协质量保证中心)。

首先，所谓"**专业化**"和"**学术化**"的有机结合(这个问题将贯穿始终)，是出于现实和发展的考虑。抓住了"专业化"和"学术化"，就抓住了翻译问题的关键。当今社会，具备了专业知识和技能的人，若再具备英文能力，就更具备了找到一份好工作/好职业的竞争实力。事实上，会点英文的中国人，都具备了一定的口笔译能力，因为这一能力是从事涉外工作的必备条件。然而，问题也同时产生：取得 CET4/6 和 TEM4/8 资质的人，具备某些外语/翻译培训证书的人，其所具有的外语/口笔译能力或竞争力，与我们所要求达到的"专业化"标准差距仍较大；具备(非英语专业)硕士、博士研究生学历的人，具备(非英语专业)副高、正高的人，只会读而不会译的仍不乏其人；即使在翻译界，有实践能力但缺乏理论素养的，实践能力弱但会讲些理论的，或者主要是纸上谈兵的"理论家"，也不乏其人。甚至那些在"江湖"上打拼的"中、高级翻译"、"中、高级译员"中，绝大部分尚不能或难以取得进入真正意义上的专业翻译市场之"准入证"。

一个不争的事实是：过去会英文、会翻译的少，但是翻译质量不见得差(起码从事翻译的一般均为懂翻译的)；而如今的翻译市场，泥沙俱下，鱼龙混杂，劣质译著，粗制滥造……学术界正遭遇着另一种学术腐败。殊不知，会英语的越来越多，"会"翻译的也的确越来越多，但是真正懂翻译的却"越来越少"，或者少得可怜(起码根据在市场上流行的译作、在江湖上求生存的口译来判断)。难怪乎，专家们认为：中国目前只是一个翻译大国，却不是翻译强国，因为翻译的总体水平不高[4]。按出版标准衡量(万分之一为合格，可能这个标准过于"苛刻"，不符合现实情况)，我们的翻译出版物大都或者(说得"绝对"点)基本都是不合格产品。就文学翻译而言，翻译质量粗糙仍是令人倍感头疼的问题。即便是研究英美文学的正教授暨博士后翻译的英美文学作品，不是中文文笔一般，就是理解原著错误多多，或是知识面不够宽，即不太适合翻译文学作品(可能搞研究不错)。哲学与社会科学著作、论文的翻译，从表面上看，英译汉似乎看不出问题，但只要两种文本一比较就问题颇多，

---

[4] 参见 2004 年新华网北京 11 月 8 日电"中国翻译大而不强"(记者全晓书，樊曦)。

一言以蔽之，译文经不起校核；汉译英，专业人士通常一看便知，译文水准连大学本科的都达不到，一言以蔽之，压根儿不会翻译。与此相比，日常生活中的翻译差错现象更为严重。中国翻译协会顾问、原中国译协常务副会长林戊荪指出，在中国，无论是旅游指南，还是产品介绍，无论是名胜古迹的说明，还是街头巷尾的标牌，外文翻译差错已到了"俯拾皆是"的程度。

林先生认为，造成总体翻译水平不高的首要原因是翻译人才，特别是高水平人才匮乏，远远不能满足社会和市场的实际需求。据最新报道，中国高级翻译人才不足 5%，各类翻译全线告急[5]。要改变中国翻译界现状，建设真正的"翻译强国"，必须加大对人才培养的力度，而且应该"文学翻译和实用翻译并重"。此外，应该通过翻译资格认证等手段加强行业规范，保证翻译工作的严肃性和高水准。

可见，翻译人才的"专业化"箭在弦上。而且，还应从"专业化"逐步过渡到"职业化"，与此同时，翻译研究——即翻译的"学术化"——要不断加强，做到"学术化"指导"专业化"和"职业化"，并且为"专业化"和"职业化"服务。这就好比"两条腿走路"，好比"车之两轮，鸟之两翼"。

何为翻译"专业化"？在此，我们暂不必从理论上来精确界定，并给出衡量"专业化"的详细标准，然后对各种口笔译职业所具备的专业条件的情况做出理论性、实证性的诠释。说得简单点，翻译专业化就是翻译过程和结果要符合专业、进而符合职业的标准。可以说，翻译的专业化即翻译的职业化过程(的一部分)。从市场经济角度看，它首先反映了(翻译)市场经济的基本逻辑、基本规律。一般的工作发展到一定阶段时，才成为职业。我们常用 professional("专业性如何"或"是否职业化")来判断从业者的工作行为和说明从业者的工作业绩是否优于他人。若从社会学角度解释，Hodson and Sullivan (2002)认为，职业(profession)是具有较高社会地位的知识性工作，包含四个基本特征：专业化知识、

5　参见 http://www.sina.com.cn 2005/08/30.

自治能力、对其他次要工作群体的权威以及一定程度的利他主义[6](详见《翻译学入门》第 1 章)。因此,职业化(professionalization)的过程就是从工作向职业转变的过程。

按照专业化/职业化的要求,培养口笔译人才,应该而且必须"分层教育",即进行口笔译分层教学或培训。换言之,应该区分"翻译教学"(translation pedagogy)和"教学翻译"/"学校翻译"的概念(由 Jean Delisle 首次提出,详见德利尔,1988)。德利尔指出:"翻译教学所求的目标与……学校翻译的目的不同。……纯正意义的翻译的目的是要出翻译自身的成果。把学校翻译的目的与职业翻译的目的混为一谈是错误的。……学校翻译和职业翻译的最终目的不同"(德利尔,1988:26—27)。从这一基本认识出发,我们应该针对教学对象,区分翻译专业教学(本科生和研究生)、外语专业中的翻译教学(外语专业的研究生、本科生、专科生和辅/副修生,即属于教学/学校翻译范畴)和大学外语教学中的翻译教学(非外语专业的本科生和研究生)以及高等职业院校外语教学中的翻译教学(高职生等)。尽管人类从事翻译活动已有数千年的历史,但以培养翻译人才为目的的专业化/职业化翻译教学却只有大约 70年(参见 Delisle,引自 Baker,2004:361)。显然,这种现象很不正常。然而,70 年来,世界各国纷纷成立翻译学校/学院这一事实本身已经含蓄地表明了双语现象不足以使人们具有专业/职业翻译的能力。学校翻译先于专业/职业翻译,学校翻译只是一种教学方法,没有自身的目的,因此翻译基础课的方法论应根据专业/职业翻译的特殊目的、性质来确定,而不是根据学校翻译的要求来确定(根据参考文献中德利尔专著的部分内容改写)。总之,作为外语学习五项基本技能之一的翻译教学与作为专业/职业技能训练的翻译教学是有着本质的区别的,前者与外语教学关系密切,后者与职业生涯(career/profession)息息相关。无怪乎,translation 与 professional translation 是同义词,即翻译是"为了建立起两种或多种语言之间的沟通而进行的将一种语言文本内容转换成另一

---

[6] 参见 Hodson, R. & Sullivan, T. A. (2002). *The Social Organization of Work*. Belmont, CA: Wadsworth/ Thomson.

种语言的职业"(A profession that consists of transferring ideas expressed in writing from one language to another in order to establish communication between two or more languages)，而且职业译者是需要经过培训和见习期(apprenticeship)的锻炼(Delisle，2004)。正因为如此，我们这套翻译学系列著作，不论是偏专业实践，还是偏学术思辨，或是理论与实践有机结合，其编写宗旨就是"专业化/职业化"和"学术化"。

举一个跟翻译不同专业、职业的例子：新闻发言人。清华大学国际传播研究中心主任李希光教授曾参与了大约 30 个省部级、地市级的新闻发言人培训。李教授指出："作为一个发言人，他应该比记者还要有新闻敏感。但是我们的发言人大都缺乏新闻敏感，不会使用新闻语言。"他认为，"下一步新闻发言人必须专业化和职业化，希望将来有一批专业的新闻工作者能转行到政府当新闻发言人，做到与国际接轨。"[7](下画线为笔者所加)

显然，只有具备专业化的水准，才能达到职业化的标准；只要是职业化的，肯定是专业化的。其实，专业化和职业化是你中有我，我中有你。在汉语里，"职业化"就是"使成为专业性的"(2004 年版《现代汉语规范词典》)。在英文中，"专业化"/"专业水准"和"职业化"/"职业水准"更是同一个词，即 professionalization / professionalism / professional。

那么，什么人算是专业化翻译呢？说得通俗点，专业化翻译不是会两句外语，拥有大学英语 4/6 级证书，或者外语院校科班出身就能充当的。专业化口笔译最基本的能力要求就有三项：精通汉英两门语言，谙熟汉英两种文化，拥有广博的知识。此外，专业口译和笔译人才还必须具备优秀的综合素质，包括清醒的角色意识、良好的职业道德、健康的体魄(尤其针对各类会议的同传、交传和优质导译)、踏实进取的工作作风和处乱不惊的心理素质等等。因此，并不是有一定中英文基础的人便能成为专业化的口笔译人才的。比如，从专业的角度出发，口译/笔译专业的口译教学是要根据有关目的、需求、要求等分为会议口译

---

[7] 参见"中国新闻发言人走上前台 专家：有待专业化和职业化"(http://news.xinhuanet.com/ 2005/04/15)。

(conference interpreting)教学、商务口译(business interpreting)教学和陪同口译/导游口译(escort interpreting / guide-interpreting)教学；根据工作场景和口译方式分为 simultaneous interpreting with a tour-guide system(导游同传)、consecutive liaison interpreting(交替/接续联络口译)、medical/dental interpreting(医疗/牙科口译)、court interpreting(法庭口译)、diplomatic interpreting(外交口译)、media interpreting(传媒口译)、sign language / educational interpreting(手势语/特种教育口译)、faith-related interpreting(宗教口译)，等等。

其次，上面特别提及的所谓**"零缺陷"**是世界质量大师(quality guru)克劳士比质量管理哲学的核心内涵，其四项基本原则中有两项是解释"质量"和"工作标准"的。什么是"质量"：质量即符合要求，而不是好。什么是"工作标准"：工作标准即零缺陷，而不是"差不多就好"。这就真正反映了职业化的规范和标准[8]。

那么专业化的翻译人才如何才能走向"职业化"呢？这就跟我们引进的"零缺陷"有着实质性关系。

如果从上述诸定义出发，"翻译专业化就是翻译过程和结果要符合专业、进而符合职业的标准"，我们举三个简单的例子，使读者先有一些感性认识。

例1，以"零缺陷"作为人名、地名翻译的最低标准。俄苏文学专家蓝英年 2005 年 7 月下旬在回答林先生的一封信(该信正文最后一句是："蓝老师，六月三日的日记不足一千五百字，却有这么多的问题，你说可怕不可怕？")中指出："我对译文的质量已经麻痹，对错误译文已见怪不怪了。所关心的也仅是自己买书时不要上当。比如现在书店里卖的介绍二战的书，我翻十几页，便能从人名、地名上判断译文的质量，不容易上当。读了你所指出东方社出版的巴别尔《骑兵军日记》译文中的错误，仍令我惊讶不已。你所提出的不单是译者的问题。……我不知东方出版社是否也采用这种机制？我以为，东方出版社应当在译文质量急剧下降的今天给全国出版社带个好头，而不要成为出版错误百出的译

---

[8] 参见威肯企业管理网。

著的出版社的挡箭牌。不要让那些出版社说，东方出版社出版的译著都有那么多的错误，我们怕什么？起码不要砸自己的牌子吧。"(详见 2005 年 8 月 17 日《中华读书报》)

例 2，以"没有接受过基础翻译技巧正规训练的译者或编辑，不能承担任何学术专著的主译工作或任何学术专著译文的责任编辑工作"为最低标准。如今，参加专著翻译(主要指英译汉)的非英语专业的博士、博导比比皆是。然而他们译著质量的高低如何，学界和出版界基本处于"少有人管"之状态。无怪乎，有识之士特别关注"学术繁荣与同翻译总体质量成反比的悖论"这一问题。(详见《翻译学入门》第 1 章)

两名国家著名大学的法学博士(目前都是法律工作者，并有多种法学著作出版)翻译了美国法学名著《我们人民：宪法的根基》，由法律出版社于 2004 年 4 月出版。"这个中译本存在着大量的、严重的知识问题，从而使之成为一本不合格的劣质译书。"该书"已经出版一年了，偌大的法学界拥有不计其数的法学先进和青年才俊，但遗憾的是，大家都采取了默然的立场，徒然让该书畅销书界，以讹传讹，贻害读者，岂不可怜、可悲、可叹？""如此不堪卒读的译文，如何对得起这些名满天下的'专家学者'(笔者注：译者在'译后记'称曾就某个词的准确译法请教过……)？如何对得起广大的读者？如何对得起这部名著？以出版法律著作为主业的法律出版社，居然出版了《我们人民：宪法的根基》这样的不合格产品，这不是自己砸自己的牌子吗？"[9]

例 3，以"根据正式出版物文本类型的难易程度来大致规定英译汉为 1,000 word/每人所需时间不得少于……小时；汉译英 1,000 字/每人所需时间不得少于……小时(不包括译者修改、审核时间；不包括出版社三审时间)"为最低标准。本世纪，"引进版图书中通俗类的畅销译著正日趋增多，为了抢占市场而不惜牺牲翻译质量的问题令人十分堪忧。由于起用'没有金刚钻'的译者来包揽'瓷器活'，又由于'萝卜快了不洗泥'，不少这类译著出现的翻译问题受到海外媒体和国内媒体及翻

---

[9] 参见杨玉圣：术语规范与学术翻译——从查尔斯河桥译成"查尔斯·里维尔·布里奇"谈起(《出版人》2005 年第 8 期)。

译、学术界的严肃批评。这种违背翻译规律、不讲职业道德的行为同样也是我们从事翻译实践与理论研究的大学教师所十分痛恨又十分痛心的。"[10]

这样,我们也就不难发现,即使是比较专业的译者(如具有翻译学专业硕士研究生毕业的学术背景或外文编辑),在市场经济的今天,也会"知错犯错"。比如《哈里·波特》的几册译文就存在"萝卜快了不洗泥"的现象,也同时包括不少专业和非专业性质的错误。说实在的,毕竟英语不是我们的母语,英译汉容易犯错,汉译英更容易犯错,这都是在所难免的。即使比较专业了,但从专业化转向职业化仍是一个(比较漫长的)过程,关键是我们的职业精神、职业态度和职业道德。在拥有大量优秀翻译人才的外语教学与研究出版社,近260人毕业于外语专业,而且大都是外语专业硕士毕业,其中一些还是翻译专业出身。可以说,这个队伍都是经过基础翻译技能培训的。但外研社主管编审工作的副总编还是指出,他们并不指望刚从学校毕业出来的人就是一个非常优秀的翻译,因为这还有一个对其进行"职业化"塑造的过程。

以上讲的较多的是涉及控制、管理专业化/职业化翻译质量的"内部因素",而从特定角度说,"外部因素"更是控制、管理翻译质量的支配因素,换言之,它从外部对翻译质量进行更为有效的监控。

有专家担心,"今天如果大学英语不改革的话,庙堂英语将逐渐被江湖英语完全包围"[11]。不过,令人欣慰的是,翻译的专业化和职业化的程度较高,会点"江湖"翻译,而对"庙堂"翻译知之甚少,是不可能真正学好翻译的。由于种种原因,"庙堂英语"的香火有可能不够旺,正在被"江湖英语"蚕食,但"专业化"和/或"学术化"的"庙堂"翻译是难以被"江湖"翻译所取代的。

尽管如此,随着全国各行各业的改革进一步深入,出版业的体制改革也势在必行。改革的重要目标之一还是围绕着市场和质量。克劳士比

---

[10] 参见陈刚,喻旭燕:《成为乔丹》"译者的话:求真实、求品位"(哈尔滨出版社,2006:272)。
[11] 陆谷孙教授语。参见"英语教学改革试点启动带来培训商机"(http://www.sina.com.cn 2004/05/11 10:47)。

质量管理哲学的四项基本原则中第四项是:怎样衡量质量。

质量是用不符合要求的代价(金钱)来衡量的，而通过展示不符合项的货币价值，我们就能够增加对问题的认识。这突破了传统上认为高质量是以低成本为代价的观念。克劳士比提出高质量将给企业带来高的经济回报(见脚注 7)。很显然，因为不符合质量要求的代价是额外的费用，是浪费的代价：浪费时间，浪费人力，浪费精力，浪费物力。这些都是不必要的代价。

中国加入世界贸易组织后，"图书召回"制度的建立势在必行，而且隐瞒图书缺陷遭受处罚更不会成为空话。新颁布的《缺陷汽车产品管理规定》(2004 年)为企图隐瞒缺陷的汽车制造商制定了惩处办法，除必须重新召回，通报批评外，还将被处以 1 万元以上 3 万元以下罚款。

出版界提出图书万分之一以上差错召回，经过加勘误表或重印后方可重新上市销售。图书召回这一名词开始引起社会关注是在 2004 年年初，上海译文出版社率先向全国召回存在装订缺陷的 2003 年版《俄汉—汉俄袖珍词典》。此举获得了新闻出版总署图书出版管理司的高度评价，从而引起了一阵"将图书召回制度化"的呼声[12]。当然，这对我们编好这套系列著作既是压力，也是动力。

既然是专业/职业翻译，理应做到名副其实的翻译"专业化/职业化"。为何"专业化/职业化"了，还需要"学术化"呢？这是一个理念提升的话题。任何学科专业，都具备系统理论，都需要系统理论的支撑。简而言之，翻译"学术化"包含有以下两种意义：一是需要有翻译学方面系统的，专业性很强的学问；二是译者需要培养自己的翻译观，将翻译实践作为一种学术研究对象，学习一些中西译论、译学思想，与翻译相关的理论知识，从而指导翻译实践。据 G. Squires(2001)，"职业化"本身就包含理论知识、与职业相关的知识和过程知识。

本系列著作强调的"学术化"是要落实到研究、解决实际的问题上来的，而不仅仅是"悬空的"的学术化。尽管我们鼓励研究生从事形而上的纯学术研究，但是如今能够驾驭翻译理论航船的不多，一搞翻译就

---

[12] 参见"图书召回制度有望年内出台"(参见 2004 年 7 月 30 日新华网)。

会翻船的却不少。换言之，我们许多研究生"怎么译"这一关还远未过，他们从事 pure translation studies 尚不具备火候。我们不主张"学术政治化"，却主张"学术问题民主化"，甚至"学术问题公开化"，以实现理论与实践的结合。故书中会涉及不少坦率的学术讨论，供广大读者思考、参考，并就教于方家。

强调"学术化"，还出于另外两项重要思考：

1. 反对功利主义(utilitarianism)和翻译实用主义的思想观念。世界数学大家丘成桐先生在《中国教育忧思录》中痛陈中国教育(制度)的弊端，批评目前高校实用主义大行其道，中国政府有关部门看不到理论科学的重要性。他指出，"中国的学生，做学问达到一个地步，足够令他们找到一份安定的工作便会停下来，他们追求的东西只此而已，对学问根本没有热忱"；"真正有心钻研纯科学的人实在不多，跟外国的学生真心以研究为目标相比，实在相去甚远"；"现在的学生和学校变得唯利是图，这种文化气候，是中国难以孕育一流学问的最主要原因。"[13]这也正好印证专家所言，中国并非翻译强国。如果整个译界仅仅为了实用、为了赚钱的话，中国翻译学的未来势必前途暗淡，离世界水平将愈来愈远。

2. 提倡脚踏实地的翻译研究学风。踏踏实实地做学问，搞学术，除了有助于加强翻译学学科的建设，切实提高翻译在政治、经济、社会、文化生活中应有的地位之外，也是培养翻译学研究型人才或理论与实践俱佳的翻译"全才"的必备学风。不少翻译爱好者和从业者只关注"知其然"(即"怎么译"或者所谓现成的"标准答案")，而对"知其所以然"(即"为何这样译"、"为何能这么译"、"为何该这样译"等翻译实施时所包含的关于实际程序的证明性知识等等)不感兴趣(uninterested)，甚至认为"知其所以然"是无聊的(uninteresting)。这样他们往往偏重前者，即"知识的掌握"和"现成的照搬"，而对后者"知识的应用与迁移"则不予以重视，结果严重造成译者的理论素养、学养和综合思维能力低下，学问"偏食"，"潜能"受到抑制。无怪乎，海

---

[13] 参见"中国大学能培养出一流大学吗？"(2005年8月23日《钱江晚报》A12)和丘成桐《中国教育忧思录》。

外批评大陆的研究生离开导师便做不了学问，难以成(为栋梁之)材。起码，编写翻译学系列著作的目的不是为了培养一般的"翻译匠"，而要使译者既致知又致用。

再次，所谓"三大要点"，就是指：

1. **出发点**：(1)有助于培养读者职业化和学术化的素质和能力；(2)有助于保持读者与时俱进的素质和能力；(3)有助于翻译教育与翻译培训的可持续发展。

2. **关注点**：(1)双语能力、百科知识、专业知识；(2)理论意识、方法论述、智力开发；(3)原则指导、专业提示、职业能力；(4)学术提升、职业发展、人文教育。

3. **设计点**：(1)有关多重成分的有机组合，应体现复合成分 ＋ 实用成分 ＋ 专业成分 ＋ 学术成分 ＋ 应用与研究指导成分等；(2)有关理论部分编著，不强调介绍中外译论面面俱到，而是精选有思想高度、有代表性、与有关社会实践更为密切的学派及其理论，帮助读者懂得翻译的性质、种类、标准、策略和方法等(know-what, know-how & know-why)；(3)有关研究方法的章节，培养读者开展自己课题研究的能力；(4)有关理论和实践章节，应使学生的翻译信仰能跟上时代发展的步伐。

总之，翻译学系列著作的编撰不要让广大读者觉得离他们太远，要避免写作起来严肃有余、活泼不足的倾向，要做到雅俗共赏，可读性强。

二、专题多

该系列不是仅仅涉及基础(elementary)阶段的翻译实践或研究(当然这很重要)，不是单纯的基础翻译(实践)教科书，而是力求符合"立意新"的要求(专业化和学术化)，并且满足翻译学习、实践、研究不同阶段的学生以及广大读者的需求，所以专题应该涉及诸多行业，涉及学校的各个学科领域，包括翻译学入门、会展英语与翻译、新闻翻译、高级商务口笔译、应用文体翻译、外事陪同口译、跨文化导译、同声传译基础、人文社科翻译、法律翻译、科技文献翻译、影视戏剧翻译、文学多体裁翻译等一二十项。这些书既适合大学本科生以及自考生，又能作为不同专业、职业的主干课程用书(详述见下)。

三、读者广

从该系列的名称看，它是专为在校的翻译专业、英语专业(含翻译方向)和非英语专业的本科生、研究生而撰写的，而后者包括非翻译专业或(非)英语专业的博士(研究生)。其实，该系列著作的读者面是非常之广的，涉及期望自己在翻译实践和翻译研究方面有一质的提高(即想很好地解决所谓的"两张皮"的问题)的所有读者。

翻译在外语学习中的重要性是不言而喻的。从中小学到大学、研究生，要学外语，就少不了翻译技能的训练和考核。作为应用性很强的外语，在听说读写译这五项技能中，"译"可谓是最高境界，也是最难掌握好的，非下苦功不可。想在"译"方面有所突破的读者，这套丛书定会使您举一反三，事半功倍。

有些读者可能会说，翻译有什么大不了的，不就是把外语文字转换成汉语吗？有什么不懂的字、词，查查词典工具书不就行了吗？请看下面一句简单的话："巨人般的儿子望着为自己衣食住行而心急如焚的父母，<u>心里很不是滋味</u>。"如何通过查词典来翻译画线部分———一句非常平实的话语及其风格呢？亲爱的读者，您不妨一试。

一旦亲手做起来，您就会感到事情并没有您事先想像的那么容易。在很多情况下，词典等工具书所给出的释义未必就能解决问题。这也从另一个侧面印证了英文中的那句脍炙人口的俗话：Easier said than done(说时容易做时难)；同时也印证了中华民族富有哲理的俗语：不经一事，不长一智(One can't gain knowledge without practice)。更何况，我们还尚未涉及人文社科类、典籍类或文学类等专业翻译，以及其中涉及的社会政治、意识形态、文化价值、女权主义、后殖民心态、经济全球化等多重或综合因素呢！

即使部分读者对上述所谓翻译外部研究不十分感兴趣或者目前尚力不从心，只是对于提高翻译实践能力、找到一个自己喜欢的职业情有独钟，那么，该系列作为培训或自学教材应是不错的选择，甚至不妨为首选。请注意，翻译培训市场是一个高质量市场，是一个专业性/职业性很强的市场，在相当大的程度上跟一般的外语培训市场不能相提并论，并非人人均能涉猎。

作为一个加入了 WTO 的国家，作为一个商业社会，作为一个市场经济的体制，专业/职业化很强的各级各类 translator training / interpreter training 等商业培训都应该是相当正规的，是受先进理论和学术化思想指导的。招收学生和培养出来的学生之目标很明确，就是培养在市场上有很强竞争力的人才。从反面角度说，从人力资源现代化管理角度考量，培养起来有困难的学生，不适合/适应当今社会、当今市场要求的学生，培训班(如同传等口译班、某些专业笔译班)完全有理由不招收。

由此可见，这套系列著作之所以是针对广大读者的，正是因为策划、编著的初衷就是既满足"下里巴人"，又不失"阳春白雪"；既要搞好"多元智能"开发，又要培养出合格的、合适的、在社会上有竞争力的高级复合型人才。具体地说，我们必须注意以下几点：

1. 既要考虑外语学习听说读写译"五项基本功"之间的互动关系，又要解决"懂"与"会"之间的关系问题。

2. 既要避免传统外语/翻译教学中教会学生的只是"识别"，而不是"理解"——即被识别的是"信号"，而非"符号"(参见《翻译学入门》第 7 章第 1 节)，又要培养学生能真正识别社会实践中的诸多符号，具有多元智能，毕业后能受到社会、市场、职业机构的欢迎。

3. 既要围绕翻译实践、翻译技巧、翻译(理论)研究三个层面展开，又要在编写安排上尽量结合不同读者的外语水平、实践水平和学术水平的实际情况，力求做到理论深入浅出，叙述有血有肉，风格雅俗共赏；同时又要细致入微地标出课文、待译文本和练习题等的侧重面及其难度等级(实践层面：E=Easy, I=Intermediate, C=Challenging 和 A=Advanced；技巧/理论层面：T=Technical, AT=Applied Theory 和 PT=Pure Theory)。

4. 既要较好地解决翻译中"教"与"学"、"学"与"用"之间相互脱节的老大难问题，又要解决翻译学科中"汉语"与"英语"和"理论"与"实践"互不相干的"两张皮"问题。

5. 既要加强翻译的内部研究(本体研究)，又要结合翻译的外部研究，以实实在在、扎扎实实的翻译实践和本体研究来带动翻译的跨学科研究，并以此促进、带动翻译本身的实践与理论之发展。翻译的内部和外部研究，应是相辅相成、相得益彰的。

总起来说，翻译学应以实践为本(practice-based)，但翻译学的健康全面发展除了关注作为有目的的社会行为的翻译实践活动以外，还必须关注与其相关的任何研究活动，包括以下"你中有我、我中有你"的各个方面和层面：主体、本体，内部、外部，多学科，方法论，宏观、微观、中观，翻译观，哲学观、语言观、文化观，社会观、全球观，人生观，专业观、职业观，学术观、教育观，经济观、市场观、竞争观，质量观、管理观……

综上所述，"专业化"和"学术化"是"新世纪翻译学 R&D 系列著作"的两大焦点，是会受到国内译界欢迎的术语和学好翻译的两个关键问题。其实，归根结底，"专业化"和"学术化"即指翻译的实践和理论。有关翻译实践和理论关系之争，在现、当代的译界和学界，迄今尚未平息。翻译实践之重要性和伟大意义，早已不言而喻，而对翻译理论价值的认识，依然见仁见智。我们对这两者关系的立场、观点和态度在总序和各分册中显而易见。笔者曾在专著中归纳总结了翻译理论的20 种功能(陈刚，2004/2006：127—128)。如今我们所知的与翻译有关的理论，(大)都能对有关的翻译实践、翻译现象乃至涉及翻译的重大社会问题从各自不同的角度做出应有的或令人信服的解释，都有值得引进、介绍并加以实现之价值。

社会有分工，同样，翻译界(应包括翻译行业/职业、翻译专业、翻译学科等)也有分工。我们的翻译事业，需要理想的翻译分工——其实也是现实存在的翻译分工，具体地说，我们需要"专业化"的翻译(家)，需要"职业化"的翻译(家)，需要"学术化"的翻译(家)，需要既"专业化"有"学术化"的翻译(家)，需要既"职业化"又"学术化"的翻译(家)，需要以"学术化"为主的翻译研究者/理论家，也需要纯"学术化"的翻译研究者/理论家。各种分工所需人数肯定不同，它们之间的比例如何才是合理的，自然有(行业、专业和学术)市场法则去影响、调节、支配和控制，那是不以人的意志为转移的客观规律。

说千道万，新世纪可谓"翻译质量的世纪"，这样的描述是毫不为过的。在知识经济的新世纪，知识创新与管理创新必将极大地促进质量的迅速提高，包括生产和服务的质量、工作质量、学习质量，直至人们的生活质量。翻译质量当然包括其中，并且与这些质量息息相关。本着质量为本的精神，我们这套"新世纪翻译学 R&D 系列著作"的写作宗旨始终是 "专业化"与"学术化"——因为它是符合社会不断前进、不断发展的客观规律的。

陈 刚 谨识

参考文献

[1]陈刚等. 翻译学入门[M]. 杭州：浙江大学出版社(将出).

[2]陈刚. 旅游翻译与涉外导游[M]. 北京：中国对外翻译出版公司，2004/2006.

[3]陈刚，喻旭燕. 成为乔丹——我的自传[Z]. 哈尔滨：哈尔滨出版社，2006.

[4]德利尔·让(著). 孙慧双(译). 翻译理论与翻译教学[M]. 北京：国际文化出版公司，1988.

[5]王佐良. 新时期的翻译观[A]. 杨自俭，刘学云(编). 翻译新论[C]. 武汉：湖北教育出版社，1994.

[6]Baker, Mona (Ed.). *Routledge Encyclopedia of Translation Studies* [Z]. Shanghai: Shanghai Foreign Language Education Press, 2004.

[7]Bassnett, Susan & A. Lefevere. *Constructing Cultures* [C]. Shanghai: Shanghai Foreign Language Education Press, 2001.

[8]Delisle, Jean, et al (编著). 孙艺风，仲伟合(编译). 翻译研究关键词[Z]. 北京：外语教学与研究出版社，2004.

[9]Gentzler, Edwin. *Contemporary Translation Theories* (Revised Second Edition) [M]. Shanghai: Shanghai Foreign Language Education Press, 2004.

[10]Nida, Eugene A. *Language, Culture, and Translating* [M]. Shanghai: Shanghai Foreign Language Education Press, 1993.

主编前言

　　作为"**新世纪翻译学 R&D 系列著作**"之一的《应用文体翻译：理论与实践》经过全体作者近一年的辛勤努力，即将付梓。这本著作力求贯彻总主编的编写精神，在专业化和学术化的有机结合上，开展了有益的尝试。我们深知翻译的核心就是"专业化"和"学术化"，因为在多年的翻译教学与实践中，我们意识到两种影响翻译学发展的倾向，一种是否定理论的重要性，鼓吹"翻译无理论"，似乎只要学过大学英语，凭着一本词典就可以率尔操觚，结果所谓"翻译"多为不负责任的伪劣产品；另一种是一头扎入书本、纸上谈兵的"理论家"，对真正的翻译实践缺乏指导意义。为此必须严肃地对我国的翻译培养和翻译事业进行反思，真正地强调翻译人才的"专业化"，并逐步过渡到"职业化"，从教育部批准三所大学招收翻译专业本科生进行试点就可以看到国家也已经意识到翻译专业化的重要性，之后又陆续批准了几所大学的翻译专业建设，尤其是今年批准设立研究生层次的 MTI。同时，专业化呼唤着学术化，即所培养的翻译人才必须具备相当的理论素养，能够将所学的翻译学、语言学、文化学等综合理论指导翻译过程，不断提高翻译效率与质量。《应用文体翻译：理论与实践》正是在这一指导原则下的一项研究成果。

　　我国的高等教育正经历从精英教育向大众化教育的转变，招生人数迅速膨胀，势必对学生今后就业产生很大的压力。目前英语专业的本科毕业生已经从几年前的供不应求蜕变到供过于求，成了长线专业，但是我国的高质量翻译人才却呈现出严重的青黄不接，据统计，中国每年的翻译业务量达到了 120 亿元人民币，但即使不考虑质量，国内也只能消化约 10 亿至 15 亿的业务，因此对大多数非师范类外语院校学生今后的就业，翻译无疑是一条相当广阔的途径，特别是中国加入 WTO 后大量的国际交往活动都将以应用文体为媒介，要求准确高效的翻译，因此编写这么一部专论应用文体翻译的书籍具有深远的现实意义和学术价值。

基于"专业化"和"学术化"的编写原则，本书分为"理论"与"实践"两大板块共 14 章，即从第 1 到第 6 章侧重"学术化"专题，分别介绍了应用翻译理论要义、功能派翻译理论与应用翻译、文本类型与应用翻译、语域与应用翻译、语用学与应用文体翻译、变译与应用翻译等理论知识，作为第二部分翻译实践的发展基础，从"学术化"的角度为"专业化"铺平道路。第二部分共有 8 章，包括科技文体、经贸文体、法律文体、媒体文体、旅游文体、公示文体、广告文体及其他文体(如菜谱、机构名称、建议书、可行性研究报告、产品说明、名片和个人履历)等广泛的应用文体文类的翻译实践。

理论部分我们力求有所创新，在系统梳理国内外众多理论流派翻译思想的同时，将这些思想融会贯通，形成一定的体系，例如提出了应用翻译学的概念；将应用文体翻译界定为"应用翻译包括除文学翻译与权威性学术著作之外的所有文体/本的翻译，包括科技、时政、新闻、经贸、旅游、医药、广告、告示、公函以及其他应用性文本(如产品说明书、可行性研究报告、履历、菜谱等)……是在一定的交际环境下合目的性的整体性跨文化交际行为"；高度概括出应用翻译的实用性、目的性、专业性、匿名性和商业性等特点；对译者应该是"半个专家"的业务要求(即"专业化")与把握整体性翻译观的要求。

本书以相当的篇幅介绍了功能派翻译理论，强调应用文体具有明确的目的性，因此应用文体翻译也必然是具有目的性或意图性的有选择性行为，由此可以得出结论：弗美尔目的论中的目的法则(*Skopos* rule)及其附属原则连贯法则(coherence rule)和忠实法则(fidelity rule)对应用文体翻译研究影响深远，因为功能派理论侧重目的语、强调目的至上原则，突出文本的功能与文类规约，既具有理论深度与高度，又长于译员培训，对我们的应用翻译实践和研究具有很好的指导意义和借鉴作用。

文本分类对于应用文体翻译而言，首先有必要分析源文本的文类属性(genre membership)，并用目的语中相应的文类进行转换(transfer)，因为文类对应语场(field)，话语对应语旨(tenor)，文本对应语式(mode)(Hatim and Mason, 2001: 75)，是翻译中必须考虑的制约因素。文本可以根据功能分为三大类，即 informative(信息型)——以传递各种信息为主，侧重的是客观事实；expressive(表达型)——以表达主观情感、思想为主，侧重的是作者；operative/vocative(呼唤型)——以唤起读者的预期反应为主。不同类型的文本有不同的翻译策略，这既是这种分类法的好处，也是学者进行文本功能分类的出发点。总结前人的经验，我们认为在应用文体翻译中，侧重的是信息型和呼唤型文本，因此翻译时更适合采用纽马克提出的交际翻译(communicative translation)，即侧重效果，准确传递信息，语言自然流畅，符合目的语习惯。

从维索尔伦的语用综观论，可知语用学"从语言现象的用法特征和过程的观察角度对语言现象的研究"(维索尔伦，2003: 1)，由于语用学对语言使用的强大解释力，它被广泛应用到语言教学、外语习得、跨文化交际、认知语言学等领域，翻译研究也从语用学的发展得到了推动，Hatim and Mason 在其专著《语篇与译者》中首先将语用学理论用于翻译研究，列奥·希金(Leo Hickey)在《语用学与翻译》一书中多角度地分析了语用学对翻译的制约与影响。国内将语用学运用于翻译并取得显著影响的是何自然、张新红的"语用翻译：语用学理论在翻译中的应用"一文，为国内语用学翻译研究开了先河。语用学理论中对翻译影响最大的论题分别是 Sperber 和 Wilson 的关联理论和维索尔伦的顺应论，分别对解读源文本与目的语文本生成发挥着举足轻重的作用，成为应用文体的重要翻译策略。

结合翻译目的论和应用文本的特点，作为应用文本翻译的重要手段之一，第 6 章着重论述了变译法。变译是对国外信息采用扩充、取舍、浓缩、补充等方法传达信息中心内容或部分内容的一类宏观方法，包括摘译、编译、译述、缩译、综述、述评、译评、改译、阐译、译写和参译等十余种(黄忠廉，2002: 17)。而变译之"变"是对原文本的脱胎换骨，寓不变于变化之中，是宏观变化，形式变化，译者有意识地根据特定条件下特定读者的特殊需求改变原作的内容与形式，乃至风格，它更多地运用于应用型文本，比如科技、经贸、旅游、对外宣传等，这些领域以传达信息为主，变译有全译无法比拟的优势，可以满足信息类文本时效性强的特点。与全译相比，变译可以更多更快更好地传递吸收国外信息，节省篇幅，单位信息容量大，传播速度快，针对性强，实现信息传播的最佳效果。

　　本书的后半部分在继续深化前述理论概念的同时，结合不同的具体文本，分别论述了各种文类和题材的翻译特点和技巧，从"专业化"的层面分析，既消化了前面所学的理论，又举一反三，突出不同应用文体的侧重点和对应的翻译策略，真正体现了"学术化"和"专业化"的相互结合。同时在选材上，为了反映时代特色，我们力求选取最新的文本和文献资料，力争把国内外最新的研究成果推介给广大的读者，为我国的(应用)翻译学发展尽一份心意。

　　本书的成功编撰有赖于大家的积极配合。编写的具体分工如下：何庆机负责编写第1、2、4章；吕凤仪编写第3章；伍锋编写第5章；杜志锋编写第6、7、8章；刘小林编写第9章；黄翔编写第10、12章；陈宁红编写第13章；郑萍编写第11、14章；朱安博博士负责各章的校读。该书的结构安排得到了徐锡华教授的悉心指导。总主编陈刚教授严格审查了本书的结构、编写原则和书稿，提出了很多富有创意的建议，同时仔细审读了全书，并对每个章节的内容进行了直接增删、修改，甚至对多章的译例和参考答案作了改译和重译处理，使本书增色不少。当然，由于本人能力有限，书中还存在诸多不足，有待改进，希望读者在使用过程中及时将发现的问题反馈给我们，对此我们表示衷心的感谢。

伍　锋

2007 年 11 月于杭州市

Chapter 1
应用翻译理论要义

随着经济全球化的推进，国际交往在经济、技术、政治、法律、科学、教育等社会经济生活的各个领域越来越频繁，各类应用文体的翻译在翻译实践中所占比例也越来越大。在这种形势下，我国翻译界日益重视应用翻译的理论研究和批评，从不同的视角探讨应用翻译的各种问题。下面我们在扼要梳理翻译学这一术语的基础上，对应用翻译与应用翻译学做一个简要的介绍，使大家能够站在学科的理论高度，了解、把握应用翻译学。

1.1 翻译与翻译学

讲不同语言的民族、国家和人民之间进行交流，少不了翻译这一中介手段，"在整个人类历史上，语言的翻译几乎同语言本身一样古老"(谭载喜，2004: 1)。不论在中国还是在外国，有文字记载和可以考证的翻译有着两千多年的历史，可以追溯到公元前数百年(谭载喜，2004；马祖毅，1998)。对翻译的研究，也同样有着悠久的历史。在中国，可追溯到孔子关于"小辨"的论述和"名从主人"的观点；在西方，则始于古罗马西塞罗于公元前 46 年所发表的"不要逐字翻译"的言论(陈福康，1992: 12—13)。两千多年以来，中外学者从不同的层面对翻译展开研究，出现了各种理论和观点。在国内，古代有道安的"五失本三不易"，有"文"、"质"之争，近代有严复的"信、达、雅"，现当代有鲁迅的"宁信而不顺"、陈西滢的"形似、意似、神似"说，钱钟书的"化境"说等，不一而足。在西方，有西塞罗的"作为解释员"和"作为演说家"的翻译之分，有昆体良的"与原作竞赛"论，有德莱顿"词译、释译、拟译"的翻译三分法，有泰特勒的三标准说，有施莱尔马赫的口笔译、文学翻译与机械翻译的区分，有雅各布森的"语内翻译、语际翻译、符际翻译"的三分法，以及现当代的西方各个不同派别的翻译理论。

1. 我国对翻译学的界定

尽管翻译和翻译理论研究有着如此悠久的历史，翻译学作为一个独立的学科的概念，还只是近几十年的事情，而且目前对翻译学仍没有一个统一的看法。

在我国，早在上个世纪 20 年代就出现了翻译学这一术语。蒋翼振于 1927 年编撰的《翻译学通论》中第一次使用这一名词，并在 1936 年出版的《英文汉译的理论与实际》一书中首次提出"翻译学"的概念，但"翻译学"在他眼里，并非作为一门独立的学科。真正将翻译学作为一个学科概念提出的是董秋斯。董秋斯在 1951 年发表的长篇论文中，提出了完整的建立翻译学的构想。但由于各种原因，再加上后来的十年"文革"，他提出的很多翻译理论建设的构想未能如愿建立起来。

1987 年，谭载喜刊文发出"必须建立翻译学"的呼声，虽然其观点在当时过于超前，没有引起多大反响，但到了 90 年代中期和末期，中国翻译界却有了两次大规模的辩论，辩论的中心是是否以及能否建立翻译学、建立什么样的翻译学、翻译学的民族性与世界性等。辩论中的主流观点是中国可以而且应该建立翻译学。翻译学的发展，从近二十年来出版的以"翻译学"命名的学术专著，便可略见一斑，其中较重要的有：黄龙的英文版《翻译学》(1988)，黄振定的《翻译学——艺术论与科学论的统一》(1998)，彭卓吾的《翻译学——一门新兴科学的创立》(2000)，谭载喜的《翻译学》(2000)。这些学者提出了自己的翻译理论框架体系和对翻译学的性质、任务的认识，翻译学体系的内部结构，翻译学研究方法与思路等，这些框架各具自己的长处、特色和不足之处。从这些著作中，可以看出我国翻译学在近二十年来取得了很大的成就，但也存在各自为政、思想不统一等问题。例如，目前还没有一个较为公认的翻译理论体系和翻译学的架构设想，空泛的探讨多，实质性的、突破性的研究不够，还没有一套能够代表中国走向世界的翻译理论等等。不过，至少在一点上，翻译界达成了一致看法，即翻译学是一门独立的学科。如果以专业的设立(本科、硕士、博士)、专门杂志的诞生、专业会议的不断召开、大型工具书的问世等作为衡量一门独立学科的标准(黄国文，2002：32；Hatim，2005：9)，那么中国的翻译学的确已经建立起来了(虽然是刚刚起步)。我们不妨用谭载喜的观点，来概括一下国内对翻译学的理解：翻译不是科学，翻译学才是科学；翻译学是研究翻译的科学，是一门介于语言学、文艺学、社会学、心理学、信息论、计算机科学等学科之间的独立的或相对对立的综合性学科，或多边缘交叉性学科(谭载喜，2000: 14—18)。

2. 西方对翻译学的界定

中国的翻译学研究是在我国传统译论的基础上，大量吸收西方翻译理论后逐步发展起来的。自 20 世纪 80 年代奈达(Eugene A. Nida)翻译理论进入中国后，曾有一段时间国人谈翻译，言必称奈达，似乎西方翻译理论只有奈达的对等理论，到后来更加理性的译介、引入、研究西方各大主要翻译流派的理论，中国对西方翻译理论的理解吸收和研究才逐步走向成熟。而西方翻译界对翻译学的理解，也同样经历了一个不断修正、完善的过程。这一点，从"翻译学"这一学科名称的变化就可以看出来——Traductology, Translatology, Translation Theory, Science of Translation, Translation Studies。

Traductology 是 20 世纪 70 年代早期由加拿大学者 Brian Harris 新创的一个词，用来指称"翻译的科学研究"。该名称曾为一些国家的学者所采用，但却被很多学者认为是"多余的新词"(Shuttleworth & Cowie, 2004: 174)，并逐渐被 translation studies 所取代(至少在英语中是如此)。

Translatology 于 20 世纪 70 年代始主要为加拿大、德国和丹麦学者所采用，我国学者黄龙的英文著作《翻译学》的英文书名即是 *Translatology*。该术语往往指语言学途径的翻译研究(翻译学也因此被认为是属于应用语言学之下的一个子学科)，而且与 Traductology 一样，受到很多英语国家学者的抵制，被贴上"笨拙的新词"的标签。

Science of Translation 于 20 世纪 80 年代初进入中国译学界，盛行至 80 年代末至 90 年代初。针对当时仅仅将翻译看成是一种艺术或技巧的趋势，该术语最早由奈达于 1964 年提出，虽然奈达本人将这一术语仅用于他的三阶段模式的翻译过程(分析、转换、重构)，但它很快得到了不少研究者的接受和使用；而在德国，这一术语更具有跨学科的性质，利用语言学、交际理论、文化研究和心理学的知识和方法展开研究(如 Koller 和 Wilss)。但总的来说，使用这一术语的学者更多的是利用语言学方法，关注的是非文学翻译活动。

Translation Theory 作为"系统研究翻译的学科"的名称，与纽马克(Peter Newmark)有着更为密切的关系。纽马克将作为学科称谓的 Translation Theory 定义为"我们所掌握和仍未掌握的翻译过程的知识总和"(Shuttleworth & Cowie, 2004: 184)。不少学者，包括兰伯特(Jose Lambert)和霍姆斯(James Holmes)都认为这一术语无法涵盖翻译学科的全貌而提出批评意见。现在使用这一术语的人，更多的是指翻译的理论体系，而不是翻译学科。

Translation Studies 虽然曾被用来专指具有比较文学背景，更关注文学翻译研究的操纵学派(Manipulation School，国内也有人称为"文化翻译派")，但经过霍姆斯、图里(G. Toury)、巴斯奈特(Susan Bassnett)、霍恩比(Mary Snell-Hornby)等大批学者的努力，该术语已经为学者普遍接受，成为"翻译学"这一学科的英文名称，指"the academic discipline concerned with the study of translation, including literary and non-literary translation, various forms of oral interpreting, as well as dubbing and subtitling."(与翻译研究相关的学科，包括文学与非文学翻译，各种形式的口译，以及电影配音和字幕翻译)(Baker, 2004: 277)。霍姆斯提出采用这一名称作为翻译学整个学科的标准术语，是为了说明这一学科不是 science 或 theory 所能涵盖得了的——翻译学是一门具有试验性、开放性，涉及各种学术活动的学科(Shuttleworth & Cowie, 2004: 183)，并为翻译学的整体构架设计了一幅宏伟的蓝图(Baker, 2004: 278)。

霍恩比将操纵学派与翻译科学派两大学派的研究方法、兴趣均纳入 Translation Studies 这一学科名称下，巩固了其作为学科名称的地位。而她对翻译学科的描述，可以说更具代表性，更全面。她认为"翻译学科必须包含所有类型的翻译，包括文学翻译和技术翻译，同时也应该包括为人们所忽视的口译"。她将翻译学视为一门跨学科的(interdisciplinary)学科，涉及"特殊语言研究，术语和词典编撰，机器翻译和机器辅助翻译；语言学的相关领域，包括语义学，比较语法，文本语言学，社会语言学与心理语言学；文学翻译(包括所有形式的舞台翻译，电影对白、配音和字幕翻译等)以及从文学史到心理学的相关领域"(Shuttleworth & Cowie, 2004: 184)。当然，正如《翻译学词典》编撰者所认为的那样，翻译学的跨学科性质体现在翻译学还与人类学、比较文学、经济学、民族学、历史、哲学、政治学和符号学等学科相关(ibid.)。

1.2 应用翻译简介

1.2.1 应用翻译的定位

应用翻译,是指应用文本或应用文本在两种语言之间的相互转换。对应的英文术语有 applied translation, practical translation,以及 pragmatic translation。但需要注意的是,pragmatic translation 既可以指语用翻译方法,也可以指应用翻译。该术语最初由美国语言学家卡萨格兰德(Joseph B. Casagrande)于 1954 年提出,逐渐被一些学者所接受,用来指应用性文本(pragmatic texts)的翻译(Reiss, 2004:21—22)。

应用翻译的概念看似简单清晰,但中外学者对应用翻译范畴的界定却意见不一。在探讨翻译问题的时候,人们往往将应用翻译与文学翻译区别对待,但由于这种区分方法过于简单,无助于问题的探讨,因此不少学者并没有采取这种两分法的分类方式。下面我们先来看国外主要翻译学者对应用翻译的定位。

纽马克区分了(严肃)文学翻译、权威文本翻译(authoritative statements translation)与专门翻译(specialized translation),而专门翻译包括技术翻译(technical translation)和公文翻译(institutional translation);前者包括技术报告、说明书、操作指南、告示、宣传等文本的翻译,后者包括政治、商业、金融、政府等领域的文本翻译(Newmark, 2001: 151, 162)。纽马克认为文学翻译与权威文本翻译有一定的共同点,与专门翻译相对。

霍恩比在她的综合法翻译理论中,区分了三类翻译:文学翻译(包括圣经、舞台、电影、诗歌、文学、儿童文学等)、普通语言翻译(general language translation)(包括新闻、一般信息性文本、广告)和专门语言翻译(special language translation)(法律、经济、医学、科技等)(Hornby, 2001: 32)。

前苏联翻译学家费奥多罗夫(Fedorov,曾译为费道罗夫)将翻译分为三种:第一类是新闻与评论、商务与公务文件和科技文本,第二类是组织机构与政治文件(包括马克思经典著作、社论和演讲的翻译)，第三类是文学文本。此外，Elsa Tabernig de Pucciarelli 将翻译分为科技翻译、哲学翻译和文学翻译；法国翻译家穆南划分了七类翻译文本：宗教翻译、文学翻译、诗歌翻译、儿童文学翻译、舞台翻译、戏剧翻译、科技翻译(Reiss, 2004: 18—22)。

在我国，唯一统一的意见是应用翻译不包括文学翻译。方梦之认为，应用翻译的范围包括文学和纯理论文本之外的所有文本的翻译(包括科技翻译)(方梦之，2003: 47—49)；林茂荪则认为应用翻译包括科技、经贸、法律、媒体、旅游、广告等，与文学、政治、外交、社科等翻译相对应(林茂荪，2003: 1)；韩子满提出的应用翻译比这两位学者所界定的范围都更为宽泛，他认为"应包括除文学翻译之外以信息传达为主的文本翻译"(韩子满，2003: 49)，其中包括纯理论文本和政治、社科和外交文本的翻译。我国应用翻译定位争议的另一个特点(也是争议的焦点之一)是一些学者和译协将科技翻译与应用翻译并列，而不少高校开设的应用翻译课程也没有包括科技翻译的内容。这恐怕和我国科技翻译历史悠久有关，并没有非常有说服力的理论依据。

在上述三位学者对应用翻译的定位中，韩子满以"除文学翻译之外以信息传达为主的文本翻译"为标准将纯理论文本包括在应用翻译范围之内，似有可商榷之处。其一，该标准将并非以传达信息为主的应用性文本排除在外，如"呼唤型"的广告、企业宣传文本的翻译，以及信息型和呼唤型兼而有之的旅游翻译。但实际上，韩子满并未将这些文本圈在应用翻译之外。其二，没有考虑到纯理论文本与其他应用型文本的本质差异，即非匿名性和权威性。例如，没有人会把黑格尔、索绪尔等人经典的、权威性的学术著作当作应用文本来阅读(尽管从文本类型和功能上来说，的确可以认为它们以传递信息为主)，而译者在翻译这些著作时所采取的翻译策略和方法肯定不同于翻译应用型文本时的策略和方法。也许，这就是为什么纽马克认为"权威文本翻译"与文学翻译有共同之处，并有别于"专门翻译"。

林茂荪从题材的角度，将所有社科类文本划在应用翻译之外，显然没有考虑到权威性学术著作与一般社科文本的差异。而政治、外交翻译虽然有其特殊性(例如严肃性、敏感性等),但这些特殊性是受专业性及其语域特点制约的,这一点与其他应用文本并无实质的不同,而译者的翻译策略与其他应用文本的翻译策略也不会有太大的差异。

我们认为,方梦之对应用翻译的定位更加合理,更具有科学性,并借用纽马克"权威文本翻译"概念,做一定的修改,因为"纯理论文本"这一概念可能会有一些模糊之处,例如某些科技文本、专业教材可能是纯理论文本,但应该属于应用翻译的范围之内。我们对应用翻译范围的界定是:

应用翻译包括除文学翻译与权威性学术著作之外的所有文本的翻译,包括科技、时政、经济、新闻、商贸、旅游、医药、广告、告示、公函以及其他应用性文本(如产品说明书、可行性研究报告、履历、菜谱等)。

有一点需要特别指出,即国内很多学者(例如方梦之、林茂荪)虽然没有明确说明,但基本上都倾向于将影视翻译看作是应用翻译的一种。例如韩子满便将影视翻译归入应用翻译之内,而方梦之则没有明言影视翻译应该属于文学翻译,还是应用翻译,但在他所圈定的应用翻译文本中没有影视翻译一类,也没有说明文学翻译进一步分为几类,是否包括影视翻译(根据国内对文学翻译的界定,影视翻译不属于文学翻译之列)。霍恩比在对翻译类型分类时,将电影与舞台翻译均归入文学翻译,而赖斯(Katharina Reiss)在她的文本类型中,单独列出声音媒体文本(audio-medial text)(Reiss, 2004: 43),其中包括电台、影视文本翻译。我们认为,如果不采用二分法的话,完全可以将影视翻译单独列出,因为从当前的影视现状来看,影视翻译既不同于一般意义的文学翻译,也与我们理解的应用翻译相去甚远,因此我们对应用翻译的定位不包括影视翻译。

1.2.2 应用翻译的定性

应用文本是在一定的交际环境下产生的;这里的交际环境涉及文化、情境(situational)、人际(interpersonal)等各方面因素。构成应用文本的各个语言因素——词语、句子、段落、篇章,都是意图性的结构单位,在交际环境中产生意义，实现各自功能，并最终都为实现文本的交际目的服务。因此，与翻译不是简单的语言转换行为一样，应用翻译更是在一定的交际环境下合乎目的性的整体性跨文化交际行为。应用翻译的目的是在另一个文化背景下实现应用文本在原文化背景中的交际目的。这时，发生变化的不仅仅是语言层面的词、句和段落，还包括文化背景、情境和人际因素。应用翻译必须要在各种变化因素中实现不变的交际目的。

应用翻译所涉及的文本包罗万象，各自有自己的语域、文体、语用特点，受到文本类型(text type)、文类规范(genre convention)与规范(norms)的制约，但应用翻译也有着一些不同于其他翻译的共同特点，即实用性、目的性、专业性、匿名性和商业性。

1. 实用性

应用翻译具有很强的实用性，是为了向译入语读者(target language readers / TL readers)传递有价值的、实用的信息，如科技知识、新闻资讯、产品说明、旅游景点介绍等等，这与文学翻译和影视翻译的欣赏性，与学术翻译的学术性有着很大的不同。

2. 目的性

应用翻译都有明确的目的性，或传递信息(科技、新闻、经贸、医药等)，或劝导(广告、企业对外宣传、旅游宣传册等)。应用文本的目的性既可以由文本类型本身的功能决定，也可以由翻译委托人(commissioner)决定。例如，科技文本是典型的信息功能为主的文本，但翻译委托人可能需要译者使得译本具有更多的劝导功能，如购买相关产品。

3. 专业性

专业性强是应用翻译不同于文学翻译和影视翻译的又一大特点。从语言和文体特点来看，应用翻译涉及的是特殊用途语言(LSP，即 Language for Special Purposes；有时候也称为专门用途语言——Language for Specific Purposes；如果涉及英语，便是 ESP)，专业性和规范性很强，而语言、文体的个性特点相对较弱。纽马克用 specialized translation 来指称所有的应用翻译，便很好地体现了应用翻译的这一特点。霍恩比的分类中，法律、经济、医学、科技等归入特殊语言翻译(special language translation)，

更符合人们以前对专门用途语言的界定，但被她划入普通语言翻译
(general language translation)的新闻和广告翻译，也是专业性很强的文
本，具有专门用途语言的性质。

4. 匿名性

纽马克认为"匿名性文本"(anonymous text[1])是指"作者的名字与
地位不重要的文本"(Newmark, 2001: 282)。应用翻译的匿名性主要体
现在两点：第一，大部分应用文本都不署名(如广告、产品介绍、旅游
文本)；第二，即使署名的应用文本(如科技文章、某些新闻报道、一般
性的社科著作)，作者的个性往往都会屈从于文本的共性和规范性而趋
于消失。应用翻译的匿名性是与其专业性紧密相关的。需要注意的是，
匿名性应该是一个"度"的概念。如果经典名著的匿名性为零，那么随
着作者知名度的降低，作品的匿名性上升。

5. 商业性

虽然文学翻译与学术著作翻译不可能没有商业性，但从事这两类翻
译的译者更多的是基于文学、学术兴趣和需要，而从事应用翻译的译者
虽然可以或者可能将应用翻译工作作为一种兴趣，但他们首先考虑的恐
怕是商业性——因为工作需要不得不翻译，或以应用翻译为谋生手段
(全职或兼职)。

1.2.3 应用翻译的要求和策略

作为在一定的交际环境下合乎目的性的整体性跨文化交际行为，应
用翻译要求译者在各种变化因素中实现源文本的交际目的，这便要求我
们在翻译的时候不能只注意语言层面的操作。这种翻译方法往往在忠实
于原文的时候忽略了更重要的东西，即语言在语境下的意义和文本的意
图，最终产生的是不忠实的译文。应用翻译要求译者要有整体性的翻译
观，要在"自上而下"(top-down)操作的基础上，再进行"自下而上"
(bottom-up)的处理。"自上而下"的操作，要求我们沿着"翻译的目的

---

[1] Delisle(德利尔)用语。

——文本的意图——文本的类型和功能——文本语域和语用特点——文本语言层面"这一方向从整体上把握原文，制定相应的翻译策略，预测可能出现的翻译问题，并指导和制约翻译中"自下而上"的操作过程。不论是在哪个层次、沿什么操作方向，都要注意结合语境、情境和文化因素来考虑、分析和操作。

翻译应用文本时，译者应根据应用翻译的特点，采纳相应(甚至灵活)的翻译策略，而不必在传统的"忠实、通顺"或"信、达、雅"，或曾占中国译界主流的"对等理论"标准的制约下权衡翻译的策略选择。

应用翻译的实用性要求译者翻译时要充分考虑到读者因素和译入语文化因素，使得译本的实用价值得到充分体现。

应用翻译的目的性要求译者把握好所译文本的功能特点，并使源文本的功能得以在译本中发挥作用；或者改变源文本的功能，以达到翻译委托人的要求。应用翻译的目的性还要求译者摒弃翻译只能全译的观念，而是根据翻译的目的和具体情况，采用改译、编译等变译技巧。

应用翻译的专业性要求译者成为所翻译的专业领域的"半个专家"，要熟悉、掌握文本的文体、语域特点、文类规范以及源语与译语在这几个方面的异同。满足专业性要求，是实现应用翻译的实用性和目的性的基本保证。

应用翻译的匿名性同样要求译者要把握好文本的文体、语域、文类等共性特点，不能过多发挥自己的个性和创造性，而应该与原作者一样，成为一个"匿名者"。

商业性要求译者必须满足翻译委托人(客户)提出的要求：翻译目的、时间、质量，甚至字体要求等等。翻译委托人的知名度、态度以及文本的匿名性程度会对译者产生一些主观影响，如翻译态度等，进而影响到翻译质量。而翻译委托人或者译本的使用者也可能会直接地(从专业或非专业角度)干预译者翻译策略的选择。例如，在翻译企业对外宣传等文本的时候，委托人或使用者可能会固守字字对应、信达雅、忠实通顺等要求来衡量译者的翻译，而不是从是否达到翻译目的的角度评判翻译。译者在翻译过程中，必须处理好这些因素对翻译策略选择的影响。

1.3 应用翻译学的学科性问题

我们可以套用翻译学定义的框架，综合以上对应用翻译的定位，给翻译学下这个子学科应用翻译学下一个定义：

应用翻译学是翻译学的子学科，是一门研究科技、时政、经济、新闻、商贸、旅游、医药、广告、告示、法律、公函以及其他应用性文本翻译(笔译与口译)的、具有跨学科性质和跨行业、专业性质的综合性学科。它涉及语言学的相关领域(包括语义学、语用学、文体学、语篇语言学/语篇分析、社会语言学与心理语言学)、人类学、社会学、心理学、符号学、计算机科学等相关学科。

因此我们在此提出的"应用翻译学"(Translation for Pragmatic Purposes / Translation for Practical Purposes / TPP；或者狭义的 Pragmatic Translation Studies / Practical Translation Studies)的概念，与目前国内外学者对"应用翻译学"(Applied Translation Studies)的界定完全不同。我国学者谭载喜在其《翻译学》著作中，提出"在内部结构上，翻译学主要包括三个组成部分：(1)普通翻译学；(2)特殊翻译学；(3)应用翻译学"(谭载喜，2000: 22)。其中，普通翻译学相当于纯理论研究，特殊翻译学主要涉及具体的两种语言的翻译问题，而应用翻译学则是把前两个分支的理论运用于翻译实践、翻译教学、翻译批评、翻译工具书的编撰和机器翻译等。谭载喜的学科分类，尤其是对应用翻译学的界定，与霍姆斯的分类极为相似。

在霍姆斯设计的宏大的翻译学蓝图中(Baker, 2004: 278)，应用翻译学是与纯理论翻译学(包括理论翻译学与描述翻译学)相对的子学科。霍姆斯的翻译学框架强调了描述研究的重要性，突出了翻译学的学科特点，而他的应用翻译研究包括翻译教学、翻译辅助手段与翻译批评。这种划分方式类似于在语言学领域划分出普通语言学(理论语言学)与应用语言学。在他的框架中，我们所说的应用翻译属于理论翻译学(包括通用理论和局部理论)之下的局部理论研究中的文本类型研究(局部理论中其他研究包括翻译手段研究、翻译范围研究、翻译等级研究、翻译时期研究、特殊问题研究等)，局限于研究不同文本类型翻译中的特殊问题，如文学翻译、圣经翻译、应用文体翻译。但实际上，文本类型研究在应用翻译研究和文学翻译研究中都只是其中的一部分，或者说是一种研究视角。

从应用翻译的实践和研究现状，以及从翻译学学科发展的角度来看，我们觉得有必要确定应用翻译学(以及文学翻译学)的子学科的地位。我国翻译实践的现状是，"文学翻译所占的比重下降，科技、商贸等应用翻译的比重在迅速上升"；而在应用翻译中，"科技翻译的比重不断下降，其他应用翻译的比重不断上升"(韩子满，2005: 49)。越来越多的人呼吁加强非文学翻译人才的培养。在应用翻译研究方面，基础理论研究不够、不深，研究的创新意识不强，还没有建立比较完善的、具有可操作性的应用翻译批评理论(ibid)。当然，我国翻译界学者和研究人员也在积极探索、研究应用翻译的方方面面的问题。这一点，只要浏览一下我国三大翻译期刊所刊登的应用翻译方面的学术论文便可见一斑。从目前出版的应用翻译学方面的专著(教材)来看，李亚舒、黄忠廉的《科学翻译学》(2004)，突破了以往科技翻译著作编写的框架，强调了学科意识和理论研究，但没有涉及科技翻译之外的其他应用翻译内容。贾文波的《应用翻译功能论》(2004)以功能翻译理论为指导，探讨各种应用文本的翻译问题，是一个非常有益的探索。

从学科角度来看，我们不妨把霍姆斯、谭载喜等所构想的翻译学(即目前普遍认可的翻译学学科构架)看作是"普通翻译学"，其中的分支应用翻译研究作为一种一般意义的、广义的"应用翻译学"(Applied Translation Studies)(国外以及香港高校的 Applied Translation Studies 的博士、硕士学位即是这个意义上的应用翻译研究)，同时将研究应用翻译和文学翻译的子学科看作是"专门翻译学"，即"文学翻译学"(Literary Translation Studies)以及特定意义的、狭义的"应用翻译学"(Pragmatic Translation Studies / Practical Translation Studies; TPP)。从学科框架来看，应用翻译学(狭义)与"普通翻译学"一样，应该包括理论研究、描述研究和应用研究三个分支。当然，所有这些工作，还有待于广大学者和研究人员的进一步努力。

1.4 应用翻译的研究视角

作为跨学科性质的应用翻译学，可以借鉴利用不同学科的知识和成果，从不同的视角进行研究。我们在这里仅介绍几种常见的研究视角，即翻译学研究视角、功能研究视角、语篇研究视角、语用学研究视角和文体学研究视角。

翻译学研究视角是一种理论研究的视角，通过对翻译行为的客观描述，揭示翻译规律，提出翻译理论(谭载喜，2000: 51)，研究内容包括应用翻译的性质、特点、原则，应用翻译的评价和衡量标准，应用翻译的教学与译员培训，应用翻译学的学科结构和发展等等。

功能研究视角从语言和文本的功能角度研究应用翻译的规律、翻译策略、衡量标准和制约因素。与翻译学侧重理论研究的特点不同，功能研究视角常常(自觉或不自觉的)制定一些规定性的原则或法则，以指导翻译实践、翻译研究或翻译教学。德国功能派是典型的功能研究视角的学派，而奈达、纽马克也从语言、文化功能或者文本功能的角度探索、研究翻译理论和实践。

语篇研究视角从语篇的角度，侧重翻译过程的研究，分析语篇各个因素的互动关系，以及它们对翻译过程的制约作用。语篇研究视角的研究对象不是静态的语言和文本，而是从宏观和微观的角度、动态的把握文本，将译者作为一个协调者(mediator)，注意分析文本的话语(discourse)、语篇或文本(text)和体裁或文类(genre)特点，分析文本的语域特点、语用特点和文本机制(textuality)，分析文本的意图性(intentionality)和互文性(intertextuality)。英国学者哈廷姆和梅森是翻译的语篇研究的代表。

简而言之，语用学研究的是"话语在使用中的语境意义，或话语在特定语境条件下的交际意义，包括意义的产生与理解，也包括交际中语言形式或策略的恰当选择与使用"(冉永平，2006：16)。比较一下这个定义和人们现在对翻译或应用翻译的定义，就不难了解为什么语用学研究成果有益于翻译研究。语用学研究的各个方面几乎都被人们用于翻译研究中，如指示(deictic)、预设(presupposition)、礼貌原则等等。不过在应用翻译研究中，语用学的三大理论是最常用的研究视角：言语行为理论、会话含义理论和合作原则以及关联理论。

文体学研究视角是传统翻译研究，尤其是传统应用翻译研究中最常用的研究方法。这一视角侧重语言的静态的、微观的描述，分析、比较原文、译文在文本的词汇层面、句法层面和篇章层面的特点或异同，同时也分析、研究语言的风格特点、语言变体及其翻译问题。静态的微观分析，对翻译来说是必要的，但是不能以此替代翻译分析和研究的整个过程和其他相关视角。

应用翻译研究，还可以从很多其他视角入手，如交际学、信息论、机器翻译、语料库、符号学、心理语言学、文化学、社会语言学等等。需要指出的是，在实际的翻译研究中，人们往往以一个视角为主，同时融会贯通地借鉴、利用其他学术领域、其他视角的知识和概念。例如，功能研究视角常常要利用语篇学、功能语言学、文化学、交际学等学科的知识；而语篇学研究视角常借鉴语用学、文体学、符号学、功能语言学等的理论。因此，要做好应用翻译研究，应该对各种研究视角有所了解，这样才能站得高看得远，做到融会贯通。

思考题[C]

1. 请谈谈你对翻译跨学科性质的看法。
2. 影视翻译有什么特点？你认为影视翻译属于应用翻译么？
3. 文学翻译与应用翻译有什么主要差异？这种差异对译者产生什么影响？
4. 举例说明应用翻译的目的性，并说明目的性对翻译的影响。
5. 文本的匿名性对译者的翻译策略会有什么影响？为什么？
6. 文学翻译具有商业性么？如果有的话，它和应用翻译的商业性有什么不同？

Chapter 2
功能派翻译理论与应用翻译

2.1 功能派简介

2.1.1 功能派的译名问题

诺德(Christiane Nord)将 functionalist approaches (to translation)定义为"侧重功能或文本功能和翻译"的研究方法，而 functionalism 是指以这种功能主义模式研究翻译的各种理论。目的论(*Skopotheorie*)在功能主义发展过程中起了重要作用。有些学者虽然不称自己为"目的论者"，但受到目的论的启发，并推动了功能主义的发展(Nord, 2001: 1)。在德国以及德语语境下，Functionalist 和 Functionalism (functionalist approaches to translation)是明确的，指(德国)功能派和(德国)功能派翻译理论。但在我国，相应的中文译名却五花八门，常见的有"功能派"(仲伟合、潘平亮、张锦兰)，"(德国)功能翻译学派"(张美芳、贾文波)，"(德国)功能学派"(范勇、贾文波、谭载喜)，"翻译目的学派"(谭载喜)，"(德国)功能翻译理论"(张美芳、文军、张锦兰、陈刚)，"(德国)功能派翻译理论"(陈刚、吴南松、张锦兰)，还有"功能主义翻译理论"、"功能学派翻译理论"、"功能派译论"(吴南松等)，"翻译目的论"、"目的论"、"功能主义翻译论"(潘平亮，有时候专指弗美尔(Hans J. Vermeer)的目的论，有时候又涵盖其他理论)，"翻译目的论"(范勇)，"目的论"(张南峰，包括弗美尔和诺德的理论在内)，"翻译功能理论"(陈小慰)和"功能目的论"(方梦之，仅指目的论)。

译名的不统一，既有历史的原因，也有理解不尽一致的因素，我们更倾向于诺德英文专著《目的性行为——析功能翻译理论》国内引进版前言中所使用的**"功能派翻译理论"**(以及**"功能派"**)这一术语。"目的论"、"翻译目的论"、"功能目的论"等应该更局限于指弗美尔(以及赖斯)的理论，而不应该包括诺德等其他人的理论，因为尽管诺德是功能派第二代学者中弗美尔最忠实的追随者，但她的有些观点与弗美尔是不同的(两人甚至发生激烈争辩)，而且她倾向于规定性的(normative and

evaluative)应用研究(如翻译培训中的功能翻译类型学),弗美尔则倾向于
纯理论研究(诺德本人认为功能派翻译理论既是描述性的，也是规定性
的(ibid: 2))。

另一个常用的译名"(德国)功能翻译理论"(以及功能主义翻译理论)
某种情况下可能会引起一些误解和歧义。广义来说，功能派研究方法
(functionalist approaches)属于功能研究方法(functional approaches)的一
种。贝克编撰的《翻译研究百科全书》在"communicative/functional
approaches"词条下，列出三大类翻译研究的交际/功能方法，即伦敦学
派(费斯、韩礼德)影响下的功能主义观，乔姆斯基影响下的交际能力观
以及源自卡尔·布勒(Karl Buhler)影响的交际目的或翻译功能观(即德国
功能派方法)(Baker, 2004: 29)。这种广义的功能(交际)研究方法，将理论
基础、观点和研究方法相去甚远的翻译学家都纳入旗下，如奈达(Eugene
Nida)、豪斯(Juliane House)、纽马克(Peter Newmark)，甚至哈蒂姆(Basil
Hatim)、梅森(Ian Mason)、贝尔(Roger Bell)都可以说多少是一个功能(交
际)主义者，其理论多少有点"功能翻译理论"的味道。比较典型的是
前三位学者，如奈达的"功能对等理论"、"动态对等"理论，豪斯的"(文
本)功能对等论"(及其显性翻译与隐性翻译理论，见本书第4章相关论
述)，纽马克的功能文本类型(及其语义翻译和交际翻译，见本书第3章
相关论述)。因此，贾文波将奈达、纽马克和德国功能派的理论都视为
功能翻译理论是有一定道理的。不过，在这些功能理论和翻译学家中，
真正形成流派的只有德国的功能派及其理论，因此我们认为用(德国)功
能派和(德国)功能派翻译理论既能涵盖该流派的主要学者及其理论，又
不会与其他"功能翻译理论"相混淆。

2.1.2　功能派概况

美国翻译理论家根茨勒(Edwin Gentzler)似乎对德国功能派并不怎
么看好，并一直将功能派理论看作是以奈达和威尔斯(Wolfram Wilss)等
为代表的翻译科学派(the science of translation)的分支(尽管他承认他们

之间的区别)。1993 年出版的《当代翻译理论》中，他用了两个小段落的篇幅介绍了"the Reiss/Vermeer approach"，其中包括一个明显的错误信息。书中介绍说赖斯和弗美尔认为"翻译应该主要受原文目的所决定的功能因素所支配"(translation should be governed primarily by the one functional aspect which predominates by…the original's "*Skopos*"…)(Nord, 2001: 6)，给人感觉目的论与奈达的功能对等理论一脉相承，与目的论的原则完全相反(不过，根茨勒至少也让外界了解到德国翻译理论除了威尔斯的科学派之外，还另有天地)。诺德于 1997 年出版英文版专著的目的之一就是要"纠正根茨勒的著述留下的错误印象"(ibid: 6)。2001 年的《当代翻译理论》第二版中，功能派的地位似乎大大提高，所占篇幅由原来的两段增加到七页内容，不过仍然隶属于"翻译科学派"之下。其实在整本书中，广义的翻译研究的语言学派只有一个章节内容，其余章节均与文学翻译相关(若把这一章节去掉，把这本书称为《当代文学翻译理论》也未尝不可)。其实，作为具有比较文学背景的学者，这一选材视角也是非常正常的。不过，书中语言学研究方法只限于乔姆斯基、奈达、威尔斯等的理论，而将韩礼德、纽马克、法国释意派以及语用学、语篇学等研究视角排除在外，不能不说是个缺憾。这倒从一个侧面反映出功能派的重要地位，毕竟它在"翻译科学派"一章中还占了 1/5 强的篇幅。

相比而言，中国香港学者张南峰早在 1995 年便在"走出死胡同，建立翻译学"一文中，介绍了弗美尔的目的论，以此提醒中国翻译学界应该"建立一套切合实际的、开放的翻译理论"(1995: 1—4)，并在 2000 年出版的《西方翻译理论精选》(与陈德鸿合编)一书中，将目的论列为一个独立的流派，而我国大部分学者了解功能派则是在上海外语教育出版社于 2001 年推出诺德的英文版著作之后(也包括赖斯的英译本著作)。

功能派起源于赖斯 1971 年出版的《翻译的可能和制约》一书。赖斯在该书中建立了她的功能文本类型学(见本书第 3 章相关内容)，提出理想的翻译是译文与原文在概念内容、语言形式和交际功能等方面对等的翻译，是一种整体性交际活动。尽管赖斯是在对等论基础上建立自己的文本类型学和翻译策略，但她同时承认还存在其他翻译类型———一种是目的文本功能与源语文本功能不同的翻译，另一种是目的文本读者对象有别于源文本读者对象的翻译(如名著改编为儿童读物)。赖斯将这两大类翻译称为"转换"(transfer)，并在书中列出了常见的转换类型，遗憾的是她并没有对这些翻译作深入的分析。1984 年她与弗美尔共同出版目的论的经典之作《普通翻译理论基础》(*Groundwork for a General Theory of Translation*)，该书第一部分是弗美尔的行为导向的笔译与口译普通理论(general action-oriented theory of translation and interpreting)，第二部分是赖斯的具体理论，即她的功能文本类型学。

赖斯的学生弗美尔早在 1978 年就意识到仅仅依靠语言学无法对翻译进行有效的解释和研究，因为"翻译不仅仅是，甚至不主要是语言过程"(Nord, 2001: 10)。他从行为理论(action theory)出发，将翻译定义为基于由语言和非语言因素构成的源文本的翻译行为(translational action)，是在一定情境下发生的意图性、目的性活动。因此，翻译理论需要的不仅仅是语言学，还需要一种文化理论，才能够解释交际情境中的具体性(specificity)以及言语和非言语情境因素之间的关系。在弗美尔的理论中，目的文本的意图和功能成为翻译方法和策略的决定因素，原作的地位远远低于基于对等的翻译理论，仅仅是目的读者的全部或部分"信息源"(offer of information)。只有在要求目的文本实现源文本功能的特殊情况下(在赖斯的具体理论中)，源文本才成为衡量翻译的尺度。

芬兰籍的德语翻译学者尤斯塔·霍尔茨-门泰里(Justa Holz-Manttari)受弗美尔的启发，提出了更为激进的观点。她的翻译理论建立在交际理论和行为理论的基础之上，并将文化间转换(intercultural transfer)的各种形式(包括没有原文或译文的)都看作是翻译。在她的模式中，翻译行为(她用自己新创的术语 translational / translatorial action)是一种文化间合作(intercultural cooperation)，而文本只是"信息转送物"(message transmitter)。她非常重视分析翻译行为中各个因素的作用和相互作用(委托人、接受者、使用者等)，而具体的翻译只成为翻译行为的一个部分而已 (对上下文没有逻辑性过渡作用)。

赖斯、弗美尔、门泰里是功能派第一代领袖人物，而功能派在 20 世纪八九十年代的迅速发展到本世纪影响国际翻译界，离不开第二代，尤其是诺德的努力。作为赖斯的学生，诺德在老师的文本类型学的基础上，提出了自己的文本类型学(见本书第 3 章相关内容)，尤其重要的是她提出的功能翻译类型学(文献翻译和工具翻译)。她认为译者在翻译之前，首先要比较翻译目的与源文本功能的异同，这样便能确定翻译过程中可能出现的问题，为这些问题设计出整体性的解决策略。同时，面对其他学者批评目的论放任译者权力的指责，她提出"功能加忠诚"(function plus loyalty)的修正观点(尽管弗美尔对此颇感不满)。诺德的贡献还在于对功能派理论的总结和归纳，并出版英文版著作，对传播功能派理论、扩大功能派的影响功不可没。

以上四位是功能派(或者说狭义的功能派)核心人物。一般情况下功能派翻译理论即指这四位核心人物的理论，这也是本书对功能派的理解。不过，诺德的功能派是个广义的概念(虽然她介绍的功能派理论也以四位核心人物的理论为主)，因此第二代功能派代表人物中还包括四位"外围"学者(因为他们虽受目的论启发，但已经偏离，有些甚至比较远)，即借用"格式塔"概念建立起翻译研究综合法(integral approach)的霍恩比(Mary Snell-Hornby，赖斯和弗美尔的学生)，致力于"发声思维分析法"研究(TAPs, Think-aloud Protocol)的霍尼(Hans Honig)和库斯莫尔(Paul Kussmaul)(根茨勒在其著作中对这两位有所介绍，但并不把他们归入功能派)，以及放弃研究专职从事翻译的阿曼(Margaret Ammann)。在这四位学者中，霍恩比应该还是狭义功能派的"近亲"，她的综合法著述中功能派痕迹处处可见。她创立综合法，一是因为对赖斯文本类型学中盒子似的分类方法不满，二是想以综合法统一文学翻译和应用翻译。

从现在的情况来看，由于第一代的三位核心人物均已退休，真正坚守功能派的只有诺德一人了。功能派第三代则分散在德国数所大学和北欧(芬兰、丹麦)、荷兰等国。

2.2 功能派翻译理论简介

2.2.1 翻译作为跨文化交际行为

功能派从交际理论和行为理论出发，颠覆了传统意义上人们对翻译和翻译性质的界定。在功能派看来，翻译是翻译互动行为的一种(a form of translational action)(另外两类是没有源文本的跨文化咨询和跨文化技术写作)，是一种基于源文本的目的性的跨文化人际互动交往行为(intentional cross-cultural interpersonal communicative action based on source text)。下面我们对功能派理论中翻译的定义和性质作简要的介绍和分析。

2.2.2 翻译的目的性

英文中 behavior 与 action 的不同之处在于 action 是有目的的行为。功能派认为翻译的目的性或意图性(intentionality)意味着翻译是一个有选择性的行为：There was a choice to act one way or another, to refrain from acting in a particular way, or to not act at all (Nord, 2001: 19)。也就是说，译者不是一个被动的被源文本束缚的语言转换者。翻译的目的性可能与译者有关，或与翻译的发起人有关，而与源文本的目的可能类似，也可能不同。这一看法将各种不同类型翻译"合法化"——翻译不仅仅是那种忠实于原文、忠实于原文意图的翻译行为。弗美尔反复强调目的性并不是指翻译行为本身的目的性，而是指被参与者或观察者所理解或解释的目的性(ibid)。弗美尔这样说并不是否认翻译行为的目的性，而是强调翻译要达到目的，必须要有翻译接受者、使用者的合作——翻译是否成功，不仅取决于译者，而且取决于接受者，因此译者必须充分考虑接受者因素。

2.2.3 翻译的人际因素

功能派将翻译作为人际互动行为，将影响翻译过程的各种人的因素都考虑进来，而不局限于传统理论中的原文作者与译文读者。这些细化的三大类人际因素，涉及实际翻译过程中译者以及翻译本身的各种制约因素，包括发起翻译行为者、原文相关者和译文相关者。发起翻译行为相关的有发起人(initiator)和委托人(commissioner)，即译者的客户(client)。发起人是指实际需要使用译文文本的一方，而委托人是授予译者翻译任务的直接客户。委托人往往会对译者提出具体的翻译任务要求(translation brief)，对目的文本的翻译产生影响。而译者作为翻译任务和源文本的接受者，要制作出满足翻译任务要求，实现相应功能的目的文本。例如，广告"绿丹兰——爱你一辈子"的翻译。翻译的发起人可能是化妆品企业，也可能是广告公司，委托人则可能是广告公司(当然译者可能要经过作为中间人的翻译公司这一环节，但翻译公司只是传递委托人的要求)。除了明说或未明说的翻译任务要求外(如译文的目的、功能等等)，广告公司(委托人)可能会提出一些具体的翻译要求，如译文的字数等等。

与源文本相关的人际因素有源文本制作者(source-text producer)，即原文制作者和原文发送者(sender)。原文发送者是源文本的使用者，例如上述使用广告的企业或广告公司；原文制作者是具体的源文本写作者。区分二者的意义在于，有时候原文作者未能有效地表达发送者的意图，这时译者需要对源文本作修订，起到能表达源文本发送者交际意图的目的文本制作者的作用(ibid: 21)。我们在翻译某些企业宣传、产品宣传材料时，碰到这种情况的可能性比较大。

与目的文本相关的人际因素有文本使用者(target-text user)和接受者，而接受者又包括受话人(addressee)和文本接受者(text receiver)。功能派理论中将使用者和接受者分开讨论，但实际上这两者都属于译文一侧的因素。目的文本的受话人是指译者意识中的未来文本接受者。对译者来说，受话人的社会文化背景、期望值、文化程度等信息是至关重要的。目的文本的接受者是指译文的实际读者或听众。功能派对两者的区分，实际上更清楚地显示了读者因素的重要性。译者对未来读者的预测会直接影响他在翻译过程中的选择行为，但如果最终读者与预计读者差别较大或很大(完全吻合的可能性是很小的，因为即使读者群一样，读者群里的个体差异同样会影响文本的接受和理解)，再优秀的译文也无法完全达到预期的目的(或者说对非预期读者难以达到目的)，满足委托人的翻译要求。文本使用者是最终实际使用文本的人(机构)。例如刚才的"绿丹兰"广告文本，如果发起人是化妆品企业，委托人是广告公司(或企业中的广告部门)，也是源文本的发送者，源文本的制作者则是广告公司的具体创作者，受话人可能是外国中青年女性，但实际接受者却可能是国内中青年男性和女性，而使用者可能是广告公司也可能是电视台等。

需要注意的是，在翻译实践中各种人际因素的重要程度呈动态变化，如通常情况下委托人、发起人、源文本发送人、文本使用者的影响往往是相对隐性、潜在而微弱的，但有些情况下，他们也可能起到重要的，甚至制约性的作用。如出版社可能明确要求删除原文中某些不符合国家相关规定的内容，或者培训机构或使用教材的学校(作为发起人和使用者)要求译者简化、删节内容等等。另外，功能派还强调有时候一个人(机构)可能承担数个角色的作用。例如，与译者相熟的一位教授请译者翻译一篇参加国际会议的论文，这时翻译的发起人、委托人、源文本发送者、制作者、目的文本使用者都是教授本人，而目的文本接受者便是与会代表(由于范围小且明确，受话人与接受者应该不会有什么差异)。

2.2.4 跨文化交际行为

确定翻译的跨文化交际性质绝不是功能派的特色，翻译科学派的奈达、威尔斯，翻译认知和心理研究的贝尔(Roger Bell)，翻译语篇学、语用学研究的哈蒂姆(Basil Hatim)等等都将翻译看作是跨文化交际行为；功能派与众不同之处在于他们从行为论出发，强调交际行为和跨文化行为的目的性，还在于他们对文化以及文化与语言关系的观点(进而也是对翻译的观点)。

交际以言语或非言语符号为媒介，而符号的使用都有具体的目的。交际双方要实现交际目的，必须对符号的意义达成某种协议，因此符号是约定俗成的，也是文化特有的(culture-specific)。功能派认为翻译行为发生于涉及不同文化成员的具体、明确的情境中。他们认为文化是"知识、熟练程度、感知的总和"，是动态的，"与行为和事件有密切关系"，并依赖于该文化中的社会交往期望值和规约要求(其中包括语言)(Snell-Hornby, 2001: 40)。功能派认为文化具有文化特殊性(cultural specificity)，即某文化中的某一社会现象与另一文化的相应现象相比，是该文化特有的现象，例如形式不同但功能类似的现象，或相反，形式相同但表达不同的功能。在语言和文化的关系上，他们认为语言是文化的内在组成部分，语言和文化是相互依赖的，因此翻译不是语际行为(interlingual action)，而是文化间行为(intercultural action)(Nord, 2001: 23)，"翻译意味着比较文化"(ibid, 34)，是跨文化转换(cross-cultural transfer)(Snell-Hornby, 2001: 46)。译者在比较文化时，是站在本文化的立场，根据他们掌握的外来文化特有知识来理解和比较外来文化。在此基础上，译者可以根据翻译目的进行选择。如果译者使用了从目的文化角度看可能会被误解的源文化(专有)符号，那么译者应该做出标识(即文献翻译，见本书第3章)。译者还可以选择(根据委托人的翻译任务)牺牲原文的形式，而以目的文化的规约形式传达类似的功能(即工具翻译)。

从以上分析可看出，功能派的语言文化观更倾向于洪堡特(Wilhelm von Humboldt)的语言相对论，而不是共性论者。但他们绝不是极端的相对论者；在他们看来，文本的可译性只是程度问题，取决于文本与自身文化关系的密切程度(ibid: 41)。洪堡特内在语言(人类公有的)和外在语言(文化特有的)的区分(刘润青，1995: 56—57)，由乔姆斯基发展为语言的普遍论和语言的表层结构和深层结构观，同时也有助于我们理解功能派的翻译观。正如前面所论述的，功能派认为文化特有现象中，不同文化存在形式与功能关系不一致的现象——在两种文化中，不同的形式可以表达类似功能，而相同(或类似)的形式也可能表达不同的功能(反过来看，这些不同的功能在不同的文化中还可以找到不同的表达形式)。即功能是不同文化共有的，差异主要存在于形式与功能的对应关系，因此从功能的角度来看，一切都是可译的，只要翻译行为符合目的法则，实现预期的翻译功能。从具体操作层面来看，文献翻译中可译性问题会给译者带来更多的问题，因为译者要传递源文化的符号，而工具翻译中译者为传递或改变源文本功能而被赋予了对源文化符号的"处置权"。

2.2.5　目的论三大法则

功能派的核心理论是目的论(*Skopos* theory)。目的论的首要原则是目的法则(*Skopos* rule)，首要原则之下有两个附属原则：连贯法则(coherence rule)和忠实法则(fidelity rule)。下面我们对这三大原则做一简单分析。

Skopos 是希腊语，表示目的(purpose)。与翻译相关的目的可能多种多样，而目的论的 *Skopos* 通常是指目的文本的目的。弗美尔曾区分与 *Skopos* 相关的四个词: aim, purpose, function 和 intention。诺德认为最重要的是要区分 intention，即文本发送者的意图，和 function，即文本对文本接受者产生的功能和作用。在理想的情况下，意图和功能是类似甚至完全相同的。根据目的法则，决定翻译过程的不是源文本，或源文本对源语接受者产生的作用，或原作者赋予它的功能，而是由目的文本的预期功能或目的决定。目的文本的目的则由翻译发起人在翻译任务中明确，很大程度上也是受目的文本使用者、接受者及其语境和文化背景的制约(Baker, 2004: 236)。目的法则是对"对等论"的反拨。它向译者明确说明，对等只是一种可能或要求；侧重源文化和侧重目的文化、满足目的文化期望值都只是多个选项之一。在文化间的翻译行动中，"目的决定手段"(Nord, 2001: 29)。诺德在其功能翻译类型(文献翻译和工具翻

译)中对各种目的和相应的翻译手段进行了具体分析。

弗美尔将文本看作是信息源(offer of information)，读者从中选择他们感兴趣或重要的信息。因此，目的文本便是译者以原文作者向原文读者提供的信息源为材料，向目的读者提供信息源(ibid: 32—33)。在这个过程中，译者必须考虑目的读者的背景知识和目的文化的情境，向目的读者提供与目的文化和交际情境相连贯的(相一致的)，可理解、可接受的信息源。这便是目的论的连贯法则(弗美尔称为文内连贯，intratextual coherence)。

忠实法则，也称为文际连贯(intertextual coherence)，是指既然翻译将源文本作为目的信息源的材料，那么源文本和目的文本之间应该存在某种关系。而具体是什么样的关系则取决于翻译目的和译者对原文的解释(ibid: 32)。根据目的论的观点，目的法则是译者要遵守的首要法则，其次是连贯法则，最后才是忠实法则。但如果翻译目的是再现原文的形式(如逐字翻译)，那么连贯法则便不起作用。

在目的法则下，功能派的翻译标准不再是"功能对等"，而是"充分性"(adequacy)，即翻译是否符合翻译任务提出的要求，即是否达到了翻译目的。因此，功能派的翻译标准是动态的(dynamic)、多选的，随翻译目的而变化的，功能对等只有在翻译任务要求达到对等的时候才成为衡量标准。同时，这一标准也是静态的(static)、唯一的，即满足翻译目的的要求。

2.2.6 文本和规约

在功能派目的法则和翻译标准下，原文的地位受到极大的动摇，这是功能派遭受批评、抨击的主要原因之一，如纽马克曾批评目的论损害了源文本的权威(张南峰，2004: 125)。的确，从功能派的几个重要观点来看，源文本似乎被排挤到非常不起眼的角落。作为文本处理行为的翻译(Nord, 2001: 25)，源文本与所有文本一样，只是起到提供信息的作用；在目的论三大原则中，忠实法则(即忠实于原文)是位列第三、最不重要的原则；弗美尔更是直接提出将源文本赶下王位(dethronement) (ibid)。但如果我们从整体上综观功能派的理论，不难看出功能派并没有损害我们通常意义下的源文本的权威性，而是更加动态、开放地看待原文，动摇的只是传统观念中不问翻译目的和翻译类型的原文决定论的王者地位。在纽马克的理论体系中，侧重原文的语义翻译处理的一般是文学以及权威文本，而在诺德的翻译类型中，这类文本应该属于文献翻译类，源文本的权威地位同样丝毫未动。而纽马克体系中体现源文本交际功能、侧重目的语的交际翻译与诺德的同功能翻译以及赖斯的交际(模仿)翻译，从翻译目的看并无多大差异。纽马克承认翻译实践中有各种不同类型的翻译(如实现与原文不同目的和功能的翻译)，不过他没有将它们纳入自己的体系内，而功能派则认可各种实际存在的翻译现象。在这种翻译理念下，原文的作用和地位自然要视情况而分别对待。

　　实际上，在忽略原文的外表下，功能派十分重视原文的文本分析，重视规约在翻译中的作用。诺德曾说，"译文目的优先，并不意味着源文本是毫不相干的"(ibid: 62)。他认为原文分析有助于确定翻译策略，译者应该比较原文与译文的功能，比较源语受话人和目的受话人的社会文化背景、知识、文化期望值等方面的差异。译者还需要把握并比较文类规约、文体规约以便能根据翻译目的和翻译类型选择复制或调整的方法。他提出所有的翻译过程都是源文本与目的文本语境的调停过程(mediate)，语境的差异将造成语用翻译问题。在翻译过程中，译者不应该"自下而上"(bottom-up)处理文本，而应该采取"自上而下"(top-down)的方针，即从语用层面确定翻译功能(文献翻译或工具翻译)，以确定原文中哪些功能元素需要复制，哪些需要调整，再据此确定译文是应该遵守源文化规范还是目的文化规范，最后才是文本的语言层面处理(ibid: 53—68)。

2.2.7　功能加忠诚

　　弗美尔的目的论，强调目的为首要原则，因而很容易给人"为了任何目的都可不择手段"的感觉(ibid: 124)。皮姆(Anthony Pym)曾批评功能派理论将译员降低为"雇用专家,只要付钱不计目的为任何人作战"
(ibid: 117)。根茨勒则指出奈达的动态对等由传教动机(missionary
motives)所促动,功能派的功能对等则由商业使命(sales mission)诱发
(Gentzler, 2004: 74)。不过弗美尔倒并不担心这一指责,因为他认为他的
目的论是普通理论——普通理论是不一定要有实用性的,因而将他的目
的论与任何实用目的联系起来,本身就是错误的。诺德则从翻译培训和
翻译实践出发,同时为了修正激进功能派的观点(如门泰里将无源文本
跨文化咨询和写作也看作是翻译的一种),认为目的和翻译并非不受节
制,译者应该有道德责任。这就是她的功能原则,即功能加忠诚(function
plus loyalty)。

　　功能是指译文应该具有使文本在目的语境中按预期方式发生作用
的因素。忠诚是指译者、翻译发起人、源文本发送者、目的文本受话人
之间的人际关系。忠诚限制了对某具体源文本的合法目的文本的范围
——译文的目的应该与原文意图相容,因此译者应该尊重原文作者的交
际意图。在此基础上,忠诚还要求译者与客户、与作者就翻译任务进行
有效的协商。例如,有些不懂翻译的客户或作者,往往要求或期望译者
忠实地翻译原文的语言表层结构;在翻译无法实现原作意图的情况下,
译者应该向客户或作者解释,取得他们的信任。

2.3　功能派理论与应用翻译

2.3.1　功能派理论对文学翻译的适用性问题

　　功能派看似激进,其实是与翻译理论发展趋势相吻合的。它既不是
空穴来风,也不是孤军奋战。功能派从交际理论、行为理论、文化理论、
语篇理论和布勒的语言功能论中汲取灵感,使得(德国的)呆板的语言学
翻译理论转向功能和社会文化导向的翻译理论,以开放的姿态、动态的
理念,将译员、读者和翻译研究人员从"对等综合症"(equivalence
syndrome,霍恩比语)中解脱出来,并与侧重文学翻译研究的"操纵派"

(Manipulation School)(翻译研究派，描写派，多元系统理论)遥相呼应。

尽管早期两派几乎各不相闻，互不相识，它们的发展历史和阶段却几乎同步(20 世纪 70 年代创立，八九十年代迅猛发展)，理论倾向的共同之处也非常明显。赫尔曼斯(Theo Hermans)便将目的论和描写系统理论都看作是"操纵"范式的理论(Hermans, 2004: 102)，而图里(Gideon Toury)则把目的论称为"另一种目的文本导向范式"(Shuttleworth, 2004: 156)。两派的共同点除了表现在目的语导向，强调译本在目的文化中的作用和接受外，还体现在对原文地位和翻译类型的界定上。赫尔曼斯曾说，如果想当然地认定原文至高无上的地位，将原文当作绝对的标准和试金石，结果必然是规定性的、超验的、乌托邦似的翻译概念——复制原文，仅此而已(Nord, 2001: 121)。两派都扩大了翻译的领域，将所有实际存在的翻译类型都认为是"合法的"，如庞德式的中国诗歌翻译、名著改译为儿童读物等。我们还能找到两派在其他观念上的对应、相似之处，如操纵派的赞助人(patronage)与功能派的委托人、发起人，操纵派的意识形态和诗学概念与功能派的目的语读者的文化背景、知识、期望值，操纵派的规范(norms)与功能派的规约(norms and conventions)等等。功能派和操纵派共同打破了两千年来的围绕"忠实/直译"还是"意译"展开的翻译理论之链(Gentzler, 2004: 71)。

当然，两派的差异也是比较明显的。功能派具有应用翻译研究的特点，旨在为翻译提供指导原则，有规定性研究倾向(尽管他们也作描述性研究)，关注的主要是应用文本翻译，而操纵派旨在对翻译进行描述性的、解释性的研究，关注的主要是文学翻译(Hermans, 2004: 37; Toury, 2001: 25)。尽管图里和诺德都对各自理论的普适性的疑问做了程度不同的辩解和反驳(Nord, 2001: 120—123; Toury, 2001: 174)，并试图将他们的研究拓展到涵盖文学翻译和非文学翻译领域，但人们仍然将这两派主要归类为文学翻译研究(操纵派)和应用翻译研究(功能派)。诺德在《目的性行为——析功能翻译理论》一书中对主要来自语言学派的翻译理论家，如纽马克、科勒(Werner Koller)、皮姆(Anthony Pym)、威尔斯等的九大批评意见——反驳，其中对功能派理论不适合文学翻译的反驳理据并不充分，说服力也不够强，主要是引用赫尔曼斯关于原文地位的言论为功能派辩解(Nord, 2001: 121)。在我们看来，正如霍恩比所说的那样，"文学作品的情境和功能比非文学作品复杂得多"(Baker, 2004:238)。因此，虽然我们可以用功能派理论解释文学翻译现象，但它更适合于应用文本翻译(Gentzler, 2004: 73)。

2.3.2 功能派理论与应用翻译

应用翻译具有实用性、目的性、专业性、匿名性和商业性特点。中国应用翻译正处于"呼唤理论指导"(林克难等，2003: 10)，正需要"宏观的、基础性的理论研究"，应用翻译教学和职业培训日显重要的时候(韩子满，2005: 50)。功能派理论侧重目的语、强调目的至上原则，突出文本的功能与文类规约，既具有理论深度与高度，又长于译员培训，对我们的应用翻译实践和研究具有很好的指导意义和借鉴作用。从我们以上的分析可发现功能派理论本身也更适合于应用翻译，我国学者方梦之也认为"功能目的论对应用翻译有一定的指导意义"(方梦之，2003: 49)。

翻译，尤其是应用翻译，不能简单地追求忠实于原文，一味强调对等，将翻译看作是不同语言间的文字转换。正如功能派告诉我们的那样，翻译是文化间的互动行为，而不是语际行为。我们应该遵循"自上而下"与"由下而上"相结合的方针。在翻译之前，译者首先要领悟委托人的翻译要求，有时候应该主动与委托人沟通，明确翻译任务的具体内容(如目的文本功能、读者对象等)，然后分析源文本的类型和功能、作者意图，并根据翻译任务要求，结合目的文本的类型、功能、语境、目的读者文化背景等因素，确定总的翻译策略(语义翻译还是交际翻译等)，以保持总的翻译原则的一致性。之后再结合源文本的文本类型、意图、语境，分析文本的语域和语用特点，以便进一步从整体上把握文本，预测可能出现的翻译问题以及相应的解决办法。最后进入源文本语言层面的分析(同样要遵循从整体上自上而下的把握——篇章、段落、句子、词汇)。在翻译过程中，虽然势必要由下至上进行操作(语内——词汇、句子、段落、篇章，到语外——语境、语用、文化)，但始终要有翻译的整体性概念和指导，即目的、功能、文本、语域与语用、具体语言，这样才能避免译词不译意、译意无目的、翻译无章法、费力无效果等现象。

在应用翻译中，译者除了自己把握好翻译原则，避免盲目翻译，尤其是盲目"移译"外，还应该遵循诺德提出的忠诚原则。正如诺德所说的那样，委托人往往并不懂翻译，但却会从根深蒂固的忠实原文的标准出发，对译者提出要求或者指责。这时，译者应该通过协商，取得委托人的信任和理解，因为译者不仅仅要对委托人负责，更要对原文意图、翻译目的和翻译效果负责，同时这也是对自己的名声负责。

在应用翻译领域，有相当数量的中译外的翻译，即所谓的"服务型翻译"(service translation) (Newmark, 2001: 52)，也称为"逆向翻译"(inverse translation) (Shuttleworth, 2004: 152)。在这类翻译中，译者除了要熟练把握应用文体的语言层面知识和运用能力(词法、句法、语篇特点)，掌握相关领域的术语翻译外，更需要了解并把握英语文化知识、文类规范要求和语域与语用特点等。

2.4　国内功能派翻译理论研究综述

我国功能翻译理论研究有两个明显的发展阶段，1995年到2001年为起步阶段，2002年至今为发展阶段，2004年到达研究高潮期。从在国内核心期刊发表的论文数量来看，第一阶段7年间共发表相关论文5篇。张南峰于1995年发表的文章，第一次向国内简单介绍了目的论，并认为目的论非常值得我们借鉴，郭建中于1998年发表的文章只是提到了目的论这个名称(他称之为应用翻译的目的论)；仲伟合、钟钰于1999年发表在"中国翻译"上的论文"德国的功能派翻译理论"，是我国第一篇系统介绍功能派理论的学术论文。"中国翻译"次年刊登了陈小慰的文章"翻译功能理论的启示"，以功能派理论解释文学和非文学翻译中的"改译"现象，是国内第一篇应用功能派理论的文章。徐泉和王婷于 2001 年发表的"试论软新闻的翻译方法及其理论依据"主要以功能论解释软新闻翻译中的改译现象，该文尽管只是对功能理论的简单运用，但开了功能派理论运用于应用翻译研究的先河。这一时期，香港出版了张南峰与陈德鸿合编的学术著作《西方翻译理论精选》(2000 年)，将功能派作为一个独立的流派加以介绍。第二阶段不仅仅相关文章数量逐年上升(2002 年 2 篇，2003 年 4 篇，2004 年 8 篇，2005 年 4 篇)，而且研究视野、深度和应用范围都有所提高和拓展，有述评研究、理论应用研究、文学翻译研究和应用翻译研究。此外在这一时期，一些学者在其著作中也探讨或应用了功能派理论，如张南峰(2004)、谭载喜(2004)、贾文波(2005)。

2.4.1　述评研究

在述评研究中，仲伟合、钟钰的文章对功能派理论作了简要而较全面的介绍；张美芳的文章"功能加忠诚——介评克里丝汀·诺德的功能翻译理论"在对功能派理论作简要的概述的基础上，侧重介绍诺德的理论，尤其对诺德的忠诚原则进行了比较详细的解析。朱志瑜、平洪、潘平亮的文章分别介绍了赖斯的文本类型学、诺德的翻译类型学(文献翻译和工具翻译)以及功能派对原作地位的看法。这 5 篇述评文章虽然数量不多，但从不同侧面向国内读者介绍了功能派的主要观点，使我们对功能派有了比较全面的了解。

国内述评研究的共同问题是以综述和介绍为主，批评很少，或者几乎没有，更不用说有理论深度的评论，其中还不乏不太妥当、不太全面甚至是错误的理解或观点。平洪的"文本功能与翻译策略"(2002)一文，对诺德的文本功能观作了比较仔细的介绍后，用我国翻译的一些实例来一一向读者介绍分析诺德两大翻译类型(文献翻译与工具翻译)的七种形式，之后再举例说明翻译策略的具体应用，资料翔实，且贴近我们的翻译实际。不过，平洪将 homologous translation 翻译成类体裁翻译(贾文波也采用这一译名)，笔者以为有误，其比较恰切的汉语表述可以是"同效翻译"。类体裁翻译容易给人以误导，指类似体裁翻译，如张长明、仲伟合在文章"论功能翻译理论在法律翻译中的适用性"(2005)中，便得出结论"等功能翻译和类体裁翻译手段有助于法律文本的程式化翻译处理"，这里的"法律文本的程式化翻译处理"应该是指遵循目的语的法律文本的文类规范(genre conventions)，而不是逐字翻译，但这与诺德的homologous translation 完全是两码事。平洪对类体裁的定义是：用译文中已有的文本格式(多为文学体裁)再现原文文本格式的功能(2002)。而这一定义只是诺德对 homologous translation 解释的一部分，且理解不完全正确；诺德的原话是"In a homologous translation the tertium comparisons between the source and the target text is a certain status within a corpus or system, mostly with respect to literary or poetic texts" (Nord, 2001: 52)。类体裁翻译这一译名加上这一定义，难怪读者会被误导。实际上诺德对homologous translation 的解释是比较清晰的，即"Here the target text might be supposed to represent the same, or a homologous, degree of originality as the original with regard to the respective culture-specific corpora of texts" (ibid)。意指：译入语文本理应与原语文本在各自的特有文化文本库里达到相同或者相应程度的独创性。这种 homologous translation 涉及的大部分是文学文本或者诗歌文本。这相当于雅各布森所说的"创造性转换" (creative transposition) (ibid: 51—52)，是一种对应翻译，即 corresponding translation (Shuttleworth, 2004: 80)。

功能派遭受批评(尤其是传统的语言学派的批评)的一个原因，是他们有关原作地位的观点，潘平亮的文章"翻译目的论及其文本意识的弱化倾向"(2006)便主要讨论这一问题。作者从新批评的文本中心论、结构主义、解构主义而联系到等值论、目的论，并作出目的论是解构主义视角的翻译理论这个结论。尽管作者思路开阔，旁征博引，但其中有些观点还值得商榷。尤其是作者在文章中将功能主义与解构主义联系在一起，说"目的论作为解构主义的翻译视角……"。诚然，等值论体现了结构主义语言学的翻译观，但是否放弃翻译对等追求的功能派就是结构主义翻译观的反面——解构主义翻译观呢？如果是的话，那么纽马克、操纵派应该也都是解构主义翻译理论了。作者在文章中还说，弗美尔"提出了'颠覆原文'的口号：'原文的语言特征和文体特征不再是衡量译文的唯一标准'"(ibid)。如果不看原作者所使用的英文词语，"颠覆原文"倒是很有解构主义的味道，如同解构主义颠覆二元对立的等级秩序一样。不过我们知道，弗美尔说的是"dethrone"即"贬黜"原文，将原文"赶下王位"。需要说明的是，作者所引用的不是弗美尔本人的言论，而是诺德的解释，而诺德接着还说"dethroning does not imply murder or dumping"(Nord, 2001: 119)。

2.4.2　理论应用研究

此处所说的理论应用研究，是指将功能派理论应用于翻译理论研究。理论应用研究使我们能够真正消化、借鉴和利用功能派翻译理论的精髓，有助于我国翻译理论的发展。目前国内功能派理论应用研究数量不多，质量也良莠不齐，既有理论性强、分析严谨、有创新观点的研究，也有一些内容空泛、质量不高的文章。

范详涛、刘全福的"论翻译选择的目的性"(2002)，在借鉴的基础上有所引申，有所突破和创新。作者在分析目的论的核心概念后，提出翻译目的由宏观到微观的多层次结构问题，强调翻译选择的目的性，并最后通过晚清小说翻译的个案描写来验证自己的观点。文章资料翔实，分析严谨，有一定的理论高度和深度。范详涛于次年发表的"翻译层次性目的的多维描写"一文(2003: 44—47)，观点与前文相似，文章最后也是以晚清翻译的个案描写来验证翻译多层次目的性的观点。不过在理论分析中，作者不再局限于以目的论为主，而是寻求目的论与描写译学两大派别的理论支撑(侧重后者)，使其观点更具理论"厚度"和说服力。

另一篇文章，"文化语境顺应与文学翻译批评"(王小凤，2004)，以功能派翻译理论为依托，引入文化语境和语境顺应概念，提出文学翻译应该在分析原文的基础上，以译文预期功能为目的，根据各种语境因素，选择最佳的处理办法，并侧重分析文化语境顺应在风格和文化意象翻译中的作用。文章将文化语境、语境顺应和功能派理论结合起来，理论上的确有一定的新意，不过作者在论述中的有些观点和表述仍有不妥、不当或错误之处。在讨论文化语境顺应与语言风格选择的关系时，作者说到"风格的传达应如傅雷所说，重神似而不重形似，也就是说译者应该注重功能的对等"；这里将风格的传达与功能对等相提并论，似乎过于牵强。之后作者又说"以'译者为中心'并不意味着不考虑原文。相反，翻译功能理论同样强调忠实于原文…… 我们在进行文学翻译批评时，既要以翻译目的为标准评判译文，同时也要遵守忠诚原则……"。首先功能派并未说过要以"译者为中心"，如果有中心的话，那么功能派的中心应该是译文或译文读者或委托人，而不是译者。其次，功能派并非一味"强调忠实于原文"(当然也没有说不忠实于原文)，而是说忠实于原文与否"取决于译者对原文的理解和翻译目的"(Nord, 2001: 32)。

在文章中，作者提出文学翻译应该顺应时代风格，并以 Byron 几行诗的两个译文比较来说明问题(苏曼殊和黄振定的译文)，并评论说苏曼殊的译文中国味太浓，像一首古诗，而黄振定"依据功能理论的目的法则和连贯法则……"，译文让"现代人读起来有轻松、随便和亲切的感觉"。且不说黄振定先生在翻译这首诗歌的时候是否真的以功能派理论为指导原则，单从两首诗翻译的时代背景来看，都是达到了作者提出的顺应时代风格要求的。如果苏曼殊的译文像黄振定的译文那样有现代味，倒是没有顺应时代风格了。作者在风格选择部分还提到"语言的选择还要顺应原文的语言结构"，但实际上她说的语言结构是指语域和语体风格，而不是 linguistic structures。

作者还认为"文学作品翻译中文化词语的翻译要遵守忠诚原则"，但我们知道诺德的忠诚原则是指"译者，源文本发送者，目的文本受话人和发起人之间的人际关系"(Nord, 2001: 126)，指"目的语文本的目的应该与原作者的意图相容"(ibid: 125)，指当发起人、目的文本接受者和原作者三方之间的利益发生冲突时，"译者必须协调，必要时寻求各方的理解"(ibid: 128)。忠诚原则是诺德提出的对所有译者的道德要求，而不是限于文学翻译，更不是说在文学翻译的文化词语翻译中应该遵守这一原则。将一个普适性的原则作为某一具体文类的具体操作层面的指导原则，即便是正确的，也必然是没有任何指导作用的。

2.4.3 文学翻译应用研究

虽然应用翻译与文学翻译不在同一类别里，但为了较全面地阐释德国功能派翻译理论，在此就该理论对文学翻译也作一简单的论述。

功能派翻译理论的批评者指出功能派理论只适合应用翻译，而不适合文学翻译；诺德曾对此做出了反驳(ibid: 121)。我国国内也有学者撰文，认为功能派也适用于文学翻译。从目前的研究状况来看，虽然这类文章不多，但总体上质量还算上乘。陈刚和胡维佳从功能派的视角，比较《红楼梦》中咏蟹诗的霍译和杨译两个版本(2004)，作者认为霍氏译文虽然流畅，但采用归化译法，"译入语读者品尝'异国风情'的权利在无形中被剥夺了"，而且在归化的同时，没有给读者提供足够的语言素材，进而无法体现原作者的创作意图。相比之下，杨译虽然流畅不够，但其异化的策略在上下文中很好地体现了作者意图，因而从功能的角度看是更为成功的翻译。最后，该文作者在两位译家译文的基础上，本着弘扬中国文化的目的，灵活结合"归化"和"异化"两种策略，尽可能使语言自然、连贯，提供了自己认为"功能性"更强的译文——即目的语读者会更为喜爱的英译文(也可谓是翻译的"中间道路")。

文军和高晓鹰比较灵活地运用功能派理论来阐释文学翻译批评理念。在"功能翻译理论在文学翻译批评中的应用"一文中，作者从功能派翻译理论的角度分析比较了张谷若和吴迪两个版本的《苔丝》中译本。作者认为进行文学批评时，不仅仅要看翻译目的是否实现，还要看译者是否很好地协调了原文作者、译者和译文读者的关系。文章在分析了两位译者的翻译目的之后，比较了两位在标题、句式和用词三方面的异同——张译在标题和用词上为译语倾向，句式上则是原语倾向，吴译词语是原语倾向，而句式是译语倾向。作者得出结论两位译者出于各自翻译目的考虑，选择了相应的翻译策略，但吴译能更好地协调译者、作者、读者三方面的关系，因而是更成功的翻译。两位作者同年还发表了另外一篇文章，从功能翻译理论角度评价《飘》的两种译本(傅东华版本和黄怀仁、朱攸若版本)。

以上四位作者通过分析，都旨在证明功能派理论同样适用于文学翻译，不过从他们的论述中我们倒是觉得，功能派虽不能说不能用于文学翻译，但解释力是有限的。例如，四位作者在三篇文章里都指出译者应该具有一定的灵活性(如陈刚等提出第三个译本)，也就是说需要有中间线路，不过中间线路的诉求似乎有违于功能派，尤其是诺德的原则。她认为没有中间道路可选，"要么是侧重目的语的工具翻译，要么是侧重源语的文献翻译"(张南峰，2004: 128)。但在翻译实践中，尤其是文学翻译中，成功选择中间道路的例子是存在的，有时候也是必要的，正如四位作者所呼吁的那样。

功能派是否比较、完全或者特别适合文学翻译，是否还需作出新的修正和发展，还有待进一步的探讨和研究。

2.4.4　应用翻译研究

将功能派理论运用于应用翻译研究是国内功能派研究中分量较大的一部分，这也是顺理成章的事情。国际翻译理论界对功能派虽然存在不同的声音，不过从来没有学者说过它不适合应用翻译。从国内的情况来看，这一部分研究涉及的文体类型比较广，有法律翻译、旅游翻译、畅销书翻译、新闻翻译等等；研究视角也比较多，有从文内连贯和文际连贯探讨的，有侧重从译文功能入手的，也有从翻译失误着眼的。不过总体来看，在透彻领会功能派理论基础上，还期待灵活应用理论并提出创新观点的高质量论文。

吴自选的文章材料新颖，侧重从功能派理论中交际意图和功能的视角，结合自己的翻译实践，探讨 CNN 新闻短片英译的一些特殊现象，尤其是文化历史现象的处理；作者认为对外宣传翻译中，不能固守对原文忠实的标准,而应该从实现翻译目的角度出发,对原文做适当的处理,如改写、删节等(2005)。文章"目的论观照下的翻译失误——一些大学网站英文版例析"(范勇,2005),根据诺德对翻译失误的定义,分析了大学英文网站翻译中三种主要的翻译失误现象——功能性翻译失误、文化性翻译失误、语言性翻译失误,作者采用比较翔实的第一手资料,分析具体到位。

应用翻译研究的主要问题有两类,一类是有名无实,即挂功能派理论之名,却没有或几乎没有应用到具体分析中去,如"从目的论视角解析吉祥物'福娃'的英译"(廖晟,瞿贞,2006:54—57)和"民航陆空通话英语的特点与翻译"(黄德先,2004)两篇文章。第二类是新瓶装旧酒,这类文章问题与上一种相似,不过往往会套用功能派理论做一些分析,但大量的内容还是属于传统的语言层面的分析。"从'目的论'的角度看《波布族——一个社会新阶层的崛起》之中文译本"是这类文章中比较典型的例子(陈建军,2004)。文章先交代这本畅销书的背景,然后简单介绍目的论,之后分四个部分进行具体分析。如文内连贯部分,先介绍功能派对此下的定义,并做简要分析,不过接下来却是罗列译文中欧化语言的类型(非人称主语句,修饰成分过长,搭配不当),且仅仅从语言层面用传统的方法进行简单的分析,与前面的理论部分脱节。文际连贯和文化特殊性这两部分也是按照这种结构和模式撰写,而最后部分的"其他问题"(专有名词和印刷错误问题)中的内容,则与目的论毫不相干。

国内绝大部分学者真正接触、了解功能派理论是在诺德《目的性行为——析功能翻译理论》(英文版)一书在国内引进、出版之后,迄今也就短短的 5 年多的时间。综上所述,我们尽管取得了不少成就,在理论研究和应用研究方面都有一些高质量的论文,但不论是从数量还是从质量来看,还是远远不够的。我们还没有看到更深入解剖功能理论,指出其不足和缺陷的批评。我们期待这样的文章出现,因为只有了解了一个理论的长处和不足,才能真正地将其拿来,为我所用,从而促进我国翻译理论和实践研究的发展。

思考题[C]

1. 谈谈你对功能派将翻译定义为跨文化交际行为的看法。
2. 目的论中三大原则之间有什么相互关系？
3. 在功能派理论中，原作是否不重要？
4. 忠诚原则和忠实法则有什么区别？
5. 意图和功能在功能派中有什么差异？
6. 功能派翻译理论适合文学翻译么？请阐述你的观点。
7. 为什么功能派理论能用来指导应用翻译？
8. 我国功能派翻译理论研究的主要问题是什么？

Chapter 3
文本类型与应用翻译

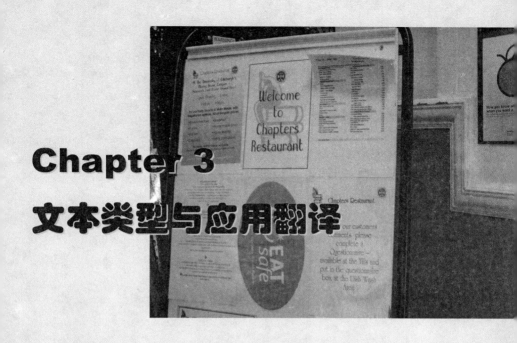

文本类型研究和分析之所以非常重要，不仅仅因为应用翻译实践与研究的对象就是实用性很强的应用文本，更因为不同的文本往往需要不同的翻译策略和衡量标准。本章将介绍文本类型的基本概念、分类方法和主要流派，阐述功能文本类型与翻译策略的关系，并在此基础上探讨应用文本类型的翻译策略。

3.1 文本类型概述

西方最早注意并阐述文本类型与翻译方法关系的是哲罗姆(St. Jerome)。他认为翻译与文本因素有关，并在自己的翻译实践中坚持以意译翻译世俗文本，以直译翻译圣经文本(Wilss, 2001: 30)。施莱尔玛赫(F. Schleiermacher)于1813年在皇家科学院宣读的论文，是翻译理论研究的经典之作，对后世翻译理论起到非常重要的影响。文章首次区分了口译与笔译，并从解释学的角度阐述译者与作者、读者之间关系，提出了"译者要么尽量不打搅作者的安宁，将读者带向作者，要么尽量不打搅读者的安宁，将作者带向读者"这两种翻译策略(ibid: 33)。文章中，施莱尔玛赫还区分了艺术和自然科学翻译与应用翻译这两大类文本的翻译，并认为前者是真正的翻译(translation proper)，后者是机械翻译(mechanical translation)，没有研究的必要和价值。施莱尔玛赫认为不论从翻译的难度，还是地位来看，应用文本的翻译都是处于最低层次的(Reiss, 2004: 17)。这基本上反映了长期以来翻译研究者对应用翻译的态度。

20世纪中期之前，除了这两位学者外，西方学者和中国学者一样，基本上没有关注文本类型与翻译方法的关系，而是更专注于研究或追求适用于所有文本类型的翻译标准和方法，如"信达雅"的标准、"对等"、直译意译方法等等。第二次世界大战后，随着应用文本翻译的剧增，尤其是随着语言学、功能语言学、社会语言学、符号学、语篇语言学、语用学等学科的发展，西方学者开始从不同的研究视角关注、探讨文本类型与翻译标准、翻译策略的关系。在我国，专门用途语言(LSP)翻译，尤其是科技翻译的研究，虽然起步并不晚，但长期以来，并没有将文本类型与翻译的标准与方法联系起来，基本上是沿用传统标准和研究方法。我国从翻译角度探讨文本类型与策略，只是近几年随着西方翻译理论和研究视角的引进才逐步开始的。下面我们先介绍一下与文本类型相关的几个主要概念。

3.1.1　文本类型的几个重要概念

1. Genre

Genre(文类，常译作体裁)一词源于法语，原来主要是指文学类型，如悲剧、流浪汉小说、抒情诗等，后随着语篇分析的发展，该术语在语言学界和翻译学界也有了一席之地。在文学领域，genre 是"随着时代改变而不同的一组构成性约定和规范，是作者和读者之间形成的未明示的合约。这些规范使得某一文学文本的创作成为可能，尽管作者可以遵循也可以违背通行的文类约定"(Abrams, 2004: 109)。在一个文学文类下，可能会有一些次文类，如 verse genres 中有 ballad, epic, lyric, satire 等等。

语言学中，genre 指"the linguistic expression conventionally associated with certain forms of writing" (Baker, 2004: 68)，即按照约定俗成的形式表达的文本，如"读者来信"(Letter to Editor)就是一种文类，写作的时候必须遵守相关的规约和规范要求。从语篇语言学角度来看，某一应用文类由一些次文类(micro-genre)构成。如，在"学术论文"(academic article)这一大文类(macro-genre)之下，有"论述"(discussion)和"总结"(review)两个次文类。

不论是用在文学领域还是语言学、翻译领域，genre 最重要的特点就是其语篇的规约性。它作为"语篇/文本规约化了的形式"，"反映了在特定社交场合中所涉及的种种功能和目的，也反映了这些场合参与者的种种目的"(Hatim & Mason, 2001: 69)。因此，理论上说，有多少种不同的交际事件(communicative events)，就有多少种文类和文类规范。Genre 的这一概念对翻译来说非常重要。作为译者，必须分析源语文本的文类属性(genre membership)，并用目标语中相应的文类进行转换(transfer)。需要注意的是，两种语言文化中，文类并不是一一对应的。可能会出现目标语中没有与源语相对应的文类，或者规范要求不同。例如中英文的书信格式方面就存在差异，履历规范方面要求也不同；再如，像讽刺寓言诗(fabliau)、诗体剧等文类在我国就属于罕见的文类。因此，在转换过程中，必须熟悉源语和目标语相应文类规范的异同，综合考虑翻译的目的与要求(为了文类研究的目的还是达到源语文本的交际目的等)、目的文化、目标语读者诸多因素之后，做出选择——是保留原文的文类规范还是做出调整，套用译文的文类规范。在应用翻译中，我们通常的翻译目的是实现与原文相同的交际功能，因为更多情况下是采用第二种策略。翻译绝不是简单的翻译词、句，或者达到词句的对等，译者必须熟悉相关文类的规范和要求，多阅读相关的平行文本(parallel texts)。

此外，虽然德国翻译学者在论述文本类型的时候，不使用 genre 这一术语，而是使用诸如 text kind, text genre 等术语，但他们同样强调文类规范/体裁常规(genre conventions)的作用，认为文类规范在文本创作和接受过程中起到重要作用(Nord, 2001: 53)。

2. Text

Text 一词，汉语中有"篇章"、"文本"、"语篇"、"话语"等不同的译名，不同学者对 text 的定义也有所差别。库克(Guy Cook)认为 text 是"the linguistic forms in a stretch of language, and those interpretation of them which do not vary with context"(*sic*) (文本是指一系列语言表达构成的语言形式，其意义不随着语境变化而变化)(Cook, 1994: 24)，即 text 是一个交际行为的载体，是一个静态的概念。有些学者更倾向于认为 text 是"a sequence of sentences serving an overall rhetorical purpose (such as arguing)"(Baker, 2004: 68)，即为了达到一个总体的修辞目的(如议论)而组合在一起的一组句子。哈蒂姆(Basil Hatim)和梅森(Ian Mason)认为 text 是一个具有连贯性和衔接性的具体实体(concrete entity)，一个结构单位(unit of structure)，是话语陈述(discoursal statement)和文类结构得以成为一个连贯的整体，修辞目的得以协调的场所(sites)。此外，text 还

被看作是与 speech 相对的概念，进而有与言语行为(speech act)相对应文本行为(text act)，这样也就把言语行为理论、合作原则等语用学理论引入了翻译的文本研究(Hatim, 2001: 72—102)。此外，德国派的翻译学者就很少使用 genre 和 discourse 这两个词，text 一词在他们那里，内涵和外延都要广一些。

3. Discourse

Discourse(话语，语篇)一词同样没有一个完全统一的界定，有些学者认为 discourse 包括口头和书面两种形式的语篇，而另外一些学者认为 discourse 仅仅指口头交际语篇(话语、书面语篇则为 text)。而从 discourse analysis(语篇/话语分析)的角度来看，discourse 也有两种理解，一种认为 discourse 是一个静态的概念，指文本的排列顺序、句子之间的结构关系、语篇的结构布局(即语篇分析)。另外一种理解是将 discourse 看作是动态的过程，分析篇章的协调过程，解释篇章的顺序和结构，以及交际中的社会关系(即话语分析)。库克认为 discourse 是指 "a stretch of language in use, taking on meaning for its users, and perceived by them as purposeful, meaningful, and connected." (一系列使用中的语言，对使用者产生意义，并被他们看作是有目的、有意义、相互联系的。)(Cook, 1994: 25)。他认为 discourse 包括口头与书面两种形式，discourse analysis 既是静态的，也是动态的。他对 text 与 discourse 差别的理解，相当于 sentence (句子)与 utterance(话语)之间的区别的理解，只不过一个是篇章层次，一个是句子层次。在语用学中，句子是脱离语境条件的抽象单位，且在任何条件下，它的意义都是恒定的；话语则指特定语境下所使用的句子，体现特定的语境意义(冉永平，2006：8)。

库克对 discourse 的界定涵盖了哈蒂姆等对 text 意义的理解——text with rhetorical purpose。我国学者在说到语篇(话语)和语篇(话语)分析时，也倾向于这一理解，同时更习惯于使用 discourse analysis。而纽马克(Peter Newmark)和德国翻译学者如威尔斯(Wolfram Wilss)则将 textlinguistics 与 discourse analysis 看作是同义的，并更倾向于使用 textlinguistics，霍恩比则用 text analysis，没有用国内更熟悉的 discourse analysis。

哈蒂姆认为翻译研究领域的学者更倾向于将 discourse 看作是动态的过程，认为 discourse 是指"the material out of which interaction is moulded as well as the themes addressed"（交际过程得以完成，主题得以阐述的材料)(Baker, 2004: 68)。他认为 discourse 是言说和思维的模式(modes of talking and thinking)，反映了交际者的情感和态度(如女性主义话语、投入的程度等)，使文本的联想意义和社会意义得以体现。他认为在交际和翻译过程中的语篇层面上，文类(genre，交际场合与规范要求)、文本(text, 修辞目的与连贯)和话语(discourse，倾向性与人际关系)都是必须考虑的制约因素，并将这三个因素与语域(register)的三个变量相对应：文类对应语场(field)，话语对应语旨(tenor)，文本对应语式(mode)(Hatim & Mason, 2001: 75)。贝尔的看法与哈蒂姆类似，不过他更关注的是话语的三个参数(parameters)(Bell, 2001: 184—195)，即我们所说的语域。

虽然不同学者探讨文本翻译的视角不同，对术语的采用和理解也有差异，但有一点是共同的，即文本翻译是一个跨文化的交际行为，受到源语和目标语的文类规范、文本篇章机制(textuality)、话语、语域特点等因素的制约。我们将 text 看作是书面的文本(篇章、语篇)，将 discourse 看作是话语，并从语域的角度探讨文本话语的三个参数或变量。

4. Text type

Text type 即是文本类型，而 text typology 就是文本类型学，是篇章语言学(textlinguistics)的一个分支。在 text type 之下的子类(subtype)不同的学者用词不一，有 text variety, text kind, text genre。纽马克使用的术语有别于其他学者，用 text category 表示大类，而用 text type 表示 subtype。一般来说，在具体的交际过程中，subtype 之下还有子类，即 genre，但一般学者在文本分类时不再继续划分，但在具体研究的时候会涉及文类规范或文本规范问题。其原因，一是 genre 与交际场合相关，有多少种交际场合，就会有多少文类和规范要求，有时很难在文本类型中归类；第二个原因是文本类型和文类有时候会出现交叉的情况。例如，从功能分类角度来看，广告属于呼唤型文本，但有时候一则广告可能使用诗歌这一文类。纽马克在文类这一层次时，既使用 genre 这一术语，也使用 text format, stereotype 等词。

5. Hybridization

Hybridization(杂合化)，或 hybrid nature of texts(文本的杂合性)，是指文本中一种功能、属性占主导地位，但其他功能、属性仍然存在，它们是共存于文本中的。在阐述文本类型分类问题的时候，学者们也都认识到这一点，并按文本的功能、属性为主进行分类。而其他学者也通常是以杂合性为由，批评其他学者的分类方法。例如，威尔斯、霍恩比、贝尔均以此理由批评文本的功能分类方法，并提出自己的分类原则和主张。

3.1.2　几种主要的文本类型学

下面我们介绍三种主要的翻译文本分类方法，举例说明具体的分类，并作简要的阐述。

1. 传统文本类型学

传统的文本类型按照主题或题材(topic/subject matter)或者按照文类等进行分类，如文学翻译、科技翻译、宗教翻译、广告翻译、旅游翻译等等。这种分类方法有利于对文本的文体特点、语域特点和专业特点等进行分类研究，而其他分类方法也是将这种传统的文本类型综合在一起，通常作为它们的次文类。这种分类方法的缺点是很难对各种类型进行客观而严格的分类，即杂合化因素很难完美处理。我们在对应用翻译进行定性的时候，也是按照这种方法，这里不再赘述。

威尔斯曾批评文本功能类型分类的方法，认为文本功能类型只是理想化的概念，只能让人们对文本、文本类型和翻译方法之间的关系有一个宽泛的看法，并没有实际的指导意义，况且一个文本往往是一个杂合的文本(Wilss, 2001: 116)。基于这个看法，他坚持自己的文本分类方法，即文学翻译、专门用途外语(LSP)翻译和宗教翻译。在他看来，LSP 翻译主要是语义翻译问题，是与源语/目标语因素以及其他言外因素关联不大的，衡量 LSP 翻译的标准是语义对等和认知对等。但从他对 LSP 特点的描述来看，广告翻译、旅游翻译等其他文本是不在 LSP 范围之内的。

值得一提的还有威廉姆斯和切斯特曼(Andrew Chesterman)的分类。他们在文本翻译的论述中(Williams & Chesterman, 2004: 9—14)，使用的是 genre translation 这一表述，并分为 drama, poetry, prose fiction, religious texts, children's literature, tourism texts, technical texts, legal texts, multimedia translation 等。这一分类可以说比较全面，充分考虑到各个文类的特点，但仍然有一些被遗漏的重要文类，如广告翻译、商贸翻译、公文翻译等等。

2. 修辞/交际目的分类法

贝尔和哈蒂姆等学者按照文本的修辞或交际目的(rhetorical/communicative purpose)，或按照他们自己的论述，按照"语境焦点"(contextual foci)将文本分成说明(exposition)、议论(argumentation)、指令(instruction)三大类(major type)，每个大类有子类(subtype)，子类之下有各种具体的文本形式(text form)，即传统的文类，并在具体的文本中将语域等因素考虑进去。哈蒂姆将这种分类法称为"情境文本类型"(text-in-context typology)(Baker, 2004: 264)，列表如下：

大类	次　　类	文本形式
说明	描写/叙事/说明	
议论	正辩/反驳 注：贝尔分为显性(Overt)和隐性(Covert)	
指令	非强制性 强制性	广告 合同/协议

这种分类方法有助于分析翻译过程，将文本的交际目的、语域等因素综合起来，但没有像功能分类法那样，提供相应的翻译策略。

3. 文本功能分类法

文本功能分类法(functional typology)源于语言学家、符号学家布勒(K. Buhler)对语言功能的行为主义模式的划分：representational(再现)、appellative(诉求)和 expressive(表达)。不同的学者对文本功能分类时，虽然所用术语与布勒的不尽相同，但多以他的这种三分法为主。现在比较常用的术语是 informative(信息型)——以传递各种信息为主、侧重的是客观事实，expressive(表达型)——以表达主观情感、思想为主，侧重的是作者，operative/vocative(呼唤型)——以唤起读者的预期反应为主。在每个大类之下，还有具体的子类，通常是按传统的分类术语命名，如 prose, technical texts 等。不同类型的文本有不同的翻译策略，这既是这种分类法的好处，也是学者进行文本功能分类的出发点。但有时文类与文本功能是不一致的，例如，同样是书信类，情书可能属于表达型文本，公函可能是信息型，而求助信可能是呼唤型。此外，这一派的学者都意识到翻译方法和文本类型不是简单的一对一的关系，在翻译过程中应该考虑到翻译目的、作者和读者因素、原作意图、文化因素、言外因素、言内因素等诸多因素。需要注意的是，语言功能、文本功能和翻译功能是三个不同的概念。在文本进行分类时，都是按照文本的主要功能进行归纳，其他的次要功能也必须是翻译过程中需要考虑的因素。莱斯、纽马克都注意到了文本功能与翻译功能(目的)之间的区别，即有时候翻译目的不是为了再现源语文本的功能，但对此进一步深入研究的则是诺德。我们将在下一节介绍这三位学者文本功能类型及翻译策略体系。

4. 原型类型学

霍恩比是莱斯和弗美尔(Hans J. Vermeer)的学生，又是"操纵派"在德语世界的重要代表人物(谭载喜，2004: 261)，努力将翻译研究的语言学方法和文艺学方法纳入一个整体，提出翻译研究的综合法(integrated approach)。她借用格式塔(gestalt)心理学的理念，用翻译研究的格式塔原则(即整体性原则，强调整体并非部分的简单相加)解决各种二元对立问题，并提出翻译文本的原型类型学概念，以取代以莱斯等为代表的盒子似的、客观主义和简化主义传统(box-like category of objectivist and reductionist tradition)的文本类型学。霍恩比认为莱斯的文本类型是建立在以文本作为模型(stereotype)的概念上——分割式的、固化的、静态的，各文本类型之间有着清晰的界限，而在语言实践中，杂合化和混合形式(blend-forms)却是常态，因此类型学应该建立在原型(prototype)的概念上——边缘模糊的(blurred-edged)、动态的、交叉的，即她的原型类型学(prototypology)。

在翻译方法上，她认为应该采取自上而下(top-down)的方法，将文本看作是文化背景的有机部分，与交际情境密切相关。文本分析(text analysis)过程从宏观结构(macro-structure)开始一直到微观单位的词，这些结构不是孤立的单位，而是在文本内相互联系，各司其职。她还认为，文本不是静态的语言样本，而是译者(作为读者)所理解的作者意图的言语表现。

在这些基本理念下，霍恩比提出的原型类型学及其分析方法，与其他类型学都有很大的不同——没有对号入座似的框形表格，更没有列出对应的翻译方法，而是由一个翻译类型层、一个文本类型层和四个分析层构成。不同的文本类型与各分析层中的构成因素之间的关系，只是侧重点不同，而不是类型的差异。下面我们简要介绍她的原型类型学的内容。

翻译类型包括文学翻译、普通语言翻译和特殊语言翻译。文本类型中，文学翻译包括圣经、舞台/电影、抒情诗、现代文学、古典文学、儿童文学、通俗小说等；普通语言翻译包括新闻、普通信息文本、广告；特殊语言翻译包括法律文本、经济文本、医学文本、科技文本。我们所说的应用文本包含了这里的普通语言文本和特殊语言文本。

四个分析层为非语言(non-linguistic)或言外(extralinguistic)分析层、翻译过程层、语言领域(linguistic area)层和音韵/位因素(phonological aspects)层。在翻译过程中，每个文本依据类型的不同侧重于各层中的某个或数个因素。

非语言层的构成因素有文化历史、文学研究、社会文化和区域研究、专业研究等。翻译过程层由三个子层次构成。第一个子层次是原文语言的词语与结构层，解释的灵活度从文学类语言规范的创造性使用到特殊语言文本的标准化概念不等。第二个子层次涉及目标语问题，变化幅度从文学翻译一极的语言维度的再创造到专业术语的不变因素(invariance)，在这个子层次中，对等的标准只与特殊语言翻译有一定的相关性。第三个子层次是目标语文本交际功能问题，渐变程度从文学翻译中由于语言的再创造而出现视角转变到特殊语言翻译的信息功能不等。第三个层次为与翻译相关的语言学领域，最重要的是文本语言学(篇章语言学)，其他领域还有历史语言学、比较语法学、比较语义学、社会语言学、语用学、心理语言学等。第四个层次是音韵层，包括韵律、语音和音韵效果等。

无论是否采纳霍恩比的理论为指导，其综合法中的整体性概念、原型文本概念和动态概念对我们的实践和研究都是有借鉴作用的。

3.2 文本功能类型与翻译策略

3.2.1 纽马克的语义翻译与交际翻译

1. 纽马克的文本类型学

纽马克的文本分类中，参考的变量有：文本类型(他用 text category 表示)——文本功能、侧重点(作者/读者关系)、作者地位、文本子类(text type)等，在子类中还增加了题材(topic)与格式(format)两个变量，这是他的分类体系与众不同之处。下面我们以表格形式介绍他的体系。

文本类型	侧重点	作者地位	文本子类	
表达型	作者 (I-form)	神圣	严肃文学作品，权威话语，自传，私人书信	
信息型	事实 (It-form)	匿名	题材	格式
			科学，技术，商务，工业，经济	教材，报告，论文，文件，备忘录，纪要
呼唤型(劝导或指令)	读者 (You-form)	匿名	告示，说明书，宣传，广告，通俗小说，(法律与法规)	

在纽马克的信息功能文本中，主题与格式是两个不同的变量，考虑到了即使同一个主题内容，文本格式不同，规范要求也是不同的。例如，scientific textbook, scientific paper 的规范要求就有明显差异。以语言的

这三大功能对文本分类之后，纽马克还进一步扼要阐述了雅各布森(Roman Jacobson)的三个其他语言功能与翻译的关系。他认为美学功能(aesthetic function, 雅各布森用的是 poetic function)在很多文本中都起作用，例如诗歌、童谣、电视广告等；寒暄功能(phatic function)应该用非直译的方法保留下来，而元语言功能(metalingual function)也同样不能不加分析地直译。

有一点值得我们注意，即在他1982年出版的 *Approaches to Translation* 中将 laws and regulations 列在 vocative 之中(Newmark, 2001a: 15)，而在1988年出版的 *A Textbook of Translation* 中却把这类文本在体系中删除了(Newmark, 2001b: 40)。在后一部著作中纽马克没有明确解释其原因，但他曾说过法律文件需要特殊的翻译方法，并说"仅仅以提供信息为目的而翻译的法律文件(国外法律、遗嘱、产权转让证书等)亦不得不进行语义翻译"(Newmark, 2001a: 47)。因此，他这样做很可能是因为法律法规的翻译策略与呼唤型文本一般使用交际翻译法不同，但从功能上看，又肯定不能归入通常使用语义翻译法的表达型文本中。

2. 语义翻译与交际翻译

纽马克提出语义翻译(semantic translation)和交际翻译(communicative translation)这两种翻译方法，并用于他的文本分类体系中。语义翻译是一种侧重源语的翻译方法：与直译相比，更注重上下文，尽量保留原作的语法、词法特点，更多考虑原作的美学价值(Newmark, 2001b: 45—46)。语义翻译重在再现原作的思维过程，译文可能比较笨拙，不够流畅、自然，并容易造成超额翻译(over-translation)，即为了表达一个概念，目标文本使用的词汇比源语文本多。交际翻译侧重目标语，强调准确传达原文的语境意义的同时，其内容和形式更易为目标语读者所接受；与意译相比，交际翻译更注重原作的交际意图。交际翻译侧重效果，译文更加流畅、自然，符合目标语习惯，并容易造成欠额翻译(under-translation)，即在目标文本中或增加细节，或进行宽泛化处理。纽马克认为语义翻译的文本往往比原文差，因为翻译中有所失，而交际翻译的文本可能比原文更好，因为语义的丢失可以从译文的力量与清晰中得到补偿(Newmark,

2001a: 42；Shuttleworth & Cowie, 2004)。

纽马克认为语义翻译适用于表达型文本，而交际翻译适用于信息型和呼唤型文本。例如同样是比喻(指新的比喻)，在因文化差异难以处理的时候，表达型文本就需要进行语义翻译，保留原文的特点，以直译的方式复制(reproduce)；在信息型和呼唤型文本中，都需要用交际翻译的方法，但具体策略不同：信息型文本中，可以只译出意思，而呼唤型文本则需要再创造一个符合目的文化的新的比喻。从对比喻的不同处理策略中，我们也可以看出虽然信息型文本和呼唤型文本都使用交际翻译法，但还是有区别的。纽马克明确说"信息型文本如果不是写得太糟或太不准确，比呼唤型文本要更接近原文"(Newmark, 2001b: 50)，而呼唤性文本要求达到对等效果(equivalent effect)。但即使在呼唤型文本中，具体翻译策略也是因情况而异，例如告示(notice)文本中需要用标准术语和短语，而广告、宣传文本，由于交际情境比语言本身更重要，原则上应该采用创造性的翻译(ibid: 50)。

不难看出，虽然对文本进行功能分类的目的是为了更好地找到与之相适应的翻译策略，但文本类型与翻译策略之间并不是简单的一一对应的关系。正如纽马克所说的那样，"某种程度上，所有翻译既是交际型的，也是语义型的，既是社交性的，也是个性的，只是侧重之程度不同而已"(Newmark, 2001a: 62)。纽马克在 *Approaches to Translation* 一书中，将交际翻译定义为"尽量在目标语读者上产生与源语读者同样的效果"的翻译方法(Newmark, 2001a: 39)，但在 6 年后的 *A Textbook of Translation* 中不再笼统追求同等效果。说明他对"对等效果"的看法有所改变，也说明他更意识到文本与翻译策略关系的多面性。实际上，纽马克的翻译方法摆脱了传统的二元论，而是根据侧重源语还是侧重目标语的程度，形成了一个连续体，即源语→逐字翻译——直译——忠实翻译——语义翻译(比忠实翻译更加灵活，有一定的创造自由度)——交际翻译(注意传达准确的语境意义)——地道翻译——意译——改写←目标语。翻译从来不是非此即彼的关系,译者面对的往往是多个可能的选择。纽马克后来又提出关联翻译法(correlative approach to translation)这一概念以彻底解决二元对立问题，即源语文本的语言越重要，就越要紧贴原文翻译(廖七一，2001：192)。

纽马克提出语义翻译和交际翻译，旨在针对不同文本提出可操作性的翻译策略，但这也正是其理论的问题所在——侧重规定性(prescriptive)，而忽视描述性的(descriptive)研究。他曾对翻译现状批评道，"一般来说，呼唤型文本和信息型文本过于直译，而表达型文本则直译不够"(Newmark，2001b: 50)。根据他的观点，严肃文学作品都应该直译，哪怕译文拗口、别扭。但实际上，成功的、受到读者好评的、在译文读者中产生影响的文学名著译本，译文语言大都是优美、流畅的，更多是直译、意译综合的产物，或者按照他的话，是语义翻译与交际翻译结合的产物。在我国，真正拗口、讲究直译的倒是哲学、社科经典。

纽马克在论述译者需要考虑的各种因素时，曾说"通常情况下，译者的意图与作者的意图是一致的"(ibid: 12)，但他认为也有不一致的情况，如为了研究广告、告示原文的写作特点而不是发挥原文在源语读者中的作用。但他没有就此问题展开深入的探讨和研究，这既是他的理论中的缺陷，也是一种遗憾，诺德则对此问题进行了深入而有成效的研究。

3.2.2　莱斯的交际翻译

1. 莱斯的文本类型学

诺德将莱斯于 1971 年出版的 *Possibilities and Limits of Translation Criticism* 看作是德国翻译学术研究的奠基之作(Nord, 2001: 9)，虽有些夸张，但这部著作的确是德国目的功能派和翻译文本类型的基石。莱斯认为从翻译惯例来看，文本类型与翻译方法相互关联，但以往的文本分类方法却无法建立起文本类型与翻译方法之间的联系，因此她在布勒的语言功能三分法的基础上，建立起她的文本功能类型体系，并几经修改，其翻译理论基础也从对等理论转向弗美尔的目的论，翻译的对等要求(equivalence)改成了合适要求(adequacy)，并最后将她的理论体系纳入弗美尔的目的论体系中——弗美尔的理论作为目的论的基本理论，而她的

新世纪翻译学 R&D 系列著作

文本功能理论作为具体理论，尽管诺德认为二者并没有构成一个"统一的整体"(homogeneous whole)(ibid: 12)。

莱斯的文本功能三分法，最初使用的是侧重形式文本(form-focused text)，侧重内容文本(content-focused text)和侧重感染文本(appeal-focused texts)，后来相应改用表达型文本(expressive text)、信息型文本(informative text)和呼唤型文本(operative text)。在分类时，是以文本的主要功能为主，下面我们用简表介绍她的分类。

文本类型	文本种类(text genre / kind / varieties)
表达型	散文、传记类文学作品，通俗小说，想象性文学作品(轶事、短篇小说、长篇小说、传奇、纯文学等)，各类诗歌等
信息型	新闻发布与评论，新闻报道，商务信函，商品目录，操作指南，使用说明，平庸小说，专利说明，协议，文书，教育类著作，各类非小说类书籍，论文，报告，人文、自然与其他科学领域的专业文献
呼唤型	广告，宣传，布道

此外，莱斯还专门列出声媒文本(audio-media text)，但从分类标准来看，与前面的功能标准不太一致，在此不再列出。莱斯所列的子类可谓非常全面，其中信息型文本类型更是显得庞杂。比较一下纽马克的分类，两个体系的主要区别在告示、指令、通俗小说等的差异。纽马克将通俗小说归入呼唤型文本类，可能是考虑到这类小说的翻译方法(应该用交际翻译)和劝说(persuasive)功能。莱斯将平庸小说(pulp fiction)归入信息型文本是因为这类小说"审美和形式维度要么缺失，要么微不足道"(Reiss, 2004: 34)；而通俗小说被归入表达型文本，主要是考虑到这类小说具有"文体的复杂性"，当然它在表达型文本中属于最低层次的一类文本(ibid: 35)。但实际上，这两类应该属于一类，尽管平俗小说的层次可能最低，但人们读这类作品恐怕都是为了消遣，而不是获取信息。哪种分类方法更为合理，恐怕是见仁见智，但至少我们可以看出，在实际翻译的时候，我们不能简单地按照文本是文学类还是非文学类等标准确

定文本的功能，并与翻译策略对号入座，而应该具体情况具体分析。在对告示和指令文本的处理上，纽马克的分类应该更加合理(属于呼唤型中的指令类，类似与贝尔和哈蒂姆分类中的非强制性指令)，因为这两类文本的作用，不仅仅是提供信息，与其他信息型文本的功能还是有很大差异的。

莱斯早期在对等理论的框架下建立自己的文本功能翻译理论，也注意到翻译目的与原文功能不一致的情况，但她把不追求与源语文本功能对等的翻译看作是特殊功能翻译。在这类翻译中，对等不仅不可能，也不需要，其中包括简历和摘要(resumes and summaries)、粗译本(rough translations)、学校及学习用译本(school and study editions)、圣经译本 (Bible translations)、文学作品改写本(transformation in literary works)、逐行翻译本(interlinear versions)、学术译本(scholarly translation)、特殊读者群译本(specially targeted reader groups)——包括青少年译本，文学作品普及本，因道德、宗教、商业原因的改写本等等。尽管莱斯没有对这些特殊翻译进行深入研究，却启迪了其他学者的研究工作。莱斯后来在目的论的框架下，不再将功能对等看作是翻译的常规目标，而只是各种不同翻译目标之一，但有一种特殊情况(special case)除外，即"目标语文本的预定功能是再现源语文本的文本对等"(Nord, 2001: 10)。因此，我们探讨的莱斯的文本功能及其相应的翻译策略只是一种正常情况下，或者毋宁说，特殊情况下的翻译策略。

莱斯的文本功能类型理论，受到过一些学者的批评，如威尔斯质疑是否可能"每一个文本只赋予一种主要功能"(Wilss, 2001: 116)。霍恩比则认为，在实际运用中，"不可能将语言简化为一个静态的、明确的类型体系"(Snell-Hornby, 2001: 31)。但毋庸争议的是，莱斯的文本类型理论在翻译界有着举足轻重的作用，产生了重要的影响。

2. 交际翻译(模仿翻译)

莱斯将理想的翻译看作是那种"目标语在概念内容、语言形式和交际功能与源语对等"的翻译(Nord, 2001: 9)，并把在目的文本中保留源语文本交际功能的翻译定义为交际翻译(communicative translation)或模仿翻译(imitating translation)。要完成交际翻译这一"整体交际行为"(integral communicative performance) (ibid)，译者需要在根据文本功能采取相应的翻译策略，并充分分析文本的语言因素(语义、词汇、语法、风格)和言外、语用因素(语境、主题、时间、地点、读者、作者、情感等)的基础上，实施翻译过程(Reiss, 2004: 48—87)。

呼唤型文本中，内容和形式都附属于文本意图达到的言外之作用，因此，译者不能拘泥于原文的内容和形式，而要获得对等的说服力；与此同时，译者要保留原文的基本语义内容，"再现其美学因素"(Shuttleworth & Cowie, 2004:117)。翻译信息型文本时，译者应该忠实于原文的内容，致力于语义对等，其次才考虑联想意义和审美因素。译者需要根据目标语的原则和习惯，"将原文中隐含的信息完全而清晰地表达出来"(Reiss, 2004: 36)。在表达型文本中，译者在复制原作语义内容的同时，"要尽力创造同等的审美效果"(Shuttleworth & Cowie, 2004: 56)。在遇到成语、谚语和修辞格的时候，信息型文本中可以用符合目标语习惯的表达法代替；而在表达型文本中，则要尽量直译，直译非常别扭或者无法理解的时候才进行替换(Reiss, 2004: 37)。

将文本按功能分类，并对相应的翻译策略进行梳理，这对翻译实践有一定的指导意义，尤其有利于译员培训，但与复杂的翻译实践相比，不免有简单化的倾向。例如，信息型文本中比喻、谚语的翻译问题。在当前大众化文化的语境下，一些新鲜的、异域色彩的表达法，恐怕更多的是通过信息型文本输入我国，而不是像以前那样，主要通过高雅的文学作品。因此，对这类语言的翻译，不能简单的根据文本类型的性质，要求一律归化(domestication)。语言发展和翻译实践也证明这种要求是过于理想化，过于简单化的。

3.2.3 诺德的文献型翻译与工具型翻译

1. 诺德的文本类型学

诺德将文本功能分为四种：指称功能(referential function)、表达功能、诉求功能(appellative，即呼唤功能)以及寒暄功能(phatic)，每个主要功能又分为几个子功能(subfunction)。她的理论除有别于其他学者之处，是完全以目标语为中心，根据目标语的文本功能确定翻译策略，而不是以源语文本的功能为标准。下面我们简要介绍她的文本类型，并在下一节介绍翻译策略。

指称型文本中有四个主要的次功能文本，包括传意性(告知信息)、元语言性(指称物为语言或者语言的特殊使用)、指导性(操作指令类)和说教性。指称型文本倾向真实或虚构世界的事物，受到文化视角和传统的影响，因此如果源语读者和目标语读者没有对事物与现象的共享知识，就会影响这一功能的跨文化传达(Nord, 2001: 41)。诺德的表达型文本指那些旨在表达作者态度的文本(莱斯则指强调审美特点的文本，而纽马克强调表达作者情感的文本)，包括情感型(emotive)、评价型(evaluative)、反讽型(ironic)等。表达型文本以文本发送者为导向(sender-oriented，即纽马克所说的 I-form)，两种文化中价值体系和联想意义的差异是译者必须考虑的问题。诺德没有对诉求功能和寒暄功能进行细分，但认为文本的诉求功能可以通过直接诉求、间接诉求、诗性诉求等形式完成(ibid: 43)。诉求型以接收者为导向(即纽马克所说的 You-form)，因此接受者能否合作是这一功能能否成功实现的基础。而寒暄功能则诉诸约定俗成的表达形式，与文化密切相关。诺德对功能的细分对我们分析文本功能有借鉴作用，但她本人在分类中标准并不一致。例如，信息型的次功能，以语言功能为标准，表达型却以语言的修辞目的为标准，而诉求型则以达到诉求功能的方式和途径为标准。

2. 文献型翻译与工具型翻译

诺德在功能目的派的框架下，提出两种类型的翻译，即侧重源语的文献型翻译(documentary translation)和侧重目标语的工具型翻译(instrumental translation)，考虑的主要变量是翻译功能(function of translation)、目的文本功能(function of target text，而不是源语文本功能，这是她与莱斯和纽马克等人最大的不同之处)、翻译形式(form of translation)、翻译目的(purpose of translation)和翻译关注点(focus of translation process)等，即以翻译的功能为立足点将各种类型的翻译纳入其体系,而原来被人们认为是正常翻译的交际功能对等翻译只是各种可能性中的一种。

所谓文献型翻译是指"用目标语创作出一个有(某些)交际互动的文件,记录源语文化发送者和接受者在源语文化条件下通过源语文本进行交际"(producing in the target language a kind of document of (certain aspects) a communicative interaction in which a source-culture sender communicate with a source-culture audience via the source text under source-culture conditions) (Nord, 2001: 47)。在这类翻译中,目标语文本的功能是元文本功能(meta-textual function), 即关于源语文本的译本,是通过侧重源语来实现目标语文本的功能,类似于关联理论(relevance theory)中的语言(间)的解释性用途(interpretive use),而不是描述性用途(descriptive use) (Gutt, 2004: 54—68)。为了实现目标语文本的元文本功能,译者在不同的情况下可以针对不同的翻译目的采用不同的翻译形式,侧重不同的翻译单位。例如,在比较语言学、某些语言学习读本中,为了再现源语系统,可以采取逐行翻译(interlineal, 即逐字翻译)的方法,侧重源语的词法和句法结构。翻译新闻文本的引语(quotation)或学术文献的引语(如我们对以上文献定义的翻译)时,为了再现源语文本的形式,采用直译或语法翻译的方法,侧重源语文本的词汇单位;在复制原文的词语的同时,其句法结构和词汇的习惯用法调整到适应目标语的规范。在翻译圣经和翻译年代或文化相差较大的文本时,采用语文学翻译(philological translation)或学术翻译(learned translation)的方法,即直译加注释的方法,侧重源语文本的句法单位,复制原文的内容和形式。在对现代小说进行工具型翻译的时候,可以采用异化翻译(foreignizing or exoticizing translation)的方法,不改变故事的源语文化背景,给目标语读者带来异域文化的距离感,侧重源语文本的篇章单位,复制原文的形式、内容和情境。由于目标语读者缺乏与源语读者共享的语言文化背景,这种翻译会改变原文的功能,如源语文本的诉求功能可能对目标语读者来说只能呈现信息功能。

工具型翻译是指"将源语文本(的某些方面)作为模型,为源语文化发送者和目标语文化接受者之间的新的交际互动用目标语制造一种工具"(producing in the target language an instrument for a new communicative interaction between the source-culture sender and a target-culture audience, using (certain aspects of) the source text as a model) (Nord, 2001: 47)。在工具型翻译中，源语文本只给译者提供一个模型、一个参照物，而不像在文献型翻译中那样起到很强的制约作用，是通过侧重于目标语来实现与源语文本相同、相异或相应的功能，实现目的文本的指称、表达、诉求、寒暄以及(或者)各种次功能。工具型翻译，在一定程度上类似于关联理论中语言的描述性使用，尤其在相同和相应功能这两种翻译形式中。同功能翻译(equifunctional translation)适用于技术文本、操作指南以及其他应用文本如旅游信息文本、产品信息文本等。译者的目的是为了在目标语读者中实现源语文本的功能，即达到交际功能对等的目的，翻译时侧重于源语文本的功能单位。在异功能翻译中(heterofunctional translation)，译者的目的是达到与源语文本相似的功能，"至少是与原作者的意图相容"的功能(Shuttleworth & Cowie, 2004: 80)，如将《格利弗游记》翻译成儿童读物，原作的诉求功能(讽刺功能)被指称功能所替代(异域色彩)。异功能翻译侧重的是源语文本中的可转换功能(transferable functions)。同效或对应翻译(homologous or corresponding translation)指试图在目标语文学语境中实现作品在源语文化中取得的相应功能的文学翻译，尤其是诗歌翻译。译者在翻译过程中侧重原作的创造性，使用符合目的文化的规约和惯例，在达到源语文本类似的效果的同时，使读者没有任何在读译作的感觉。

诺德的这两种翻译类型使我们看到翻译的多样性和各种可能性，只要合乎翻译目的，各种可能性都是合法的。纽马克曾批评功能派损害了源语文本的权威，皮姆则说目的论不分辨好的目的和坏的目的，更多的人可能担心目的论会为了目的不择手段(张南峰，2004: 125)。弗美尔提到要将源语文本"赶下王位"的观点(dethronement) (Nord, 2001: 25)，是对传统不问翻译目的的忠实论和对等论的反驳；如果不是将原文放逐到遥不可及的地方，不是沦为任意译者(新的王者)宰割欺压的奴隶，而是与译者(与译文)平起平坐，又有什么不好呢？在诺德的功能翻译类型体系中，侧重源语的文献型翻译自不待说，即使在侧重目标语的工具型翻译中，原文的作用也并没有被忽视——三种不同的翻译形式仍然要以原文功能为出发点，只是译者不再"戴着脚镣在绳索上跳舞"(Snell-Hornby, 2001: 11)。

与莱斯一样，诺德的文本功能翻译策略有利于译员培训，可操作性强，但同时也摆脱不了简单化和框架化的弊端。在翻译实践中，尤其文学翻译中，实际情况要复杂得多。译者要面对的不只是简单的在工具型翻译和文献型翻译中做出选择，而现代小说是否只能进行异化翻译也是值得商榷的。例如，同为成功的翻译，杨宪益、戴乃迭的译本与霍克斯的译本，一个异化成分多，一个归化成分少，但同时并不排除在适当的时候兼选另一个策略。张南峰曾指出工具型翻译与文献型翻译的二元对立问题，并认为有时候中间线路不仅是可能的，也是必然的(张南峰，2004: 128)。对待文学翻译的问题上，诺德与纽马克一样，都有简单化的倾向。不过与她不同的是，纽马克没有她那种坚定的二元对立倾向。纽马克的以语义翻译和交际翻译为核心的翻译方法连续体，指出了更多的可能性。某种程度上，诺德的各种翻译形式与纽马克的翻译方法连续体有一定的类似性。例如，工具型翻译的四种翻译形式(逐字/行翻译、直译、语文学翻译、异化翻译)与纽马克的侧重原文的四种翻译方法——逐字翻译、直译、忠实翻译、语义翻译相同或相对，同功能翻译与交际翻译相当。相比而言，纽马克的策略更加灵活，没有与某类功能一一对号入座，而且从纽马克的连续体式排列中，似乎暗示中间线路的可能性和翻译方法的多样性，其中语义翻译和交际翻译处于原文与译文的中间地带。施莱尔玛赫的"译者要么尽量不打搅作者的安宁，将读者带向作者，要么尽量不打搅读者的安宁，将作者带向读者"的观点(Wilss, 2001: 33)，似乎让人看到翻译方法二元论的无法回避，不过我们是否可以对施氏的比喻略加引申——译者可以根据情况选择接近读者或作者的程度(既然只是带向某方，就有程度可供选择)，就像纽马克提供的连续体那样。

总体看来，文本类型与翻译策略研究倾向规定性，侧重翻译过程研究。虽然诺德对Gentzler将功能派归入翻译科学派颇有微词(Nord, 2001: 6)，虽然功能派与翻译科学派有很大的差异，但这一类研究多少还是带有语言学派、翻译科学派的味道。翻译作为一个在一定的交际环境下合乎目的性的整体性跨文化交际行为，需要自始至终把握好文本的功能，根据我们的翻译目的，选择相应的翻译策略，因此，尽管文本功能类型学(包括其他分类法)有其弊端，但对我们的翻译实践与翻译研究，尤其是应用翻译仍是不可多得的利器。正如弗美尔所说的那样，把握功能，目的明确，就有可能至少在宏观策略的选择上达成一致(张南峰，2004: 117)。

3.3　应用文本类型与翻译策略

在讨论应用文本的类型、功能时，我们采用纽马克的比较通用的术语，即信息型、表达型和呼唤型，同时根据实际情况和需要增加次功能变量(如评价功能、指导功能、劝诱功能等)；在翻译策略上，我们主张博采各家之长，不必固守某一套理论——**理论是服务于实践和研究的，而不是相反。**

作为跨文化的交际行为，应用翻译目的明确，功能突出，文本的文类规约性强且一般比较统一，同类题材共性突出，没有多少作者的个性色彩，有时候文本的题材类型(如科技、广告)就可以说明或制约文本的功能、文类规范、文体以及语言特点等。同时，虽然应用文本有着区别于文学作品、学术著作的共同特点，但在应用文本内部，不同题材的文本以及同一题材但交际目的和对象、交际环境不同的文本，都有一定的差异。因此，我们必须了解并学会分析各类文本的功能特点，培养对文本功能和文类规范的敏感性，避免翻译过程中出现不符合翻译发起人要求的功能转换(shift of function)。

如果翻译发起人(委托人)没有特别说明，应用翻译一般都是工具型翻译，要求译文能在目的文化背景条件下，实现原文在源语文化背景环境中实现的功能。在翻译过程中，要求以翻译目的和目的文本功能为导向，以源语文本及其文本功能为参照，从文本的宏观和微观结构对文本进行分析，综合考虑各种语内因素和语外因素，如语境、语用、语域因素、目的文化、目的文本使用者和接受者因素等等，选择恰当、灵活、侧重目标语的翻译策略和技巧，实现翻译的功能和目的，完成这一跨文化的交际行为。

下面我们简单分析主要应用文本(以本书实践部分选用的为主)的功能和翻译策略。需要注意的是，这只是一个大致的框架，实际文本可能并非与此完全吻合，需要在翻译中作具体分析。这也是本书在实践部分中仅仅以传统的题材类型进行分类，而没有注明各自的功能类型的原因。此外，我们这里所说的应用文本，都是指笔译，不涉及口译的情况。

大部分科技文本是典型的信息型文本，如科技著述、科技论文和报告、试验报告和方案，以传递信息为主，专业性强，基本没有文化特有语汇，一般来说按照交际翻译法准确传递信息内容就可以了。科技文本中的实用手册和操作指南虽然也以信息内容为主，但文本的交际目的是对交际对象进行指导，因此我们认同纽马克的分类，将这类科技文本归入呼唤型文本，次功能是非强制型的指导功能(directive with option)。翻译这类文本，虽然也使用交际翻译法，但相对前一类文本来说，可能要求作较多的调整，因为英语和汉语操作指南一类文类规范差异相对较大——前者更讲求精确、严谨，而后者强调简洁、明了。科技文本还有一类翻译，是科技情报和文献资料的综译、变译和摘译，本书有专门的章节介绍，在此不再赘述。

新闻文本总体来说是信息型文本，以传播资讯为目的，要求准确、明了、简洁、活泼，翻译策略上以侧重目标语的交际翻译为主，但不同题材、文类、传播载体的新闻文本有各自的特点，翻译的时候需要区别对待。例如，政治类新闻除了信息功能外，还有评价的次功能(evaluative)，而有些政治宣传类文本也可能有呼唤、劝诱功能，需要根据具体情况分析、判断。政治类新闻往往还涉及国家利益、政府立场、意识形态等问题，要求更加严谨，有时候可能需要采取贴近原文的策略。这也就是为什么纽马克(以及国内学者)将政府报告类文本归入表达型(即纽马克的权威性文本的一种)，并认为适用语义翻译，其中包括政府领导、政治家的讲话。翻译这类文本，需要更贴近原文的往往多指某些关键的核心词汇、短语。当然从整个文本来看，译文要让目标语读者感觉顺畅、自然，无别扭、拗口之感。关键词语翻译时尤其要小心谨慎，不可想当然地采用英文媒体的习惯用法或不加分析的直译。有时候经济类新闻也有同样的情况。如西方媒体中，一般只说 Taiwan，有时候还常常与其他国家名字并列，我们翻译成汉语的时候，就必须译成"台湾地区"。不同体裁的新闻文本，如报道、特写、评论等，文类规范要求是不同的，翻译的时候应注意这种差异。相对而言，新闻评论类文章匿名性比其他应用文本要弱，尤其是一些知名人士的评论文章，往往在遵守文类规范的同时，有较强的个性风格和个人的价值判断，翻译的时候既要考虑体现其个人风格，也要对其价值判断酌情分析。新闻虽然标榜尊重客观事实，但作者、编辑、报社是从一定的视角(有意识或无意识)来看事实，甚至选取事实的，译者，尤其是在英译中的时候，需要有判断能力，不能一味将信息移植过来。新闻文本还受到载体形式的制约，如平面载体和立体载体(含电视新闻、网络新闻等)。载体不同，翻译策略必然受一定影响，如平面载体的文本语体比电视载体的文本更加正式，译者翻译的时候必须将这些因素考虑进去。

随着文化的大众化趋势，新闻媒体除了传递资讯，往往还承担了传播文化的重任，在处理文化语汇、文化新词的时候，需要根据具体情况，考虑归化、异化还是杂合化策略。如国外媒体为依靠中国崛起而迅速致富的中国年轻人创造了一个新词——"Chuppies"(源自"雅皮士"，Yuppies)，译成"查皮士"还是"华人雅皮士"呢？NBA 在世界的传播，dream team 似乎成了一个普通名词，译成"梦之队"还是"最佳阵容"呢？这就要根据不同的语境和翻译目的作出选择。

经贸文本(狭义的，指出口贸易实务涉及的各种文书，比如商业信函、合同、单据、文件、产品说明书和相关资料等等)以及公函是典型的信息功能文本，宜用交际翻译策略。各种不同体裁英、汉语经贸文本都有各自的文类规范，对应的专业术语，只能遵守规范要求，采用固定的专业术语，不能简单照搬直译。

旅游文本(主要指旅行社、饭店的广告、宣传、介绍类文本)自然要传播旅游资讯，但目的是劝诱人们到所宣传的旅游地游览观光，是呼唤功能文本，次功能是劝诱(persuasive)。中文劝诱、宣传功能的文本，习惯渲染气氛，多采用具有诉求功能的词语，而英文中是依托信息达到类似的功能。因此，作为工具型翻译的旅游文本翻译，虽然总体策略上也是采用交际翻译法，但需要在侧重目标语读者的原则下，对源语文本做适当的调整。当然，旅游文本中也有信息功能更突出、语言文化差异不是非常明显的文本。

法律文本虽然也向读者传递信息，但对读者来说具有权威性和约束力，是呼唤型文本，次功能为强制性的指令功能(directive without option)。与其他呼唤型文本不同的是，由于法律文本的权威性，翻译的时候宜采用语义翻译法，以便更准确地传递实现文本功能的信息，译者无权擅自更改原文的信息和语义内容。从这点来说，法律翻译与政府文件等的翻译是一致的。但同时中英文法律文本都有一些不尽相同的文类规范要求和套语，翻译的时候需要遵守目标语文类规范，加以套用，而不是倾向源语采用字面翻译的方法。

广告与企事业宣传文本是典型的以劝诱为次功能的呼唤型文本。在翻译策略上，企事业宣传文本与旅游文本一样，为了达到在目的文化中宣传企事业的作用，可能需要对源语文本作一定的调整。广告翻译则更需要发挥译者的创造力，有时候甚至需要抛开原文，方能创造出在目的文化中起作用的广告，因此尽管也是工具型翻译，也是同功能翻译，使用的翻译策略也同样是交际翻译，但与其他类型的文本有着很大的差异。

公示语为非强制性指令功能的呼唤型文本，中英文公示语均有相应的文本规范，应该参照目标语的文本规范和相应的规定翻译，并注意英汉语语言表达和文化思维习惯上的差异，切忌盲目直译，以免译文贻笑大方，出现诸如像 Receive Silver Here(收银台)和 Tourists Stop Entering in(游人不得入内)以及 Attention Your Head(小心碰头)这样的语用错误。

我们将应用文本的功能分类和翻译策略制表如下，作为参考，备注特别指明这类文本的翻译要求(但并非排除这类问题在其他文本中之重要性)。我们选择的翻译类型为工具型翻译,其中语义翻译和交际翻译采用的是纽马克的定义。

文本类型	文本功能类型		翻译策略	备注
科技	科技著述、科技论文和报告、试验报告	信息型	交际翻译	专业性
	实用手册、操作指南	非强制指导性呼唤型	交际翻译	专业性、文类规约
	科技情报、文献资料	信息型	变译	实用性 参考性
新闻(出版)	信息型		交际翻译	文化、意识形态、文类规约
	政治类	评价信息型	交际翻译	意识形态
	政府报告、领导言论等	表达型	语义翻译	意识形态
	政治宣传	非强制指令性呼唤型	交际翻译	意识形态
经贸	信息型		交际翻译	文类规约
公函	信息型		交际翻译	文类规约
旅游	信息型		交际翻译	准确性
	劝诱性呼唤型		交际翻译	文类规约、文化差异
法律	强制指令性呼唤型		语义翻译	文类规约、严谨性
广告	劝诱性呼唤型		交际翻译	创造性
公示	非强制指令性呼唤型		交际翻译	文类规约
企事业宣传	劝诱性呼唤型		交际翻译	文类规约、文化差异

3.4 应用文本类型与翻译策略分析实例

翻译应该是"自上而下"(top-down)进行——从翻译的目的、要求、文本功能，译本使用者、读者因素，交际、文化因素，到文本的语用语域特点、语篇结构至具体的段落、句子、词(尽管具体操作的时候，是从句子、词开始的)，这样才能从整体上把握好文本和翻译策略。下面我们看四篇样文的分析过程，本章只分析翻译目的、文本功能、翻译策略，文本的语域和文体特点在下一章相应部分进行。

【样文1】

Contract for Work

This contract, made as of the day of _____, 20_____ by and between _____ Company (hereinafter called Party A) and _____ Engineering Company Limited (hereinafter called Party B)

WITNESSETH:

Whereas Party B will enter into a contract for work with Party A for the latter's air conditioning equipment and the parties hereto, in consideration of the mutual covenants and agreement, do hereby agree as follows:

1. Name of Work: Air-conditioning Equipment.

2. Location of Work: Party A's newly erected plant in Shanghai.

3. Scope of Work: As specified in the drawings and Proforma Invoice attached hereto.

4. Time Limit for Completion: The work hereof shall be commented in compliance with the construction work of Party A's plant, and shall be completed within thirty (30) days after the completion of construction work of Party A's plant, including the completion of inner part of the plant when the plant is in the condition that trial run for air conditioning

mechanism is possible.

…

8. Increase or Decrease of Work:

In the event of Party A shall have amended, increased or decreased its project of construction work, the corresponding increase or decrease of total price shall be calculated as per the unit price specified herein by the parties hereto. In the event there shall be newly increased items of work, the parties hereto shall enter into an agreement for the unit price of such items. In the event Party B shall have to abandon any part of the completed work or any part of the materials transmitted to the location of work owing to amendment of construction project by Party A, Party A shall, after having duly received the work, pay for such completed work or such materials abandoned as per the unit price specified herein to Party B.

…

Party A: Party B:

By: By:

Address: Address:

【分析】

翻译要求和目的：工具型翻译，实现与源语文本同等的功能。

文本类型与功能：经贸合同，强制指令性呼唤功能。

此类文本的共性特点：文类规范性强，一般无大的文化干扰。

使用者与读者：均为合同双方的公司、技术管理工作人员。

翻译策略：交际翻译，需严格遵守译文的文类规范，但在语义层必须严谨。

【样文 2】

旅游宣传

满树金花、芳香四溢的金桂；花白如雪、香气扑鼻的银桂；红里透黄、花多味浓的紫砂桂；花色似银、季季有花的四季桂，竞相开放，争妍媲美。进入桂花公园，阵阵桂花香扑鼻而来。

【分析】

翻译要求和目的：工具型翻译，实现与源语文本同等的功能。

文本类型与功能：旅游宣传，劝诱呼唤功能，宣传旅游地，吸引游客或/潜在游客。

此类文本的共性特点：文类规范性较强，英汉语的语言、文化差异可能比较明显。

使用者与读者：使用者为旅游公司、旅游景点或旅游景点所在城市等，读者为来华旅游或准备来华旅游的海外人士。

翻译策略：交际翻译，为使译文能起到其预期功能，可能采用两种目标语文本，一种是(尽可能的)"全译"文本，另一种是"变译"(或"编译")文本。后一种文本不易为初学者掌握，因为这种文本需要牺牲源语文本的某些(因目的不同而显得)"不重要的"信息或词汇意义；后一种文本实为"力不从心"文本。

【样文 3】

广告

"绿丹兰"——爱你一辈子

【分析】

翻译要求和目的：工具型翻译，实现与源语文本同等的功能。

文本类型与功能：广告，劝诱性呼唤功能；宣传、推广化妆品。

此类文本的共性特点：创造性强，双语的语言、文化、思维差异可

　　　　　　　　　　能会比较明显地体现出来。

　　使用者与读者：使用者为化妆品公司或广告公司；读者为国内外消
　　　　　　　　　　费者或潜在消费者。

　　翻译策略：交际翻译，重要的是源语文本的理念，源语文本只是一
　　　　　　　　个信息源。

【样文 4】

政府报告

　　可以肯定，实现了全面的小康社会的目标，我们的祖国必将更加
繁荣富强，人民的生活必将更加幸福美好，中国特色的社会主义必将进
一步显示出巨大的优越性。

【分析】

　　翻译要求和目的：工具型翻译，传递文本信息。

　　文本类型与功能：政府报告，表达型。

　　此类文本的共性特点：具有权威性，源语与目标语读者在意识形态
　　　　　　　　　　　　　等方面的差异在这类文本中可能体现比较
　　　　　　　　　　　　　突出。

　　使用者与读者：使用者为国家政府部门、对外宣传、对外英文报刊
　　　　　　　　　　等；读者为国内外英文读者。

　　翻译策略：语义翻译，尤其是关键词汇必须严谨，同时要注意译文
　　　　　　　　的可读性。

　　以上对四个样文的分析，仅仅是应用翻译过程必不可少的第一步，
接下来便是对文本进行具体的语域、语用、文体分析，涉及文化、交际
场合、语境等诸多因素。我们将在下一章对这四篇范文的语域特点做一
一分析。

思考题[C]

1. 谈谈你对 genre, text 和 discourse 这三个术语的理解。

2. 举例说明文本类型的杂合化现象。

3. 请对我国的文本类型分类做简要的述评。

4. 请简要阐述四种文本类型学的优点和缺点。

5. 纽马克、莱斯和诺德的文本功能类型各有什么特点，有哪些优点以及不足之处？

6. 文本功能类型学是否适合于文学翻译研究？请简要说明理由。

7. 请谈谈你对纽马克的翻译策略的看法。

8. 应用翻译是否只能用交际翻译(或隐性翻译)策略？

9. 诺德的文献型翻译与工具型翻译理念对应用翻译有什么启示？

10. 谈谈你对诺德的功能翻译的看法，并举例证明你的观点。

11. 为什么文本类型与功能分析对应用翻译非常重要？

12. 翻译的时候，人们通常更多地采用"自下而上"(bottom-up)的方法，为什么？这样做有什么弊端？

Chapter 4
语域与应用翻译

　　文本作为目的性交际事件中一个有意义的单位，受到文类规范、文本篇章机制(textuality)、话语、语域特点等因素的制约(见第3章)，因此对文本进行分析，必须包括文类分析、语篇分析、语域分析和语用分析，将交际过程的各个因素考虑进去。在文本中，文类、语域、语言是相互关联，相互制约的。正如美国学者豪斯(Juliane House)所言，"文类是语域的内容平面，语域是文类的表达平面；语域是语言的内容平面，语言是语域的表达平面"(House，引自Hickey, 2001: 64)。语域与文类的关系，还表现在对文本影响制约的层次上，即语域在词汇与句法层面上展示其约束力，文类则在语篇结构层面上具约束作用(秦秀白，2002: 102)。我们在第3章文本类型的分析中，曾谈到文类规约对应用翻译的重要性。其实我们结合题材和功能对文本进行分类时，文类的概念已经隐含其中了，如同是信息型的科技文本与新闻文本，文类规约就有很大的差异。本章我们主要探讨应用翻译中的语域分析问题；在实践篇章中，我们对各类应用文本的文体特点都做了比较详细的归纳和分析，在此不再赘述。

4.1 语域理论概要

　　英国语言学家费斯(J. R. Firth)不同意索绪尔的"语言"和"言语"的区分，更反对语言学只研究语言，而不研究言语(刘润青, 1995: 286)。他接受玛林诺斯基(B. Malinowski)的"情境语境"(context of situation)的观点，从语境中的功能看待意义，认为语言必须研究语境中的意义。在这一观点影响下，韩礼德等语言学家开始从功能的角度研究交际事件(communicative events)和语言变体(variety in language)。情境语境包括言语事件(speech events)的参与者、所发生的行为以及其他情境、社会文化因素。言语交际既受社会情境的制约，又受具体的交际环境的制约；各种语言变体便是语言在行使社会交际工具这一职能的过程中产生的(秦秀白，2002: 17)。

  语言变体包括语言使用者相关的变体/异(user-related variation)，即与使用者的社会地位、阶层、时代、地域、个人特点等因素相关的各种方言变体(包括个人变体、时代变体、地域变体、社会变体、标准/非标准变体等)，和与语言使用相关的变体(use-related variation)，即与交际者所从事的交际活动相关的变体，也就是语域(register)。

  根据韩礼德的观点，某一交际情境与该情境中使用的语言存在着某种关系。语域就是用来解释人们如何使用语言,在不同类型的情境中"选择与之相适应的不同类型的语言"(Hatim & Mason, 2001: 46)，即得体、符合约定俗成规范的语言。在交际事件中，人们根据交际目的、交际对象和交际方式的差异选择使用的语言。这三个方面的因素，体现在语域上便是语域的三个参数，即语场(field of discourse，或译"话语语场"/"话语范围")，语旨(tenor of discourse，或译"话语语旨"/"话语基调")和语式(mode of discourse，或译"话语语式"/"话语方式")。语域的这三个方面，与韩礼德的语言三大功能相对应，即概念功能(ideational function)、人际功能(interpersonal function)和语篇/篇章功能(textual function)。

  语场指交际活动的范围——发生的事情、讨论的事务、表达的经验等(如政治话语、新闻报道)，体现了语境中的交际功能和目的(如寒暄、个人交流、说明)。需要注意的是，虽然语场与话题(topic)或题材(subject matter)相关，但很多情况下并不一致。例如，政治语场可能谈论的话题是法律或外交政策。而寒暄中既可以谈论天气、新闻，还可以使用肢体语言。一般来说，只有某特定情境的题材可预测性高时，语场与题材才有密切的关系，如在物理课、法庭交流这些语场中。因此，我们可以从交际场合、目的和题材或话题来确定语场。

  语式指交际的媒介(medium)或渠道(channel)。我们可以用最简单的"口头"、"书面"来描述交际媒介，但实际情况往往复杂得多。交际媒介可以进一步从即兴程度(spontaneity)、参与程度(participation)和私密程度(privateness)来分析。口头语式中通常背诵是非即兴的，对话则是即兴的。口头交流中，言语的发送者与接受者之间的反馈程度(即参与程度)往往高于书面交流，而且通常是与交流过程同时进行的；书面交流的反馈往往是滞后的，当然，文本的作者也可以激发读者的参与。私密程度与某话语(口头、书面)的参与者数量有关，这一变量与语旨有部分重叠之处。交际媒介的这些因素综合对语式产生作用，进而影响交际者对语言的选择。同时，口头与书面交流的界限也不是那么分明，格雷戈里和卡罗尔曾图示口头语与书面语语式变异的范围，抄录如下(引自Hatim & Mason, 2001: 49)。

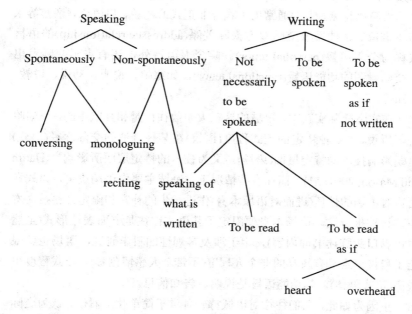

　　交际渠道是语式的另一大参数，指交际过程得以进行的手段，如面对面交流还是通过电话交流，是平面渠道还是立体渠道，是单一渠道还是多维渠道等等。交际渠道与交际媒介共同制约着交际者的语言选择。
　　语旨指交际情境中话语的发出者与接受者之间的关系，体现的是语言的人际功能。语旨可以从正式程度(formality)、礼貌程度(politeness)、非个人程度(impersonality)和可接受程度(accessibility)这四个方面进行描述。语言的正式程度越高，说明交际双方人际距离越远，也可以表明话语发出者更加重视所发出的信息。礼貌程度反映出交际双方的社会距离，包括社会阶层距离和权力关系距离(如地位、年龄、权威性)。非个人程度即交际的客观化程度，学术、法律文本即是典型的非个人程度高的文本。可接受程度反映了话语发出者认为接受者与他(她)共享交际内容相关知识的多少。发出者认定的共享知识越多，文本表层结构上不清晰之处也就越多，对缺乏相同分享程度的其他接受者来说，文本便越难以接受，如专业性强的话语。

为简化起见，人们通常用正式与非正式或礼貌、口语化、亲密等来描述语旨。这种反映交际双方人际关系(addressee relationship)的语旨被称为个人语旨(personal tenor)。除个人语旨外，还有表示交际发出者交际意图的功能语旨(functional tenor)，如寒暄、说明、劝说、说教、告知等。

在实际交际实践中，语域的这三大参数往往是相互联系的，正如哈蒂姆所说，"某种特定的正式程度(语旨)在某种合适的交际途径(语式)里既影响技术的特定层面(语场)，又为技术的特定层面所影响"(Hatim and Mason, 2001: 51)。而在有些情况下，语域主要由语场决定，语式和语旨对语场的性质(进而对语域本身)作进一步的补充和限定。科技文本中，科技报告这一语场本身便限定了其语式往往是书面表达形式(虽然也可以口头陈述书面内容)，由于涉及客观性的科学研究，语场也就限定了科技报告具有较高的非个人程度(不带个人感情色彩)，正式程度也较高(正式语体)，其功能语旨是说明、告知信息。

正因为如此，人们往往对语域持一种过于简单化的看法，认为交际情境与语域有着一一对应的关系。这种看法的典型代表便是"特殊语言(变体)"(special language)这一概念，如广告语言、新闻语言等。当然，这些"特殊语言"有着有别于其他用途语言的特点，可以对其语域做一些粗略、大致的概括性描述(如本书实践篇中各类文体的语域特点分析)，也比文学语言更容易进行概括性分析。但是，正如文本功能具有杂合特点，语域也同样具有内在的模糊性(fuzziness)。对任何一个文本，都要根据具体的交际情境，对语域的三个参数及各个参数的不同变量进行具体分析和归纳。可以说，有多少个具体的交际情境，就有多少个不同的语域。

　　语域的模糊性还表现在文本(话语)内部的语域转换(shifts of register)上。正如韩礼德所言，"(一个说话人)用许多不同的语域/语体说话"(Hatim & Mason, 2001: 51)，这与人们交际的复杂性相关。哈蒂姆和梅森在 *Discourse and the Translator* 一书中，对语域的模糊性和语域的转换作了一定的阐述。下面我们对一篇新闻稿的语域及语域转换作一简单分析(参见 ibid: 51—53)。

A back door to war

Claudia Wright reveals Israel's involvement in
President Reagan's military plans in Central America①

Washington

　　"Americans do not support vacillation," Colonel Rober McFarlene, currently Deputy National Security Adviser to President Reagon, wrote in a 1978 study of presidential policy in military crises.② Americans "expect their leaders to lead, to be clear, forthright and firm. Particularly when American lives or property have been lost, the American impulses are toward firmness. It must not be reflexive—a knee jerk—but rather thought out and appropriate in strength to the task."③

　　Since 1981, when McFarlane joined the administration, he has been testing out his theory as principal planner of US military tactics in Central America. As the President's newly appointed Middle East negotiator, he will now have his chance to try out the same method in another combustible area.④

这一新闻稿有 4 个具有明显语域差异的部分构成，分别分析如下。
①Claudia…America
语场：激发接受者对本话题兴趣(交际目的)。
语式：大字标题式摘要(渠道)，(默/朗)读起来似新闻标题，简短有力。

语旨：流畅娴熟，颇具老道的说服口吻(个人语旨)。

②Americans…military crises

语场：新闻报道(交际场合与活动)。

语式：为阅读的书面形式(媒介)。

语旨：客观的，陈述事实的(个人语旨)。

③Americans…to the task

语场：美国的国内政策与国际时事(话题)。

语式：政治演说(渠道)，为口述的书面形式(媒介)(written to be spoken)。

语旨：情感、呼唤、操纵等修辞功能(功能语旨)。

④Since 1981…area

语场：新闻调查(交际场合与活动)，评价时事(交际目的)。

语式：以看似客观的报道形式加入编者评论(渠道)。

语旨：权威性、评估性的评论(个人与功能语旨)。

从以上例子可以看出，在具体的交际事件或交际事件的各个部分中，语域的三个参数是相互关联相互制约的，有时候三个变量之间的界限甚至是模糊的。此外，不同的交际情境，三个参数的突显程度不同，同时各参数内在变量的侧重程度也因实际交际情境而异，即语场的交际场合与活动、交际目的、话题与题材，语式的渠道与媒介(口头、书面，即兴程度、参与程度、私密程度)和语旨的个人语旨(正式、非正式，正式程度、礼貌程度、非个人程度、可接受程度)和功能语旨。

4.2　语域与翻译

布勒的语言功能观(以及雅各布森的语言六功能观)，即再现功能(representational)、移情功能(appellative)和表达功能(expressive)，启发了赖斯、纽马克和诺德等学者的文本功能类型与翻译策略的研究，而韩礼德的语言功能观及对交际事件和语言变体的论述则更多的启发了卡特福德(J. C. Catford)、格雷戈里(M. J. Gregory)、豪斯(J. House)以及哈蒂姆(B. Hatim)、贝尔(R. Bell)和贝克(M. Baker)的翻译研究。

　　语域分析是文本分类和分析(进而也是翻译)的有效工具。实际上，确定文本的语域特点被认为是成功翻译的必备条件之一。在翻译之前，译者必须对文本的语场、语式和语旨等语境变量进行系统分析，进而才有可能在目的语中选择相应的语域或根据目的文化背景进行调整。翻译质量的评估不仅是语义匹配的问题，也是语域匹配(或者不匹配)程度的问题。例如，"干杯"从语义来看，英语中可以用 1) Now I'd like to ask you to raise your glasses; 2) Good health; 3) Your health; 4) To the success of your lecture/business tour in China; 5) To your health and prosperity; 6) Cheers; 7) Bottoms up; 8) Here's mud in your eye; 9) Here's the skin off your nose; 10) Down the hatch 等等(侯维瑞，1988：81—82)。但 1)只能用在非常正式的场合，2)至 5)用于比较正式的场合，6)是一般场合中最通用的，7)只能在非正式场合，用在熟悉的朋友间，而 8)到 10)为俚语或粗俗用语。因此，语义相同的词语，其语域特点可能有很大的差异。

　　但作为跨文化的交际行为，翻译中语域匹配问题并不像人们想象的那么简单。某一话语是否达到其交际意图与一定的文化语境相关，因此在跨语言、跨文化的语境中，语域往往要作必要的调整，出现相应的语域转换。跨文化间的语域差异或语域失误在有些情境中比较明显。例如，在对外招待会或商务谈判中，中方代表也许会用过多的空洞的褒奖之词夸奖对方，语气往往非常正式，甚至礼貌过度，给人不实之感；或者相反，有时候为了拉近和对方的关系，用词、语气又过于随意。这两种情况在中国内地人之间交往都属于正常情况，但在跨文化交往中，则有些问题。西方不同国家的人在交往中的语域差异也并不少见。美法两国人在正式交往中，法国人喜欢刻意用正式语体，而美国人则倾向于口语体(Hatim & Mason, 2001: 50)。

　　豪斯是将语域理论用于翻译研究的最早的学者之一。豪斯在韩礼德语言功能观的基础上,认为文本功能由概念功能和人际功能两个功能要素构成,由此提出她的翻译功能对等观——原文与译文对等的基本要求是译文必须有一项功能与原文的功能对等(注意,豪斯的功能对等与奈达的功能对等是不同的)。对豪斯来说,通过语域分析和语用分析而把握源文本的文本机制,是"衡量翻译文本质量的规范"(引自 Baker,2004: 30)。从文本功能对等的角度,根据源文本的特点,豪斯提出了两种翻译策略或者说类型:隐性翻译(covert translation)和显性翻译(overt translation)。

显性翻译又称为标记翻译(marked translation),适用于那些原文与源文化相关或依赖于源文化背景的翻译。在这类翻译中,原文与译文在语言、语域以及文类等方面是对等的,能够使读者激活(activate)原文的结构与"话语世界"(discourse world),但由于译文处在一个新的"话语世界",因此无法实现文本的功能对等。也就是说,译者是在解释性地使用语言(interpretive use),将原文当作一个引语(citation) (Gutt, 2004: 54 —68)。译者不是作为一个"原创"作者直接面对译文读者,而是让读者意识到他们在读翻译,意识到原文的存在。布道、政治演讲、艺术性文学作品都适合用显性翻译。

在隐性翻译中,译者在目的语语言文化背景下再创造一个同等的交际事件,以便在译文文本中实现源文本在其语言文化架构中的功能。在这类翻译中,译者并不试图在译文中激活原文的话语世界。由于翻译的目的是功能对等,译者需要使用"文化过滤"的手段处理社会、文化规约的差异。在语言和语域层面,译者在必要的时候要做一定的调整,进而使原文和译文在这两个层面可能出现比较大的差异。隐性翻译侧重目的语读者,使他们没有意识到是在读译文。这类翻译隐藏了译文的翻译性质(Shuttleworth & Cowie, 2004: 33),被豪斯认为是唯一能达到功能对等目的的翻译,体现的是语言的描述性用途(Gutt, 2004: 47—56)。隐性翻译适合于那些在源文化中没有独立地位,或者说与源文化的语言、传统、历史或其他方面没有密不可分的关系的文本,如广告、新闻、科技。

从以上分析可以看出,语域在翻译中的作用,并不像格雷戈里所说

的那样，是确定语域对等(register equivalence)的问题(Baker, 2004: 30)，
而是要根据翻译目的(是否是追求豪斯似的功能对等的翻译，或者说莱
斯的交际翻译或诺德的同功能翻译)、源语与目的语的语言文化差异等
因素来做出判断。豪斯的翻译观，结合了语域分析与语用分析的方法，
对语域、语言、文类、文本功能等因素进行综合考虑，而哈蒂姆、梅森、
贝尔、贝克等学者则认为语域分析只是一种概括化的分析，对跨文化交
际的翻译来说是远远不够的，应该增加其他维度对翻译进行考量，如语
用学、符号学、心理语言学等等。

4.3　语域与应用翻译

　　说到语域，人们很容易与其最简化的描述方式联系在一起，即语场
=话题或题材，语式=口语或书面语，语旨=正式语体或非正式语体。这
种极端概括、过于简化的描述对于话语(文本)的分析、理解和翻译都是
于事无补的，反而进一步使人们忽视了语域分析的作用。正如我们在语
域理论概要中所分析的那样，有多少个具体的交际情境，就有多少个不
同的语域。分析在一定文化背景下某具体交际场合中的语域三大参数的
各个变量，有助于我们概括地、整体地把握话语(文本)的语言特点，进
而根据文本类型与功能、翻译的目的与类型、目的语交际情境和文化背
景等因素，对翻译文本进行语言层面的操作。

　　在文学作品和日常生活中，交际情境、交际意图、交际双方关系以
及交际方式复杂多变，使语域及其参数与变量的分析不易进行典型性的
概括与归纳；同时，在这类话语(文本)中，参数与变量的变化对于理解
交际事件和交际活动参与者有着非常重要的意义，如交际双方的心理、
态度变化、交际策略等等。相对这类文本而言，应用文本由于其交际意
图与目的、话题(题材)比较明确，语域易于进行典型化的概括，属于比
较容易预测语言使用的限制性语域(restricted registers)。本书在实践篇章
中，对各类应用文本的语域特点作了一些概括性的分析，在此不再赘述。

需要指出的是，这种概括性的分析，只能起到一定的指导作用，不能代替具体文本的语域分析。

至于在翻译过程中，语域是要移植到目的文本中，以求语域对等，还是应进行调整，则要看翻译的目的、翻译类型、文化背景差异等。例如，普及科技知识的综译，译文的语域肯定不同于源文的语域，技术性程度和正式程度肯定要有所降低，可接受程度有所提高。一般来说，在同功能翻译中，信息型应用文本由于交际情境的文化差异不大，语域转化(transfer of register)问题不会给译者带来太多的麻烦(当然，前提条件是译者必须有掌控目的语语域的能力)。这时，隐性翻译和显性翻译的差别是不明显的。当然，隐性翻译侧重目的语，译文会更加流畅，而显性翻译侧重源语，译文读起来不那么地道。但在这种情况下，这种差异只是程度的问题。而广告、旅游与企业宣传文本中，由于源语和目的语交际环境中对实现同一交际意图的语域要求有所差异，译者需要以实现交际意图和文本功能为目的，对语域作相应的调整。这时，只有隐性翻译才能实现文本的目的语中的功能。

4.4 应用文本语域分析实例

下面我们结合第 3 章四篇样文的文本类型与翻译策略的分析，对这些样文的语域特点及其翻译问题作一分析，并对译文作一简评。

【样文 1】

(原文略)

语场：商贸合作(话题)，对经贸合作进行约定(交际目的)。
语式：法律合同(渠道)，为阅读的书面形式(媒介)。
语旨：双方平等合作关系，语体非常正式(个人语旨)。

从第 3 章对该样文的文本类型分析中，我们知道经贸合同具有强制指令性呼唤功能，文类规范性强，也就是说要在目的语中实现类似的功能，需要套用目的语中相应文类的规范，但从语域上来看，汉语经贸合同与英语经贸合同是一致的，因此，该文本在同功能翻译的要求下，语域也必须对等。

【译文】

工程合同

本合同于二零____年____月____日由_____公司(以下简称甲方)与_____工程有限公司(以下简称乙方)签订。

乙方与甲方订立工程合约，安装甲方之空气调节设备，双方同意如下：

1. 工程名称：空气调节设备。
2. 工程地点：甲方在上海新建的工厂。
3. 工程范围：如本合约所附之图样及估价单。
4. 完工期限：本工程将配合甲方自建厂工程开始，并在甲方工厂完工后三十天(30)内完成，包括工厂内部完工可使空气调节机械试用之时期在内。

……

8. 增加或减少工程：倘甲方需修改、增加或减少其工作计划时，总价之增减，应按双方规定之单价计算。如果新增工程，双方应另行协定该项新增工程之单价。倘甲方因修改原计划而将已完工之一部分工程或已运抵工地之材料弃置，甲方在验收后，应按双方决定之单价付给乙方已完工之工程费用及材料费。

……

甲方：   乙方：

负责人：   负责人：

地址：   地址：

【分析】

译文根据汉语合同规约要求，对原文做了适当的调整，如年份的阿拉伯数字，改成汉语数字；Party A, Party B 改成甲方、乙方；也套用了汉语合同文本的一些句式，如 "This contract, made as of the day of _____, 20____ by and between _____ Company (hereinafter called Party A) and _____ Engineering Company Limited (hereinafter called Party B)" 对应 "本合同于二零_____年____月____日由_____公司(以下简称甲方)与_____工程有限公司(以下简称乙方)签订。" 这些都是固定的格式，不会因合同具体内容而变。译文的语域与原文一致，体现在语言上便是非常正式的句式和用词，如 "本合约"、"倘甲方需修改、增加或减少其工作计划时，总价之增减……"。

【样文 2】

(原文略)

语场：旅游(话题)，吸引游客观光旅游(交际目的)。

语式：旅游宣传(渠道)，文字便于朗读的书面形式(媒介)。

语旨：看似客观描述、实则诉诸主观手段，可接受程度适中，语体较正式(个人语旨)，劝说(功能语旨)。

值得指出，上述分析，仅仅解决了 "从理论到理论" 的问题，因为这个源语文本的翻译涉及更为复杂和综合性的因素，而且在国内翻译界已经发生。在分析之前，我们先阅读两个文字不同、语体不同的译本和一个 "力不从心" 的译本(以下引文，详见陈刚，2004/6: 203—209)。

【译文 1-1(全译文本)】

The Park of Sweet Osmanthus is known for its profusion of osmanthus trees and variety of osmanthus flowers. It boasts golden osmanthus, silver osmanthus, purple osmanthus, four-season osmanthus, and much more. They are in full bloom in the golden fall, filling the whole garden with their sweet fragrance. (偏重书面体，或书面体和口语体并用)

【译文 1-2(全译文本)】

The Park of Sweet Osmanthus is known for its profusion of osmanthus trees which come into blossom at different times of the year: golden osmanthus, silver osmanthus, and purple osmanthus in the fall; four-season osmanthus during the year. When you enter (stroll into) the park, you won't fail to be greeted by their sweet fragrance. (偏重口语体)

【译文 2(变译文本)】

The Park of Sweet Osmanthus is noted for its production of osmanthus. Flowers from these trees in different colors are in full bloom, which pervade the whole garden with the fragrance of their blossoms. (因原译者力不从心所致)

【分析】

原文：**满树金花、芳香四溢**的金桂；**花白如雪、香气扑鼻**的银桂；红里透黄、花多味浓的紫砂桂；**花色似银、季季有花**的四季桂，**竞相开放，争妍媲美**。进入桂花公园，阵阵桂花香扑鼻而来。(黑体为作者所标——笔者注)

上述汉语文字重复、辞藻堆砌(见黑体)，如何译？通观整段文字，我们知道这是一则<u>宣传广告</u>片段。<u>原作者文中点明各种稀有的名贵花卉，意在表明"物以稀为贵"，这样可以改变受众的认知语境，起到吸引观众的作用</u>…… 同时，<u>结合社交语境的筛选功能，将原文中提到的各种花名删去不译，因为在译文读者的认知语境中从未有过类似信息(很难在英语中找到相应的名称)</u>。正式译文——即**【译文 2(变译文本)】**，故略。

……

……很明显，译者避开了汉语的惯用形式，<u>着眼于译文的预期功能</u>，在译文中<u>采用符合读者习惯的方式突出表达了与原作交际意图相关的内容</u>。

（《中国翻译》2002 年第 4 期第 31—32 页）

就该案例(尤其是"原文"及"变译文本")而言，要使既缺乏必要的导译实践，同时又在寻找理论与实践的结合点时(难免)"功亏一篑"的从事翻译教学或研究的专家做到分析到位、言之有理，的确颇有难度。他们或稍加思考，照搬不误，或沿用旧例，另作发挥，或人云亦云，迷信"权威"，或为凑例子而前后矛盾。无怪乎，同一个例子(指上述"原文")在国家级"权威"学术期刊和国家级出版社出版的翻译专著中相继出现。比较典型的例子是 2000 年第 5 期《外语教学与研究》中《英汉翻译中的信息转换》和 2000 年第 5 期《中国翻译》中《旅游资料翻译中的文化思考》等文，反复引用《旅游翻译初探》(中国翻译编辑部，1995：188)中的例子。上述文章作者对译文加以"赞美"："把文中的实用信息传达出来"，"改写原文的……细节描写，整体概括，简洁明白"。甚至，同一作者在两处就同一例子出现自相矛盾的评论："<u>上述汉语文字重复，辞藻堆砌，纯粹出于行文顺口的需要，无多大实际意义</u>……这种情况就需要用另外的方法，<u>大幅度改写</u>了。"(《汉英时文翻译》第79—80 页，下画线为笔者所加)

笔者结合相关实践、理论和画线部分试作进一步分析：

(1) 原文文本类型：旅游宣传/广告文本。这种文本首先在文字和内容上(设计、外包装暂不在此涉及)要吸引人。毋庸置疑，原文在这方面是可取的、成功的。

(2) 原文花卉名称："原作者文中点明各种稀有的名贵花卉，意在表明'物以稀为贵'，这样可以改变受众的认知语境，起到吸引观众的作用。"

(3) 原作意图：显然是要吸引更多的(能读懂中文的)旅游者，以创造出更好的社会效益(如上海的形象乃至国家的形象)和经济效益。

(4) 译文文本类型：(应是)旅游宣传/广告文本。它应集呼唤、表达、信息等几大功能于一体。有关详述见第 5 章。

(5) 翻译目的：弘扬中国文化，吸引海外游客。

(6) 翻译困难：除了需从篇章层面作必要的调整外，原文中各种桂花名称和一些描写性文字(黑体字)，但后者可以省却不译。

(7) 译文调整原因：据译者"坦白"，由于"翻译时很难找到相应的外文花名，……因此作些变动，……是否恰当，尚待研究"(闵大勇、詹允昭、王义芳，《旅游翻译初探》，载《中国翻译》编辑部编《中译英技巧文集》第187－188页)，根本不是上述"评论员"那些"煞有介事"的原因。换言之，假如当时译者知道这些桂花品种的英译名，那译文就会是另一种结果了，所以不少由此而来的"理论"因失去应有的前提都难以成立。

(8) 翻译策略与效果：翻译当然要讲策略及效果。策略要建筑在正确的翻译目的、原则、判断、真实性、可能性、可接受性等基础之上(详析见下)。

(9) 整体分析：旅游宣传/广告文本(也可算是特殊种类的"导游词")应具有信息功能(informative sub-function)，包含信息文本(informative sub-text)。所以翻译时"要重达，便是漏译一两句也无关宏旨"(罗新璋语)。当然，我们还须看到问题的另一面。根据从受话人着眼(hearer-oriented)的韩礼德(Halliday)的信息理论，信息单位分为已知信息(given information，即说话人认为受话人已知的、也应是受话人确实应了解的)和新信息(new information)，根据哲学家 Grice 的观点，语言交际需遵守"合作原则"(cooperative principle)，其第一准则就是"数量原则"(maxim of quantity，即指提供适量的信息，不多也不少)，根据旅游翻译(含导译)应是"文化的使者"，以传播中国文化为己任的原则，而了解中国文化和求异、求新也正是来华旅游者的重要目的或主要目的和心理状态(参照第1章第3节)，译者在处理广告文本(含导游词)时应以旅游者为导向(tourist-oriented)，尽量保存中国文化等信息。原文译者很想将有关花名介绍给海外游客(因"力不从心")，反而我们的"评论员"倒大方得认为将如此重要的实用信息——各种桂花名——砍掉不译反而"开心"。若作为(旅游)翻译或导译人员是难以接受的。而且，原译者曾经多年战斗在导游第一线，试想，导游员会因不知有关花名反倒心安理得吗？难道参加桂花节的旅游者会不问导游员这些不同颜色的桂花叫什么名吗？

既然"原作者文中点明各种稀有的名贵花卉，意在表明'物以稀为贵'，这样可以改变受众的认知语境，起到吸引观众的作用"，反而在翻译时，却要"结合社交语境的筛选功能，将原文中提到的各种花名删去不译，因为在译文读者的认知语境中从未有过类似信息(很难在英语中找到相应的名称)"？这显然又是站不住脚的。这里的所谓"语境"为social context(韩礼德语)，指交流信息的环境。这种语境可以从以下三个方面来分析：

- 话语范围(field of discourse)：指正在发生的事。案例则指有一(旅游)桂花节的英语宣传广告(或促销广告)。而广告的目的不言而喻，但实施广告目的的手段却有高下之分。

- 话语基调(tenor of discourse)：指谈话参加者、他们的身份、他们之间的相互关系。案例中的参与者则指"旅游产品推广者"和"旅游产品购买者"。具体地说，前者指"广告人"(按德国功能派理论，即 initiator/commissioner，可以是政府、园林管理局、桂花节组织委员会或旅游公司)与"幕后"的译者(外国旅游者并不一定意识到)。后者指外国旅游者，也不妨包括懂英文的中国人。两者之间的关系是"旅游产品推广者"和"旅游产品购买者"之间的关系，是临时的，但又可能是微妙的、社会性的、历史性的，涉及上海乃至中国的对外形象等高层次问题。这正如韩礼德所认为的，语言有三大功能，其中之一是人际功能(interpersonal function)，表明建立或维持人与人之间的社会关系。处于这种关系及其状态下，作为"旅游产品推销者"之一的翻译(他/她应遵照 initiator/commissioner 的要求——translation brief——去做)肯定想知道这些桂花品种的英译名(即使他/她可以舍去不译)，作为"旅游产品推销者"的 initiator/commissioner 肯定更想将中文广告和盘托出(能够百分之百地将源语文本传递出去，何乐而不为？)，难道"求知欲"很强的外国旅游者反倒不想知道这么多不同品种的桂花名吗？我们不能"以己之心，度游客之腹"，应树立明确的服务意识(旅游翻译更是一种服务工作)，始终以旅游者为出发点，而缺乏服务的导译乃是失败。如果真的暂时找不到合适的译文，也情有可原，可千万**不要找一些"理论借口"，从而违背了科学实践观和方法论**，为实际所不能接受。

● 话语方式(mode of discourse)：指语言在具体环境里起什么作用，语言通过什么方式组织起来达到传递意义的目的，及通过什么渠道——书面还是口头，还是两者并用。案例中旅游产品广告的译文为英语，主要通过书面渠道传播，也会由中国导游口译原文。要想实现语言传递意义的目的，的确需要讲究语言效果。但是"评论员"认为花名删去不译是"因为在译文读者的认知语境中从未有过类似信息(很难在英语中找到相应的名称)"，这也是违背实际情况的。实践证明：首先，完全可以用英语中 golden/yellow osmanthus, yellowish/silver/white osmanthus, purple osmanthus(学名 Purpuretus，见中国农业出版社 1995 年版《花卉词典》)和 four-season osmanthus 来分别表示金桂、银桂、紫砂桂和四季桂。丹桂是 reddish(有的词典用 orange) osmanthus。这几种桂花都有学名，但通常使用学名效果不佳(少数除外)。美国专家用 gold-orange (flowers)，silver-white (flowers)和 reddish (flowers)分别表示"金桂"、"银桂"和"丹桂"的颜色。其次，特别需要实践经验的是，"在译文读者的认知语境中从未有过类似信息"的显然不是单词 osmanthus 之前的形容词，而是 osmanthus 本身。**请注意**：海外旅游者中知道(sweet) osmanthus 这个词的人很少，他们对该词的反应和中国人对桂花的反应相去甚远，即使"知道"，该词的 referential/designative/cognitive meaning 究竟是什么，也未必清楚。如何使"老外"了解桂花呢？我在导游中常用 fragrant flower(见中国农业出版社 1997 年版《园艺学词典》)引出 sweet osmanthus，能起到较好的效果，但最好能让旅游者亲眼看到这种花。

因此，原文不妨做出如【译文 1-1(全译文本)】和【译文 1-2(全译文本)】之处理。

词本无义，义随人生。英语词义对上下文的依赖性比较大。即使海外游客对这些桂花花名知之甚少，只要他们进入桂花公园这个"认知语境"，就不难了解到 which is which。回到跨文化交流这个话题上，我们不妨稍稍思考一下，外国旅游者来华观光、度假，连这么一点"异国风情"都不愿领略？我们具有全球化意识的译者连这么一点"异化"都怕外国人"吃不了，兜着走"？更何况，有不少旅游团或散客(FIT)是先去桂林，再飞上海，那他们对桂花可谓是比国人还知道得多呢！

【样文 3】

(原文略)

> 语场：化妆品宣传(话题与活动)，吸引消费者购买(交际目的)。
>
> 语式：平面广告(渠道)，便于朗读的书面形式或似乎是他人向接受者述说的书面形式(媒介)；在公开场合下较高的私人程度和参与程度。
>
> 或者：立体广告，多渠道方式(渠道)，口头表达的书面形式(媒介)，在公开场合下较高的私人程度和参与程度。
>
> 语旨：庄重而亲密的，非个人程度很低而可接受程度高(个人语旨)。

源文本的语式和语旨在英语语境下也同样能达到交际目的和翻译目的，但英汉语的语言、文化差异也就意味着要以同样的语式和语旨达到同样的交际目的，语言层面上可能需要作调整。

【译文】

Ludanlan cosmetics—Love me tender, and love me true.

【分析】

广告翻译往往是一种再创造，当然这种创造是以原文为基础的。译文使用家喻户晓、深入人心的英语歌词来翻译这则广告，不仅语域保持了一致，而且很容易为消费者接受，从而达到广告宣传的目的。当然，在立体广告中，也可以根据画面等因素，灵活翻译，如使用"love me, love my dog"等。

【样文 4】

(原文略)

语场：政治(话题)，表达观点与信念(交际目的)。
语式：政府报告(渠道)，为阅读或口头表达的书面形式(媒介)。
语旨：权威性，正式语体(个人语旨)，移情、呼唤功能(功能语旨)。

源文本在汉语语境下，通过表达观点和信念，具有激励民众的呼唤功能；而在英语语境下(对非华人来说)，这种呼唤功能是无法实现的，因此这一文本只能对语域的其他变量进行移植，属于典型的显性翻译(与纽马克的语义翻译相似)。

【译文】

We are sure that after attaining the objectives of building a well-off society in an all-round way, our motherland will become stronger and more prosperous, the people will live a better and happier life, and socialism with Chinese characteristics will further demonstrate its great superiority.

【分析】

译文采用了典型的贴近原文的翻译策略，原文句式结构的痕迹基本上是移植到英文中；从语域来看，除功能语旨外，基本与原文一致。虽然无法实现源文本在汉语语境下的呼唤功能，但向它文化传递信息、表达观点的功能是能够实现的，这也就是这类文本的翻译目的。

思考题[C]

1. 请以日常生活话语为例，分析语域的三大参数和各个变量，并说明语域分析的作用。

2. 分析简・奥斯丁小说《傲慢与偏见》中的一句话的语域：It is a truth universally acknowledged, that a single man in possession of a good

fortune, must be in want of a wife. 并结合该小说，说明这句话的作用。

3. 结合实例，阐述语域、语言和文类三者之间的关系。

4. 谈谈你对隐性翻译与显性翻译的理解。区分这两者对应用翻译有什么指导意义？

5. 语域分析对应用翻译有什么作用？

Chapter 5
语用学与应用文体翻译

5.1　语用学概述[1]

　　起源于哲学和逻辑学的语用学，历史虽然不长，却在短短几十年里成为一门"显学"(姜望琪，2003: 1)。1938 年由莫里斯在《符号理论基础》一书中首次使用"语用学"(pragmatics)一词(Halton, 1992)，将其定义为符号学的一个分支，研究对象为"符号与符号解释者的关系"(况新华，谢华，2002: 6)，随后，德国哲学家卡尔纳普也讨论过 syntax, semantics, pragmatics 的区分，认为可以将语义学分为描写语义学和纯粹语义学。描写语义学研究自然语言，纯粹语义学研究逻辑语言，从而把描写语义学视为语用学的一部分。巴尔-希勒尔把句子的指称看成是命题，后来他提出指称实际上涉及的不是句子实例与命题之间的两项关系，而是实例、语境、命题三者之间的三项关系，实例只有跟语境结合才能指称命题，而实例本身并没有指称。1979 年《语用学杂志》(*Journal of Pragmatics*)创刊，标志着语用学得到国际学术界承认而成为语言学的一个学科方向。目前国际上语用学主要有英美语用学家代表的微观语用学和欧洲大陆学派代表的宏观语用学两大流派，研究视野涵盖了语用、认知、社会、跨文化和发展语用学等众多领域，分别从话语生成研究说话者意义(speaker meaning)、话语理解(utterance interpretation)和交际活动中语言运用与理解的心理机制。由此可知语用学是人类语言文化交际活动中的认知科学与社会科学，是对言语事件中语言意义的研究，既是"理解语言使用语言的学问"，也是"研究语言合适得体"的学问(况新华，谢华，2002: 6—8)。1983 年，莱文森出版了被誉为"值得赞颂"的《语用学》教材(姜望琪，2003：15)。国际语用学会 1986 年在比利时成立，使语用学研究蓬勃发展，覆盖了众多的研究领域，如借用语用学理论讨论语义问题、语法问题和分析文体学模式，社会语言学领域也借用了斯珀伯及威尔逊(Dan Sperber & Deirdre Wilson)在格赖斯基础上发

---

[1] 本节的撰写思路，作者参照并引用了姜望琪先生的《当代语用学》等著作。

展起来的关联理论。语用学代表了今后语言学研究的发展方向，如果说 20 世纪语言学是以索绪尔为旗帜的，那么 21 世纪将以非索绪尔为标志，语言学将从抽象回到具体，从理性思辨走向实例分析，从研究单句扩大到篇章，一句话，从注重 langue 变成注重 parole。从注重抽象的语言系统变成注重实际的语言运用(姜望琪，2003：15)。

"语用学是研究语言运用的。语言运用的一个特点，或者说，语言运用跟语言作为一个抽象系统的区别，是'意会可以大于言传'。"(姜望琪，2003：1)。研究语言运用的语用学注重实际运用中的言语活动意义，奥斯汀意识到实际上人们的所有说话都可以看作行动，而格赖斯提出了会话含义理论(the theory of conversational implicature)，来解释人们理解话语的过程，他认为人们之所以能够意会大于言传，是因为会话具有某些特殊的性质。人与人之间的对话往往是互相衔接的话轮，共同组成完整的语篇，他把这种默契称为合作原则(the cooperative principle)，并把该原则细分为数量(quantity)、质量(quality)、关系(relation)、方式(manner)等四条准则，即成功地完成交际活动，交际双方必须提供恰如其分、不多不少的信息量(数量准则)。说话真实，有充分根据(质量准则)，话语之间要有关联(关系准则)。这三条涉及内容，最后一条准则强调形式，即说话应该清楚，有条理，干脆利落，避免产生歧义。合作原则及相关准则是人类交际活动中的潜规则，下意识中支配着人们的语言活动，一旦出现了规则被打破的情况，交际双方往往意识到会话含义的产生。奥斯汀从言语行为的角度分析，提出 illocutionary force 的概念，认为开口说话 locutionary act 和表达说话人目的的行为称为 illocutionary act 这两种行为间的张力可以产生"意会大于言传"，以言行事行为所表达的意义，就称为 illocutionary force。

人类不仅具备抽象的语言系统能力，而且具备在特定场合选择合适语言的交际能力，根据 implication，格赖斯杜撰出 implicature 一词，表示话语暗含的意义，即"会话含义"。他有时也用"所言"(what is said)跟"所意"(what is meant)来区别字面意义跟会话含义。以言行事行为或会话含义的区分亦可称为语词(或语句)意义与说话人意义的区分，即一个词或一句话有其固定的意义，但在具体语境中说话人用到该词、该句时，他可以在某种程度上改变其意义，因此说话人意义亦称为上下文意义。在格赖斯理论的基础上，美国语用学家霍恩(Laurence Horn)提出可以用省力原则来解释会话含义。省力原则是人类本能的一种体现，除非不得已，人们都希望付出最小的努力，取得最大回报，语言交际也不例外。说话人为了省力，希望能用一个词表示所有的意思，听话人为了省力，则希望每个意思都只有一个词可以表达。

　　语用学研究的主要课题包括指示现象(亦称指别现象)、言语行为、内隐意义、语境、结构、动态性、意识突显性等纷繁杂驳的课题。指示现象讨论语言使用的科学思考必须重视在真实世界中语言的定位问题，这种定位通过时间、空间、社会(语言事件参与者)和语篇(正在发生的言语事件)等四个维度来确定，其中时间和空间为指示现象的物理维度，而社会和语篇则表现为更为复杂的指示现象，涉及人称指示现象(person deixis)以表明不同的交际参与者，态度指示现象(attitudinal deixis)以标志社会地位和不同称谓；语篇指示词语(discourse deixis)可以指示早先、同时或未来的语篇，也可以反观(reflexive)或自指(self-referential)。指示现象将言语事件锚定在这四个维度里，为意义的生成提供了基础。

　　"指别"(deixis)一词源于希腊语，意为"指点"或"标示"。在语言学里，指把话语跟其空间、时间坐标联系起来的人称代词、指示代词、时制及其他语法、词汇形式的功能。指别是比照应更基本的功能，照应功能预设指称对象已经在语境中占有一席之地，指别则没有这种预设，实际上，指别是首次提及个体的最主要的一种手段。英国语用学家莱文森在其《语用学》一书中有专章讨论指别问题，提出指别主要涉及语言与语境的关系，缺乏有关语境知识，有些话语是很难理解的。指别与称有密切的联系，两者都涉及语言单位与语言外实体的关系，所不同的是指别涉及的指称对象随语境而变，因此指别属于特殊的指称，它依赖语境，称为相对指称，没有语境的参照系，指别词的意义是不确定的。

　　哲学家约翰•奥斯汀最早提出了言语行为(speech act)的概念，引起了语言学界的广泛兴趣，成为语用学的基础理论之一。在其言语行为理论中，他采用三分法取代了早期的表述(constative)—施为(performative)这一对术语，将言语行为分为"以言指事"(locutions)、"以言行事"(illocution)和"以言成事"(perlocution)三个相互联系的成分，即一个言语事件可能由于说话者和听话者的动机、地位、认知心理差异，从而导致不同的交际结果，产生会话含义或误解。

其实波兰裔人类学家马林诺夫斯基(Bronislaw Malinowski)早在1923年就强调，"语言的原始功能是作为一种行动方式，而不是思想的对应物"。而奥斯汀的贡献是指出一个人说话时同时完成了三种行为：第一种行为是"说话行为"(locutionary act)。第二种行为是表明说话人意图的行为，称为"以言行事行为"(illocutionary act)。奥斯汀把这种意义叫做"行事语力"(illocutionary force)，简称"语力"，他同时相应地把"意义"(meaning)一词的含义缩小为弗雷格所谓的"含义"(sense)和"指称"(reference)。当说话人实际使用这些词和句子时，他会对这些含义和指称进行调整，以适应自己的需要，表达出自己的说话人意义。第三种行为则是说话者的话语对听话者所产生的心理、行为影响，称为"取效行为"(perlocutionary act)。由于意义虽然限制语力，却不可能穷尽语力，因此"取效行为"是不确定的，一句话可能对不同的听众或不同心境、不同时间的同一听话者产生完全不同的影响，从而产生不同的反应。由于以言行事行为的特殊性，奥斯汀重点研究行事行为，并将行事行为分为以下五个类型：**裁决型**(verdictive)、**行使职权型**(exercitive)、**承诺型**(commissive)、**表态行为型**(behabitive)和**阐述型**(expositive)。美国语言学家塞尔(Searle)进一步将行事行为细分，认为行事行为可以在12个方面有区别，其中4个主要方面是行事要点(illocutionary point)、词语与世界的适切方向(the direction of fit between words and the world)、所表达的心理状态(the psychological state expressed)和命题内容(the propositional content)，从而将行事行为分为：**断言类**(assertive)，从词语到世界，心理状态是相信；**指令类**(directive)，要求某人做某事，从世界到词语，心理状态是希望；**承诺类**(commissive)，从世界到词语，心理状态是意欲；**表达类**(expressive)，没有适切方向；**宣告类**(declaration)，并提出了

　　衍推(entailment)：这一类意义可以看作"推理"(inference)的一部分，在这个意义上，衍推是暗含的。衍推是不同句子间的一种逻辑关系，如果第一个句子为真时，第二个句子必真；第二个句子为假时，第一个句子必假，那么我们就说第一个句子衍推第二个句子。衍推是一种真值条件意义，这是衍推跟前面所讨论的各种含义的最大区别，而且衍推也是不可分离的，而常规含义是可以分离的。但是"不可分离性"只是衍推跟会话含义的唯一相同之处，在其他各个特性上，衍推都跟会话含义不同，衍推是不可取消的，是确定的，衍推是常规意义，是不可推导的，属于词典意义的一部分，不属于语境意义，属于明说意。

　　斯珀伯和威尔逊在格赖斯合作原则的基础上，提出了会话的关联原则，其核心就是话语的关联性，即一句话的解读取决于听话人对这句话意欲(intended)有多大关联性的判断。在会话中即使是表面上无关的话往往也传递了某些有关信息，只要这句话能被认为是针对前一句的。因此他们提出了一种新的交际观——明示推理交际(ostensive-inferential communication)，"交际的成功不在听话人辨认出话语的语言意义之时，而在他们从话语中推断出说话人意义之时"，"语言交际是一种复杂形式的交际，它要涉及语言编码、解码，但一句话语的语言意义不足以承载说话人要表达的意义，语言意义只对受话者推断说话人要表达的意义起帮助作用。受话人会把解码过程的输出正确地理解成用以推断发话者意图的论据，换句话说，编码、解码过程附属于格赖斯推理过程。"斯珀伯和威尔逊认为格赖斯的观点也可以看成"交际的推理模式"(an inferential model of communication)。这就是说，交际不仅涉及编码、解码，而且涉及推理，说话人不仅要明白词语的一般意义，更要明白说话人此时此地运用这些词语的特殊意义。在他们看来，搜索一句话的关联性最大的解读的过程，也是搜索语境，使这种解读变成可能的过程，换句话说，确定语境不是理解的先决条件，而是该过程的一部分。斯珀伯和威尔逊把关联性暂时界定为设想(assumption)与语境的关系，突出了语境对话语理解的重要性。他们强调语境不是给定的，而是择定的，不是先有语境，再根据语境去判断一种信息的关联性，相反，给定的是关联性，人们先假定正在处理的信息是有关联的(否则他们不会费神去处理它)，然后设法选择一种能够使其关联性最大化的语境。由于人们交际时都有明确的目的性，解读这种目的取决于寻找最佳关联，得出合理的明示推理，他们坚持，解读话语现在仍然要采用最省力途径，采用符合最佳关联性的解读。(姜望琪，2003：123—141)

国际语用学会秘书长耶夫·维索尔伦将语用学定义为："对语言使用的研究，是从语言现象的用法特征和过程的观察角度对语言现象的研究。"(维索尔伦，2003: 1) 这种语言综观论认为语用学并不构成语言理论中一个新增加的部分，仅仅是对语言研究提供了一个不同的视角。实际上莫里斯(Morris)提出语用学概念是就根据符号、符号指称的对象和符号使用者或释话人三个因素而区分了句法、语义和语用学，认为句法研究符号与符号之间的关系，语义学研究符号与其指称对象之间的关系，语用学研究符号与其使用者或释话人之间的任何一种关系，也即Morris 当时已经认识到语用学涉及一种新的语言研究维度，"语用学研究记号起指代作用的过程(semiosis)的生命特性(biotic aspects)，即符号发挥功能的过程中出现的心理现象、生物现象和社会现象"(Morris，引自维索尔伦，2003: 8)。这门学科综观语言行为的全部复杂现象，从认知的、社会的、文化的整体角度研究人类使用语言的诸种行为。

维索尔伦将语言表意功能发挥过程称为意义的生成(meaning generation)，强调此处的功能观绝非传统语言结构主义的系统功能观，而是强调语言和人类生活其他方面的功能性联系，把意义作为考虑的中心问题。作为意义生成的语言使用是一个连续不断的语言选择过程，选择涉及三个相关概念，即变异性(variability)，决定进行选择的范围的语言特性；协商性(negotiability)，指选择受到一些灵活的原则和策略的指导，而不是机械地服从某些规则；适应性(adaptability，亦译为顺应性)，指语言允许交际者从范围不定的一系列可能性中通过思考做出选择，以期达到交际需要的特性。

维索尔伦从语言综观的角度提出使用语言的过程就是选择语言的过程，选择语言是否得体就要考察语言使用者在运用语言时是否注意到了语境关系顺应、语言结构顺应、动态顺应和顺应的意识程度,即在特定的语境内什么该说,应该如何措辞、根据话轮怎样调节交际策略、怎样体察对方的态度及时调整交际策略,而语言所具有的变异性、商讨性和顺应性保证了语言选择而实现得体交际(何自然, 引自 Verschueren, 2000:F21)。由此可知,用语言表达意义是一个动态过程,它受到交际者顺应语言的意识程度差异而影响着语境和语言结构间关系的变化,语用学研究的任务就是这种动态顺应。在《语用学新解》中,维索尔伦将语境区分为交际语境和语言语境,前者包括物理世界、社交世界和心理世界,后者为信息通道(linguistic channel),即根据语境因素而选择的各种语言手段。最重要的是作者强调语境不是静态的,而是由不断获得的语境因素和一些客观存在的事物动态生成,语境会顺着交际过程的发展而不断变化,这点同斯珀伯和威尔逊提出的语境不是设定的,而是择定的、动态的有异曲同工之妙。

讨论语言结构顺应时,作者突出了语言结构和结构构成原则的选择,包括语言、语码和语体的选择,话语构建成分的选择,话语和语段的选择和话语构建原则的选择。顺应论的核心是动态顺应,作者提出了三个重要的参数,即时间顺应、语境对语言选择的制约、语言线性结构的灵活变化,这些都决定了意义的生成是话语和语境因素的互动过程,语境可以改变话语的意义,而不同的语言选择也可以反过来影响语境。(何自然, 引自 Verschueren, 2000:F23)

动态顺应是一种能动的过程,涉及人的认知心理因素,即意识程度,因此顺应过程中不同的社会心理(mind of society)会导致各种语言手段,产生不同的效果。同时不同的社会规范也会制约交际者的语言选择与顺应过程。总的说来,维索尔伦从另一个角度强调了语用学的语言综观论,倡导语用学研究要关注语言的认知、社会和文化等复杂因素在使用和理解语言过程中的作用,强调了语言使用者对语言的能动选择和顺应。他还详细论述了语境与语言选择的关系,认为在语言使用过程中,语境是选择语言的首要考虑因素,正是在语境这个动态的参照系内,言语事件的参与者才能准确定位,参与言语事件。

5.2 语用与应用文体的关系

根据 Hockett (Hali, 1964：6)的理论，人类的语言有七大特征，即**二元性**，指任何一门语言都由语音系统和意义系统构成；**能产性**，指人们能够利用有限的语言构成元素表达无限的意义；**任意性**，指语言的声音与意义系统与所表达的自然现象之间没有必然的联系，而是某一语言社团的约定俗成的某种"规约"；**可交换性**则保证同一语言社团或语言系统内的成员间的信息沟通；**特异性**使每一语言系统成为特别的交际系统，在此框架内保证了语言结构的相对稳定，有利于准确地信息交流；**置换性**则指语言不同于其他的符号系统，它可以表达抽象甚至虚构的精神活动；**文化传播性**保证了人类文明的累积与传播。此处所指的语言是指人类抽象的交际体系，而在实际应用中，会受到不同场合的制约，为实现不同的交际目的，交际双方都会下意识地对语言进行调整，因此产生了不同的语言变体。根据裴文所著的《现代英语语体学》，可将语体分为社会变体、语境变体、地域变体和功能变体。应用文体属于功能变体研究的范畴，其中，可以概括地分为文学文体(含文学、宗教、演讲等以表情达意、左右听众或读者情绪为主的文本)与应用文体(含科技、法律、广告、新闻等以传达信息为主的文本)。在语言"表情达意"和"传达信息"这两大功能中，应用文体着眼于后者，即沟通信息，"达其志，通其欲"，因此应用文体具有用词精练准确、概念明晰、逻辑性强、客观系统、文体庄重等特点，这种功能特点决定了应用文体在语言与文体上同以传情达意为主的文学语言有极大的差异，也为其翻译带来了一些自己的特色。尽管应用文体包含的内容广泛、题材多样、各种题材间差异也很大，同"以情动人"的文学文体相比，应用文体的特点是"以理服人"，从而都具有以下基本的共同文体特征。

(1) 根据德国功能派翻译理论代表人物之一——汉斯•弗美尔(Hans Vermeer)的理论，任何交际行为都有其目的性，应用文体首要的目的是沟通信息，发挥传播信息的功能，因而讲究实用、精确、清晰、叙述客观。科技文献、新闻报道、产品说明都属于这类文体，如果所传达的信息客观真实而非误导或谣传，应该具有可验证性。这决定了在语言使用上力求概念准确，语气客观冷静，避免使用带感情色彩的辞藻。从合作原则的角度看，应用文体必须严格遵循数量准则和质量准则，提供相关的、真实的、简洁精练的准确信息，实现交际的预定目的。

(2) 应用文体起着保存信息，发挥语言记录功能的作用，这时语言的文体特征要求独立、完整、准确、严谨，遵循方式准则，力戒模糊歧义。从语言哲学的角度看，在应用文体中可以考虑话语的"真实"条件，即可能实现"有一套完整精确的词汇使我们能准确知道每一物体应如何指称，并建立一套准确的指称规则，有可能建立任何事物的真实性，这一真实性能以该语言相应的词汇来表达，无论谁表达，在何种场合表达，对谁表达，甚至表达与否，都无关宏旨"。因为"确立一个命题的真实性完全取决于辨别所指的可能性"(Fasold, 2000: 121)。同时应用文体受专业和应用领域的局限，有比较明确的语域和比较稳定的术语系统,主要涉及外在于人的客观现实世界，所描述的主要是形而下的客观物理世界，所指与能指之间，基本呈现一一对应的稳定关系，这为同一领域内的专家探讨专业发展，实现科学无国界提供了基础。这种能指与所指间相对稳定的关系可以在很大程度上避免会话含义的产生，从而避免歧义的出现。

(3) 除了广告英语这样带有消费鼓动性，以软卖手段诉诸消费者情感，利用人们的从众、追求时尚等心理动因而采取各种修辞手段以诱导说服消费者外，一般的应用文体很少使用各种修辞方法。根据刘宓庆的研究，各类应用文体强调条理性、纪实性、规范性，注重描述、说明、指导，因此语言规范、简练。

(4) 应用文体具有很强的时效性，所谓时过境迁，一旦言语事件结束，话语或文本的生命就可能随之结束，可以说应用文体的意义就在于应用中，这也与语用学的研究重点——言语活动或言语事件相吻合。

以上特点表明在应用文体中，相关概念全球通用，意义明确，与我们的现实生活与社会活动密切相关，能指与所指呈现一种比较理想的一一对应关系，提出的观点、见解，描述的事件、过程都是可以验证的。

应用文体的基本目的是准确。这些特点无不揭示出对语言及其功能的应用，反映了语言的认知、社会和文化等复杂因素在交际活动中的作用，而语用学恰好是对语言所作的综观，也要分析研究上述因素对语言使用与理解的影响，因此语用学对应用文体翻译具有很大的阐释力和指导作用。

5.3 应用文体中语用翻译的特殊性

上节的讨论指出，应用文体的主要功能为传达与记录信息，文体特征以描述、说明为主，所指与能指相对固定，语言要求精练准确，表达清晰客观，思维逻辑条理，因此，对应用文体的以上特点可以有相对客观的标准对之规范。从语用学的角度，应用文体重理据，指别清晰，预设和衍推由于语场、语域和语式比较固定，因而成为言语事件参与者的公有知识，会话含义出现较少，交际活动参与者大多数情况下都遵循合作原则和礼貌原则，易于实现话语的最佳关联。因此对应用文体的翻译相对而言，也就存在比较客观的标准。何自然、张新红在"语用翻译：语用学理论在翻译中的应用"中强调翻译的目的就是追求"信"，应用文体翻译标准更应该以"信"为本。我国外语界前辈赵瑞蕻先生认为："翻译是一种国际文化交流，每一位真诚的译者背上都有一个重担：只要天下存在着不同的人类社群，就必然存在着不同的文化，存在着文化交流的需求。正如鲁迅……说的，人类最好不要隔膜，而应该相互了解。"(引自许钧，2001：6) 屠岸先生也说："我对严复的'信、达、雅'三原则，始终信奉。这三者中，我认为'信'是中心，是主导，也是关键。正如人生三标准'真、善、美'，'真'是根本，'真'的内涵是'善'，'善'的外延是'美'。没有真，也就不存在善、美。信好比真，达、雅是信的两个侧面。没有信，就谈不上达、雅。"(引自许钧，2001：64) 如果说广义的翻译，包括文学与应用文体，其最高标准都是"信"，那么意义明确，能指所指关系一一对应，以传达信息为基本目的的应用文体，"信"毋庸置疑更应该是其翻译的灵魂了。在某种程度上而言，"信"是纲，"达"、"雅"是目；"信"是目的，"达"、"雅"是手段，尤其是应用文体具有时效性与验证性，往往是为了一定的交际目的而产生的文本，翻译也应该迅速准确，"辞达而已矣"，突出的要求是"信"、"达"，不求典雅，也即若必须在三者中做出抉择时，首选的要求为"信"。在应用文体中，文本核心是信息，所含冗余信息少，词汇表达的多为内涵意义，不像文学文本具有丰富的言外之意，词汇外延复杂，源语文本与译语文本主旨与表达形式有很大的相似性，能够比较理想地实现功能等效或动态等效，取得理想的翻译效果。换言之，在应用文体的翻译中，应该采取语言综观的语用视角，寻求文本的最佳关联，正确理解信息，然后灵活地处理语境顺应和语言结构顺应，实现动态顺应，以求实现最大限度的信。

应用文体翻译时有一种超越一切的因素，目标文本的交际、语用与符号语境与源语文本截然不同，然而应该实现的交际目的则是相同或相似的。赖斯和弗美尔的目的论强调的就是翻译的互动、语用特征，目标文本的形式应依据两条目的规则：1) 互动由其目的(或其目的的一个功能)决定；2) 目的因接受者不同而不同。而翻译者的职责就是把源文本或委托人的目的尽可能准确地用目标语表达好，从而实现期望的目的。应用文体中提倡以"信"为本也在于应用文体具有客观信息容量，可以定量分析，因此"信"与"不信"一目了然，作为标准易于操作。译者在翻译时可以根据不同的应用语体要求，运用相关专业领域的概念与术语，借助翻译手段完整地传述出源语文本的信息。可以说，在应用文体中，"信"已经成为具体规范，切实可行的翻译尺度，应用文体翻译完全可以用科学的语用原则指导进行。当然"信"不是拘泥于源语文本的句法特征，硬译死译，形成晦涩的翻译腔，而是在不背离源文内容的前提下，充分发挥译语优势，使译文读者能够准确地理解源文所包含的全部信息，做到"信"与"达"完美结合。

由于语言具有变异性、商讨性和顺应性而产生语言使用的选择性，因此，在强调信息的完整性上，基于上述讨论，应用文体翻译可以提出"信息密合度"的概念，并相应提出在应用文体翻译过程中对翻译质量的要求。应用文体是一种目的明确、用词准确、逻辑性强、时效性强、传达客观信息的言语行为，得体的翻译就应该完整无误地转达出所有这些信息。人类思维的普遍性与相似性保证了这些信息可以通过相应的语言手段得以体现，要保证这些信息得以完整准确地翻译，应首先悉心分析源文信息，抓住显信息、隐含信息、重要信息、次要信息，然后对源文信息采取顺应翻译。源文信息可分成一个个信息块，然后再将对应信息块以译文语言一一对应进行表达，可保证实现最大的信息密合度。密合度越大，翻译的信度则越高；密合度越小，翻译的质量则越低。

语境对语言的使用会产生一定的制约作用，反映在应用文体中，其特点是文体严谨，用词正式：绝大多数应用文体遣词造句讲究准确、精练、得体，准确传达信息，涉及抒情颂扬的内容极少，很少使用俚俗粗鄙的语言，以符合实现交际功能、传递信息、以理服人的得体要求。因此在应用文体翻译中，对应的译文也应该根据这类文体的语用特点做到用词正式，出语得体，既不故作高雅，用词晦涩古僻，也不油腔滑调，语言粗俗，令人生厌，使翻译作品不仅符合规范、概念准确，也不会产生歧义，引起误解。

根据弗美尔的理论，翻译活动与其他一切人类活动一样，都具有明确的目的。斯珀伯和威尔逊的关联理论要求交际者在言语事件中实现最佳关联，即使听话者能够不花无谓的努力而获得足够的语境信息，顺利交际。因此在应用文体翻译中，一定要牢记源文本和委托人的目的，准确无误地转达给目标语听/读者，而无关宏旨的修辞手段，如果不影响理解可忽略不译，避免产生晦涩或误解。在英语应用文体中，有时为了一改刻板的说明文形象，有的作者会引入一些西方读者司空见惯的典故、习语、暗喻等修辞手段，使应用文体也带上一点生动活泼的文风，但实质上这些修辞手段对传达信息并非必不可少，而且对不熟悉该文化背景的中国读者而言，亦步亦趋地把这些修辞内容翻译出来，不仅画蛇添足，而且会造成理解障碍或误导。故而在翻译中，省略这些冗余信息不仅不会影响翻译质量，反而能更好地为译文读者服务。

综上所述，由于应用文体用意明确、用词精确、概念相对一致，所指与能指呈现一一对应关系，以传达信息为目的，注重思维理性化，以理服人，翻译中可以对信息内容科学分析，抓住所有信息达到最大的信息密合度，结合语用学理论，灵活运用语言综观手段，应该能实现应用文体翻译的科学化与规范化，保证应用文体的翻译质量。

5.4 应用文体语用翻译的常见错误

Jenny Thomas 首先提出了语用失误的概念(张新红，2000: 287—294)。1982 年，Thomas 在导师 Christopher Candlin 和 Geoffrey Leech 的共同指导下撰写了题为 Pragmatic Failure(语用失误)的硕士论文。此后，她将论文加以整理后发表在 *Applied Linguistics*(《应用语言学》)杂志上。文中提出了 Thomas 的语用失误之概念，并将语用失误分成两大类，即语用语言失误(pragmalinguistic failure)和社交语用失误(sociopragmatic failure)，后被称为语用失误的"二分法"，得到了语用学研究同行的普遍认同。

Thomas 认为，语用失误指说话人的表述使听话人无法明白其真正意义而形成的交际障碍(the inability to understand what is meant by what is said) (彭坚，卢立程，2005：31)。语用失误不是指一般遣词造句中出现的语言运用错误，而是说话不合时宜的失误，或者说话方式不妥、表达不合习惯等导致交际不能取得预期效果的失误(何自然，冉永平，1999: 205—206)。语用失误存在于口语和翻译中，语用语言失误是指违反目标语的语言习惯，误用目的语表达方式或将源语习惯强加于目的语而造成的语用失误；而社交语用失误的产生则是在交际中不了解目的语的文化背景而导致语言形式选择失误(彭坚，卢立程，2005：35)。

应用文体翻译时，语用语言失误表现在只注意了汉英词语的语义相类，而忽视了语用上的差异，违反目标语的语言习惯，误用目标语中与语境冲突的表达式或套用汉语的表达结构等；社交语用失误则体现在忽视文化差异的"套话"翻译，文化负载词汇的误译，混淆同义结构的不同使用场合等。参与言语事件中，交际双方会根据语境，充分利用语言的变异性、商讨性和顺应性，遣词造句，出语得体，力求准确地表达自己的用意(何自然，冉永平，2002: 349)。然而，由于认知、社会和文化等复杂因素的作用，语言选择必然涉及语用失误，从而带来翻译上的语用失误。常见的语用语言失误体现为：

(1) 汉英词语表面的语义对应掩盖了语用意义的本质差异。如汉语的"当然"与英语中的 of course 语义上意义相类，即表面价值(surface value)相同，但语用意义却截然不同，汉语中的"当然"表示说话人态度果断，说话不拖泥带水。而英语中的 of course 则意味着 What a stupid question 或 Only an idiotic foreigner would ask，会产生负面的会话含义。

(2) 将源语表达方式强加于目的语造成语用失误。如传统文化和价值观造成了中国人谦虚慎言，含蓄内敛，不事张扬的民族性格，语言交际中委婉谦逊，力戒锋芒毕露，有研究者指出中国人喜欢用诸如"也许、或许、可能、大约、大概、差不多"等含义模糊的表达(引自彭坚，卢立程，2005: 32)。如果将它们译为 maybe/perhaps/probably/about 及 almost，表面上似乎语义对应，但却造成负面的语用效果，会是外国人认为中方言不由衷，缺乏诚意。

(3) 违反目标语的正确语言习惯，误用了其他不得体表达方式造成的语用语言失误。这是因为译者不懂或忽视目标语的正确表达方式而产生的问题。

社交语用失误也是翻译中常见的现象，指翻译中不了解双方的文化背景差异导致语言形式选择上的失误(何自然，冉永平，2002: 353)。常见的社交语用失误包括"套话"翻译中忽视了文化差异，而这些属于本民族的约定俗成"套话"，如果不加区别地翻译到目标语中，不仅会啰唆冗赘，而且荒唐可笑，甚至造成不必要的误解，如汉语里的"薄礼"，"粗茶淡饭"等直接翻译就会引起对方的不快。

文化负载词汇的误译。每个民族、各种文化因其地理、物候、历史发展等影响，都有其特有的文化负载词汇，需要在翻译中灵活处理，而不可拘泥于源语的束缚简单进行语义翻译，结构貌似忠实却达不到所期望的语用效果。汉语中很多文化负载词汇是中国特有的，在英语里找不到相应的词汇，这些词汇如果直译成英语，英语听众未必知其所云。在这种情况下也许采取顺应方式，加以注释或适当归化翻译不失为一个策略。

语用学关注符号和符号使用者之间的关系，突出了语言的功能性，翻译的实质是双语间意义的对应转换，包括概念、语境、形式、风格、形象、文化等意义，而这些意义的综合，反映了源语文本的目的，也即其以言行事之力，或源语作者的意欲(intention)。这是翻译的目的之所在。如果忽略了语用学中的合作、礼貌、关联等原则，扭曲了源语作者的意义，未能将其目的设法传达给听/读者，那就是语用翻译失误。

【**例 1**】But he struggled to explain why the incident had not been announced sooner, telling reporters aboard <u>Air Force One</u> that he had assumed the Pentagon had announced it earlier in the day.

【**译文**】他竭力解释为什么这次事件未更早公开的原因，对驻<u>空军第一军</u>的记者说，他以为，那天早些时候五角大楼已公开了此事。(陈新，2001: 167—168)

上面的新闻翻译将美国总统专机"空军一号"译为"空军第一军"是严重的失误，因为译者望文生义，只注意到词汇的语义层面，忘了在美国政府的语境中，Air Force One 和 Marine One 都是总统的专机，所以没有达到语用翻译的目的。

【**例 2**】Gardens are not made <u>by</u> singing "Oh, how beautiful" and sitting in the shade. (R. Kipling)

【**译文**】花园并不是为了哼哼曲子而建造的优哉游哉的庇荫之地(刘宓庆，1999: 182)。

此处译者因为先入为主之见，没有细细体味源作的意义，误解了源作的目的，吉卜林的原诗歌颂了劳动的伟大造就了英国的美丽，从诗中摘出的这句话含义是没有坐享其成的好事，介词 by 应该理解为通过某种手段或方式，所以应该翻译成"坐在树阴下赞颂花园的美妙造就不出美妙的花园"。

5.5 语用学与应用文体翻译研究概述

自从 1938 年查尔斯·莫里斯将符号学定义为受到句法学、语义学和语用学规则指导的符号运用，特别是自 1959 年鲁道夫·卡尔纳普解释了语用学是关于符号及其使用者之间关系以来，这门学科由于哲学家和语言学家的热情而得到极大发展。语用学对语言应用强大的阐释力，使它不仅成为语言学中一门充满勃勃生机的独立的语言学学科，而且也引起了国内外翻译界的重视，并取得了一批具有指导意义的学术成果。国外出现了希基(Leo Hickey)所汇编的《语用学与翻译》，集结了包括作者本人在内的 13 名学者的论文，从不同的角度和层面对翻译中的语用学方法进行了探索。

桑多•赫尔维(Sandor Hervey)在"言语行为和翻译方法论中的以言行事功能"中论述，在一语言/文化中显现的以言行事功能是自主的文化/语言类型(相对论)，但是可以为其他文化的成员所想象(有限普遍论)，因此在某种程度上可以跨语言翻译，尽管会出现某些翻译损失。翻译言语行为的理论支撑是每一语言中，都有一套句子单位，其功能和意义都是以言行事。对源文本句子的以言行事功能的翻译处理可以考虑包括换类补偿(定义为"对源文本某一特殊文本效果(的损失)采用目标文本的另一类文本效果来补偿")。据此，赫尔维提出了翻译战略方法的问题来解决言语行为中以言行事功能的翻译，即对翻译问题的出现，何地出现，在哪种语言层面或文本出现时解决它们，如何对可选择项目和可选择内容仔细思考，宏观地分析问题，解决问题。当考虑文本的以言行事/句子层面时，赫尔维认为值得提及的另一战略要点是：好的翻译实践不仅要求准确地理解源文本的以言行事功能，以及在补偿时相对于逐字移译源文本特点时具备一定程度的灵活性，以实现正常情况下目标文本建构和编辑而生成目标语言中可信的，即符合目标语言表达习惯的文本。毫无疑问，敏感地处理句子的以言行事功能(作为言语行为)是翻译理解技能中一个基本的方面，同样显然的是，这种技能可以通过运用建立在完善的理论、描述和对比语言学原则上的翻译策略得以提高。

柯尔斯藤•马尔穆克加尔(Kirsten Malmkjaer)的"合作与文学翻译"一文对格赖斯会话合作原则在翻译中的应用作了详细的探讨，指出合作的概念对于解读文学作品在很多方面都是相关的，因为合作是所有语言交际中内在的特点。在合作原则中马尔穆克加尔特别关注在文本中会话含义的处理，并强调了会话含义的五个特点，即：1) 含义可以通过说话者明确无误地选择不合作，或通过文本间或语境的暗含而被取消；2) 它是不可分离的，也就是以不同的方式说同样的事常常带有同样的含义；3) 它不是该表达的意义的一部分，而是仅仅依赖这一意义的先决知识；4) 它不是所说话语承载的意义，而是通过说话的行为，也即通过整个言语行为，而不是提议的内容；5) 它具有不确定性，在许多情况下，话语的可能含义是开放的。为了析出会话含义，格赖斯认为听话者依赖下属五类资料，即 1) 所用词汇的常规意义和指称表达的所指；2) 合作原则及其准则；3) 上下文及语境；4) 背景知识；5) 假设，即所有参与者都假设他们已知属于 1)—4)类的所有相关项目。作者认为会话合作的概念对于普通语言应用和文学翻译都同样适用，而借用合作原则的概念和描写术语对于翻译可以进行相当系统的描写。

　　厄恩斯特•奥古斯特•格特(Ernst-August Gutt)认为由斯珀伯和威尔逊提出的关联理论交际视角提供了更好理解翻译的本质和所涉及的问题的概念，因此在"翻译的语用面面观——关联理论的某些考虑"中他们对关联理论进行概括性的描述，归纳出关联理论的一些主要概念以指导翻译活动。

　　根据关联理论，交际不仅要求编码、传递和解码过程，而且还包括了关键的推理或推导过程，而这种推导必须借助于语境。在关联理论中，"(话语)语境"的理念是"一种心理建构，是听者对世界设想的一个子集"，特别是"用于解释话语的一套前提"(译自 Sperber & Wilson, 2001: 15)。在这个意义上，语境不局限于有关当前的物理环境，或当前的先行话语的信息；对未来的期待、科学假说或宗教信念、对轶事的记忆、总体的文化假设、对说话者的精神状态的相信等都可能在理解时发挥一定的作用。根据斯珀伯和威尔逊的理论，交际成功的中心因素是交际双方，即交际者和听者从自己的角度追求最佳关联性，一段话语使听众无需不必要的努力就可以找到交际者意味的意义，而其意味的意义值得听者的努力，也就是，它提供给听者足够的益处，就实现了最佳关联。交际中的最佳关联功能包含在关联原则中，而关联原则是人类心理构成的

新世纪翻译学 R&D 系列著作

一种内化限制，构成人对主客观世界的认知图式。寻求最佳关联引导着听话者不仅到达说话人意味的语境，而且到达说话人意味的理解。

关联理论将翻译视为跨语言界限的语言理解性运用，理解性相似和忠实的中心概念已经存在于除了翻译外的该理论中了。根据关联理论的观点，翻译自然属于语言的理解使用：翻译的目的是用某一语言重新表述他人以另一语言所说或写的东西，在原则上，它相当于语内使用中的摘引或转述，其与语内摘引或报道最基本的区别在于源文和翻译分属不同的语言。翻译将受到忠实理念的局限，即翻译者必须如此使自己的翻译提供给读者足够的关联信息，帮助读者通过这些提示和自己的背景知识结合而正确体会源文作者的话语意义。翻译和源作的核心关系是一种理解性相似，或进一步定义为两种文本间的明示和暗含的共享程度。当然这种共享不仅在共享的明示和暗含的数量上存在变化，而且在那些具体的共享明示和暗含上也存在变异，因此，对同一源作可以存在大量的翻译，它们都大致分享着同一源作的同一数量的明示和暗含，但内容仍然相互不同，因为特定的明示和暗含从一文本到另一文本将会存在很大差异。

关联理论的语境观对翻译的正确理解与表达至关重要，因为翻译的另一重要的语用特征与语境有关，同样的话语在不同的语境里可有截然不同的解释；换言之，正确的、符合说话人意图的解读与语境高度相关。这种高度的语境依赖性在于人类交际的明示—推理特性，在这个背景下，很容易理解为什么改变语境能改变整个话语的意义，因此"脱离语境引用某人的话"可能会产生严重的后果。处理由于语境差异引起的问题时，译者应该看看能否或是否应该通过增补译文来解决这个问题或是否应该寻求其他方法补充语境信息，在语境差异大到需要对文本做重大改动时，这一点尤为如此。更重要的是，如果对翻译中的交际问题的本质缺乏清楚的了解，译者可能不会意识到语境信息中重要的不匹配现象不仅会导致错误意义的产生，而且可能危及源作中相当部分或者甚至整个源作的可交际性。这一风险的原因在于忽视了关联原则，因为为了成功的交际，最佳关联要求一致性，而这种一致性总是依赖于语境。关联性可以通过提供进一步的背景信息得到增强，也即通过让读者更容易获知源作的语境使他们能理解其相关性。

通过对关联理论与翻译的讨论，格特得出两点结论。其一，翻译是一种语用概念，用以表示交际者意欲的交际活动；其推动交际之作用取决于翻译者的翻译观和受众的翻译观的趋近度，必要时翻译要考虑采取措施拉进这两种翻译观。其二，翻译所面临的主要困难之一仍然是语用性的，即在翻译中不仅有语言的差异，而且有语境的差异，因此译者因该意识到这种差异，对其影响做出正确判断，寻求最佳关联以恰当解决这种差异带来的问题。

朱莉安娜·豪斯(Juliane House)在"礼貌与翻译"中专章论述了翻译和礼貌的关系，指出礼貌是一种社会文化现象，批判性概述了一系列有关概念，以便分析它们在翻译研究中的运用；讨论了在跨文化、跨语言差异中的礼貌规范问题，然后给出具体的语境翻译分析模型来证实礼貌对应如何实现并如何评价。作者论及了礼貌现象的不同方式、礼貌作为真实世界的目标、对礼貌的社会规范观、对礼貌的语用观、礼貌规范中的跨文化及跨语言差异、礼貌与翻译等相关论题。巴兹尔·哈蒂姆也对礼貌与翻译的问题作了思考，在其"文本礼貌：更为互动的语用学符号体系"一文中，作者回溯了语用学研究的发展，评价了某些语用学问题被提出的新方法，包括奥斯汀的言语行为让位于"文本行为"，而格赖斯的合作原则包容了超越句子的语言现象而涵盖整个言语活动或事件。作者的整体目标是使某些语用策略(言语行为、含义、关联)的分析和理解回归一定程度的互动性，从而使礼貌原则可以覆盖文本翻译中的语用礼貌原则。

在这部语用学与翻译的论文集中，弗兰克·诺尔斯(Frank Knowles)讨论了信息结构与翻译的问题；彼特·福西特(Peter Fawcett)阐述了预设与翻译；比尔·理查森(Bill Richardson)分析了指别特点与译者的关系；帕尔马·兹拉托娃(Palma Zlateva)研究了动词替代和谓语指称现象；伊恩·梅森(Ian Mason)关注了话语联结词、省略与标记性；克里斯蒂娜·沙夫纳(Christina Schaffner)则从翻译的视角考察了政治文本中的含糊其辞(hedge)；伊恩·希金斯(Ian Higgins)针对同一首诗的三个不同翻译版本剖析了翻译中的语用学；利奥·希基(Leo Hickey)从标记、注释和语境重构三个方面讨论言后效应等效。这些论述表明：翻译是一种极为复杂的语用过程，涉及符号、语言、文本、词汇、社会、社会学、文化和心理因素，它们作为决定译者所做的一切的决定因素而受到广泛的研究，因为翻译包含了语言操纵，而且与意识形态、权力、价值体系和对现实的理解直接相关(希基，2001: 1)。总的说来，语用学方法尝试从源文作者或源文本(潜在地)做了什么，而作为对源作的反应，翻译又(潜在地)做了什么，如何做的，在特定的语境下为什么这样做来解释翻译——包括手段、过程和产品。语用与翻译的关系密不可分。(ibid: 4)

中国翻译理论界对语用学对翻译学的贡献认识很早，取得了一批令人瞩目的成就，包括宏观理论的探讨和语用学理论指导下的微观技能研究成果。张新红和何自然(2001)在"语用翻译：语用学理论在翻译中的应用"里讨论了语用学理论对翻译研究的理论输出、启发以及语用翻译的实际应用。根据认知语用学的关联理论，翻译的本质是个双重示意—推理的交际过程，该交际过程是源文作者、译者和译文读者等三类交际主体之间的互动，因此翻译的语用观实际上是个动态的三元翻译观。刘肖岩(2002)认为语用翻译观是近十多年来出现的一种翻译新论，是语用学运用于翻译领域的结果，语用翻译把翻译视为一种跨文化交际活动，强调译文应再现源文的语用潜力，使译文与源文达到语用等效。郑延国(2002)的"语用翻译探索"分析了翻译中的三种不足：文化亏损、换码亏损以及三重的解释学偏离，同时对语用翻译这一力求等效的新理论模式进行了一定的探索，并指出了语用语言等效翻译与交际语用等效翻译在实践中所起的指导作用。莫爱屏(2004)认为，语境是语用翻译中的一个十分重要的概念,在实际的话语翻译过程中，制约着译者的翻译行为和结果。因此,充分考虑语境的交际、语用、符号等三方面的因素即语境的三维，译者不仅可以正确捕捉话语的核心，更好地理解源文，同时也能更准确地表达源文的内容、风格，最终使译文接受者获得与源文接受者相似的效果。刘宝杰(2002)提出从英汉两种不同文化的差异入手，用语用意义指导翻译，从而实现动态对等。马骁骁、庞亚飞(2006)提出从语用学理论探讨翻译的本质，认为翻译是一种跨文化交际活动，语用学理论认为翻译实质上是一种示意—推理的动态过程。他们对关联理论对翻译的解释做了总结和分析，认为翻译研究在语用学理论的指导下，必将取得长足的发展。王建国(2005)从语用顺应的角度分析翻译策略和方法，将翻译过程与结果视为语言动态顺应的过程和结果，因此动态顺应是翻译的策略，而直译、意译、归化、异化等只是主动顺应或被动顺应的一些具体方法。戈玲玲(2002)在其"顺应论对翻译研究的启示——兼论语用翻译标准"一文中，从顺应论的角度出发，探讨翻译标准中的顺应性解释及顺应性对翻译研究的启示，认为在"顺应论"的框架下，翻译是一个对源语的语境和语言结构之间做出动态顺应的过程，进而得出"翻译的标准放在不同的理论框架中其实是具有不同的内涵，将这些不同的内涵具体化，既有利于翻译实践，也有利于翻译标准研究的进一步深入"的观点。曾文雄(2005)对我国语用翻译研究做了一个概述，指出语用翻译是翻译研究的新领域，国内学者在语用学的框架下研究了指示语与语用前提、会话原则、言语行为以及跨文化语用翻译、语用翻译策略等理论，关联理论、顺应理论等对翻译的制约与解释力，取得了丰硕的成果，并进一步提出国内语用翻译应注重实证性与动态翻译过程的研究，结合中外语用翻译研究成果，透视语用翻译的本质，逐步建立起语用翻译的模式与流派。

涉及微观翻译技巧的语用学研究可以注意到如张琛权(1999)利用语用翻译的概念对习语翻译中如何处理语用问题进行了探讨。徐敏慧(2003)利用语用学中的语境来探讨模糊性语言的本质特性之一，几乎存在于所有语言之中。该文引用了 Joanna Channell 的研究成果，主要讨论三类模糊语言现象及其构成特点：模糊附加词、模糊词语、模糊蕴含。由于人们经常使用模糊概念和表达模糊概念的模糊词语，并表达许多精确词语难以表达的信息，因此在翻译过程中只有借助语境正确理解模糊语言，才能准确地把握和再现源语的模糊蕴含，完成翻译的语用等效。彭坚、卢立程(2005)以语用学的语用失误理论为指导，通过对商贸口译中存在的语用失误现象的研究，探讨了商贸口译中语用失误的表现形式及其成因，并说明了这些语用失误对口译交流可能造成的负面影响。田九胜(2003)分析了翻译委婉语可能遇见的问题，如委婉语的定义、委婉语与间接言语行为的关系、汉语委婉语与 euphemism 的非对等性，对如何处理委婉语的隐含与明示等语用翻译也作了讨论，通过语境分析与对比分析(语用语言对比与社交语用对比)总结出翻译委婉语的方法，提供了处理委婉语翻译的基本原则。廖开洪、李锦(2005)以维索尔伦的顺应论为理论指导，旨在探讨顺应文化语境对翻译标准和翻译研究的影响及其对翻译教学的启示，文章着重探讨了顺应文化语境对翻译中词义选择的制约，指出翻译中词义的恰当选择必须动态地顺应不同的文化语境，译文才能实现源文文化信息的传递，获得源文与译文的对等转换，从而取得接近等效的语用翻译。

上述中国学者的研究，分别从不同侧面讨论了语用学与翻译的问题，尚未形成系统的研究，但这个遗憾因曾文雄 2007 年专著《语用学翻译研究》的出版而得到了弥补，该书为语言哲学与翻译学结合的跨学科翻译研究，作者溯源了中西方语用学哲学的思想，探讨了语用学翻译观，语用学与语用学综观视野的翻译研究，语用学对口译的解释力，及语用学翻译研究的多元视角探索。全书共分六章，力图较全面地反映本领域国内外最新的研究成果，是我国研究语用学与翻译的一部重要学术著作，相信随着语用学和翻译学的不断发展，更多学术成果将会面世，从而更好地指导翻译实践，包括应用文体的翻译实践。

思考题[C]

1. 语用学的研究主要分成哪两种学派？它们各自的研究视角有些什么不同？

2. 简述合作原则及其准则、礼貌原则、关联理论对翻译的影响与推动作用？

3. 奥斯汀和塞尔的言语行为理论对语用学的贡献是什么？为什么以言行事(illocutionary act)是语用学研究的重点？

4. 维索尔伦的语言选择论、语言的变异性、商讨性和顺应性对理解话语有哪些积极意义？

Chapter 6
变译与应用翻译

6.1 全译与变译的重要性和实用性

　　全译是将原文(几乎)没有遗漏地翻译成另一种文字，主要应用于文学作品和社科哲学类作品，其目的在于把原文全面地展现给译文读者。比如20世纪80年代以来，人民文学出版社、上海译文出版社以及南京译林出版社翻译出版及再版了大量外国经典名著和最新文学作品，商务印书馆也系统地引进了一批经典的国外社科和哲学作品。这些作品都采用全译的方式，力图再现原作的风格，或是西方的哲言慧语，给中国20世纪80年代以来的知识分子以及普通大众提供了宝贵的精神食粮，产生了不可估量的影响。

　　国内主流的翻译理论关注的也主要是全译，认为翻译要绝对尊重原文文本至高无上的地位，原文的形式和意义都必须保全，不能有任何删减，这是由翻译的本质决定的。由于任何删减和增加都是对原文的背叛，译者背负着"忠实"的重担，对原文顶礼膜拜，不敢越雷池半步。

　　全译与变译可以说是新提出的一对翻译范畴，一种划分翻译的新标准。20世纪90年代黄忠廉先生开始关注变译现象，他虽然不是第一位研究者，却是第一位比较系统地提出变译理论的学者。

　　从理论上讲，变译是相对于全译提出来的，区分标准是对原作内容与形式完整性的保留程度，但是变译这一现象却早就存在，只是以前人们不把这种处理方式归类为翻译。力求保全原文的属于"全译"范畴，对原文有所取舍和改造的属于"变译"范畴。两者的组合才构成翻译研究的全貌。

　　全译是变译的起点，所有变译方法都会用到全译的某些方法。具体地讲，变译是对国外信息采用扩充、取舍、浓缩、补充等方法传达信息的中心内容或部分内容的一类宏观方法，包括摘译、编译、译述、缩译、综述、述评、译评、改译、阐译、译写和参译等十余种(黄忠廉, 2002: 17)。全译中也有"变"，但全译中的"变"是微调，是为了极力减少内容的损失和形式的变化(如体裁、结构等)而作的调整；而变译之"变"是大调，不仅有微观变化，也/更有宏观变化，译者有意识地根据特定条件下特定读者的特殊需求改变原作的内容与形式，乃至风格。

文学翻译中变译的例子并不少见，对《红楼梦》八个英译本的历史性研究可以充分说明变译与全译各自的价值和重要性。陈宏薇把《红楼梦》的英译大致分成三个阶段，每个阶段的翻译都有各自的特点(陈宏薇，2003: 47)。

第一阶段从1830年到1893年，有四个英语译本，译者中有一位是英国皇家学会会员，其余三位均为英国驻华外交官。他们的翻译目的主要是给在华的外国人提供学习汉语的教材，所以都是片断翻译，其中三个译本只翻译了《红楼梦》中的一回，最多的一个译本翻译了56回。

第二阶段从 1927 年到 1958 年，两位译者王良志和王际真采用节译的方式翻译《红楼梦》，都侧重于宝玉和黛玉的爱情故事。王良志的译本还有明显的改编，删除了所有与宝黛爱情没有直接关系的内容，在序言中把《红楼梦》的主题简化为"浪漫的情欲之爱"。王际真的译本改编少一些，但第一版 39 回只集中于宝黛的爱情经历和中国独特的传统风俗描写，如秦可卿的豪华葬礼。30 年后第二版增加到 60 回，主题仍是宝黛爱情。这两个译本都是译者意图和出版商意愿折中的产物，美国出版商只考虑到美国读者对英译中国文学的大致期望，因此要求译者将小说改编为具有异国风情和传奇情节的单纯爱情故事。但是两个译本对《红楼梦》在美国的传播产生了重要影响。

第三阶段从 1973 开始，出现了两部全译的《红楼梦》，译者分别是英国的霍克斯(David Hawkes)和中国的杨宪益。霍克斯在译本前言中说："我恪守的原则就是力求翻译'每一样东西'——甚至是双关。因为这虽是一部未完之作，但却是由一位伟大的艺术家以他的全部心血写就。因此，我认为，书中的任何细节都有其目的，都应该进行处理。我不能说每一处翻译都很成功，但是，如果我能够将这部中国小说带给我的欢乐表达出一小部分，我也就不枉此生了。"(My one abiding principle has been to translate everything—even puns. For although this is, in the sense I have already indicated, an 'unfinished' novel, it was written by a great artist with his very life blood. I have therefore assumed that whatever I find in it is therefore a purpose and must be dealt with somehow or other. I cannot pretend always to have done so successfully, but if I can convey to the reader even a fraction of the pleasure this Chinese novel has given me, I shall not have lived in vain.) 杨译和霍译虽然在翻译策略和方法上有很大的不同，但两者的目的相同，都想尽可能完整地保留原文内容，力图再现原著每一个生动的人物形象，不忽略每一个文化意象，充分再现原著的艺术魅力。

可见，翻译目的是译者的翻译导向，全译和变译都可以发挥各自的作用，有各自的存在价值。霍氏为了全心全意投入这项"十年辛苦不寻常"的译作，全面再现《红楼梦》的艺术价值，不惜辞去牛津大学讲座教授的职位(刘绍铭，2000: 207)。而现在是一个"信息爆炸"的时代，面对纷繁芜杂的信息，读者可能会迷失在信息的迷宫里。为了提高信息传播效率，译者可以采用各种变译的方法，及时高效地把信息传播给接受者。

文学作品的翻译不乏变译的方式，如文学作品梗概、外国文学的译评等，但变译更多地运用于应用型文本，比如新闻、旅游、科技、经贸、广告、对外宣传等，这些领域以传达信息为主，变译有全译无法比拟的优势，可以满足信息类文本时效性强的特点。与全译相比，变译可以更多更快更好地传递吸收国外信息，因为变译能够节省篇幅，单位信息容量大，传播速度快，针对性强，信息最有效。

6.2 常见变译类型简介

全译是译者将源语转换成译语，并求得风格极似的思维活动和语际活动。全译力求完整地传达原作的内容，兼顾原作的形式和风格，译者的创造性仅表现在词句和修辞手段的选择上。全译的方法和技巧主要有加词、减词、词类转换、关系转移、反面着笔、断句法等等，大部分都在句内展开。当然这些方法是由宏观的语篇来决定的，采用这些方法的前提是力求不减少原文的信息，力争使译文与原文达到最大限度的相似。翻译家大多将此作为翻译的最高追求，钱锺书的"化境"、傅雷的"神似"等等都是追求译文与原文最大限度的相似。因此，全译之"变"是译者为了更完整地传达原文信息而采取的一种策略。

变译是译者根据特定条件下特定读者的特殊需求，采用增、减、编、述、缩、并、改、仿等变通手段摄取原作有关内容的思维活动和语际活动(黄忠廉，2000)。变译力求变通原作的内容或形式，求得信息传播的最佳效果。变译不像全译那样为所有读者译出同一种译本，而是摄取特定条件下特定读者需要的特定信息。译者根据读者需求对原作取舍，重新组织篇章，或将两篇乃至几十篇原作合并综述，还可以在这几种变通的基础上展开评论、补写、阐释。全译力求不改变原作信息，而变译与原作相比信息量有了变化，大致有等于、约等于、大于、小于、远大于和远小于几种可能。变译是为特定条件下特定读者而译，因为读者是多层面的，对原文的要求也是有弹性的、动态的，所以变译也是千姿百态的。

全译与变译的关系可参看下表，鉴于篇幅有限，本章将着重阐述节译、编译、综译和改译四种形式。

名称	变译的方式	与全译的关系
节译	对原文节选翻译	局部全译
编译	原文编辑后的翻译	全译或局部全译
译述	用叙述的方式传达内容	可能含局部全译
缩译	压缩原作，信息量减少	基本上无全译
综译	多篇译文的浓缩	可能含局部全译
译评	对译文进行评价及评介	含全文全译或局部全译
译写	在译文中添写相关内容	含全文全译或局部全译
改译	原文形式的改造	可能含局部全译
阐译	增加阐释	含全文全译或局部全译

6.3 编译

编译就是夹杂着编辑的翻译，译者根据翻译对象的特殊要求对一篇或几篇原作加工整理后再翻译。编译者可以大刀阔斧地去粗存精，重新安排章节段落，删减一些次要的信息，在文字上加工润色。加工整理的目的是使原文更加条理化，更具针对性，使译文更完善，更能为译文读者所接受。

与全译和节译相比，编译有很大的自由度。成功的编译要做到主题明确、材料典型、信息集中、详略得当、篇幅合理。所以，编译就是通过调整结构，将原作制成新作，以达到翻译的特定要求。

编译者集翻译和编写于一身，这就要求编译者熟悉相关领域的专业知识，具有较强的分析综合能力，同时又要避免借题发挥，妄加评论。编译大致有如下几个步骤：

(1) 泛读筛选：泛读资料，初步挑选出所需的材料。

(2) 精读理解：精读所选材料，彻底理解。

(3) 表达编写：在透彻理解的基础上，翻译编写译文，译文要符合目的语表达规范，并满足目的语读者的需求。

(4) 审校定稿：编译要尊重原文的准确性，不能胡译乱译。

编译广泛地运用于对外宣传等应用型文本中，如新闻报道、旅游宣传等。由于文化背景、意识形态等差别，把原文直接翻译成译入语并不能达到最佳宣传效果，译者需要采取编译的方式首先加工整理原文，然后再翻译。

1. 新闻报道

大众传媒每日需要处理繁多的国际国内新闻，翻译大量新闻电讯、报道、特写和社论等。为了突出新闻的时效性，及时有效地传播信息，新闻译者必然要考虑听众或读者的兴趣与需要，删除听众不感兴趣的内容或添加必要的背景资料，采用通俗易懂的语言，以及约定俗成的新闻文体。编译者还可以找到同一问题的多篇文章，编译后使译文呈"立体型"，多角度阐述问题。意识形态对新闻报道有很大影响，若要达到好的宣传效果，编译者必然要妥善处理原文，满足意识形态的需要。

　　国内一些报刊如《南方周末》、《三联生活周刊》等每期都有专栏，刊载国外重要报刊中的一些报道，由于篇幅有限，刊载的文章都经过编译，把报道的要点及时地传播出去。《参考消息》更是一份专门刊载编译新闻的报纸，每天及时选载世界各地通讯社、报刊及网络等媒体上的最新信息和评论精华，全面报道世界各国的政治、经济、军事、科技、体育、文化及对华反应等方面的最新消息。《参考消息》融参考性、知识性、趣味性和可读性于一体，具有时效快、信息广、内容精、形式活等鲜明特点，已经成为中国读者认识世界的窗口。下面举例说明。

【例 1】

中国改变对朝鲜的策略(记者罗伯特发自北京)

　　【美国《基督教科学箴言报》网站 3 月 1 日报道】题：通过为朝鲜提供大量资金援助和实行宽容友好的新政策，中国已不声不响地在这个国家赢得了前所未有的影响力。

　　北京加大了对朝鲜投资力度，去年对朝投资达 20 亿美元，并且帮助朝鲜建港口、办工厂并进行能源部门现代化。一位美国外交官说，这是中国展开的"大规模胡萝卜行动"。然而，北京的目的并非要通过援助平壤以消除朝鲜的核计划。

　　亚太安全研究中心的亚历山大·曼苏罗夫说："中国已决定改变对朝鲜的策略，不再一味关注六方会谈和美国立场。它希望以自己的方式帮助朝鲜振兴，重新塑造朝鲜。"他说："金正日已完全接受中国的改革，这是前所未有的。"

　　金正日在 1 月访华期间，到中国深圳、广州和珠海等地参观访问，这些城市是中国改革开放的典范。

　　韩国媒体上周报道说，朝鲜准备将新义州建成"经济特区"。

上文英语原文出自美国《基督教科学箴言报》的网站 2006 年 3 月 1 日的报道，原文共 1209 字(全文参见练习题 1)，而《参考消息》刊载的编译只有 371 字。编译只保留了原文大致提纲，以及一些关键的评论，让读者迅速了解事件的动态和发展趋势。

【例2】

网络热重现　避免惹火烧身有妙招
美国《财富》杂志 5 月 1 日

几年前以辛酸告终的网络热潮又回来了，信不信由你，人们正希望藉此机会投资一把，即使你我都认为 Google 每股 400 美元的股价高得吓人。投资这类企业但避免惹火烧身有章可循。在 1990 年代末被认为"酷"得不行的网络应用方式——网络电话、(合法)下载音乐和电影、手机高速上网、网上支付等——已经成为人们日常生活的一部分。网络产业不仅回归繁荣，它比以往更好了。如果要说有什么不同的话，这次你仍然不得不遵循一些基本的投资规范，不要上了"概念股"的当，你要追求的是丰厚的利润、稳健的财务状况以及合理的发展前景，也不要把鸡蛋都放在互联网这一个篮子里。投资者参与新一轮网络热潮的最佳途径是技术巨头、纯粹的网络应用公司、基础设备公司、宽带提供商和传媒集团。

上文见于《南方周末》(2006 年 4 月 27 日 C18 版)的一周海外经济要闻，这一栏目的原文多选自英美报刊，包括美国的《纽约时报》、《华尔街日报》、《商业周刊》、《福布斯》，以及英国的《经济学人》等。上文的英语原文出自美国的《财富》杂志(*Fortune*，2006 年 5 月 1 日)，题目为 The boom is back，副标题为 Net companies are on fire again. Here's the smart way to invest without getting burned(全文参见练习题 2)。英语原文共 3178 个字，经编译后，汉语只有 305 个字，浓缩了原文的精华要点。原文由六部分组成，第一部分相当于总论，后面从五个方面进行具体论述。编译者比较详细地归纳了第一部分的要点，最后列出了其余五部分的大标题，因为原文字数较多，而《南方周末》每版篇幅有限，只能给读者提供扼要的信息，读者如有兴趣可以进一步去搜索。

2. 旅游宣传

旅游资料是一种宣传资料，有很强的实用性。旅游资料以传达信息为主，目的在于激发游客的兴趣，吸引游客来参观，但是为了实现这一目的，英汉旅游文本有各自的特点。

汉语旅游宣传资料喜欢追溯历史，运用漂亮的文字和各种修辞手段营造美丽如画的景色，使读者即使没有亲眼见到景点，也能感受它的美丽，产生身临其境的感觉，从而达到吸引游客的目的，故中国旅游界素有"看景不如听景"之说。而英语旅游宣传资料多着重介绍景点的信息和特色，文字虽富有鼓动性却罕有花哨，很少刻意在意象上过多地渲染，给人平实的感觉。英语文化中的游客更相信自己的判断力，景点是否值得去应由自己决定，而不是被花哨的文字牵着走。

因此，旅游文本的翻译必须考虑两种语言的特点，以目的语接受者为中心，按照目的语文本的规范编译，从而更好地实现宣传目的。汉语旅游资料翻译成英语时，不宜过分渲染汉语文本中那些溢美之词，应当删除低值文化信息，增加必要的文化注释，以更好地进行跨文化交流。

【例1】

戏马台

戏马台是历史文化名城徐州现存最早的古迹之一。公元前 206 年，盖世英雄项羽灭秦后，自立为西楚霸王，定都彭城，于城南里许的南山上构筑崇台，以观戏马，故名戏马台。历代在台上营建了不少建筑物，诸如，台头寺、三义庙、名宦祠、聚奎书院、耸翠山房、碑亭等。岁月延嬗，时移世变，昔日的建筑物已荡然无存。为保护古迹，褒彰项羽的历史功绩，徐州市人民政府对戏马台进行了重修。新建山门、曲廊、诗碑廊、追胜轩、集萃亭，新雕铸了项羽石像和霸业雄风铁鼎，修缮了碑亭和照壁。特别引人注目的是那两组仿古建筑群，红墙黄瓦，雕梁画栋，飞檐翼角，古朴典雅。整修一新的戏马台巍巍壮观、重光溢彩。登台览胜的游客络绎不绝。它已成为国内项羽遗迹旅游网络上一颗熠熠生辉的明珠。

【译文】

Xi Ma Tai is one of the earliest historic site preserved in Xuzhou, a well-known city of historical culture. In 206 BC, peerless hero Xiang Yu appointed himself King of Western Chu after overthrowing the Qin Dynasty, and made Peng city the capital. To the south of the city, about one Li away from it, a high platform was built to view amusingly the training of soldiers and horses, so Xi Ma Tai is named.

A great number of buildings were built by one dynasty after another such as Taitou temple, Sanyi temple, Minghuan ancestral temple, Ju Kui academy of classical learning, Song Cui chamber and stele pavilion. With the time passing by, all these old buildings do not remain now. In order to safeguard the historic sites, manifest Xiang Yu's historical contribution, the Xuzhou People's government has got Xi Ma Tai rebuilt. The gate, the zigzag corridor, the corridor with stele of poetry, Zhui Sheng chamber and Ji Cui pavilion are newly-built. The stone statue of Xiang Yu and quadripod of overlord and majesty are also newly-made. At the same time, the screen wall facing the gate and the stele pavilion are renovated. Two groups of buildings in the style of the ancients are extremely noticeable and attractive. They are red walls and yellow tiles, carved beams and painted rafters, with upturned eaves. They look primitive simplicity and refined. Xi Ma Tai is now splendid, lofty and magnificent after it has been rebuilt. A continuous stream of visitors come to the platform for sightseeing. Xi Ma Tai, now, has become a brilliant pearl in the traveling net of Xiang Yu's historical remains in our country.

上面的译文出自戏马台的景点宣传册，译文是对汉语文本的全译。但是全译并不能成功地实现宣传的目的，译者应该首先考虑英汉旅游宣传文本的差异才是成功翻译的第一步。汉语文本中画线部分提到许多建筑物，有些已经荡然无存，有些是新修的仿古建筑，这些信息全译成英文并不能实现跨文化交流的目的，而且过多的历史追溯会让英文读者混淆现在和过去。因此，改译应该按照英语旅游文本的规范编辑汉语信息，简要叙述该景点的历史，突出其文化价值，这样文字会更加紧凑，效果也更佳。以下仅提供一种思路的改译文本：

【改译】

Xima Terrace (Terrace for Viewing Horse Training) is one of the oldest historical sites preserved in Xuzhou, a historic and cultural city in East China. In 206 BC, after overthrowing the tyranny of the Qin Dynasty, Xiang Yu, a peerless general, made himself King of Western Chu and Pengcheng (present-day Xuzhou) the capital. About half a kilometer south of the city was built a high terrace for viewing the training of soldiers and horses. Hence the name Xima Terrace. However, a large number of buildings, such as temples and memorial halls, were constructed and destroyed in the past dynasties. To keep the tradition alive and Xiang Yu's contribution known, the local government today rebuilt the Terrace, which remains one of the historical attractions and part of China Heritage Tour.

6.4 改译

改译就是对原作有所改变，主要是内容或形式的改变。改译的目的仍然是为了切合特定的接受者，并且受到接受者所在的文化系统、意识形态的影响。一般来说，内容的改变主要是改动或删除某些内容，代之更适合本土的或读者喜闻乐见的内容。

比如，进行城市宣传和企业树立企业形象时，中西方式有很大差别。中国的城市和公司宣传比较注重所得的奖项，国优、部优、省优之类的称号多多益善；而英语文本则比较注重宣传城市和公司的特色形象和产品，通过琅琅上口的文字和各种修辞手段给人留下深刻印象，通常都有反映自身特色的宣传语。我们先来看一则英语的公司宣传文本。

【例1】

We have tools to help you develop the most important resource of all.

The resource is people. The tools are education and training. We offer our partners these tools in many disciplines, from oil exploration to finance. We have even provided technical and academic courses at universities. These tools are offered to our employees in the countries where we operate. But, in the end, they benefit us all. Because by helping build a country's work force, we're also developing an industry's next generation of leaders.

Chevron

The symbol of partnership.

这是美国《新闻周刊》(1999/1/25)上刊载的一则企业宣传文本，都是非常简单的小句，有很强的节奏感。在语篇结构上，开头和结尾都是树立企业形象的口号，用来传递企业的经营观念和服务范围。

我们再对比一篇中国的企业宣传，就可以发现这一类型的中英文语篇有很大的差异。

【例2】

XX县已初步建立起了优质果品、畜禽、蚕桑、蔬菜、水产、林木、中药材、农产品基地，被列为全国瘦肉型优质商品猪基地县、国家商品粮基地县和四川省商品牛优质山羊示范县、优质水禽优质蚕茧基地县、全省综合经济实力十强县、全国科技工作先进县、全国首批"两基"工作先进县、蜀中第一小康县，并被确定为国家级成都海峡两岸科技产业开发园、国家级生态示范区、全国乡村城市化试点县、省级小城镇建设试点县、省级农业产业试点县、成都市卫星城、开发区、食品工业基地和成都市奔宽裕型小康试点县。县内某公司连续六年获四川省最佳文明单位、四川省先进企业、四川省消费者满意单位、邮电部局风建设先进单位，市文明单位、卫生单位、"双拥"单位、市社会治安治理优秀单位等各类荣誉100多项。

这一则中文介绍完全是各种奖项的排列，一种空洞的夸耀，即使是中国的读者也越来越不太相信这类言辞，因为这一类宣传往往给人言过其实的感觉。其次，由于巨大的文化差异，这些奖项很难翻译成地道的英文，即使勉强译过去，英语读者既无法很好地理解和接受，也没有兴趣去了解，因此全译很难实现成功的跨文化交流，也很难实现应有的宣传目的。因此，翻译时译者必须按照英语文本的宣传方式对原文进行加工，然后再翻译。

【参考译文】

The county is noted for its large agricultural productions and side-line products of fruitage, livestock, sericulture, aquiculture, vegetables, lumber and medicinal herbs, as well as rapid development of its township industries and rural urbanization. It is ranked the first rich county in Sichuan, and one of its outstanding companies is best known as a consumer-favored business that has received over five-score honorary and professional titles conferred by relevant provincial and city authorities. (张基佩，2001；编者作了部分增删)

改译省略了所有奖项，而把重点放在特色产品的介绍上面，有效信息更加突出，也比较符合类似英语文本的特点和国外读者的接受心理。

6.5　节译与综译

　　节译，或称摘译，主要包括两种类型，一是翻译原文中的主要信息，二是翻译读者最感兴趣的信息。节译的操作要求与全译一样，仍然要做到忠实原文，对摘录的部分译者不能随便增删，要尽量体现原文的特色。节译是为了更好地满足译文读者特定的需求。

　　英国学者韦利(Arthur Waley)翻译《西游记》就采用了节译的方法。韦利的译本选取了原著的30回，译名为《猴王》(*The Monkey*)，因此有意选取与孙悟空有关的部分。虽然省略了许多情节，但译成英文的部分都尽可能地与原著相当，保留原著的内容。此外，为了适应英国读者的阅读口味以及英译后的艺术效果，韦利省略了穿插在故事叙述中间的诗词，因为中国古典小说这一典型的叙述方式对英文读者来说肯定会显得拖沓冗长(黄忠廉，2002：93)。

　　综译就是综合翻译，是高度浓缩的综合信息。综合的单位不再是句段，而是篇章和书。综译是将多部文献综合到一起，译者可能会采用上面提到的节译、编译等方法，然后再综合。综译是把大量的数据、资料整理归纳到一起，而不做评论。因此，综译要以事实为依据，详略得当地处理要表述的问题。从事这方面工作的译者一般都是某个领域的资深专家，综译的主要目的在于让人们全面了解一定时期的科研成果。

练习题

请根据文本类型的特点运用适当的变译手段处理下列文本。

1. 编译[A]

　　China Changes Game in Korea (D.P.R.) (March 01, 2006)

　　US antinuclear concerns fall lower on China's agenda.

　　By Robert Marquand | Staff writer of *The Christian Science Monitor*

BEIJING—With floods of cash and a new policy of patience and friendly support, China has quietly penetrated the thick wall surrounding Korea(D.P.R.)'s leader Kim Jong Il's regime—gaining significant leverage for the first time in one of the world's most closed societies. Chinese leaders have gained Mr. Kim's ear, sources say, with a message that the North can revitalize its economy while still holding tight political control.

In the past year, with Washington preoccupied, Beijing has bypassed US hopes that it would squeeze Kim and force him to drop his nuclear ambitions. Indeed, the once-heady "six-party process," started in 2003 to denuclearize Korea, appears defunct. Instead, Beijing pumped up investment to some $2 billion last year, and is helping to rebuild ports, create factories, and modernize energy sectors in what one US diplomat calls a "massive carrot-giving operation." Yet Beijing is not using such aid as a means to end the North's nuclear program.

"China has decided to change its strategy on Korea (D.P.R.), and is looking beyond the six-party talks and the American approach," says Alexandre Mansourov of the Asia-Pacific Center for Security Studies in Honolulu. "They want to go their own way, and have decided to raise up Korea (D.P.R.) again, to rebuild and reinvent it."

"For the first time," he adds, "Kim has fully embraced Chinese reforms."

"Any illusions in Washington that China will be complicit in helping to bring Korea (D.P.R.) down, should be set aside," argues a diplomatic source close to both Beijing and Washington.

Tour of economic zone impresses Kim

Indeed, following Kim's January visit to China, where he was feted in the Great Hall, Korea (D.P.R.) seems to be behaving nearly like a Chinese "client state," a term used by knowledgeable sources to indicate the close nature of the relationship.

Kim arrived in the middle of China's 11th five-year-plan budget process, and he toured the model reform cities of Shenzhen, Guangzhou, and Zhuhai in the southern Pearl River Delta. Various Chinese officials used the word "shocked" to describe Kim's reaction to the scale of China's showcase reform zone, with its endless miles of crowded factories—sometimes called the "workshop of the world"—that supply Wal-Mart, Costco, Home Depot, and other US megastores.

The extent of the Korea (D.P.R.) leader's shift in thinking may be measured by Korean Central News Agency releases after he returned to Pyongyang.

For the first time, KCNA commented positively about China's opening and reform. Previously, Kim called China's historic move to market reform, engineered by paramount leader Deng Xiaoping in a visit to the same cities that Kim visited, a "betrayal of socialism." After Kim went to Shanghai in 2001, KCNA stated that while market reforms might be good for China, they were not correct for Korea (D.P.R.).

Yet on Jan. 18, KCNA published a speech by Kim at the Great Hall, in which he stated flatly that, "our visit to the southern part of China convinced us...that China has a rosier future thanks to the correct line and policies advanced by the Communist Party of China." Korea (R.O.)'s media last week reported that the impoverished North, whose economy is in shambles, was gearing up to make its border region of Sinuiju a "special economic zone."

China is revitalizing the North's infrastructure and accounts for 40 percent of its foreign trade, according to a new study by the International Crisis Group. Eighty percent of the North's consumer goods are made in China.

"Chinese leaders repeatedly state they want a free and more open

Korea (D.P.R.)," says Jin Linbo, director of Asia policy at the China Institute of International Studies in Beijing. "China is trying to help the North out of a bad situation. In Chinese thinking, if Korea (D.P.R.) can get out of bankruptcy, it will [become] amicable in the Asia neighborhood. China is trying to do business with Korea (D.P.R.)...we are not in a hurry to resolve the nuclear issue."

Dashed US hopes on nuclear talks

That point may be hard for the White House to digest. Last summer, Asia experts in the administration felt China was poised to gain major concessions from Kim in the six-party process, if not "deliver" a deal with the North that would dismantle its nuclear program. Korea (D.P.R.) was termed a member of the "axis of evil" by President Bush in 2002, and US officials accused Pyongyang later that year of pursuing a second "enriched uranium" nuclear program. During that time, Kim kicked out UN inspectors from his Yongbyon nuclear facility and has since stated that he is reprocessing spent plutonium fuel rods.

The White House has steadily refused to negotiate with Kim, citing his record of broken deals and human rights abuses.

Korea (R.O.) may also look askance at what it may regard as too much Beijing influence in Korea (D.P.R.). Seoul has ardently hoped that the South would lead toward eventual unification with the North. For historic and ethnic reasons, it wishes to have the greatest influence in the North. The six-party process, formally hosted by China, was difficult for the South to swallow. Its own politician, Kim Dae-Jung, won the Nobel Prize for helping thaw relations in 2000. (It was later discovered that Mr. Kim made substantial hidden payments to ensure the meeting took place, meetings that weren't reciprocated by Kim Jong Il.)

Seoul is concerned that China is angling to keep the Koreas apart to ensure a buffer between itself and US forces.

Chinese diplomats and scholars point out that Kim Jong Il is mercurial —that while he may cotton to ideas about economic reform in theory, he may not risk any opening to the world like that of China. "He is listening to reform ideas, but I think he still wishes mainly to see how he can earn money without undergoing real change," says Mr. Jin.

China's low-key approach to its sometimes surly neighbor was signaled a year ago by former Foreign Ministry official Anna Wu, now a researcher at Harvard: "China is not likely to make its demands [to Korea (D.P.R.)] by shouting—but by whispering louder, 'Do not go away again. Come home and enjoy the comforts we can provide. Why go on drifting, hungry, lonely, and desperate?' "

Mr. Mansourov says the message whispered to Kim in January may have been less sentimental. "I think Kim heard that it is possible to adopt market reform, build wealth, and 20 years later, still maintain political power," he says. "The Chinese are saying to Kim, 'Go capitalist, maintain political control, catch up with the south, and pursue unification on your terms.' "

At the same time, China has played a tougher role on Korea (D.P.R.)'s counterfeiting and illicit financial activities. Beijing agreed with US-designated sanctions on the Macao-based Delta Bank of Asia, a place where the North was laundering funds. As much as 40 percent of Korea (D.P.R.)'s liquid assets may have been frozen, and while Pyongyang had long thought Washington was behind the freezing, in fact it was Beijing that approved the action, US officials say.

2. 编译[A]

The Boom Is Back

Net companies are on fire again. Here's the smart way to invest without getting burned.

(*FORTUNE* Magazine)—Back when the Internet bubble was deflating disastrously, the fashionable view was that we'd never see its like again—and thank goodness.

No more supercilious something zillionaires. No more insta-companies with billion-dollar valuations. Slapping a dot-com name on absolutely anything would no longer guarantee entrepreneurs millions from gullible VCs and, shortly after, from IPO-happy individual investors.

That whole Internet mania, gone from our lives for half a decade now, left a sour taste. Careers were interrupted. Reputations were destroyed. Billions of dollars vaporized. Hell, those stock market losses still show up on our tax returns.

But brace yourself—it's time to say hello to the new Net boom. And believe it or not, it's a boom you'll very likely want to invest in—even if you think (as we do) that Google (Research) at $400 a share is too scary to consider. The Internet, as you well know, didn't vanish along with all those dubious dot-coms. While shell-shocked investors were licking their wounds (or trying to make back all their money by flipping condos), folks in the Internet industry kept right on dreaming up new ways to use the revolutionary technology that created the fuss in the first place.

You don't need us to tell you that today the Net is fulfilling many of the visions its wild-eyed prophets were preaching about just a few years ago. All the impossibly cool applications that seemed so elusive in the late 1990s —Internet phone calls, (legal) downloadable music and movies, high-speed web access on cellphones, online bill paying—are a taken-for-granted part of daily life.

Young people talk about themselves and their favorite rock bands at MySpace. College students get the 411 on this weekend's party at Facebook. Moms post their family photos at Flickr. Dilberts waste their companies' time watching homebrewed videos on YouTube.

And even some infamous icons of the 1990s are back. Says Henry Blodget, the now-banned Wall Street analyst who now, like just about everyone else these days, is a blogger, "The trends that people got excited about when Netscape went public in 1995 are very much in place and will be for 20 to 25 years."

Driving this transformation is the extraordinary growth in the number of people with access to high-speed Internet connections. In 2000 just five million Americans had fast Internet access at home. At the end of 2005 that figure was 73 million, according to the Pew Internet and American Life Project.

Those speedy connections have supercharged the online experience, and people are doing exactly what you'd expect: spending vast amounts of time with their eyes glued to computer screens. More important, companies have finally figured out the long-sought key to "monetizing" those eyeballs, mainly by selling advertising, but also by charging for music and video downloads, not to mention for the access itself.

The not-so-surprising result is that the Internet industry isn't just back, it's better than it was before. Google isn't merely a ubiquitous (and free) research tool, though it certainly is that. Google, the online advertising company, generates billions of dollars in profits. (Yes, billions, and yes, profits.)

The iPod isn't just the hottest toy on the planet. It's a product that pumped $4.5 billion of sales into Apple's coffers last year—and wouldn't be such a success if it weren't tied to Apple's digital jukebox, iTunes. The iTunes Music Store has sold more than a billion songs online in the past three years.

We know what you're thinking right about now: If there's a boom underway, then the Wall Street crowd must be fixing to sell us something. After all, we've been down this path before. But the investing landscape is very different this time.

Sure, early-stage investors (endearingly called "angels") and venture capitalists are indeed breathing air into something of a bubble for the so-called Web 2.0. (That's a catchall name for the blitz of companies running websites like del.icio.us and Writely that make it easy for users to create their own content online and then share it with others.)

In Boom 1.0, any company with buzz and a business plan rushed to go public long before it had any profits. Now standards for IPOs are higher. And with tough reporting requirements imposed by the Sarbanes-Oxley corporate-governance law, fewer companies are even attempting to go public.

Another crucial difference for investors: Today's Net stocks are far more reasonably priced than the highfliers of the dot-com era. For instance, at $400, Google trades for about 33 times Wall Street's estimates of 2007 earnings of $12 per share. That's rich but hardly stratospheric. Compare that with shares of Internet Capital Group, which at their peak in 2000 traded for well over 400 times the company's 2001 sales.

Exuberance unquestionably has returned, but with a dash of rationality. "Last time people just dove in and forgot to check to see if the pool was full of water," says Lise Buyer, a former Wall Street analyst and later an investor-relations executive at Google. "This time people understand the concept of the businesses and can look at the financials."

Yet even if many things are different—i.e., saner—this time, you still have to follow the basic rules of sound investing. Don't buy a "story" stock if you don't understand the story. Don't invest just because you heard a pick on TV—or, dare we say, read it in a magazine. Look for profits, sound financials, and reasonable prospects for growth. Pay attention to valuation. Make sure you know the bear case—the arguments against buying the stock. And most important of all, devote only a small portion of the cash you're investing to a hot area like Internet stocks.

With these maxims in mind, we set out to find the best ways for investors to participate in the new Net boom. Even if you have no intention of committing fresh money, understanding this landscape is an increasing imperative for every investor and every business. A company doesn't have to be a dot-com or a "Net stock" to be a beneficiary—or a casualty—of this boom.

We looked at five key areas: big tech, pure Net plays, infrastructure firms, broadband providers, and media conglomerates. In the end we identified seven stocks—as well as three mutual funds—that seem poised to profit.

The Internet giants

Any discussion of investing in the new Net boom naturally begins with Google. No one argues that Google isn't a fantastic business. The company is on track to earn $3.7 billion next year on sales of $9.5 billion. That's about nine times the profits and three times the revenues it had in 2004, the year it went public.

The company makes almost all its money from Internet search ads, and its U.S. market share is at 42% and growing. "We're in this amazing gold mine of search advertising," says Google CEO Eric Schmidt.

If Google's so good, it has to be a buy, right? Not necessarily. Google, the stock, has several things against it, starting with its high valuation and high expectations. The company's own chief financial officer has acknowledged that the law of big numbers—the added volume needed to make a big firm even bigger—will eventually slow Google down.

And the company's refusal to give detailed financial guidance to Wall Street has led to wild ups and downs. In 2006 alone, Google has traded as high as $475 and as low as $331, a swing of $43 billion in market value, or nearly what McDonald's is worth. Says Arnold Berman, technology strategist for Cowen & Co., "Each quarterly report is a massive nail biter from here out. It will be a back-and-forth stock for the rest of 2006." (Google's next nail-biting event is its April 20 report of first-quarter earnings.)

The more reasonable option for value-conscious investors is Yahoo (Research). Very much a media company, where Google emphasizes its technology roots, Yahoo has similarly benefited from the tsunami of online advertising. But unlike Google it has struggled in the lucrative search area —and that may provide the opportunity for investors.

If the company can improve in search (and it has a crack team working on the problem), the potential upside is dramatic. Especially considering Yahoo's price: It trades at 15 times its estimated 2006 earnings before interest, taxes, depreciation, and amortization, about two-thirds of Google's Ebitda multiple. That's the kind of valuation you would give a newspaper company, not a Net powerhouse, says UBS analyst Benjamin Schachter, who thinks Yahoo's shares—recently around $31—could hit $39 within the year.

Indeed, Schachter speculates that if Yahoo stays cheap for much longer, Microsoft might even buy it, a megadeal that would rock the online world— and reward Yahoo investors.

The smaller fry

What about those superhot user-driven web sites that are attracting legions of fans? Many, such as YouTube and Facebook, aren't public—and if they were, might well be wildly overpriced. The truth is that these kinds of buzz-worthy names tend to offer the worst risk-reward profile for individual investors; it's too easy to mistake cool for profitable.

The best opportunities often come from targeted niche players like Navteq, a Chicago software maker that is one of the brains behind Google Maps. Navteq (Research) shares have doubled since the company went public in 2004 (the same month as Google), but not because of its Internet business.

It gets three-quarters of its revenues (which totaled $500 million last year) selling mapping databases to companies that make global-positioning system, or GPS, devices for automobiles. It's a rewarding business, enabling Navteq to maintain 27% operating margins and 20%-plus earnings growth. But Navteq also supplies data to the most popular online mapping sites, including AOL's Mapquest, MSN, Yahoo, and Google.

"We're only in the second or third inning of this as a growth company," says Henry Ellenbogen, a fund manager at T. Rowe Price, which is Navteq's second-largest shareholder, with a 9.6% stake. Ellenbogen reckons that onboard navigation is just starting to take off in cars, and that online sites, currently a small portion of Navteq's business, are an untapped opportunity. "It's almost as if you were not paying for this Internet growth option," he says.

The suppliers

During the last web frenzy, some of the most successful players were the so-called arms dealers in the Internet wars. Companies like Dell, Microsoft, and Juniper all benefited because PCs and routers went hand in hand with the growth of the web.

That rationale remains compelling in the new Net boom—but that doesn't mean those big-cap stocks are screaming buys. Profits at Dell, for example, have jumped smartly in the past five years, but the stock chart remains a flat line because valuations were so high at the peak.

One web enabled that's roaring again—and, given its size and position, may well be able to keep up the momentum—is Akamai Technologies. Akamai (Research) was one of those bubblelicious companies that investors probably never understood. Shares ran up to $345 in 2000 on revenues of $90 million and profits of zero; two years later they traded as low as 56 cents.

Throughout, the Cambridge, Mass., company kept doing pretty much the same thing. Using a vast network of servers and software that connect to customer web sites, Akamai speeds up the delivery of web pages. Marquee customers include Microsoft, Apple, and Yahoo.

The more downloading people do, the more valuable Akamai becomes. It turned profitable in 2004 and earnings growth has accelerated since then. Trading at about 44 times Wall Street's estimates for 2006 earnings, Akamai isn't a bargain; its stock has doubled in seven months. But every time another major media conglomerate announces a plan to offer free downloads from its web site, odds are that Akamai is ringing the cash register.

One company that has kept right on raking in the cash, but without getting much credit, is Cisco Systems (Research), the most important supplier to the web's first growth spurt. Cisco's profits have more than doubled since 2002 (it made $6 billion last year on sales of $25 billion), but its stock was stuck for four years.

Cisco's impossibly high valuation during the bubble is partly to blame. Then, after an initially giant comeback from the bust, Cisco's earnings growth rate plunged as corporations concluded that they had bought all the routers they needed.

Times are about to change for Cisco, and the new developments on the web are the reason. Cisco just bought Scientific-Atlanta, the big maker of cable set-top boxes. The strategic shift reveals Cisco's plan to be as important to video-over-the-web upgrades by cable and phone companies as it was last time for big businesses.

"This positions Cisco favorably not only as a core network provider but also in the home," says A.G. Edwards analyst Aaron Rakers. Cisco's shares have begun moving again as investors have noticed how cheap they'd gotten. But at $21, Cisco is trading at about 20 times what it will earn in 2006, compared with 25 times for its peers. Rakers and other analysts see Cisco's earnings finally accelerating. And Cisco's main business is healthy as well.

Another well-positioned company is an old software warhorse, Adobe Systems (Research), maker of the popular programs Acrobat and Photoshop.

Adobe's bid for Web 2.0 greatness is its $3.4 billion acquisition last year of Macromedia, whose Flash software is behind some of the web's coolest applications—everything from the drag-and-drop stock charts on the new finance site at Google to the free videos bands are using to promote themselves on MySpace.

At $37, Adobe's stock is 10% off its recent peak. That presents a buying opportunity. When the company finishes weaving its products together with Macromedia's, it will have a one-stop shop for content designers, and its revenues should accelerate.

"The market is playing a shorter-term game with Adobe right now," says Jeff Rottinghaus, manager of T. Rowe Price's Developing Technologies fund. "But this is such a high-quality business, and the combination of those products is going to be real powerful."

Broadband providers

One of the buzzwords of the new Net boom is "triple play"—the selling to consumers of bundled broadband web access, TV programming, and telephone service (often using voice-over-Internet protocol, or VoIP, in geek-speak).

AT&T's $89 billion acquisition of BellSouth has helped direct much of the hype toward the big phone companies. As a result cable stocks are hated right now. There's no question the phone-cable competition will be fierce. What's in doubt is how quickly the phone companies will get in the game— unlike the cable firms, they need to build new infrastructure to offer video programming.

For investors the bargain-priced opportunities are among pure-play cable firms. Comcast president Steve Burke recently told a gathering of investors that by 2010, Comcast will have between eight million and ten million phone customers, up from 1.3 million today. By contrast, he estimates that over the same period the phone companies in the regions where Comcast operates will have one million video customers.

Yet the negativity surrounding Comcast (Research) is extreme. The stock, in the words of UBS debt and equity analyst Aryeh Bourkoff, is "priced for destruction." The last time Comcast's stock was this low—at $28, it trades for about seven times cash flow—was during a company credit crisis. Now it's too cheap to pass up.

Old media

Each of the thought leaders in the four most important entertainment categories today—Apple in music, Pixar in movies, Google in advertising, and Electronic Arts in videogames—is based in Silicon Valley. So it's no surprise that the four biggest media conglomerates—Disney, News Corp., Time Warner, Viacom—are grappling with the repercussions of the new Net boom.

Disney's stock popped 17% this year after new CEO Bob Iger agreed to buy Pixar for $7.4 billion in January and put hit shows first for sale on iTunes and then for free on the web.

Yet how much do new media initiatives affect the bottom line at huge old media firms? Consider Rupert Murdoch's News Corp. Investors—and nearly all of Silicon Valley—chuckled when it bought the youth-oriented site MySpace.com last summer as part of a $580 million acquisition of Intermix.

Since then the site has zoomed from 32 million users to 65 million, and it soon should overtake Yahoo as owner of the web's biggest audience. Yet that audience produces little cash flow. UBS's Bourkoff assigns the company's Internet operations, of which MySpace is only a part, just 43 cents of his $22-a-share overall valuation of News Corp.

The long run, however, will doubtless be different. And what the acquisition shows is that "Rupert Murdoch is seeing things clearly," says

Bourkoff. Among the big-media conglomerates, the newly slimmed down Viacom is just building an Internet strategy, and Time Warner has yet to prove that AOL isn't a declining asset.

Disney, while showing signs of life under Iger, is no longer the bargain it was before this year's share run-up (and the price it paid for Pixar may end up a longer-term drag). News Corp. (Research) is largely done with a billion-dollar-plus Internet buying binge, and while MySpace is a less-than-ideal ad environment (scantily clad teenagers present a challenge for wholesome marketers), revenue there certainly will skyrocket. The rest of News Corp.'s highly profitable operations, meanwhile, seem moderately priced at their current $18 level.

The fund options

Considering the perils of Net investing, you may want to hire a mutual fund manager to do your stock picking for you. Our first suggestion isn't a Net head or even a tech jockey, but he's one of the most astute stockpickers around: Bill Miller, manager of Legg Mason Value Trust.

Miller is famous for topping the S&P 500 index for the past 15 years—the longest streak going. He also has a real knack for spotting Net winners. Indeed, while the fund, classified as a large-cap blend by Morningstar, owns traditional blue chips like J.P. Morgan Chase and Aetna, it's gotten a lot of its pop in recent years from Net plays like Amazon, eBay, and Google, all of which are among its top ten holdings.

At the other extreme from Legg Mason Value is a pure Internet fund like Jacob Internet. Manager Ryan Jacob focuses on web-centric small caps and microcaps. And he's been on a tear. After losing 79% in 2000, the fund has earned an annualized 19% over the past five years and 47% for the past three. Among its drawbacks are its high annual expenses (2.64%) and concentration in the riskiest niche of a volatile sector.

A third option is a more diversified tech-sector fund. One standout is Fidelity Select Technology, managed by James Morrow, which has earned an annualized 21% for the past three years. Its big holdings include tech stalwarts Microsoft, Dell, and Cisco, plus Google.

Then again, with Google recently having been added to the S&P 500 index, the odds are you're already invested in the new Net boom and didn't even know it. So enjoy the ride. But don't let your guard down.(From the May 1, 2006 issue)

3. 请运用改译的方法改进英语译文[A]

桂林靖江王城简介

明代"靖江王"府第，四周以巨石砌城垣，在桂林城中自成一城，故称"王城"。明洪武五年(1372 年)始建，占地 297 亩。城中有桂林众山之王"独秀峰"。朱元璋将其侄孙朱守谦分封到桂林时，在此地建立藩王府，之后共有 11 代 14 位靖江王在此居住过，历时 280 年，系明代藩王中历史最长，及目前保存最完整的明代藩王府。清代王城成为广西贡院，屡出状元。民国时期，孙中山先生曾驻跸于此，运筹北伐大计，后为广西省政府、桂系领袖李宗仁、白崇禧的大本营。1996 年被列为国家级重点文物保护单位。

Jingjiang Prince City is the home of one of the enthroned prince of the Ming Dynasty. The City is magnificent and grandly walled. As it is actually an inter city occupied by the Prince and their families. It is called the Prince City. Occupying an area of 20 hectares, the construction of the Palace began in 1372, erecting from the royal garden is the dignified Solitary Beauty Peak, the king of Guilin peaks. Since Zhu Shouqian, the grand-nephew of the pioneer Emperor of the Ming Dynasty, was enthroned as the Jingjiang Prince, there have been 14 Jingjiang Prince of 11 generations lived in the City. In the Qing Dynasty, the City compound was used as the Provincial Examination House. In the period of Republic of China, Dr. Sun Yat-sen once headquartered here for his North Expedition. Later on, it became the provincial capital office of Guangxi province. It is the best preserved Prince city in the Country.

4. 请运用改译的方法改进英语译文[A]

特点：角梳分白角梳和黑角梳，采用天然牛角、羊角，经手工精制而成。梳齿圆润光滑，不产生静电；梳体光滑，手感舒适，长期使用能保护发质，并起到清热凉血、提神醒脑之功效。

白角梳：采用绵羊角、黄牛角、白水牛角制成，梳体呈淡黄色或淡青色，通体晶莹透明，光滑细腻，韧性强。

黑角梳：采用黑牛角，牦牛角制成，梳体光滑，呈黑色，韧性稍差。

史载：隋唐医学家巢元方指出：梳头有畅通血脉，使发不白之功效；《圣济总录·神仙导引》也说：梳得愈多，多则祛风，血液不滞，发根常坚；大文学家苏东坡对梳头有深刻的体会，他说："梳头百余下，散发卧，熟寝至天明。"

弱点：天然材质皆顺纤维制作，忌摔、忌用力拉、折，请握梳背处梳理，否则可能会断。角梳变形，请用电吹风加热后重物压平即可。

Features: A horn comb generally falls into either of the two categories: the white one and the black one. Horn combs are made of ox horns or sheep horns by hand. The teeth are smooth and static-free. The comb body is smooth and comfortable to touch. Everyday use of the comb is helpful in hair-caring, reducing fever and blood heat, refreshing and invigorating the mind.

The white horn combs: made of sheep horns, scalper horns or buffalo horn, the combs normally take on a color of light yellow or light blue. The combs are translucent, smooth and exquisite and tough.

The black combs: made of black buffalo horns or yak horns, the combs are smooth and normally take on a color of black. However, they are not as tough as the white horn combs.

According to historical records, Yuanfang Chao, a medical scientist in the Sui Dynasty, pointed out that combing helps to make blood pass unimpeded and saves, hair from turning grey. *General Contents and Guidance of Gods* says that the more you comb, the more likely you relieve rheumatism, promote flow of blood, and tighten hair roots. Dongpo Su, a great writer in the Song Dynasty had a deep understanding of combing. Before lying in bed with your hair undone, he stated, hundreds of combing would assure you of a sound sleep till daybreak.

Warning: as the combs are made of natural longitudinal fiber materials, please don't abuse them by crashing, pulling or bending. In order to avoid damage, please hold the comb back while combing. Any minor distortion can be remedied by subjecting the comb to weight after being heated by an electric blower.

Chapter 7
科技文体翻译

随着国际交往的增多、科学技术的迅猛发展，科技文体已成为一种非常重要的文体。科技文体可以泛指一切关于科学和技术的书面语及口语，由于科技文体的跨度比较大，既有正式程度很高的文献手册，也有正式程度较低的科普文章，这给译者寻求译文的"适合性"带来了更高的要求，译者必须从整体上把握科技文章的特点，针对具体的篇章采取适当的翻译方法。

7.1 科技文体的文体特点

从整体上说，科技文体具有以下特点：语言规范、语气正式、陈述客观、逻辑性准确性强、信息量大、呈现高度专业化并大量使用公式、表格和图表。下面我们从词汇、句法和语篇三方面详细比较英汉科技文体的异同，以便翻译时有的放矢。

7.1.1 科技文体的词汇特点

科技文体最显著的特点体现在词汇方面，首先在于大量使用专业术语。随着科技知识的普及，有些科技词汇已为大众所熟知并成为普通语汇的一部分，但绝大多数仍仅见于科技文章之中，比如castanospermine(栗树精胺)、diskinaesthesis(肌肉不协调症)等等。这些词语词义单一，能避免产生歧义，满足科技文体力求准确的要求。

科技英语中，某些专业技术领域经常使用一些普通的词汇，但赋予这些词汇专门的意义，这符合英语构词法的特点，通过引申扩展词义。译者必须通过具体的语境确定其意义，比如 couple 在电学里叫做"耦合"，dimension 在物理学里叫做"量纲"，iron 在天文学里叫做"陨铁"。但汉语命名科技术语时，通常避免使用常用词汇，而是使用带有专业色彩的词汇，上面的三个例子也说明了这一点。

此外，同一个英文词常常用于许多不同的专业，表达不同的专业概念。比如 charge 一词，一般用语中的词义是"责任"、"管理"，而在科技英语中的词义则有"电荷"、"负载"、"充电"、"装填"、"炉料"、"火箭燃料"等含义。对于这一类词语，只有通过具体的语境才能确定其意义。但这种一词多用的倾向在科技汉语中并不明显，汉语仍是专词专用，单义性比较强。

7.1.2　科技文体的句法特点

为了体现客观性以及科学性，科技英语广泛使用一般现在时态、被动语态、名词化结构以及各种复合句，尤其是定语从句，因而科技英语句子较长，句型变化较少，而且结构复杂。科技汉语很少运用被动语态，而多用主动形式表达被动意义，并且灵活使用动词构成多变的句型。下面我们从各个方面进行详细比较。

1. 广泛使用一般现在时态

科技文体阐述的多是一些科学原理，不因时间而变，所以多用一般现在时。英语必须通过语法手段明确表明时态，而汉语呈"无时间性"(timeless)，只能通过词汇手段来强调时间的"过去"、"现在"和"将来"。

2. 大量使用被动语态

据统计，在物理、化学、工程类英文教材里，全部限定动词中至少有三分之一是被动语态。其一，科技文章反映的是客观事实及据此做出的科学推论，因此语言运用要体现客观性和普遍性，避免主观臆断。其二，科技文章描述的是科学研究的对象、手段、过程、结果等各个方面，揭示客观世界的规律，使用被动语态可以突出客观世界这一科学研究的主体。

英语主要通过动词的形态变化构成被动句，使用方便，使用频率也非常高。而汉语很少使用被动形式，首先，被动语态在汉语里是一种"不幸语态"，主要表达对主语而言不如意的事，现代汉语受西方语言影响，"被字式"使用范围有所扩大，但大多数被动语态还是采用隐性的形式；其二，汉语"被字式"中，"被"后面一定要有宾语，这种限制使得许多无法说出施事者的句子不能采用"被字式"。(连淑能, 2002: 92)

从下面的四个英文段落，我们可以很清楚地看到上述两个特点。这四个段落一共17个句子，只有第三段第二句用了将来时，其他句子都是一般现在时。从语态上来看，共有15处采用被动语态的形式，如黑体部分所示。

Although aluminum has a great affinity for oxygen, its <u>corrosion-resistance</u> is relatively high. This is due to <u>the dense impervious film of oxide</u> which forms on the surface of the metal and prevents it from further <u>oxidation</u>. The corrosion-resistance can **be further improved by anodizing**, a treatment which artificially thickens <u>the natural oxide film</u>. Since <u>aluminum oxide</u> is extremely hard, <u>wear-resistance</u> **is also increased by the oxide layer;** and <u>the slightly porous nature of the surface of the film</u> allows it to **be colored with** either organic or inorganic dyes. In this respect <u>high oxygen-affinity</u> is an asset.

The fact that aluminum has <u>over 50% of the specific conductivity of copper</u> means that, weight for weight, it is <u>a better conductor of electricity</u> than copper. Hence it **is now widely used** (generally twisted around a steel core for strength) as a <u>current carrier</u> in the electric "grid" system. Pure aluminum is relatively soft and weak (it has a tensile strength of about 6.0 tons/sq.in. in the annealed condition), so that for most other engineering purposes **it is used** in the alloyed condition. <u>The addition of alloying elements</u> **is made principally to** improve mechanical properties, such as tensile strength, hardness, rigidity and machinability, and sometimes to improve fluidity and other casting properties.

One of the chief defects to which aluminum alloys are prone is porosity due to gases that **are dissolved** during the melting process. Molten aluminum will dissolve considerable amounts of hydrogen if, for any reason, this is present <u>in the furnace atmosphere</u>. When the metal **is cast** and begins to solidify, <u>the solubility of hydrogen</u> diminishes almost to zero, so that tiny bubbles of gas **are formed** in the partly solid metal. These cannot escape, and give rise to <u>"pinhole" porosity</u>. The defect **is eliminated by** treating the molten metal before casting with a suitable flux, or by bubbling nitrogen or chlorine through the melt. <u>As a substitute for chlorine</u>, which is a poisonous gas, <u>tablets of the organic compound hexachlorethane</u> **can be used**.

<u>Aluminum alloys</u> **are used** in both the cast and wrought conditions. Whilst the mechanical properties of many of them, both cast and wrought, **can be improved** by the process known as <u>precipitation hardening</u>, a number of them **are used** without any such treatment **being applied**.

3. 大量使用名词结构

从上面四个段落中，我们还可以清楚地看到科技英语的另一特点，即大量使用名词化结构。这则语篇就有13处名词化结构，如画线的词组所示。日常英语或其他文本类型中用动词、形容词等词类充当某种语法成分，在科技英语里往往转化为由名词充当，其深层结构其实可以看作为一个句子，通过名词化转换规则导出。

英语多用名词是英语本身的特点决定的。英语动词的使用受到形态变化规则的严格限制，一个句子结构通常只有一个谓语动词，大量靠动词表达的概念不得不借助于其他词性，如名词、介词等，这就势必造成了名词优势，因而也导致了介词优势。汉语动词没有形态变化的约束，动词可以充当任何句子成分，还可以多个动词连用，使用起来十分简便，从而造成了动词优势。

科技英语中名词化倾向也由于科技文献追求简练和客观的效果所致。名词化结构紧凑严谨，简洁明晰，单位信息容量大，信息传递效率高，同时可以避免人称主语，增加客观色彩，因而很好地满足了科技文体的这些要求。

名词性结构首先表现为大量使用复合名词和名词词组，比如例文中的aluminum oxide, corrosion-resistance, wear-resistance, the dense impervious film of oxide, the slightly porous nature of the surface of the film等等。名词直接叠加或多个名词和介词搭配的方法可以不断创造新词，使语言变得精练。

其次，较多地使用名词表示动作、状态、手段、结果及动词名词化使科技英语中行为名词的出现频率大大增加。这些行为名词主要由动词加上-sion, -tion, -ment, -ance, -ence, -ity等后缀构成，除了表示行为动作外，还可以表示状态、手段、结果以及存在，如例文中出现的oxidation, precipitation, solubility, conductivity, porosity等等。

4. 大量使用多重复合句

统计资料表明，现代科技英语文章平均句子长度在20到30个词之间。学术文献性愈强的材料，句子愈长，多重复合句也就愈多。科技文体描述的是非常复杂的事物、概念或深奥的原理，必然要扩展句子的许多修饰、限定和附加成分，使用非谓语动词短语、平行结构、逻辑性定语、并列句和主从复合句等等，从而使句子变得非常复杂，但同时却能更有效地表达严谨细致复杂的思维活动，比如上文中的第四段。而汉语可以不受形态的约束，也没有主谓形式协调一致的约束，很难构成结构复杂的多重复句。汉语句式多呈"流散型"，多个短句构成复合句，组句的自由度大，富于弹性。

【例 1】**Although** there exists much experimental knowledge in regard to the behavior of bodies **which** are not in the conditions to **which** the mathematical theory is applicable, yet it appears **that** the appropriate extensions of the theory **which** would be needed in order to incorporate such knowledge within it cannot be made **until** much fuller experimental knowledge has been obtained.

例1由6个从句组成，其中although引导让步状语从句，其中又包含2个定语从句，分别修饰bodies和conditions；主句是that引导的宾语从句，其中又包含1个which引导的定语从句和until引导的时间状语从句。

【例 2】In this way the distinction between heavy current electrical engineering and light current electrical engineering can be said to have disappeared, **but** we still have the conceptual difference **in that** in power engineering the primary concern is to transport energy between distant points in space; **while** with communications systems the primary objective is to convey, extract and process information in which process considerable amounts of power may

新世纪翻译学 R&D 系列著作

be consumed.

例2从总体上说是一个并列复合句，两个并列分句由but连接，表示转折。并列句的第一分句是个比较长的简单句，而第二分句是个主从复合句，其中in that引导一个原因状语从句，而该从句中又有两个并列关系的分句，由while连接表示对比；while之后的分句中又包含一个由in which引导的限制性定语从句。

从上面两个例子我们可以发现，英文长句呈"立体结构"，通过连词、从句等手段组织句子，保证语义的连贯。

7.1.3 科技文体的语篇特点

英汉语篇在组织形式上有不同的衔接机制，这也是两种语言本身的特点决定的。具体来说，英语语篇呈现多层次、立体式结构，英语可以通过后置关系从句、插入语等方式构成复杂而明晰的立体层次；而汉语语篇则呈平面状，都是结构短小的句子串联在一起。但是现代汉语受西方语言的影响很大，我们也不难发现英汉语篇的相同之处。下面我们对比分析一下下面英汉两个篇章，译者可以更好地体会到英汉篇章各自的特点，认识到翻译过程中应该注意的地方。

【原文】

<u>Although</u> **aluminum** has a great affinity for oxygen, **its** corrosion-resistance is relatively high. **This** is <u>due to</u> the dense impervious film of oxide <u>which</u> forms on the surface of the metal and prevents it from further oxidation. The corrosion-resistance can be further improved by anodizing, <u>a treatment which</u> artificially thickens the natural oxide film. <u>Since</u> **aluminum oxide** is extremely hard, wear-resistance is also increased by the oxide layer; <u>and</u> the slightly porous nature of the surface of the film allows it to be colored with either organic or inorganic dyes. In this respect high oxygen-affinity is an asset.

The fact that **aluminum** has over 50% of the specific conductivity of copper means that, weight for weight, **it** is a better conductor of electricity than copper. Hence **it** is now widely used (generally twisted round a steel core for strength) as a current carrier in the electric "grid" system. Pure **aluminum** is relatively soft and weak (**it** has a tensile strength of about 6.0 tons/sq.in. in the annealed condition), so that for most other engineering purposes **it** is used in the alloyed condition. The addition of alloying elements is made principally to improve mechanical properties, such as tensile strength, hardness, rigidity and machinability, and sometimes to improve fluidity and other casting properties.

One of the chief defects to which **aluminum alloys** are prone is porosity due to gases that are dissolved during the melting process. Molten **aluminum** will dissolve considerable amounts of hydrogen if, for any reason, this is present in the furnace atmosphere. When **the metal** is cast and begins to solidify, the solubility of hydrogen diminishes almost to zero, so that tiny bubbles of gas are formed in the partly solid metal. **These** cannot escape, and give rise to "pinhole" porosity. The defect is eliminated by treating **the molten metal** before being cast with a suitable flux, or by bubbling nitrogen or chlorine through **the melt**. As a substitute for chlorine, which is a poisonous gas, tablets of the organic compound hexachlorethane can be used.

Aluminum alloys are used in both the cast and wrought conditions. While the mechanical properties of many of **them**, both cast and wrought, can be improved by the process known as precipitation hardening, **a number** of them are used without any treatment being applied.

【第一段译文】

　　铝对氧虽然有很大的亲和力，<u>但</u> Ø 抗腐蚀性能较强，Ø <u>因为</u>铝的表面形成了一层不透气的致密氧化膜，<u>从而</u>阻止**铝**进一步**被**氧化。这种抗腐蚀性能还可以利用阳极化处理(一种人工加厚自然氧化膜的处理方法)得到进一步提高。<u>由于</u>氧化铝特别硬，这层氧化膜也提高了材料的耐磨性能。氧化膜表面具有轻微的渗透性，<u>所以</u>可以用有机染料或人造染料着色 Ø。从这方面考虑，对氧有很强的亲和力是**铝**的一大优点。

◆新世纪翻译学 R&D 系列著作

　　【分析】第一段英文一共五句，汉语译文也是五句，但句子结构和英文不完全相同，有两处合并与拆分。头两句英文合并为一句汉语，用"因为"连接。第四句英文中的两个并列小句用分号连接，英文中分号的作用介于句号与逗号之间，两句之间的关系比用句号分开来得紧密，但又不如逗号分开来得紧密。所以，这里可以在汉语中保留分号的关系，或是用句号隔开。英文的连接词有连接和语义的双重作用，现代汉语受西方语言的影响，连词也越来越不可缺少了，尤其在科技文体中用来描述准确清晰的逻辑关系。此外，本段英文共有三句被动语态形式。

【第二段译文】

　　铝的导电性能是铜的 1.5 倍，这意味着从重量上来说，两者中铝是更好的导电体。因此，现在广泛采用铝作为电网系统的载流子(为提高强度通常将铝缠绕在钢芯上)。鉴于纯铝较软，强度又比较低(Ø 退火后的抗拉强度约为 6.0 吨/平方英寸)，因此，其他大部分工程应用 Ø 都采用铝合金。添加合金元素主要是为了提高其机械性能，如抗拉强度、硬度、刚度和可切削性，有时还为了提高流度和其他浇铸性能。

　　【分析】这一段体现了英汉语篇组织方式的一个差别，即指称的衔接。英文为了避免重复，多用代词或变换不同的说法。文中提到 aluminum，作者用了 its, the metal, it 来分别指代。而汉语则习惯重复名词，少用代词，或者省略，避免指代不清，所以汉语译文省略了两处，用符号"Ø"显示，其余地方则重复名词"铝"。

【第三、四段译文】

　　铝合金最大的一个缺点是多孔性，这是熔化过程中气体溶解在内造成的。不论什么原因，只要炉内有氢气存在，铝水中就会溶进大量的这种气体。铝浇铸后开始凝固时，氢的溶解度几乎减弱到零，因此，半固态的铝中就形成微小的气泡。这些气泡不能逸出，因而形成了针孔状的多孔结构。要消除这一缺点，在浇铸前采用适当的助熔剂对熔融的铝进行处理，或者将氮气或氯气的气泡通过熔融的铝。因为氯气有毒，最好使用有机化合物六氯乙烷片替代氯气。

　　铝合金既可以浇铸，又可以锻造。虽然很多种铝合金(不论是铸铝合金还是熟铝合金)的机械性能可以通过析出强化的工艺加以提高，但是**许多铝合金**并没有经过这种方法处理。

【分析】最后两段也都体现了英汉语篇在这些方面的异同。两种语言组织篇章时，都要保持篇章语义连贯、信息流畅，译者在处理单句的翻译时也要着眼于整个语篇，才能最大限度地减少失误。

7.2 科技文体的语域特点

根据语域理论，语境变化将引起意义变化，从而导致文体的变化。因此，译者应该研究语域特征的三个语境变项，注意使译文体现出原文的语域特征，恰当地表达原文所赖以产生的情景语境，使两种语言能在同一情景语境中起到相同的作用。

就科技语篇而言，包含许多不同层次的语域。"语场"主要表现为对概念意义的不同选择及词汇语法层。科技语篇的专业性很强，所以词汇专业化程度较高，专业词汇较多，句子结构比较复杂。比如上面对于铝的介绍中，就有许多专业词汇，如 anodizing(阳极化处理)，the annealed condition(退火后)等，并且使用了大量被动语态表示客观。

虽然语篇的内容和题材限制了语篇的语场，但"语旨"也对科技语篇有很大的影响，同一个主题，针对专业人士和非专业人士必然有不同的表现形式，不过有几点是共同的，那就是，行文规范，用词精当，句式严谨，逻辑严密，重在准确。

从"语式"来看，科技语篇以书面形式居多，用于阅读或宣读，如学术论文等，或采取口头形式，如座谈、会议等。

7.3 科技文体翻译的理论与方法

我国科技翻译大致有三个高潮。明末清初是公认的第一次高潮，黎难秋在《中国科学文献翻译史稿》一书中指出，这一时期的译书数量现据资料可查的为160种。第二次高潮是清末，先后因传教、外交、洋务、维新、立宪及革命等种种需要，相继涌现大量教会、官方及民间的科技翻译出版机构，并出现数十位优秀的科技翻译家，进而涌现出第一批科技翻译理论家(黎难秋，1994)。20世纪80年代改革开放以来，随着与国外科技界的交流合作日益频繁，大量科技合作协议、技术资料、产品开发以及众多大型国际学术会议都需要翻译，这也是我国第三次科技翻译高潮，并且会一直持续下去，因为在当今这个信息化、网络化的时代，新概念、新材料、新技术、新工艺、新设备等不断产生，其传播速度之快、渠道之多、数量之大也是前所未有的。面对这样的新形势，科技翻译的理论和方法都需要加快发展。

科技翻译人员必须精通两种语言，拥有必要的科技知识，并且有一定数量的优秀译作，才能对科技翻译的规律有所认识，才能对别人的译作做出中肯的评价。科技文本与文学文本以及其他文本有很多不同，前面已有详细的比较、分析，而文本特点及功能的差别需要特别的翻译方法和评价标准。20世纪70年代德国兴起的功能派翻译理论强调翻译目的的重要性。根据目的论，译者要遵循"目的法则"，也就是说，翻译所要达到的目的决定整个翻译行为过程，即结果决定方法。在目的论理论框架内，翻译意味着要为译文接受者制作一种文本，译者要根据客户或委托人的要求，结合翻译的目的和译文接受者的特殊情况，从原作提供的多元信息中进行选择，并为实现这一翻译目的采取特定的翻译方法。译者的翻译策略主要包括对源语信息进行筛选和重组、删减或添加信息。译者要把源语文本的功能转移到目标语中去，就要根据接受者的文化背景和知识结构来决定调整观念差异，规范语言和语用习惯，因为目的语接受者的文化背景不同，源语文本中某些信息可能已失去交际功效。

前面提到科技文本主要有五大类，文体特征上有相似之处，但文本功能仍有不同，译者应根据具体的翻译目的，灵活选择相应的翻译策略，使用符合译语的语言结构及表达方式，再根据译文读者的需要，决定处于特定语境中的哪些原文语篇信息可以保留，哪些必须根据译语语境进行调整，否则不可能很好地实现译文的预期目的。从这个意义上讲，科技翻译与科技写作密不可分，译者必须弄清原文的语言结构，充分理解原文的实质含意，然后遵循目的语科技文体的写作规范，恰当地表述源语信息。

胡清平在《技术写作、综合科学与科技翻译》一文中指出，英文技术写作通常要做到"10C"，即correct, clear, comprehensible, complying, complete, concise, courteous, convincing, compatible, computerized。这十个词从内容、形式到语气对科技英语写作规范做了全面总结。汉语科技文体也有一定的写作要求，最基本的是表达要规范，包括编写格式、技术细节表达的标准化，以及插图和表格的合理设计；其次，正文部分要明晰、准确、完备、简洁。英汉两种语言的科技写作规范有相通之处，译者更应注意不同的本土规范，翻译时做出恰当的处理。

那么科技翻译的标准是什么呢？根据翻译目的的不同，具体的评价标准也有所差异，只有充分满足翻译目的的译文才是好译文。"信"或"忠实"不是把原文一字不漏地翻译出来，关键在于按照确定的翻译目的，用目的语准确流畅地把源语信息表达出来。我们在前面已经详细分析了科技文体的特点，比较了英汉两种科技文体的异同，译者翻译时应充分考虑科技文体的语域特点，遵循文本的翻译目的，译出符合目的语规范的文本。下面我们介绍一些科技文体翻译的方法，供译者学习参考。

1. 被动语态的翻译

英语被动语态的形式非常稳定，主要通过"be+动词的过去分词"构成，使用频率极高；而汉语的被动语态在形式上较弱，主要通过"被"、"让"、"给"等词汇表达被动意义，使用频率不高。英译汉必然要按照汉语规范做适当的转换，灵活运用各种方法。

(1) 英文施事者做主语，译成主动句。

【例 1】The Ozone Hole often <u>get confused</u> in the popular press and by the general public with the problem of global warming. While there is a connection because ozone contributes to the greenhouse effect, the Ozone Hole is a separate issue.

【译文】媒体和大众经常把臭氧空洞和全球变暖问题<u>混为一谈</u>。尽管

新世纪翻译学 R&D 系列著作

二者有联系，因为臭氧会导致温室效应，但臭氧空洞却是另外一个问题。

(2) 英文没有施事者，受事者做主语，译成主动句。

【例 1】The design <u>is based on</u> a cylindrical configuration and is optimized by means of the numerical model of Chen and Pui.

【译文】该设计依据圆柱形结构，并运用陈氏数学模型来优化。

【例 2】For instance, varying concentrations of caustic soda have <u>been applied to</u> cellulose materials for surface and fine structure modifications.

【译文】例如，苛性钠加入量的改变已经应用在纤维素材料上，以达到材料表面和精细结构的改进效果。

(3) 使用泛指主语，如"人们"，译成主动句。

【例 1】Agreement <u>has been reached</u> on the control of industrial production of many halocarbons until the year 2030. The main CFCs will not be produced by any of the signatories after the end of 1995, except for a limited amount for essential uses, such as for medical sprays.

【译文】<u>人们已经达成协议</u>，在2030年之前控制工业制造出的多种卤化碳。除了医疗喷雾剂等必要用途的有限生产外，1995年底后，签约国将不再生产氟利昂。

【例 2】A method <u>is presented</u> to evaluate the mechanical properties of thin-film materials from measurements of the amplitude-dependent internal friction.

【译文】人们提出一种新方法，用于从内在振幅依赖磨损的测量结果来评价薄膜材料的机械性能。

(4) It结构一般可以译成"据说"、"据报道"、"表明"等等。

【例 1】<u>It is shown</u> that large stresses may be present in the thin films that comprise integrated circuits and magnetic disks and that these stresses can cause deformation and fracture.

【译文】研究表明，大量应力可能存在于薄膜中，这种薄膜组成集成电路和磁盘，而应力会导致其变形和破裂。

(5) 使用"被"字，译成被动句。

【例 1】The reactions above, labeled (1)—(4), <u>are known as</u> the "Chapman reactions."

【译文】上面标有(1)—(4)的化学反应<u>被称作</u>"查普曼反应"。

注意：但该句译文亦可不用"被"，而改译成"……<u>称为/称作</u>……"。

可见，被动语态的汉译要符合汉语的规范，上述方法应依据语境灵活运用，"被"字句不能生搬硬套，不妨尝试"主动"和"被动"两种语态的不同译文，根据上下文做出最终决定。

2. 名词化结构的翻译

名词化结构主要有两类，一是名词连用，二是通过介词构成名词词组。

(1) 一个或多个名词修饰中心词。

多个名词之间可能是并列关系，或是递进关系。

【例 1】The scaling exponents of the equations are obtained in both the weak- and strong-coupling regions, which are well consistent with <u>the corresponding experiment and simulation results</u>.

【译文】各个方程的标度指数的一般表达式可以在弱耦合和强耦合区域内获得，并与相应的实验和计算机模拟的结果一致。

(2) 名词+行为名词。

在此结构中，名词表面上是前置定语，翻译过程中行为名词可以转换成谓语动词，构成动宾词组。

【例 1】power generation 发电

【例 2】hail prevention 预防冰雹

(3) 名词+介词短语。

【例 1】The paper introduces <u>the significance of surface and interface growth dynamics in non-equilibrium statistical physics</u>.

【译文】本文介绍了<u>表面界面生长动力学在非平衡统计物理学中的意义</u>。

(4) 行为名词+介词短语。

此结构可以在翻译时将行为名词转换成动词。

【例 1】<u>Clinical observations of disease-versus-disease interactions</u> have led to <u>an understanding of the mechanisms of several diseases</u>.

【译文】<u>临床观察</u>疾病之间相互争锋的作用，让人们<u>了解了</u>几种疾病的病理机制。

【例2】Two technological breakthroughs have significantly altered the course of the infrared imaging world in the last thirty two years, the discovery of CMT as a 8—13 micro detector material and, more recently, the invention of the TED detector.

【译文】过去的32年中，两项技术突破极大地改变了红外成像领域的发展进程，<u>先是发现</u>CMT(碲镉汞)可用作8—13微米探测器的材料，<u>最近又发明了</u>TED探测器。

(5) 动名词形式。

【例1】The use of certain acids which have the tendency to crystallize or contain fine solid parts in suspension can cause the jamming of the valves, in this case the pump will not function properly anymore. In case of a bad functioning of the pump or a stop of the fluid flow, demount the valves…

【译文】某些酸液有结晶固化，或含有微小的颗粒状物质形成悬浊液等特性，因此在使用这样的酸液时，容易堵塞阀门，树脂泵就会运转不良。如果发现树脂泵运转不正常或树脂停止流动，可拆下阀门……

翻译名词化结构，要从表层结构剖析出深层含义，运用汉语结构中动词数量多的特点，使译文更加符合汉语的习惯与要求。

3. 数字的翻译

英文数字的表达方式繁多，译者要正确理解各种表达，才不会"失之毫厘，谬以千里"。下面列举一些英汉差别较大的表达方式以及英汉互译方法，以引起读者注意。

(1) 表示"增加"或"减少"的动词，如increase, grow, rise; decrease, reduce, fall等等，与具体数字搭配，数字可照翻。

【例1】The industrial output went up 45,000 tons.

【**译文**】工业产量增加了45000吨。

【**例 2**】Automation will help to raise the production by 30 percent.

【**译文**】自动化能提高30%的产量。

【**例 3**】产量下降了40%。

【**译文**】The output decreased by 40 percent.

【**例 4**】这种工艺少用了45%的燃料。

【**译文**】This process uses 45 percent less fuel.

(2) 表示"增加"的动词，如increase, grow, rise等，与数字短语搭配 $v. + n$ fold, $v.+ n$ times, $v. + $ by n times, $v. + $ to n times, $v. + $ by a factor of n，可翻译为"比……大$(n-1)$倍"，"增加了$(n-1)$倍"，"增加到n倍"。

【**例 1**】The sales of industrial electronic products have multiplied six times.

【**译文**】工业电子产品的销售额增加了5倍。(或：增加到原来的六倍。)

【**例 2**】The strength of the attraction increases by four times if the distance between the original charges is halved.

【**译文**】如果原电荷之间的距离缩短一半，引力就会增加三倍(或：就会增加到原来的四倍。)

【**例 3**】The production of this year is estimated to increase to 3 times compared with 2004.

【**译文**】和2004年相比，今年的产量预计增长了2倍。(或：是2004年的3倍。)

以下列举了一些表示"增加"的短语及译法：

- (to) double 双倍，加倍
- (to) treble / triple 三倍
- (to) quadruple 四倍；翻两番
- to be double that of last year 是去年的2倍
- to be more than double the 2006 figure 比2006年增加1倍以上
- to be a dozen times that of 2005 比2005年增加了十多倍
- to be three times that of last year; to increase threefold compared with last year; to increase by 200 percent over last year 是去年的

3倍

- as many/much as　与……一样多
- five times as many/much as　是……的5倍
- to jump 50 percent above the previous year　比去年增长50%
- to increase by 100 percent; to double; to increase to twice as many/much as　增加100%
- to go up by…; to shoot up by…; to rise by (to)…; to be raised by　增加……
- to increase by one-tenth/one-half/70 percent　增加10%/50%/70%

(3) 表示"倍数减少"的动词(搭配)译成汉语时，按照传统的译法要将原文倍数化为分数，译作"减少了$(n-1)/n$"，或"减少到$1/n$"。由于汉语不能说"减少了多少倍"，而习惯讲"减少了几分之几"，所以翻译时应该进行换算。同理，汉语中的分母不习惯用小数。因此，若英语中的倍数为小数时，则应该化解为整数。如：shorten/reduce 3.5 times，应该化为$(3.5-1)/3.5 = 5/7$，译为"缩短/减少了七分之五"；或者$1/3.5 = 2/7$，译为"缩短/减少到七分之二"。

【例 1】The prime cost has <u>decreased by three times</u> as against 2004.

【译文】主要成本与2004年相比下降了2/3。

【例 2】The pre-heating time for the new type thermal meter is <u>shortened 5 times</u>.

【译文】这种新型热电式仪表的预热时间缩短了4/5。

【例 3】The error probability of the equipment was <u>reduced by 2.5 times</u> through technical innovation.

【译文】通过技术革新，该设备的误差概率降低了3/5。

【例 4】The equipment under development will reduce the error probability <u>by a factor of 7</u>.

【译文】正在研制的设备将使误差减少到1/7。

【例 5】到2003年，全世界年产油量预计将下降到30%。

【译文】By the year 2003, the world's annual oil output is expected to <u>fall</u>

to 30%.

在此，我们不得不提出，以上经过数字换算的译法比较麻烦，有时碰到减少的倍数数目特别大，也无此换算的必要，译个大约的数字即可(尤其在口译或在精确度要求不高的时候)。为解决传统译法的困难，有人提出引进"减少多少倍"的译法很有必要(许建忠，2002：259)。尽管已有少数人采用了这个"倍数减少法"，但目前翻译界、科技界等对此法不熟悉、不习惯。若要推行此法，还得先采取"翻译加注释"的方法。这主要是中英语言的不同思路和表达方法所致。

以下列举了一些表示"减少"的短语及译法：

● to go down by; to fall by (to); to reduce by 下降，减少
● a reduction / fall of 70 percent 下降(减少)70%
● to reduce by 1 percent; to decrease by one-hundredth 下降1%
● to decrease / reduce by one-fifth; to reduce to four-fifths; to be reduced to four-fifths 下降20%(或1/5)
● to decrease / reduce by one quarter; to reduce to three-fourths; to be reduced to three-fourths 下降25%(或1/4)

(4) 系动词或行为动词与下列短语搭配 n times as large as…, n times larger than…, larger than…by n times, larger by a factor of n，可翻译为"是……n倍"，"比……大($n-1$)倍"。如果形容词比较级是"shorter, smaller"等表示减少的词，可翻译为"是……的1/n"，"比……缩短了($n-1$)/n"。

【例 1】Mercury weighs more than water by about 14 times.
【译文】水银的重量(比重)约为水的14倍。
【例 2】The error probability of binary AM is greater than for binary FM by a factor of at least 6.
【译文】二进制调幅的误差概率比二进制调频至少大五倍。(或：是它的六倍)

(5) be / v. +as adj. again as译作"是……的两倍"，again前面加上half，则表示"是……的一倍半"。

【例 1】This wire is as long again as that one.

【译文】这根线是那根的两倍。(或：比那根长一倍。)

【例 2】This wire is half again as long as that one.

【译文】这根线是那根的一倍半。(或：比那根长半倍。)

4. 英文长句翻译

林同济教授曾指出："英语造句用的是一种营造学手法(architectural style)。恰与汉语对称，英语造句无疑是撇开了时间顺序而着眼于空间搭架。"(陆国强，1999: 63) 英文长句完全是关系词的结集，表示关系的词或词组有：介词(短语)、关系代词、关系副词、连接词、非限定动词等，体现了一种形合关系，英语依靠这些关系词构成复杂的长句以及多重复句。而汉语则主要表现为动词的结集，汉语动词没有形态变化，没有非限定动词形式，介词贫乏，句子主要按时间顺序来组织，其意义靠词语的顺序来决定，为典型的意合关系。

鉴于以上分析，英文长句译成汉语时，经常需要重新组合，也就是说，先梳理句子结构，找出句子的主干部分，英文句子就像一棵大树，主干上附着了许多修饰成分，这些附着成分都要转换成汉语小句，再按照按逻辑意义连接。只有按汉语的叙述习惯重新组合句子，才能保证汉语行文自然流畅。

【例 1】This development is in part a result of experimental studies indicating that favorable alterations in the determinants of myocardial oxygen consumption may reduce ischemic injury and that reduction in afterload may be associated with improved cardiac performance.

【译文】一定程度上，这一进展是实验研究的结果。实验表明，心肌耗氧量的决定因子如能改善，将减轻局部缺血性损伤，并且，负荷的减轻也可能改进心肌功能。

【分析】英语中状语的位置也比较灵活，可在主句前，也可在主句后，也可居中。汉译时，一般将状语前置，所以in part放到了句首。分词结构可以转换成并列的小句，indicating后面有两个宾语从句，都转换成并列的小句。

【例 2】**The use of** radio optics for communication through the atmosphere and in space will continue to grow in importance, particularly with the development of space systems and technology, but **the prospect of developing** light-wave communication system to compete with and expand traditional communications services has shifted the emphasis toward the use of light-wave guiding fibers.

【译文】无线电光学已**应用**在大气和空间通讯中，这一应用越来越重要，特别是随着航天系统和技术的发展；但是，从**开发**光波通讯系统，以便与传统的通讯业务抗衡并扩大传统的通讯业务的前景看来，重点已经转向光导纤维的应用了。

【分析】这句话有两个名词结构，显得很长，翻译时把两个名词结构变成动词就会比较流畅。

5. 汉译英要注意语义连贯

由于两种语言的衔接方式有很大差异，汉语经常采用零位主语，译成英语则必须补出相应的主语，否则会造成语义的混乱。

【例 1】HONETTM系统的一个非常重要的特点就是组网方式灵活，不仅可以组成通常的环形网、链形网，还可以组成树形网、星形结构网和带分支ONU的环形网。

【译文1】One of the most outstanding features of the HONETTM system is its flexible net-working modes. Not only the normal loop network and link network but also tree network, star network and loop network with branch ONU are easily formed.

【译文2】One of the marked characteristics of the HONETTM system is its flexibility for multiple networking in schemes. It allows construction of not only such normal networks as loop and link networks, but also tree and star networks and loop networks with ONU (Open Network Unit) branches.

【分析】译文1照搬汉语的句法结构，结果两个英文句子之间没有紧密的语义连贯。而译文2通过代词照应的方式，保证了两句话之间的语义连贯。

【例 2】产品能值是加工产品所消耗的总能量，由加工过程中所用的能源、原材料、劳动力以及能源和原材料的运输提供的能值组成。

【译文】Energy value of a product, being the total amount of energy consumed in the production of the product, consists of energy values contributed by materials, labors and energies consumed during the processing, as well as the energy values provided by the transportation of energy resources and raw materials.

【分析】原文是两个小句，第二个小句是对第一个的进一步说明，英文译成一个长句，第一个汉语小句变成了英文的分词结构，第二个汉语句子变成英文谓语部分，这样的转换更符合英文表达习惯，语义也更加连贯。

英语两种语言句法特征的差异对科技翻译是多方面的，很难用简单的几种模式来加以归纳和规范，但了解这种差异对科技翻译的影响无疑会使我们的译文更加流畅，更好地切合各自语言的风格特点。科技翻译除了掌握正确的方法，还要多看与翻译内容有关的科技文章，不断地积累扩充自己的专业知识，有些专业性很强的论文对于外行人非常难懂，这主要是专业知识和专业词汇的困难造成的。只有熟悉专业背景，才能避免或减少翻译错误。翻译过程中碰到技术难题时，要勤于向行家请教，使自己从不懂到懂，逐步提高专业技术翻译水平。

7.4　科技文体的术语翻译例析

科技英语具有较强的专业性，每个专业都有各自的专业术语，所谓"隔行如隔山"。不熟悉专业用语，就很难正确地理解原文的含义，表达的准确性也会大打折扣。一些词汇看似简单，却很容易误译，如blue gas(水煤气)，常误译为"蓝色气体"；mild steel(低碳钢)，有人误译为"暖钢"；up take(直升烟道)，有人误译为"举起"等等。这类错误都是因为望文生义，不了解技术词汇的特有含义导致的。因此，科技术语的翻译除了掌握基本的翻译方法外，还应具备必要的专业知识。

翻译科技术语时最重要的是译名统一，要做到标准化和规范化。尽量使用与翻译内容相关的专业技术词典，对于个别即使借助英汉专业技术词典仍找不到的单词或短语，不妨查找相关的国家标准，确定这些术语的正确汉译名称和定义。我国近年来陆续出版了各类专业技术标准(GB)对关键术语提供了相应的英译，是翻译和编译的重要参考资料。

此外，由于翻译方法多样，不可避免会出现多个译名，翻译人员和专业人员应参照国家标准选择最恰当的方法来确定科技术语的译名。

1. 音译

根据英语单词的发音译成读音与原词大致相同的汉字。采用音译的科技术语主要有两类，一是计量单位的词，如：hertz 赫兹(频率单位)，bit 比特(度量信息的单位，二进制位)，lux 勒克斯(照明单位)，joule 焦耳(功或能的单位)；二是某些新发明的材料或产品的名称，尤其是在刚开始，如：celluloid 赛璐珞(硝纤象牙)，nylon 尼龙(酰胺纤维)。

音译不如意译能够明确地表达术语的含义，因此，有些音译词经过一段时间后又被意译词所取代，或者同时使用，例如：vitamin 维他命→维生素，penicillin 盘尼西林→青霉素。

2. 形译

英语常用字母的形象来为形状相似的物体定名。翻译这类术语时，主要有三种方法：

(1) 选用与原字母形象相像的汉语词来译，如：

I-column	工字柱
T-square	丁字尺
Z-iron	乙字铁
cross-pipe	十字管
herringbone gear	人字齿轮
U-bend	马蹄弯头
V-slot	三角形槽

（2）在汉语中保留原来的字母，在该字母后加"形"字，这种译法更为普遍，如：

A-bedplate   A 形底座

C-network   C 形网络

D-valve   D 形阀

M-wing   M 形机翼

T-track   锤形径迹

（3）保留原字母，以字母代表一种概念，如：

X-ray   X 射线

L-electron   L 层电子(原子核外第二层的电子)

N-region   N 区(电子剩余区，即电子导电区)

3. 直译

仔细推敲原词所表达的具体事物和概念，以准确译出该词的科学概念。这种译法最为普遍，一般说来，复合词、多义词、派生词都用这种方法。例如：holography 全息摄影术，thermocouple 热电偶，voltmeter 电压表。

4. 音意结合

在音译之后加上一个表示类别的词，或者一部分音译，一部分意译。有些词以音译为主，在词首或词尾加上表意的词，如：logic 逻辑电路，covar 科伐合金(铁镍钴合金)；有些由人名构成的术语，人名音译，其余部分意译，如：Curie point 居里点，Morse code 莫尔斯电码，Monel metal 蒙乃尔合金。熟悉这类术语后往往只译人名的第一音节，加"氏"字，如：Babbit metal 巴氏合金，Brinell test 布氏试验。

5. 新造字

新造字主要用于化学元素和一些物理概念的定名，如"熵"(entropy)是物理学家胡刚复教授新造的字，两数相除谓之"商"，热温比亦可称"热温商"，加"火"字旁表示热学量。化学元素新造字通常由表意的部首加上表音的字根构成。

fluorine   氟   oxygen   氧

radon	氡	selenium	硒
tungsten	钨	francium	钫

科技术语的定名主要采用上述方法。使用时应注意规范化，凡约定俗成的译名，不要随意更动。同一篇文章或同一本书中专业术语的译名必须前后统一，特别是那些有几个通用译名的专业术语，否则可能会引起误解，如：nylon 尼龙/耐纶/酰胺纤维。

7.5 科技文体的篇章翻译例析

篇章不是一连串孤立的句子的简单组合，而是为了一定的交际功能而由若干语言成分组成的完整的语言单位。它以一个语言成分为核心，带有若干附属成分，核心与附属成分之间由一定的逻辑关系联系。为了让读者更好地提取信息，科技文本的作者必然要仔细地谋略语篇的结构，选择最能满足这一目的的词或短语，并决定如何在句子内部最佳地组织这些成分，及如何展开段落的最佳顺序。在语言形式上，篇内各句、段之间存在着黏连性，如连接、替代、省略、照应；在语义逻辑上，全篇通常有首有尾，各句段所反映的概念或命题具有连贯性，而不是各不相关的。每个句子都起着一定的承前启后的作用，句与句、段与段的排列一般都符合逻辑顺序。

【例 1】   **Jet Engines**

Jet engines with **which** most modern high-speed aircraft are equipped develop thrust on the same principle as the propellers of conventional aero-engines. In **both**, the propulsive force is derived from the reaction produced by a stream of air driven rearwards at high velocity. However, in jet-propulsion the air is directed rearwards in a jet from the engine itself. The earliest forms of jet-propulsion, **such as** the pulse jet utilized in the Flying Bomb, were incapable of functioning at rest, in view of the absence of any means of air-compression. But **the**

introduction of the turbo-jet overcame this problem, since the turbine developed sufficient power to drive a compressor.

【译文】大多数现代高速飞机上都已安装喷气发动机，其推力原理与普通航空发动机产生推力的原理相同，都源于高速向后的气流所产生的推力。不过，在喷气推进器中，气流通过发动机本身的喷管向后喷射。最早的喷气推进装置静止时无法运转，因为没有空气压缩装置，比如飞弹上使用的脉冲式喷气发动机。但是，采用涡轮式喷气发动机解决了这个问题，因为涡轮可以产生足够的动力驱动空气压缩机。

【分析】第一句英文用关系代词which构成一种立体结构，汉语必须把它拆成两个小句；第二句通过both与上句衔接，为了简洁汉语可以省略该词，也不会造成误解；第四句有一个such as引导的插入语，为了避免头重脚轻，译文把插入语放到句尾，以保持句子结构的平衡。最后一句把英文的名词introduction转换成了汉语的动词结构，汉语采用连动句，表达更流畅。

【例 2】Air enters the engine through a divergent inlet duct, **in which** its pressure is raised to some extent. It then passes to a compressor, **where** it is compressed, and **from which** it is delivered to the combustion chambers. **These** are arranged radially around the axis of the turbine, **into which** the products of combustion pass on leaving the combustion chambers. A proportion of the power developed by these gases **is utilized by the turbine** to drive the air-compressor, and the residual energy provides the thrust whereby the aircraft is propelled. Due to the **expansion** of the exhaust gases in the jet-pipe behind the turbine, their exit velocity is very high.

【译文】空气通过扩散进气管进入发动机后，其气压会增大到一定程度，然后通过压缩机压缩，再送到各个燃烧室。燃烧室围绕涡轮的轴线呈辐射状布置，燃烧后的气体一离开燃烧室就进入涡轮，涡轮运用这些气体产生的一部分动力驱动空气压缩机，其余的能量则推动飞机飞行。废气在涡轮后面的喷气管内膨胀，因此排出的速度非常快。

【分析】前两句英文使用三个关系代词in which, where, from which保证两句话语义连贯，汉语把两句合成一句，用"后"，"再"表达出整个过程。第三句these指代上一句的combustion chambers，汉语必须还原为名词指代，才能避免语义模糊，下一个into which指代前面的turbine，汉语也必须还原为"涡轮"才能使译文简洁连贯。第四句的被动语态is utilized by the turbine一定要转换成汉语的主动语态。最后一句话中的名词结构expansion of也要变成汉语的动词。

【例 3】In each of the combustion chambers, there is a perforated flame-tube, **into which** kerosene is sprayed and ignited. Owing to the need to limit temperatures in the combustion chambers, a large volume of excess air **is required**. The air/fuel ration necessary to reduce combustion temperatures to an acceptable level is about 60:1. However with this ratio of fuel to air, the mixture would be difficult to ignite. Therefore only a small proportion of the compressed air is fed into the flame-tube, **where** it **is ignited** in a ratio of about 15:1. The remainder enters the flame-tube further down, or mixed with the products of combustion as they leave the tube. By virtue of this dilution of the hot gases with cooler air, the temperature at which they reach the turbine is reduced to about 850 degrees.

【译文】各燃烧室都有带孔的火焰管，煤油喷到管内后点燃。由于必须限制燃烧室内的温度，所以需要大量过量的空气。要把燃烧室的温度降到允许的程度，空气与燃油之比要达到60：1左右。但是这种比例的混合气体很难点燃，所以只有一小部分压缩气体送入火焰管，达到约15：1的比例后点燃，剩下的气体继续前进进入下一火焰管，或当燃烧后的气体离开火焰管时，与之混合。高温气体与低温气体这样混合后，到达涡轮时温度会降到850度左右。

【分析】这一段也要注意三个地方，into which要转换成名词指代；被动语态is required和is ignited都要转换成主动形式；where在该句中只起连接作用，故而省略不译。

【例 4】 On entering the turbine, the gases pass through nozzles, **by means of which** they are directed through a ring of blades. These blades, **the shape of which** is determined by the need to reduce the torque to a minimum, rotate at high speed. Because of the tendency of fast-running blades to creep and change their shape, a special high-nickel alloy **is used** for them. After passing through the turbine, the gas expands down the jet-tube and **is ejected** into the atmosphere. Owing to the high proportion of unburnt oxygen in this efflux, afterburners **are often provided** in the jet-pipe, whereby the hot gases **are again ignited**. This increases their velocity, and provides extra thrust for take-off.

【译文】进入涡轮后，这些气体会通过喷嘴喷到一组桨叶上。桨叶的形状是按照将转矩减少到最小的要求制作的，可以高速旋转。但桨叶高速旋转可能会变形，所以采用特种高镍合金制造。这些气体通过涡轮后就会沿着喷气管向后膨胀，喷入大气中。由于喷出的气流中含有大量未燃烧的氧气，喷气管中经常装有加力燃烧室，再次点燃高温的气体。这样可以增加气体速度，为起飞提供额外的推力。

【分析】这一段英文用了四次被动语态，都要转换成汉语的主动语态；两处关系代词也要分别还原为名词。

从上面的译文分析我们可以看到，英汉两种语言成篇的手段不同。英语多用代词与上下文中的名词建立语义联系，避免重复同一个名词。而汉语代词用得比较少，更习惯重复名词。替代和省略两种衔接手段的运用也有差异。译者必须从宏观上把握句子之间的关系，采用适当的翻译方法保证译文语义连贯。

7.6 科技英语新词与翻译例析

科技发展日新月异，英语新词因而层出不穷，构词法也灵活多样，需要翻译处理。科技新词的翻译方法主要有音译、直译、意译、音译兼意译等，因此，一个新词可能会有多个译名同时存在，译名最终的接受要看专业人员的定夺。有些新词在英语中也有多种表达方式，满足不同使用者的需要，比如"疯牛病"，专业人员会使用 bovine spongiform encephalopathy (BSE)牛海绵状脑组织病，但普通人觉得 mad cow disease 更容易接受。"骨质疏松症"在英文中也有两种表达，有专业性很强的 osteoporosis，也有通俗易懂的 brittle-bone disease。

下面从英文新词的构词法出发，详细分析示范新词的翻译方法。

1. 外来词

国际上科技交流日趋频繁，越来越多的外来语科技词汇直接被英语吸收利用，如从日语音译的 tsunami(海啸)。还有许多是根据拉丁语或希腊语新造的词汇，具有庄重、正式的语体特征，如 ampligen(缠绕素)，源自拉丁语 amplecti (to entwine，缠绕)，一种具有抗艾滋病病毒的药物，但其效用还有待进一步研究。

2. 词缀

不少科技词汇通过添加前、后缀构成新词。词缀法构词有明显的优越性，首先词缀的基本词义都比较稳定、明确，另一方面它们的附着力搭配能力很强，加在词根之前或之后，可以立即形成某个概念。

科技词汇可能很长，但可以通过构词规律解析出词素及其意义，然后调整词素意义，得到完整的词义，一般采取直译的方法转换成汉语。英语前后缀及科技构词成分大都来自拉丁语和希腊语，因此科技翻译工作者最好熟悉常见的一些拉丁及希腊词缀。

cryo-	冷冻
cryoextraction	冷冻榨汁术
cryoprobe	冷冻探针(冷冻细胞组织的器具)

◆新世纪翻译学 R&D 系列著作

cyto-	细胞的(源于希腊语)
cytoscreener	细胞检验员(检查试验涂片以寻找癌症迹象)
kine-	运动的(源于希腊语)
kinesiology	运动学
kinesitherapy	运动疗法
polemos-	战争的(源于希腊语)
polemology	战争学，战争研究
polemologist	战争学家
sito-	食物(源于希腊语)
sitophobia	饮食恐惧症
sitology	饮食学，营养学
sitosterol	谷淄醇(sterol 源于 cholesterol)

3. 合成法

由两个或两个以上的词组合成一个新词，有些用连字符连接，有些没有。大部分合成词都可以直译，析出两个合成语素的词义，然后直译成汉语词组，有些合成词汉译时需适当增词，才能准确通顺地表达原意。比如：

counterfeit-proof nuclear film	防伪核薄膜
intelligence cipher lock	智能密码锁
laser saturation spectroscopy	激光饱和光谱学
liquid solar-powered battery	液体太阳能电池
nuclear synthetic liquid fuel	核合成液体燃料
photo-energy engine	光能发动机
plasma cutting machine	等离子切割机
soilless cultivation	无土栽培

4. 混成法

两个英文单词首尾混合而成，如 abzyme 是由 antibody(抗体)和enzyme(酶)拼合而成，burbulence 是由 burp(嗝)，burble(发出沸腾声)和turbulence(混乱)拼合而成。这一类词可以根据拼接的几部分直译，如

abzyme 抗体酶；或者意译，如：burbulence 胃肠气症。

5. 缩略法

字母缩略法有两种，一是每个单词的首字母缩略，如：LNG (Liquefied Natural Gas)液化天然气；另一种是单词内字母的缩略，如：CFC (chlorofluorocarbon)含氯氟烃。缩略词使用方便，专业人员或相关领域人员一看便知其意。有些缩略词已广为人知，如：

激光　　laser (light amplification by stimulated emission of radiation)

雷达　　radar (radio detecting and ranging)

但层出不穷的缩略词让人眼花缭乱，如：

ARC (AIDS related complex)　　　　　　艾滋病前期综合征

BSE (bovine spongiform encephalopathy)　牛绵状组织脑病

Caes (compressed-air energy storage)　　压缩空气能量存储

Case (computer-aided software engineering) 电脑辅助软件工程

DSA (digital subtraction angiography)　　数字减法血管造影术

翻译成汉语时，一般采用直译的方法，也有些采取音译加意译的方法，如雷达、激光；但对专业人员来说，直接保留原来的字母形式更为方便准确。汉语中英文字母缩写词也越来越多，很多已经被普遍接受，如 CD, DVD, DNA, GSM(全球移动通信系统)等等。

汉字缩略语使用不如英文频繁，一些较长的组织机构名字经常使用缩略形式，翻译成英文时应注意不能只翻译缩略语，而应按照完整的形式翻出，多次提到时可以使用英文首字母的缩略形式。比如(国家)"科技部"的全称是"中华人民共和国科学技术部"，全译应该是"the Ministry of Science and Technology of the People's Republic of China"，在上下文中为了简洁可以省略 of the People's Republic of China。再如"国家基金委"的全称是"国家自然科学基金委员会"，准确的译名应是 "National Natural Science Foundation of China"，在具体语境中可缩略为 NSFC。

练习题

一、英译汉[C]

1.   **Holographic Data Storage**

Two researchers from Canada and Spain have devised a glass-based material that may one day safely store huge amounts of data in just small spaces. The new, glassy medium is holographic. Holography is an optical process that stores not only three-dimensional images like the familiar ones found on credit cards and CD packages but the 0's and 1's of digital data as well. Because the data can be recorded and retrieved at hundreds of angles within a storage material rather than just on the surface, page after page can be stored on material an inch thick.

This new medium is basically a glass matrix shot through with tiny holes. The material is based on the adaptation of an old-fashioned way of making glass called the sol-gel method. In this process, glass is created not by melting sand a high temperatures and letting it cool, but by working with liquid precursors to the glass at room temperature. The method made it possible to add the photosensitive chemicals critical for holography without being destroyed as they would be by the high temperatures used in conventional glass preparation.

In a conventional hologram of an object, a fine-resolution photosensitive film is exposed to a laser beam that has been split in two. One of the beams is reflected off the object while the other travels unimpeded to the film. The light waves from the two sources interfere with each other, and the image of the object is recorded in this interference pattern. In the holographic storage experiments, a simpler interference pattern, of light and dark stripes, was recorded onto the photosensitive material in the glass. Once the hologram is recorded it cannot be erased, which is why the medium is intended for write-once, read-many-times applications.

2. **Risk of Breast Caner in Prematurely Born Women**

Epidemiological studies of breast cancer have for several decades focused on the role of reproductive factors during adult life. A new line of research opened when it was suggested that perinatal(围产期的) events and conditions may influence a woman's breast cancer risk throughout her life. Five separate epidemiologic studies have tested this hypothesis. Besides a weak association between increasing birth weight and increased risk for breast cancer, most pronounced in women with premenopausal(停经前的) breast cancer, two studies also demonstrated an inverse association between preeclampsia(先兆子痫) during pregnancy and breast cancer in the offspring out of three that examined this hypothesis. This finding supports indirectly that early hormonal exposures affect risk of breast cancer, since preeclampsia is characterized by decreased levels of pregnancy hormones.

Two independent observations led to the present investigation. One study indicated that female babies born prematurely (before the 33rd gestational week) had an increased risk for breast cancer. Girls born before the 33rd gestational week have markedly increased levels postnatally of gonadotropins(促性腺激素) that stimulate the ovaries to produce excessive amounts of estradiol(雌二醇) during several months after birth. Since women born before the 33rd gestational week during the first half of the 20th century constitute a very small fraction, 10 of 1,068 case patients, of breast cancer patients in the study mentioned above, this will not affect the results in the studies analyzing the association between birth weight and breast cancer risk. However, women born extremely preterm are an ideal group in which to test the hypothesis of an association between early exposures to elevated estrogen levels and breast cancer.

3. **Anthrax**

Anthrax is a bacterial infection caused by the organism Bacillus anthracis(炭疽杆菌). The bacterium can be found in grass-eating wild and domestic animals such as cows and sheep, most often in the agricultural regions of Asia, Africa, South America and parts of Europe. The bacterium forms spores that can survive and lay dormant in the environment, for example, in the soil. These spores need a suitable environment to germinate and cause anthrax infection. This environment may be in the skin, lungs, or the intestine. Cutaneous anthrax(皮肤性炭疽热) is the most common type and accounts for approximately 95% of cases. Those people handling dead animals, such as abattoir workers and tanners, are at most risk of developing cutaneous anthrax. When animal products such as wool, hides, or leather of infected animals are handled infection occurs when the bacterium comes into direct contact with a cut or abrasion in the skin. Successful treatment of anthrax infection can be achieved when the disease is identified early on. Treatment is with a course of antibiotics. It is not necessary to quarantine patients with confirmed anthrax since it is extremely unusual for anthrax to be transmitted from person to person.

4.　　　　　　　　Chemical Principle

A carbonium ion mechanism(正碳阳离子机制) is used to explain chemical reactions. For a more soundly based concept of the mechanism of hydrocarbon compound conversion(碳氢化合物转换机制), however, a generalized quantum-chemical principle(量子化工原理) has been formulated. A chemical reaction can go to completion in all elementary stages if the requirements of Hund's rule and Pauli's principles(洪德规则和泡利原理) are met simultaneously. If even one of these requirements is not met, the chemical reaction either will not proceed or will be broken off. This principle plays the role of a criterion in selecting catalysts for a reaction or in formulating a reaction mechanism for a particular catalyst. Group theory provides major assistance in this respect. Amorphous or crystalline solid catalysts are built up with polyhedra(多面体), the active structure and state of which depend on the temperature, the nature of the reaction mixture, and the time during which they are subjected to external actions. The structure and state of an active polyhedron may be formed in the course of synthesis of the solid catalyst or in the course of the catalytic process. In the course of a catalytic process, the structure and electronic state of the polyhedron change, in connection with redistribution of electrons between polyhedra, defined as electron breathing of polyhedra data indicates that organometallosiloxanes(有机准金属硅氧烷) deposited on the surface of solid catalysts in optimal amounts will give a considerable increase in activity in reactions of cracking, platforming(铂重整), and hydrodesulphurization. The data provide evidence of a correlation of the theory of catalysis with the results obtained in synthesis and investigation of catalysts.

5.   **Quantum Clockwork**

By making electrons leap from one electrical component to another, we could build electronics without connecting wires. And single electrons shunted around at will could be used to store quantum information, and specially designed compartments could form the logic gates of a generation of quantum computers. As a bonus, quantum ratchets might even help us understand how our muscles turn unfocused chemical energy into directed motion.

Any ratchet produces motion in one direction from a cyclical force. For example, twisting a ratchet screwdriver back and forth drives a screw relentlessly inwards. This relies on a ring of lopsided ratchet teeth: twisting one way drags a sprung peg over the shallow side of reach tooth, but twisting in the other direction brings the peg up against the steep side of a tooth, pushing the whole ratchet around. Ratchets appear in bicycle transmissions, turnstiles and the escapements of pendulum clocks, which turn the pendulum's swing into the one-way motion of the hands.

二、汉译英[A]

RP1255多功能沥青混凝土摊铺机

RP1255沥青混凝土摊铺机是一种主要用于高速公路上基层和面层各种材料摊铺作业的施工设备。该机充分吸收了国外同类产品的先进技术和优点，率先采用了微电脑控制，数字式控制超声波传感自动找平，故障自我诊断，双振捣脉冲振动等当今世界最先进技术，整机技术水平已达到当今世界先进水平，该机关键配套件全部采用进口，使得整机制造质量和可靠性达到同类进口产品水平，是摊铺基础稳定材料和路面沥青混凝土材料的理想设备。

RP1255沥青混凝土摊铺机主要特点：

*行驶左右独立驱动，微电脑控制，摊铺速度采用恒速自动控制技术；

*左右输分料采用四套独立的全液压闭式传动，料位采用超声波传感控制技术，实现全比例均匀供料；

*自动找平采用独特的数字式控制技术和多探头超声波传感技术；

*熨平板采用双振捣和偏心振动技术和电加热技术；

*采用先进成熟可靠的道依茨BF6M1013EC水冷柴油机，功率强劲；

*配置大功率散热器，保证在环境温度高达50度工况下，机器连续24小时高负荷不间断作业；

*分料叶片采用高耐磨合金材料，输料底板和熨平板底板采用进口耐磨钢板；

*操纵台能直观地显示各种工作功能、摊铺、行驶速度，并可左右安装；

*可另外选配移动式找平基准梁和超声波非接触式平衡梁；

*可选配机械拼装式双振捣、高强压脉冲振动型熨平板(也可提供两端带伸缩功能的)。

Chapter 8
经贸文体翻译

随着经济全球化的迅猛发展，经贸翻译的中介作用越来越重要。经贸活动不但涉及商业、金融、保险、会计、法律，还有科技、文化、教育等众多领域。因此，经贸文本狭义上是指专门的经贸文本(Specialized Commercial English/Chinese Text)，包括进出口贸易实务涉及的各种文书，比如商业信函、合同、单据、文件、产品说明书和相关资料等等；广义上还包括普通经贸文本(Ordinary Commercial English/Chinese Text)，比如涉及经贸活动的各种新闻报道、书籍和文献等等。限于篇幅，本章只讨论专门的经贸文本的翻译。

8.1 经贸文体的文体特点

和其他实用文本相比，经贸文本有不同的文体特点。经贸文本通常有固定的格式，语言简洁，用词准确，语气正式，非常注重礼貌原则，这是由经贸文本的行业特殊性和目的特殊性决定的。下面从词汇、句法和篇章三方面详细分析一下经贸文本的文体特点。

8.1.1 经贸文体的词汇特点

1. 多用正式语

为了显得庄重正式，不管是经贸合同、协议还是信函，都常常使用比较规范的书面语，其中包括大量的经贸术语。汉语经贸文本在用词上语气正式，而且非常简练，而经贸英语则经常使用一些"大词"。

【例 1】A declaration of **avoidance** of the contract is effective only if made by notice to the other party.

【译文】宣告合同无效的声明，必须向另一方发出通知方为有效。

【例 2】Under CIF, it is the seller's obligation to **tender** the relative documents to the buyer to enable him to obtain delivery of the goods. (句中 tender 相当于 give)

【译文】在 CIF 价格术语项下，卖方的责任是向买方递交有关单证，使

新世纪翻译学 R&D 系列著作

其能在货物到达后提取货物。

【例 3】The Employer hereby **covenants** to pay the Contractor in consideration of the execution and completion of the Works and the remedying of defects therein the Contract Price or such other sum as may become payable under the provisions of the Contract at the time and in the manner prescribed by the Contract. (covenant 相当于 make a formal agreement)

【译文】雇主特此立约保证在合同规定的期限内，按合同规定的方式向承包人支付合同总价，或合同规定的其他应支付款项，作为本工程施工、竣工及补救工程缺陷的报酬。

　　一些常用词在经贸英语中的意义与日常英语中不同，这也是英文术语的一大特点，很多术语都是由普通词语转义而来；而汉语术语则体现一词一义的特点，专业性较强，如下表所示：

词汇	一般语境	经贸英语
coverage	覆盖	所投保的险种，险别
document	文件	单证
literature	文学	书面材料
quotation	引用	报价
retirement	退休	赎单
offer	提议	报价，发盘
forward	向前	发货

【例 1】If a particular cargo is partially damaged, the damage is called **particular average.**

【译文】如果某批货是部分受损，我们称之为"单独海损"。（"单独海损"指保险业中由于海上事故所导致的部分损失）

【例 2】Payment will be made by 100% **confirmed, irrevocable Letter of Credit** available by sight draft.

【译文】付款方式为 100%即期、保兑、不可撤销信用证。（"保兑信用证"指由一家银行开出，另一家银行保证兑付的一种银行信用证。)

有些英文常用词意思发生转变，语气也变得更加正式。

【例 1】We **trust** you will give us an early reply.

【译文】我们希望贵方能早日答复。(相当于 we hope)

【例 2】We will **advise** you when goods are available.

【译文】货物备齐，即刻通知贵方。(相当于 inform)

【例 3】Shipment must be **effected** not later than June 8th.

【译文】装运货物不得晚于 6 月 8 日。(effect 常作动词，相当于 produce)

经贸英语中还有大量的古语词，常常由 here, there, where 为词根，加上一个或几个介词构成合成副词，如 hereby(兹，特此), hereinafter(之后，在下文中), herein(在此，于……之中), hereinbefore(上文), thereinafter (在下文，此后), therein(in that 在那点上), thereof(由此), whereas(鉴于), whereby(由此)等等。这些词语的使用除了产生庄重严肃的效果以外，还可避免不必要的重复，使意义更加清楚，对应的汉语也常使用相对比较古雅的词汇。

【例 1】Matters not covered herein shall be settled in accordance with the provisions of the letters exchanged on July 15th, 2003 as **herein** above referred to.

【译文】本合同未尽事宜按照上述 2003 年 7 月 15 日的换文规定办理。

【例 2】In consideration of the payment to be made by Party A to Party B, Party B **hereby** covenants with Party A to complete the construction of the project in conformity with the provisions of the agreement.

【译文】乙方兹立约，向甲方保证按协议规定完成工程建设任务，以取得甲方所付报酬。

【例 3】ABC Co. Ltd., for the sake of convenience, **hereinafter** is called "the seller".

【译文】为方便起见，ABC 公司在后文中称为"卖方"。

经贸英语中有还有许多外来词，多来自拉丁语、意大利语和法语，这些词由于常年使用而形成一种惯例。如：

词汇	来源	意义
re	拉丁语	事由，相当于 with regard to
as per	拉丁语	按照，相当于 according to
tale quale	拉丁语	按照样品，相当于 in accordance with the sample，常用于短语 on a tale quale basis
pro rata	拉丁语	真正的，常接 holder，表示合法持有人
force majeure	法语	不可抗力，相当于 unforeseen circumstances
el credere	意大利语	信用担保，相当于 credit guarantee

【例 4】The last batch **per/ ex/ by** S.S. "Victoria" will arrive at London on October 1st. (S.S. = Steamship)

【译文】由"维多利亚"轮运走/运来/承运的最后一批货将于 10 月 1 日抵达伦敦。

源自拉丁语的介词 ex 与 per 有各自不同的含义。ex 表示"运来"，per 表示由某轮船"运走"，而 by 表示某轮船"承运"。

2. 词项重复比较普遍

为了避免歧义，确保准确无误，经贸英语经常重复使用近义词加强语气，尤其是协议、单证及合同等法律性文件中，如 by and between, by and among, on and after(自，起), null and void(无效), terms and conditions (条款), losses and damages(损失), controversies and difference(争端), methods and procedures(途径), amended and revised(修改)等等。这些词汇意义相近，起补充或强调的作用，使文本意义准确严密。

【例 1】The sellers and the buyers agree that the relevant **terms and conditions** may be **amended and revised** through negotiation **as and when** the need arises.

【译文】必要时买卖双方可经协商修改本合同有关条款。

3. 大量使用缩略语

经贸英语中有许多缩略术语，大多由主干单词的首字母组成，是长期使用过程中演变的结果。这些词简洁明了，使用方便，既节省时间，又提高效率。缩略语主要有下列三种情况：

(1) 单个单词的缩写

AM	amendment	修改书
INV	invoice	发票
PCT	percent	百分比
REF	reference	参考

(2) 词组中单词首字母缩写

AAR	against all risks	一切险
CFR	cost and freight	成本加运费
CIF	cost, insurance and freight	成本、保险加运费价
FOB	free on board	离岸价

(3) 词组中实意词首字母用"/"符号隔开

A/O	account of	进某账户
A/P	authority to purchase	委托购买证
A/V	according to value	按值
B/C	bill for collection	托收票据
B/D	bank draft	银行汇票
B/L	bill of lading	提(货)单
C/N	credit note	收款通知
C/O	care of	提交
D/D	demand draft	即期汇票
D/A	documents against acceptance	承兑交单
L/C	letter of credit	信用证
M/O	money order	汇款单
P/L	packing list	装箱单，明细表
S/C	sales contract	销售确认书

8.1.2 经贸文体的句法特点

1. 广泛使用一般现在时态

在英语文本中，为强调商业条文的现实性、原则性及有效性，一般现在时使用颇为广泛，其他时态也配合使用。汉语则没有明显的时态标记。

【例 1】Where the goods contracted to be sold are already afloat, or have already been delivered into the custody of the carrier in the manner provided in Rule 7 (III) and (IV), at the time the sale is made, or where the seller is entitled to purchase goods of the contractual description afloat in order to fulfill his contract, the seller shall have merely to appropriate these goods to the contract of sale.

【译文】如果成交时定售的海上路货，或按第七条第 5 款和第 6 款规定的方式已交承运人保管，或者为履约卖方有权按合同规格买进海上路货时，卖方只需将该项货物划拨到买卖合同项下。

2. 被动语态比较常见

经贸英语中被动语态比较常见，除了由动词构成的被动结构，还经常使用 it 引导的被动结构，表达含蓄委婉的语气。有时也使用表示被动意义的形容词，达到和被动语态类似的修辞效果。

【例 1】We have been informed that you are in the market of textiles.

【例 2】Drafts drawn under this credit must be presented for negotiation in China on or before December 15th, 2005.

【例 3】It should be recognized that the intent of this agreement is to benefit both participants.

经贸英语中有时会慎用被动语态，因为国际商务活动中责任与义务必不可少，动作主体不清，责任就不明确，难以让对方信赖。商务汉语句子有时无动作主体，有时以物作主语，都是完全可以接受的。比较下面的译例就会发现这一特点。

【例 1】由于装运严重缺位，这些机器到 9 月 28 日才能装运。(装运机器者不明)

【译文】Due to serious shortage of shipping space, we are unable to deliver these machines until September 28th. (动作主体是 we)

【例 2】为扩大我们之间的贸易，可再给 3%的折扣。(给折扣者与受折

扣者不明)

【译文】In order to encourage business between us, we are ready to allow you 3% off. (给折扣者是 we; 受折扣者是 you)

【例 3】Please pay beneficiary face amount of drawings on a sight basis. Discount charges, term stamp duty, if any, are for buyers' account in excess of the credit amount.

【译文】议付行请即期支付受益人十足票面金额。贴现费和可能的印花税均得由卖方在证外另外支付。(使用祈使句，表明责任承担者)

【分析】从以上例句能够看出，汉语句子的动作主体可以不需明确指出，但经贸英语最好指明动作主体，否则会导致责任不清，容易引发纠纷。

【例 4】The seller must supply the goods in conformity with the contract of sale, together with such evidence of conformity as may be required by the contract.

【译文】卖方必须提供符合买卖合同所规定的货物，如果合同有规定，还须提供货物符合合同规定的凭证。

【分析】从此例可以看出，英语主动语态用于强调主体的责任，而被动语态用来强调事物。

3. 句型多变

为达到简洁、省时、清楚的目的，经贸函电中往往使用短语，多用短句、简单句、并列句，并趋向口语化、简单化。

【例 1】Partial shipments and transshipment allowed.

【译文】允许分批装运和转运。

【例 2】With 5% more or less both in quantity and amount to be allowed at the sellers' option.

【译文】数量及总金额均可有 5% 增减，由卖方决定。

【例 3】As requested, we are now offering you as follows subject to our final confirmation.

【译文】应你方要求，现报盘如下，以最终确认为准。

但是经贸合同则频繁使用程式化套语，以达到庄重正式的效果，因此长句、复合句、并列复合句更为常见。

【例 4】If the seller should have to pay any unpaid freight which may be due to the carrier, because tender of the documents is unavoidably made after the arrival of the goods, he may recover the amount thereof from the buyer.

【译文】如因单据无可避免地在货物运达后方可提供，以致卖方必须支付承运人任何未付的运费，则卖方可向买方索回这一款项。

【例 5】The Parties are considered, unless otherwise agreed, to have impliedly made applicable to their contract or its formation a usage of which the parties knew or ought to have known and which in international trade is widely known to, and regularly observed by, parties to contracts of the type involved in the particular trade concerned.

【译文】除非另有约定，应视双方当事人为默示地同意对他们的合同或合同订立双方当事人已知或理应知道的惯例，而这种惯例在国际贸易中已受有关特定行业所涉及同类合同的当事人广为知道并经常遵守。

4. 频繁使用情态动词

经贸英语措辞婉转，比较讲究客套，多用情态动词构成的礼貌客套话。而汉语经贸用语有时缺少必要的客气，常见的礼貌用语往往只有一个"请"字。

【例 1】We would appreciate your sending us the catalogue of Benz cars with their best prices.

【译文】请惠寄附有最优惠价格的奔驰轿车目录，不胜感激。

【例 2】The goods are nearly ready for dispatch and we should be glad to have your instruction.

【译文】货已备妥，等待装运，请指示。

【例 3】请报椅子的最优惠上海到岸价，同时请报最早交货期。

【译文】It would be appreciated if you could quote your best prices of CIF Shanghai for chairs, and also let us know the earliest possible date you can make shipment.

　　从上例中可以发现，经贸英语中通常使用 we would appreciate, it would be appreciated that 或 we would be glad to 之类的套话来表达委婉礼貌的语气；而汉语句子通常短小紧凑，多用"请"字。比较一下例4的两个译文，我们能更好地体会英汉两种语言在这方面的区别。

【例 4】请帮我定一张由纽约到亚特兰大的飞机票。

【译文1】Please help me book a plane ticket for the trip from New York to Atlanta.

【译文2】I would greatly appreciate your helping me to book a plane ticket for the trip from New York to Atlanta.

【分析】译文 1 在语义和语法上都没有问题，但不够礼貌，不符合经贸英语的求助习惯，适合上司对雇员的指示。译文 2 套用英文的礼貌措辞，说话人态度显得更为恳切。

　　有时为了强调责任与风险、权利与义务，情态动词 shall 的使用频率非常高，以表达法律所规定的义务和权利。比如：

【例 5】When the failure of the either party to fulfill its contractual obligations in time brings about loss to the other on account of causes other than force majeure, the defaulter shall undertake to pay the penalty.

【译文】凡因不可抗力以外的原因，一方未能按时履约而招致对方损失时，未按时履约方应付罚金。

【例 6】卖方应提供下列单证。

【译文】The Seller shall present the following documents.

【例 7】本协议及附件用中英文书就，两种文本具有同等法律效力。

【译文】This agreement and appendix are rendered in Chinese and English. Both texts shall possess the same legal validity.

　　为了强调责任或条件，有时会用 should 或 must 来强调义务。

【例 8】Should an export license be required in order to ship goods of the contractual description, it shall be the duty of the seller at his own expense to apply for license and to use due diligence to obtain the grant of such license.

【译文】如果合同规定的货物需要有出口许可证才能装船，卖方有责任承担费用申请许可证，并尽力获取其批准。

【例 9】Collection order should bear the complete address of the drawee or of the domicile at which presentation is to be made.

【译文】托收指示书应载明付款人或呈交单证点的详细地址。

【例 10】The seller must deliver the goods, hand over any documents relating to them and transfer the property in the goods, as required by the contract and this Convention.

【译文】卖方必须按照合同与本公约的规定交付货物，移交一切与货物有关的单据并转移货物的所有权。

8.1.3 经贸文体的语篇特点

从语言上看，经贸文本的语篇大都具有内容全面、结构分明、纲目完整的特色。从形式上看，经贸文本有程式化的显著特点，并且可以按文本功能分成具有固定格式的文本范式，有的只需要在现成的文本格式上填入相应的具体内容即可，比如涉及询价、报价、还盘等活动的商务信函，涉及订货、付款方式、交货与装运、保险与索赔的商务合同、票据，以及法律法规等等。

我们先来看经贸信函。经贸信函有固定的格式，主要包括信头、日期、收信人姓名和地址、正文、结尾客套语、签名等基本要素。下面是一封典型的经贸信函。

Overseas Dept.,

Northgage House,

London EC2R 6DH,

U.K.

Dear Sirs,

On the 23rd September last we sent you a letter of credit No. BP×××××, receipt of which you acknowledged in the same month. Since then we have not heard from you about its performance.

Please look into the matter under advice to us.

Yours truly,

(signature)
Zhang Dong
Deputy Manager
Trade Dept.

这封信函在形式上包含了所有基本要素。从语言上看，严谨简练，语气正式。经贸信函针对不同的使用环境，如新老客户，或不同的业务环节，贸易双方会调整语言的表达方式。从语篇风格来看，英汉经贸信函都有如下基本特点：

(1) 正确(correctness)：事实、数据准确，语言形式(包括语法、拼写、标点)无误。

(2) 全面(completeness)：内容力求完整，包括写信人希望收信人作出积极反应的一切情况及问题，或回答来信提出的全部问题或要求。如订货，则需写清何种商品，何时需要，收货人和收货地点及付款方式等。

(3) 具体(concreteness)：叙述具体明确，避免含糊空泛。尤其是要对方作出明确反应，或答复对方问题的信函，如报盘、承诺等，更应如此。

(4) 清楚(clearness)：主题突出，层次分明，语言形式简单明了。

(5) 简洁(conciseness)：言简意赅，避免冗长啰唆。

(6) 礼貌(courtesy)：有礼有节，表达方式委婉，措辞得当。

(7) 体谅(consideration)：顾及对方要求、愿望、感情，尽量避免从否定角度谈。

如今经贸信函可以通过电子邮件、传真等方式迅速快捷地传递，文字也更加简洁、口语化，这样可以塑造亲切、和谐、友好的氛围。

经贸合约规定了买卖双方之间的权利与义务，在性质上属于法律文献，因此，语气严肃正式，措辞明确具体，行文严密规范，以避免产生歧义、误解或纠纷。合约大多采用统一的格式，可填写不同内容，便于操作。下面就是一则典型的英文合约。

Purchase Contract

No:

Date:

This contract is made on <u>date</u>, between <u>name</u> (hereinafter referred to as the Seller) and <u>name</u> (hereinafter referred to as the Buyer) whereby the Seller has agreed to sell and the Buyer has agreed to buy electronic scanners (hereinafter referred to as contracted product). The quality, specifications, quantity of the contracted product have been confirmed by both Parties and this contract is signed with the following terms and conditions:

1. Contracted product: electronic scanners
2. Quantity: 120 (one hundred and twenty) sets
3. Origin: Germany
4. Price: USD2.1m FOB
5. Shipment
    Shipment is to commence within 30—40 days from the date of receipt of L/C.
6. Grace period
    Should the shipment have to be extended for fulfillment of this contract, the Buyer shall give the Seller a grace period of 30 (thirty) days upon submitting evidence by the Seller.
7. Insurance
    To be effected by the Buyer.
8. Packing

In new wooden cases, free of charge.

9. Payment

The Buyer shall open a 100% confirmed, irrevocable, divisible and negotiable letter of credit in favor of the Seller within 5 calendar days from date of the agreement through the issuing bank. The letter of credit shall be drawn against draft at sight upon presentation of the following documents:

(1) Full set of the Seller's commercial invoice;

(2) Full set of clean, blank, endorsed bill of lading;

(3) Inspection certificate of quality.

10. Notice of readiness

The Buyer shall advise the Seller by telex of the scheduled time of arrival of the cargo vessel at least 7 (seven) days prior to the arrival of the vessel at the loading port.

11. Performance guarantee

(1) On receipt of the Buyer's irrevocable letter of credit by the advising bank, the Seller shall perform a performance guarantee representing 10% of the letter of credit value.

(2) The performance guarantee shall be returned in full to the Seller after completion of shipment and delivery of the contracted goods. In case of non-delivery of (all or part of) the goods for reasons other than those specified in clause 12, the performance guarantee shall be forfeited in favor of the Buyer in proportion to the quantity in default.

(3) Should the Buyer breach the contract or fail to open the letter of credit in favor of the Seller within the period specified in clause 9, (except for clause 12) the Buyer has to pay the Seller the same value as the performance guarantee.

(4) The letter of credit must fulfill all the terms and conditions of this contract. The terms of the letter of credit should be clear, fair, and

made payable to the Seller. On acceptance of letter of credit by the advising bank, the advising bank shall send the performance guarantee to the issuing bank.

12. Force majeure

The Seller or the Buyer shall not be responsible for non-delivery or breach of contract for any reasons due to Force Majeure which may include war, blockade, hostility, insurrection, strike, lockout, civil strife, government import or export restriction, riot, severe destruction by fire of fold or other natural factors beyond the control of human beings.

13. Arbitration

All disputes or divergencies arising from the execution of the contract shall be settled through friendly discussion between both Parties. In case of no settlement can be reached, the disputes shall be submitted to arbitration. The arbitration shall take place in China and be conducted by the Foreign Economic and Trade Arbitration Commission of CCPIT in accordance with the statutes of the said Commission.

The decision of arbitration by the said Commission shall be final and binding upon both Parties. In course of arbitration, the contract shall continuously be executed by both Parties except for the part under arbitration.

14. Currency devaluation

In the event of any official devaluation of US currency, the Seller reserves the right to readjust the contract price in proportion to the devaluation ratio.

15. Valid period

This contract will automatically become null and void should the Buyer fail to open a letter of credit in favor of the Seller within 7 (seven) days after signing of this contract. However, the Buyer shall still be responsible for the payment of compensation in accordance with the terms in article 11, items 2 and 3.

This contract is made in duplicate, both Parties have read carefully and agreed to abide by all the terms and conditions stipulated therein. The contract is signed by both Parties.

The Seller: (signature)

The Buyer: (signature)

从上例中，我们可以发现经贸合约有比较固定的结构：

(1) 标题。标题并不是非有不可，因为当事人之间的法律关系靠合约内容的各个条款来判断，标题基本上不会产生任何影响。但为了方便辨识，合约撰写人通常都会依照合约性质，在首页的最上方拟定适当的标题，例如 Share Purchase Agreement(股份收购合约), Joint Venture Agreement(合资合约), Loan Agreement(贷款合约), Distribution Agreement (经销合约), License Agreement(授权合约)等等。

(2) 序文。英文合约在标题之后，各式各样的条款之前，通常会先有一段"序文"，简略地介绍合约内容之人、事、时、地、物等背景，让阅读合约的人在接触冗长复杂的正文前，先有一些大概的认识与心理准备。如例文中的第一段。

(3) 正文条款。这是合约中最核心的部分，也是篇幅最大的部分，与当事人的权利义务关系有最直接、最密切的关系。条款部分会详细明确规定双方的权利与责任。

(4)结尾辞。合约框架中最后一部分就是结尾辞与当事人的签名。"结尾辞"指的是当事人签名之前经常会出现的一段文字，除了表明签名人确实有签名的正当权限外，还会载明签名的日期。签名栏部分，如果当事方是公司的话，除了要盖公司印鉴以外，还要有代表人的签名，并且通常会注明代表人的职务(title)。

8.2 经贸文体的语域特点

经贸文体中，语域的三个变量呈现不同的面貌。"语场"主要和经贸往来相关，比如双方的信函、合同，其主要特征直接反映在词汇的运用上。经贸语篇中有大量专业术语，汉语的术语具有专词专用的特点，而英文经贸术语大量使用外来词和日常英语词汇。在句子的组织上其使用方式已形成一定的惯例。

"语旨"体现的是语言的人际功能，经贸文本中就是指经贸双方的关系。为了达成交易，共同赢利，贸易双方会采用最恰当的表达方式，努力地友好合作。贸易双方应当有跨文化交际的意识，在语言使用上照顾目的语接受者的习惯，这样才能成功的交流。

从"语式"来看，交往双方会寻求最佳的交流方式。目前国际贸易交往的方式有很大变化。以前主要依靠信函、电话、电报、电传、传真等交际方式，语言的正式程度很高。现在，电子邮件由于交流速度快，效率高的特点得到广泛使用，非正式语言使用频率也更高，反而拉近了合作双方的关系。

8.3　经贸文体翻译的理论与方法

经贸翻译涉及的领域极广，包括经济、贸易、科技、文化等有关范畴。经贸翻译工作者不仅要语言过关，还必须有比较全面的经贸知识，包括国际贸易实务、国际金融、商法等等。由于经济往往与时事政治密切相关，译者还要非常熟悉国内外政治经济形势，对相关的文化及历史背景也要有较多了解。

经贸文本的主要功能是提供信息，并实现呼唤目的，因此，经贸文本的翻译就是在寻求两种语言在同一语境中功能上的对等。经贸英语作为一种专用英语，翻译时不仅要遵循普通英语翻译应遵循的基本原则，更要遵循其专门用途要求的特定原则，译者必须根据汉英经贸文体的差异做出调整，选择符合译文语言的表达方式，同时符合商业文牍的文本模式。

对经贸英语信函翻译而言，更要遵循前文提到的 7C 原则，准确把握语篇，体现英文信函开门见山、层次分明、语言简洁的语篇特色。就合同翻译而言，除以上要求外，还要表现其严谨性、规范性、合法性，避免结构松散、条文粗糙、表述含混。对于经贸外宣资料来说，以呼唤功能为主，其目的在于吸引译文读者，激发他们进行经贸活动的兴趣。由于中西方文化不同，思维习惯不同，译者必须熟悉两种文化，以恰当的方式实现经贸外宣资料的语篇功能。

鉴于以上有关经贸文本的文体、翻译目的和译文的读者层的探讨，经贸翻译应遵循下列原则：意思准确，语言得体，语气贴切。准确是经贸翻译的基本准则，尤其要注意术语必须规范，译文要根据相应的文本做到表达严密、简练通顺。此外，还要注意语气必须恰当、得体，适当运用礼貌原则。下面我们针对英汉经贸文本的文体特点总结一些翻译方法，以供参考。

1. 注意术语和固定用法的翻译

经贸文本中有许多专业术语，有固定的意义和译法。翻译时一要准确达意，二要注意有无权威译法，不可草率从事，否则读者会摸不透译文的确切意思，甚至造成误解。下一节"经贸文体的术语翻译例析"中会专门讨论商贸术语的翻译。

对于一些固定英文用法，译者一定要注意避免望文生义，越是简单的词，词义越复杂，越容易望文生义。

【例 1】 partial shipment 与 partial shipments

虽然只是单复数的区别，意义却完全不同，前者是"(货物)部分装运"，与"全部装运"相对；后者是"货物分批装运"，与"一次性装运"相对。

【例 2】 appearance surface 与 surface appearance

两者词序不同，意义也不同，前者是"外表"，后者指"表面状况"。

【例 3】 stone fruit 与 stoned fruit

两者定语形式不同，意义相差巨大，前者指"(带果)核(的水)果"，后者指"去核水果"。

【例 4】 the property in goods 与 the property of goods

两者使用不同的介词，意义也有差别，前者指"物权"，后者是"货物属性"。

汉译英时应首先注意英文正确的表达，比如非常正式的场合中称呼的复数形式，Mr.的复数形式是 Messrs.(不是 Mrs.)；Mrs.或 Mme.的复数形式是 Mmes.；Miss 的复数形式是 Misses；Ms.的复数形式是 Mses.或 Mss.。如：

正式场合	一般用法
Messrs. Rae and Tate	Mr. Rae and Mr. Tate
Mmes. Byrd and Clyde	Mrs. Byrd and Mrs. Clyde
Misses Russo and Dupree	Miss Russo and Miss Dupree
Mses/Mss Lai and Cohen	Ms. Lai and Ms. Cohen

汉译英时还要注意使用相应的地道表达，不能仅仅把字面意思译成英文，否则很可能会词不达意，甚至造成误解。涉及金额、数量、权责时一定要注意准确严密。如：

【例 1】金额为 50000 美元(大写为伍万元整)

【译文】USD50,000 (**in Words** FIFTY THOUSAND US DOLLARS ONLY)

这里的"大写"不是 in capitals, in capitals 只是把字母大写，这里不仅仅要大写字母，更重要的是把数字用英文拼写，防止有人改动数字，弄虚作假，所以应该译成 in words。

dollar 通常指美元，但在经贸活动中只表示"元"，具体国家的货币必须加上修饰词才能确保准确无异议，其符号$也是如此。

A $ (Australian dollar)　　　　澳元

Can $ (Canadian dollar)　　　　加元

HK $ (Hong Kong dollar)　　　　港元

NT $ (New Taiwan dollar)　　　　新台币

NZ $ (New Zealand dollar)　　　　新西兰元

S $ (Singapore dollar)　　　　新加坡元

US $ (United States dollar)　　　　美元

翻译汉语合同文本时，要特别酌情使用英语惯用的一套公文语副词，以符合英语文本结构严谨、逻辑严密、言简意赅的特点。比如前文提到的一些合成副词：hereby(兹，特此), hereinafter(之后，在下文中),

herein(在此, 于……之中), hereinbefore(上文), thereinafter(在下文, 此后), therein (in that 在那点上), thereof(由此), whereas(鉴于), whereby(由此) 等等。

【例 1】本合同自买方和建造方签署之日生效。

【译文】This Contract shall come into force from the date of execution hereof by the Buyer and the Builder.

【例 2】下述签署人同意在中国制造新产品, 其品牌以此为合适。

【译文】The undersigned hereby agree(s) that the new products whereto this trade name is more appropriate are made in China.

2. 准确翻译时间、日期、数字

准确翻译经贸文本中的数字至关重要, 一旦出现差错就可能会导致贸易纠纷, 造成非常严重的后果。

【例 1】该货于 11 月 10 日由 "东风" 轮运出, **41 天后抵达鹿特丹港**。

【译文】The good shall be shipped per M.V. "Dongfeng" on November 10 and are due to arrive at Rotterdam **in 41 days**. (M.V.= motor vessel)

英译 "多少天之后" 的时间时, 往往指 "多少天之后" 的确切的一天, 所以必须用介词 in, 而不能用 after, 因为 after 指的是 "多少天之后" 不确切的任何一天。

【例 2】发票货值须货到付给。

【译文】The invoice value is to be paid **on/upon arrival** of the goods.

英译 "到后, 就" 时, 用介词 on/upon, 而不用 after, 因为 after 表示 "之后" 的时间不明确。

【例 3】卖方须**在 6 月 15 日前将货交给买方**。

【译文】The vendor shall deliver the goods to the vendee **by June 15**. (或 before June 16, 说明含 6 月 15 日在内。如果不含 6 月 15 日就译为 by June 14 或者 before June 15。)

英译终止时间时, 比如 "在某月某日之前", 如果包括所写日期, 就用介词 by; 不包括所写日期, 即到所写日期的前一天为止, 就要用介词 before。

3. 注意词性的转换

英语常使用名词结构，汉语多使用动词结构，翻译时应适当地转换词性，以符合目的语的表达习惯。

【例 1】We regret to inform you that the result of examination was **the emergence of** disagreement between the shipment and the bill of lading.

【译文】很遗憾地通知贵方，经检查**发现**装运货物与提单不一致。

【比较】遗憾地通知你方，检查的结果是装运的货物与提单不一致情况**的出现**。

【例 2】Owing to the reasons mentioned above, we regret our **failure** to enter into this transaction with you.

【译文】鉴于上述原因，我方很遗憾**不能**与你方达成这一交易。

【例 3】The fair price connected with **the superiority of varieties of our products** will be able to guarantee our competitive edge in the international market.

【译文】我方各种产品价格公道，**品质优良**，能确保在国际市场的竞争优势。

【例 4】美国与德国汽车制造商在欧洲市场**竞争得异常激烈**，我们不得不改变投资计划。

【译文】**Extremely keen competition between** American and German vehicle manufacturers in the European market has compelled us to change our investment plan.

【比较】American vehicle manufacturers **very keenly compete against** German vehicle manufacturers in the European market. Therefore, we are compelled to change our investment plan.

从以上译例中可以看出，英语的名词结构表达简洁流畅，汉语采用动词结构可以达到类似的效果。

4. 注意礼貌原则

20 世纪 80 年代，英国语言学家 Leech 在"合作原则"的基础上，从修辞学、语体学的角度出发，提出了著名的"礼貌原则"。这一准则又可细分为六点：

(1) 得体准则(tact maxim)：减少表达有损于他人的观点，就是尽量少让别人吃亏，多使别人受益。

(2) 慷慨准则(generosity maxim)：减少表达利己的观点，尽量少让自己受益，多让自己吃亏。

(3) 赞誉准则(approbation maxim)：减少对他人的贬低，多加赞誉。

(4) 谦逊准则(modesty maxim)：尽量少赞誉自己，多贬低自己。

(5) 一致准则(agreement maxim)：尽量减少双方的分歧，增加双方的一致。

(6) 同情准则(sympathy maxim)：尽量减少自己与他人在感情上的对立。(何自然, 2002: 123—124)

简言之，Leech 礼貌原则的核心内容就是：尽量使自己吃亏，而使别人获益，以便取得对方好感，从而使交际顺利进行，并使自己从中获得更大的利益。

商务信函涉及买卖双方的权利、义务和利害关系，礼貌是商务信函的基本原则。要避免居高临下，而要顾及对方的要求、愿望和情感等，着重正面地、肯定地谈问题。英文多用礼貌套话，汉语简洁明了。经贸英语中常有一些较固定的表达模式，如 We are pleased to...; we have pleasure in...; we acknowledge with thanks...等。这些套语有时可译成相应的汉语，有的要作相应的变通，有的甚至可全部省译。

【例 1】We should be pleased to let you have samples to give a demonstration at your premises.

【译文】欣奉样品，在贵厅展出。

【比较】能为您奉赠样品在贵厅展出，我们甚感欣慰。

【例 2】Please make serious efforts to get the goods dispatched with the least possible delay.

【译文】请速发货，勿误。

【比较】请努力迅速发货，尽量不误。

【例 3】We are looking forward with interest to your reply.

We await your prompt reply with much interest.

【译文】盼复。或者：速复为盼。

【比较】我们带着极大的兴趣盼望贵方的答复。

【例 4】Your prompt reply would be greatly appreciated.

【译文】即复为感。

【比较】贵方的快速回复将使我们不胜感谢。

【例 5】As the time for shipment is now considerably overdue, we should be obliged by your informing us by return of the reason for the delay.

【译文】装船延误多日，望告知延误原因。

【例 6】We trust you will see to it that the order is shipped within the stipulated time, as any delay would cause us no little inconvenience and financial loss.

【译文】希望贵方按期发货，任何迟误都会造成我方极大的不便和经济损失。

　　汉译英时，要注意使用委婉、礼貌的表达，套用经贸英语表达中常见的礼貌客套用语，措辞婉转、诚恳，切忌照原文字面硬译。因此翻译汉语的某些词语时必须讲究方法，译法不同则语义和文体效果不同，婉转礼貌的用语比强硬的措辞更有力量。

【例 7】请从速办理，我们将不胜感激。

【译文】Please do it at once, if so, we will be much thankful to you.

【比较】Your prompt attention to the matter would be much appreciated. (语气更为恳切)

【例 8】由于原料成本涨价，我们须提价3%。

【译文】Due to the rising cost of raw materials we have to raise our price by 3%.

【比较】Due to the rising cost of raw materials we are reluctantly compelled to raise our price by 3%. (措辞更加委婉)

【例 9】你方价格大大低于我方成本，我们不能按你价成交。

【译文】We can't entertain business at your price, since it is far below our cost.

【比较】We are not in a position to entertain business at your price, since it is far below our cost. (上一句中 can't 语气过于生硬)

5. 使用套话

经贸文本具有程式化的显著特点，不管是信函还是合同都有固定的格式，使用类似的套话，译者翻译时应注意使用这些套话，以保证译文符合目的语经贸文本的规范。下面列举一些信函常用的表达法，供译者学习参考。

【例 1】你方 5 月 1 日来函收悉。

【译文】We have received your letter of May 1st.

We are in receipt of your letter dated May 1st.

We acknowledge receipt of your letter dated May 1st.

Your letter dated May 1st has come to hand.

【例 2】我方已及时收到你方 9 月 20 日信函。

【译文】We have duly received your letter dated 20th of September.

【例 3】感谢你方 5 月 1 日来函。

【译文】Please accept our thanks for your letter of May 1st.

We thank you for your letter of May 1st.

We appreciate your letter dated May 1st.

We acknowledge with thanks receipt of your letter dated May 1st.

【例 4】很高兴回复你方 5 月 1 日来函。

【译文】We are pleased to reply to your letter of May 1st.

It gives us much pleasure to reply to your letter dated May 1st.

【例 5】很遗憾我方……

【译文】We are sorry to…

We regret to have to…

We regret that we are not in a position to…

Much to our regret, we…

新世纪翻译学 R&D 系列著作

It is most regrettable that we…

【例 6】盼复。

【译文】We hope to hear from you soon.

We hope we may hear from you as soon as possible.

We are expecting your reply at an early date.

We're looking forward to your reply at your earliest convenience.

Looking forward to receiving your early reply in this regard.

Trusting that you will favor us with a prompt reply.

【例 7】……不胜感激。

【译文】Thank you for your intention to this matter.

Your prompt reply will be greatly appreciated.

We take this opportunity of thanking you for your support.

We shall be obliged if you give your reply as early as possible.

6. 正确处理中外文化差异

在商务语篇的翻译中，译者的文化能力也直接影响到译文连贯的构建，缺乏背景知识会使译者使用错误的连贯手段，导致译文信息传达失误。

【例 1】The easiest way to establish credit is to open checking and savings accounts at your local bank. Then apply for a gasoline or store credit card. These cards are fairly easy to get because retailers want you to buy their goods and services. The third step, and the most dangerous one, is obtaining a major credit card like Visa, MasterCard, or American Express.

【译文】取得信贷最便捷的方法是<u>在当地银行开立支票账户和储蓄账户</u>。然后申请一张加油信用卡或商店信用卡，这些卡很容易就能获得，因为零售商希望你买他们的商品或服务。<u>第三步，即最冒险的一步，是获得一张主要信用卡</u>，如维萨卡、万事达信用卡或运通卡。

从译文画线部分所呈示的逻辑关系来看，汉语读者会以为，要取得信贷，必须经过三个步骤，缺一不可——即先到银行开户，然后申请加油信用卡或商店信用卡，第三步才是获得主要信用卡。译文连贯的失误是因为译者缺乏英语国家的信贷知识。实际上，通过其中任何一个都可以获得信贷。原文中的衔接性词语 The easiest way、Then、The third step 并不是指获得信贷所必需的手续程序和步骤，而是指获得信贷的三种不同途径。有了足够的背景知识，就能更容易地呈示出原文连接性词语所传达的语义。

【改译】取得信贷最便捷的途径是在当地银行开立支票账户和储蓄账户。或是申请一张加油信用卡或商店信用卡，这些卡很容易获得，因为零售商希望你购买他们的商品或服务。第三个途径，也是风险最大的途径，是获得一张主要信用卡，如维萨卡、万事达信用卡或运通卡。

【例 2】上海，这座昔日被誉为远东金融、经济和贸易中心的城市，是长江流域经济振兴的龙头。

【译文】Shanghai, formerly crowned as the financial, economic and trade hub of the Far East, is the dragon's head for economic vitalization in the region of Yangtze River Basin.

"龙头"是一个具有典型中国文化内涵的词语，引申为主导、领头的意思。直译为英语中 dragon's head 会令读者不知所云，有时反而会使人联想到残忍、邪恶的形象，所以应加以意译。

【改译】Shanghai, formerly crowned as the financial, economic and trade hub of the Far East, plays a leading role in boosting the economic development of the areas along the Yangtze River.

从上例可以看出，由于英汉社会文化背景不同、思维方式差异明显，原文的连贯并不一定等同于译文的连贯。经贸翻译，作为一种跨文化交际活动，遵循高效务实的原则，要求译者把译文的可接受性放在首位，立足于译文读者的认知心理，通过各种变通手段对源语语篇中的特有背景信息进行适度调整，重新构建译文语篇的连贯，使译文语篇实现其预期的社会功能。

8.4 经贸文体的术语翻译例析

专业术语的翻译要规范，讲究科学性、单一性和统一性。经贸翻译中会遇到一些经贸术语，尽管与科技术语相比似乎不那么"专业"，但它们的内涵已相当稳定，有很强的专业性。

译者翻译术语时必须提防望文生义，一定要翻阅相关的经贸词典，不可信手乱译，比如 flat price 不是"平价"，而是"统一价格"。有些词极易混淆，比如 shipping advice 与 shipping instructions，前者是"装运通知"，是由出口商(卖主)发给进口商(买主)的；而后者指"装运须知"，是进口商(买主)发给出口商(卖主)的。

翻译术语时首先考虑的是词语的搭配和使用的语境，同一个词在不同的搭配中有不同的意义。如 instrument 一般指"票据"，但具体的搭配应选择不同的措辞。

instrument of acquisition	购置凭证
instrument of credit control	信用管制手段
instrument of payment	支付工具
instrument of pledge	抵押契据
instrument of ratification	批准证书

经贸术语翻译的常用方法主要有以下几种：

1. 直译

junk bond	垃圾债券
bar code	条形码
after-sale services	售后服务
market price	市场价
preferential price	优惠价
price freeze	价格冻结
factory price/ manufacturer's price	出厂价
restrictive clause	限制性条款

lease agreement	租赁协议
重合同守信用	honor contracts and maintain commercial integrity
保证及时发货	timely delivery guaranteed
品质检验书	inspection certificate of quality

2. 意译

a mom-and-pop store	夫妻店
price floor	价格下限
floor price	最低价
ceiling price	最高价
dead freight	空舱费
ice-free port	不冻港
specific check	记名支票
sight bill	即期汇票
time bill	远期汇票
折扣	discount
统包价格	lump-sum payment
实物投资	investment in kind
排他许可证合同	sole license contract
平安险	free from particular average (FPA)

8.5 经贸文体的篇章翻译例析

经贸文本适合采用套译或者句型对应方法来翻译，翻译时应该参照权威的同类文本。下面着重从合同翻译来讨论翻译过程中应注意的情况。

(1) 条理性。合同文本的基本体式包括纲目、条项及细则，要求语言逻辑十分清晰，避免拖沓。句式结构往往大同小异，句子扩展的基本模式是并列式。纲目多用名词短语，并贯穿全文。

(2) 规范性。合同属于正式文体，用词、结构与格式相对固定。从词汇来看，有很多专业术语，英文合同中还经常出现古词、旧词。英语文本中句法结构复杂，长句、复合句较多，出于准确性考虑，很少使用代词，多重复名词。从语气上来看，措辞严谨，力求简明，英语常用 shall 表示法律责任。

(3) 严谨性。行文措辞滴水不漏，英语常使用 and/or 结构，或两个介词或采用增词手段对时间描述加以限制，避免歧义；日期一般大写，并避免模糊表达法，如 promptly, immediately, as soon as possible, about November 5 等等。

1. 英译汉例析

原文见 8.1.3 语篇特点一节中的英文例子。

【参考译文】

购货合同

合同号：
日　期：

(日期)，某公司(以下简称卖方)和某公司(以下简称买方)，鉴于卖方同意出售，买方同意购买电子扫描仪(以下简称合同货物)。合同货物的质量、性能、数量经双方确认，并签署本合同，条款如下：

1.　合同货物：电子扫描仪

2.　数量：120 台

3.　原产地：德国

4.　价格：离岸价两百一十万美元(USD 2.1m FOB)

5.　装船

　　装船应于收到信用证后 30 至 40 天内予以办理。

6.　宽限期

　　为了履行合同，如果装船发生延迟，卖方提出证据，买方可向卖方提供 30 天的宽限期。

7.　保险

　　由买方办理。

8.　包装

　　免费用木箱装箱。

9. 付款条件

签署合同后五天(公历日)内买方通过开证行开出以卖方为受益人，总金额 100%保兑的、不可撤销的、可分割的、可转让的信用证，见票即付并提交下列单据：

(1) 全套卖方商业支票；

(2) 全套光票、不记名、背书提单；

(3) 质量检验证书。

10. 装船通知

买方至少在装货船到达装货港七天前，将装货船到达的时间用电传通知卖方。

11. 履约保证金

(1) 通知银行收到买方开具的不可撤销信用证时，卖方必须开具信用证 10%金额的履约担保。

(2) 合同货物装船和交货后，保证金将如数退回给卖方。如出于任何本合同规定的第 12 条以外的原因，发生无法交货(全部或部分)，按未履约数量比例将保证金予以没收支付给买方。

12. 不可抗力

卖方或买方均不能承担由于不可抗力的任何原因所造成的无法交货或违约，不可抗力的任何原因包括战争、封锁、冲突、叛乱、罢工、雇主停工、内乱、骚动、政府对进出口的限制、暴动、严重火灾或水灾或人类所不能控制的自然因素。

13. 仲裁

因执行本合同所发生的一切纠纷分歧，双方应通过友好协商解决。经协商不能解决时，则提交仲裁解决。仲裁地点在中国，由中国国际贸易促进委员会对外经济贸易仲裁委员会仲裁，按其法规仲裁。

14. 货币贬值

如美元货币发生法定贬值,卖方保留按贬值比率对合同价格予以重新核定的权利。

15. 有效期限

本合同签字后，在 7 天内买方不能开出以卖方为受益人的信用证，本合同将自动失效。但买方仍然对第 11 条中的(2)、(3)项规定的补偿金支付负有责任。

本合同一式两份，经双方仔细审阅并遵守其规定的全部条款，双方签字。

卖方：

买方：

20××年×月×日

2. 汉译英例析

【原文】

本合同于<u>日期</u>在<u>地点</u>签订。

合同一方为<u>一方名称</u>，是一家依照<u>国家名称</u>法律组织和存在的公司，其住所在(<u>地址</u>)(以下简称甲方)；

合同另一方为<u>另一方名称</u>，是一家依照<u>国家名称</u>法律组织和存在的公司，其住所在(<u>地址</u>)(以下简称乙方)；

鉴于甲方长期从事<u>产品名称</u>的制造和推销，并拥有制造、装配、推销上述产品的有价值的先进技术；

鉴于乙方长期以来是一家上述产品的主要贸易公司，愿意安排上述产品的制造、装配和推销；

鉴于双方都希望建立一家合营公司，来制造、装配和推销上述产品；

因此，考虑到上述各点和本合同所载各项条款，以及双方通过签署本合同而确认收到的彼此间的其他有效相应报酬，双方特此协议如下：

【参考译文】

This CONTRACT is made on <u>date</u>, in <u>place</u> by and between <u>name of one party</u>, a corporation duly organized and existing under the laws of <u>name of the country</u> with its domicile at <u>address</u> (hereinafter referred to as Party A) and <u>name of one party</u>, a corporation duly organized and existing under the laws of <u>name of the country</u> with its domicile at <u>address</u> (hereinafter referred to as Party B).

Whereas Party A has been engaged in the manufacture and marketing of <u>name of products</u>, and possesses valuable up-to-date technology relating to the manufacture, assembly and marketing of the said Products; Whereas Party B has been a leading trading company in the field of the said products and is willing to arrange for the manufacture, assembly and marketing of the said Products; and

Whereas both parties are desirous to establish a joint venture company to manufacture, assemble and market the said products;

Now, therefore, in consideration of the premises and covenants herein contained and other good and valuable considerations flowing from either party to the other, the receipt whereof both parties by their execution of this Contract do hereby acknowledge, the parties hereby agree as follows:

8.6 经贸英语新词与翻译例析

翻译时应特别注意译入语的文化和贸易惯例，避免中式英语、英式汉语或不符合经贸专业的表达方式。

1. 使用对应的译入语词语和表达方式

有些专门的术语在英语中有固定的表达方式，汉译英时应该直接套用这些表达，可以避免英语读者的理解障碍。英译汉也是同样道理。

【例 1】保税区

我国常见的英语译名是 Free Trade Zone，而实际上我们所谓的"保税区"与 Free Trade Zone 不同。英美国家的 Free Trade Zone (Area)是指"一个实行区域经济机制的地区，区内各成员之间互不征税，各成员设立共同的税率，一致对外"。我国的"保税区"按其功能和性质应与 Foreign Trade Zone 相应。目前也有 Bonded Zone 这个译名见于各出版物，比 Free Trade Zone 更准确。

【例 2】基础设施

经验不足的译者会把"基础设施"从字面直译为 foundation facilities 或 basic facilities，其实正确的英文表达应是 infrastructure。

【例 3】企业

翻译"中小型企业"时可套用英文的 small business，不太常用 enterprises，而且 medium 也常常省略。一些具体的说法如"大型家电企业"还可译为 a large refrigerator producer / manufacturer。

【例 4】国产化率

"国产化"译成 nationalization 就南辕北辙了，nationalization 是"国有化，收归国有"，与 privatization(私营化)相对。应译为 localization rate of (parts and components)。

2. 直译

汉语中有大量经贸词汇都是从英语直译而来的，这些词汇丰富了汉语的表达，已经成为汉语的一部分。如：

representative of a product or a brand　　产品代言人

intellectual property rights　　知识产权

the mainstay of the economy　　主体经济

sustainable development　　可持续发展

stored-value card　　储值卡

3. 意译

对于直译会造成误解或难以理解的词汇，译者应把意思翻译出来，舍弃原来的字面表达形式。

【例 1】水货

"水货"就是"走私货"的俗称，意译为 smuggled goods 即可。

【例 2】拳头产品

该词的直译 fist products 时常见诸媒体宣传中，但效果并不好，因为"fist"在英语中做定语修饰其他的词并没有"优秀"的意思。在对外宣传文本中，要想达到良好的效果，采取意译 knockout products 会更理想，knockout 修饰其他名词，表示"杰出的，给人深刻印象的"。

【例 3】三资企业

"三资企业"指"中外合资经营企业、中外合作经营企业和外商独资企业",不能译成 three joint ventures(三个合资企业), three capitals enterprises(三种资本的企业)或 three investments enterprises(三次投资的企业)。三资企业都有外商投资,有的是全部外资,有的是部分外资,可简略译为 three kinds of foreign-invested enterprises, enterprises with foreign investment 或 foreign-funded enterprises。

【例 4】TOHO (tiny office home business)

这个缩略词是模仿 SOHO (small office home office)"家庭企业"而来,比 SOHO 还要小,所以意译为"袖珍家庭企业"。

【例 5】store brands

大型超市如沃尔玛、家乐福、易初莲花等都出售以店名为商标的产品,一般意译为"超市自有品牌"。该例英文还可以是 private brand 或 private label。

【例 6】golden parachute

被公司解职的高层管理人员得到的大笔补偿金。英文中还出现一个类似的词 tin parachute,指对解雇员工少量的经济补偿。亦可直译为"金降落伞"。

【例 7】sneakerization

产品或服务的多样化

练习题

一、汉译英[C]

1. 信函

敬启者:

承蒙你市商会介绍,我方获悉某公司有兴趣与我方贸易往来。我方认为在与该公司建立业务关系前,最好了解一些该公司的情况。

如你方能详细提供该公司财政和资信方面的情况,我方将不胜感激。

你方可以放心，你方提供的信息将严格予以保密。

先表谢意。

此致

敬礼

某某某

2. 信函

敬启者：

为复你方 2005 年 3 月 10 日函，我方特此确认你方订购的一万打"健牌"男士衬衫。随函附寄我方销售确认书 ST2000 号一式两份，敬请查收。按照惯例，请签还一份销售确认书以供我方存档。

无须多言，用于支付上述货物的信用证应当于销售确认书中规定的装运日期前一个月开立。敬请你方一定做到有关信用证中的规定条文严格与销售确认书中的条款一致，以免未来的任何修改。一接到你方信用证，我方将即刻发货。

感谢你方的合作，并愿这次交易为我们双方贸易的进一步发展铺平道路。

此致

敬礼

某某某

3. 合同片断

交付给乙方原材料和用此原材料所制造产品的所有权，以及上述原材料或产品遗失或损坏的风险，均属甲方。但是，在乙方收到发运的原材料后直到向甲方交付产品之时为止，乙方应向一家经甲方认可的保险公司投保各种损坏、破坏和遗失的全额保险，保险费由甲方承担。甲方应为这项保险的受益人。

凡因履行本合同所发生的一切争议，本合同双方应友好协商解决，如协商无法解决争议，则应将争议提交中国国际经济贸易仲裁委员会(北京)，依据仲裁规则仲裁。仲裁裁决是终局性的，对双方都有约束力。仲裁费用应由败诉方承担，但仲裁委员会另有裁定的除外。

二、英译汉[C]

1. 信函

Dear Sirs,

We thank you for your letter of May 1st.

As is known to you, there is only one vessel sailing for your port each month and it usually leaves here in the first half of a month. So far as we know, the only vessel available in this month will leave here in a day or two and the deadline for booking shipping space is long past. Therefore it is impossible for us to ship the goods this month, and we would ask you to do your best to extend the L/ C as requested in our letter.

We shall be obliged if you give your reply as early as possible.

Yours faithfully,

×××

2. 术语解释

When documents other than transport documents, insurance documents and commercial invoices are called for, the credit should stipulate by whom such documents are to be issued and their wording or data content. If the credit does not so stipulate, banks will accept such documents as presented, provided that their data content makes it possible to relate the goods and/or services referred to therein to those referred to, in the commercial invoice(s) presented or to those referred to in the credit if the credit does not stipulate presentation of a commercial invoice.

3. 合同片断

This contract is made by and between the Buyers and the Sellers; whereby the Buyers agree to buy and the Sellers agree to sell the under mentioned commodity according to the terms and conditions stipulated below.

...

The shipper is not liable for loss sustained by the carrier or the actual carrier, or for damage sustained by the ship, unless such loss or damage was caused by the fault or neglect of the shipper, his servants or agents. Nor is any servant or agent of the shipper liable for such loss or damage, unless the loss or damage was caused by fault or neglect on his part.

...

All disputes in connection with this contract or the execution thereof shall be amicably settled through negotiations. In case no settlement can be reached between the two parties, the case under dispute shall be submitted for arbitration, which shall be held in a third country agreed by the both parties. The arbitral award shall be taken as final and binding upon the both parties. The arbitration fees shall be borne by the losing party.

4. 合同片断

Any failure or delay in the performance by either party hereto of its obligations under this Agreement shall not constitute a breach hereof or give rise to any claims for damages if and to the extent that it is caused by occurrences beyond the control of the party affected, including, but without limiting the generality of the forgoing, acts of governmental authority, acts of god, strikes or concerted acts of workmen, fires, floods, explosions, wars, riots, storms, earthquakes, accidents, acts of a public enemy, rebellion, insurrection, sabotage, epidemic, quarantine restrictions, shortages of labor, materials or supplies, failures by contractors or subcontractors, transportation embargoes, failures or delays in transportation, rules, regulations, orders or directives of any government or any state, subdivision, agency or instrumentality thereof or the order of any court of competent jurisdiction.

Chapter 9
法律文体翻译

　　法律文体指政府公文、状书、条约、保证书和契约合同等法律文件所采用的语言体裁，是在法律活动中形成和运用的特点鲜明的语言语体。法律文体语言中含有大量的蕴涵法律专门意义的术语和表达方法，而且意义和所指精确，语言规范庄重，行文结构复杂，篇章严密周详，文体正式程度很高。

9.1　法律文体的文体特点

　　法律文体内容准确、严密、客观和规范，不容许丝毫的引申、推理或情感之抒发和表达，因而形成了保守性和稳定性的特点，具体主要表现在词法、句法和篇章三个层面上。下面我们分别从这些层面来探讨法律文体的特点。

9.1.1　法律文体的词法特点

1. 庄严、规范、严谨，多用书面语

　　法律作为上层建筑，是掌握国家政权的阶级和集团的意志体现，必须具有鲜明的政策性与权威性。此外，为了维护法律的权威及功能，法律和法规的表达必须明确化、显性化，遣词造句力求准确、正式、严谨，不容许模糊和歧义。含蓄的表达和深层的蕴涵在法律文体中没有用武之地，所以，长词和大词出现的频率比其他正式文体要高，比口语文体要高得多。

【例 1】If any contracting party establishes, maintains or authorizes, formally or in effect, a monopoly of the importation of any product described in the appropriate Schedule annexed to this Agreement, such monopoly shall not, except as provided for in that Schedule or as otherwise agreed between the parties which initially negotiated the concession, operate so as to afford protection on the average in excess of the amount of protection provided for in that Schedule. The provisions of this paragraph shall not limit the use by contracting parties of any form of assistance to domestic producers permitted by other provisions of this Agreement.

【译文】如形式上或事实上任何缔约方对本协定所附有关减让表中列明的任何产品的进口设立、维持或授权实行垄断，除非该减让表中有所规定或最初谈判减让的各方之间另有议定，否则此种垄断不得以提供超过该减让表所规定的平均保护水平的方式实施。本条的规定不得限制缔约方使用本协定其他规定所允许的、对本国生产者提供任何形式的援助。(《关税与贸易总协定》，1994)

【分析】上面例句中的 annex, initially, concession, assistance 等都是非常正式的书面语词汇，或称之为"大词"，而且没有任何修饰或夸张的表达。此外，法律文体中还经常使用 in accordance with, in consistency with, in compliance with 等正式的书面表达以分别取代其他语体中所使用的 according to, be consistent with, comply with。

当然，法律文体的遣词造句明确，并不排除法律文体中有时出现含义模糊的表达，或者可以称之为"含义很灵活的词语"(王佐良，1987: 287)，如adequate, average, apparently, approximately, due care, due process, incidental, more or less, nominal sum, reasonably等等。实际上，模糊的表达有时是必需的。法律文体的模糊性，主要是指某些法律条文或法律表述在语义上不能百分之百确定的现象，一般用于涉及法律事实的性质、范围、程度、数量无法明确的情况。

2. 频繁使用外来词、旧体词和古体词

法律文体的外来词汇很多，尤其是英语，借用了拉丁语、法语、德语等外语中的法律词汇。通常，来自法语的外来词给人以庄严和典雅的感觉；外来的拉丁词和希腊词是英语中的大词，书卷气非常浓厚。此外，为了显示法律语言之神圣、权威及缜密，以区别于普通语言文体，法律文体英语还大量沿用中古语言。同时，古体词的大量使用构成了法律文体特有的稳定性和保守性。掌握此类表达对于学习和翻译法律文体显然是必要的。近来，法学界也有运用简单明了的常用语言(plain English)表达法律用语的倾向，这显然是正确的发展趋势。此类词汇列举如下：

(1) 拉丁语、希腊语及法语等：alias(别名), bona fide(真正的), careat emptor(货物一经售出，卖主概不负责), inter alia(特别), quasi(好像，唯), null and void(无效), lex situs(财产所在地法), vice versa(反之亦然), action (诉讼), appeal(上诉), damages(赔偿金), heir(继承人), lien(留置权，抵押权)。(《精选现代法商词典》，浙江大学出版社；《英汉法律词典》，法律出版社)

(2) 古体词，如：herewith(与此一道), thereto(此外，又), thence(从那里起，从那时起), wherefore(为什么), aforesaid(如前所述), hereinafter (在下文), hereunder(在……以下), herein(此中), therein(在那里), whatsoever(无论什么), thereby, thereof(因此), where-by(因此，由是), hereby(藉此), hereafter(此后，将来), whereof(关于什么)。(《精选现代法商词典》，浙江大学出版社；《英汉法律词典》，法律出版社)

3. 成对运用含义相近的表达

在法律文体中常见到类似如下用法：terms and conditions(条款), rights and interests(权益), customs fees and duties(关税), losses and damages (损坏), null and void(无效), sign and issue(签发), complete and final understanding(全部和最终的理解)等等。成对使用含义相同或相近表达的好处，是可以准确无误、斩钉截铁地表达法律条文，不留疑虑、误解和曲解的空间。

4. 少用代词

由于代词在某些语境中所指模糊、不确定，且从一定程度上常用于口语表达，为确保法律条文无懈可击，应尽可能避免使用代词，尤其是指示代词、不定代词等。而在普通英语文体中，为了避免表达重复或使句子简洁，代词使用频率高得多。

【例 1】A legally executed contract has legal binding force on the parties. The parties shall fulfill their obligations as contracted, and may not unilaterally modify or terminate the contract. A legally executed contract is protected by law.

【译文】依法签订的合同，对当事人各方均具有法律约束力。当事人各方应当按照合同履行自己的义务，不得擅自变更或者解除合同。依法签订的合同受到法律保护。(《中华人民共和国合同法》，法律出版社)

【分析】此句中，两次重复 the parties 和 A legally executed contract，而不用代词。汉语条文也相应重复"当事人"和"依法签订的合同"等。

【例 2】We have deemed it more expeditious to have the parties in advance of the trial exchange the written documents.

【译文】我们认为在审判之前应该让双方尽快交换各自要求的书面文件。(《中华人民共和国合同法》，法律出版社)

【分析】此处 it 仅仅用作形式宾语。此外，法律英语文体中还常用"(the) + aforesaid +(*adj.*)"来表达"上述的"、"该……的"，或用 same 表达"该人"、"该情况"、"上述情况"等，来重复前面提到的名词，有时候直接重复该名词。

5. 多用名词和名词性短语

在法律文本中，名词、名词词组或短语运用很多，名词通常在用作主语或宾语的中心词的同时，然后再前置或后置很多修饰限定成分。这样的话，表意丰富且结构相对较简单，行文及结构看上去非常正式规范。因而名词是在法律文体中出现频率最高的词性之一。

【例 1】Contract on usual terms at his own expense for the carriage of the goods to the agreed port of destination by the usual route, in a seagoing vessel (not being a sailing vessel) of the type normally used for the transport of goods of the contract description.

【译文】通常条件及常规航线的自费运输合同，将货物用通常类型可供装载该项货物之用的海船(非帆船)，装运至约定的目的港。(《中华人民共和国合同法》，法律出版社)

【分析】这一概念里有 9 个短语来修饰名词 contract，而没有出现谓语动词。

【例 2】The supplier shall safely supply electricity pursuant to the quality standards for power supply set by the State and as contracted. If the supplier fails to safely supply electricity pursuant to the quality standards for power supply set by the State and as contracted, and thus causes losses to the consumer, the supplier shall hold the liability for damages.

【译文】供电人应当按照国家规定和合同约定的供电质量标准安全供电。未按照国家规定和合同约定的供电质量标准安全供电，造成用电人损失的，供电人应当承当损害赔偿金责任。(《中华人民共和国合同法》，法律出版社)

【分析】该句中名词及所构成的名词词组 the supplier, electricity pursuant to, quality standards, power supply, state 等出现了多次，其中多为重复使用，而不用代词，也较少使用动词。

6. 情态动词及时态的运用

为使法律语言规范、庄严、具有指令性，英语法律文体中动词使用的语气、语态与时态与普通英语有所区别。表达法律的强制性、指令性及规范性的手段在动词方面有：频繁使用shall, may, must, be to等情态动词(为的是表达指令及规范，规定权利和义务)；广泛使用被动语态，广泛使用一般现在时、一般将来时或一般过去时等时态(一般时态给人以客观和不容置疑的感觉)。而汉语的主要手段则是词汇。从下面的句子中可见一斑。

【例 1】People's governments at various levels shall take measures to repress unfair competition acts and create favorable environment and conditions for fair competition.

【译文】各级人民政府应当采取措施，制止不正当竞争行为，为公平竞争创造良好的环境和条件。(节选自《中华人民共和国反不正当竞争法》)

【例 2】The parties to the contract have equal legal status, and neither party may impose its will on the other.

【译文】合同当事人的法律地位平等，一方不得将自己的意志强加给另一方。(节选自《中华人民共和国合同法》)

【分析】以上例子中，情态动词 shall, may, may not 等，均为表达权利或义务之限制语气；时态方面，只使用现在时、将来时等一般性时态，从而给读者留下了客观、规范、不容置疑的印象。

根据本书作者所做统计，在《中华人民共和国合同法》中，仅从第三百三十一到第三百四十共十个条款中就频繁使用情态动词十八处，其中shall十二处，may四处，may not两处。由此可见情态动词，尤其是shall的使用频率之高。在我们的研究中，法律翻译界中存在这样一种倾向，即似乎不用shall，就无以表达法律条文的命令性和强制性语气。所以，我们读到的是千篇一律的shall。英语的同义词是丰富多彩的，是不是举凡命令都得用shall翻译，是一个很值得商榷的问题。

7. 较少使用形容词和副词

由于法律文体语言的客观性、描述性、解释性及规范性，故很少使用表示程度、感情色彩、主观性强或理解空间大的形容词或副词，譬如英文中的quite, very, rather及其对等的汉语表达等。当然，这并不意味着法律文体语言中就不使用修饰性成分了。法律文体语言中的修饰性成分也必须是客观的、无歧义和无争议的。下述两例很好地表明了这点。

【例 1】经营者对消费者提供商品或者服务有欺诈行为的，依照《中华人民共和国消费者权益保护法》的规定承担损害赔偿责任。

【译文】A business operator who practices fraud in providing commodities or services to consumers shall undertake to compensate for the damage in accordance with the provisions of the Law of the People's Republic of China on the Protection of Consumers' Rights and Interests. (《中华人民共和国合同法》，法律出版社)

【例 2】This Law is formulated with a view to protecting the lawful rights and interests of the parties to Chinese-foreign economic contracts and promoting the development of China's foreign economic relations.

【译文】为了保障涉外经济合同当事人的合法权益，促进我国对外经济关系的发展，特制定本法。(《中华人民共和国涉外经济合同法》，1985)

【分析】例 1 中没使用任何的形容词或副词，例 2 中也仅仅使用了不带有任何感情色彩的 lawful 和 economic(而在这条条文中本完全可以使用 reasonable 或 proper 等形容词的)，这在其他文体语体中是较为少见的。

当然，除上述之外，法律文体语言在词法层面还有一些特点。比如，大量使用以连字符或其他手段构成的合成词，其用意无非是以较小的篇幅涵盖更多的内容，同时使文章看上去正式得体、紧凑大方、庄严规范。

9.1.2　法律文体的句法特点

1. 广泛使用陈述句型

法律文体文本的目的是确认法律关系、贯彻法律条令、规定人们的权利和义务、陈述事实。而陈述句的功能就是陈述既定事实，所以法律文体的基本句式通常是陈述句，而很少使用其他句式。

【例 1】A commercial advertisement shall, if its content conforms to the provisions regarding offers, be deemed an offer.

【译文】商业广告的内容符合要约规定的，视为要约。(《中华人民共和国合同法》，法律出版社)

【分析】以上例句使用陈述句句式来规定合同要约的定义，直截了当，避免歧义，使人一目了然，而其他句式却达不到此效果。

2. 广泛使用完整句式

为使法律文体语言结构完整、表意严密、陈述无误，法律文体语言一般采用主语和谓语完备的完整句，而不使用省略句或简单句。这样就能避免因句子省略或缺省而造成的歧义讹误，甚至授人以任意歪曲的把柄，从而使法律条文传达失败。

【例 1】An invention-creation, made by a person in execution of the tasks of the entity to which he belongs, or made by him by mainly using the material and technical means of the entity is a service invention. For a service invention-creation, the right to apply for a patent belongs to the entity. After the application is approved, the entity shall be the patentee. For a non-service invention-creation, the right to apply for a patent belongs to the inventor or creator. After the application is approved, the inventor or creator shall be the patentee. For an invention-creation, made by a person by using the material and technical means of the entity to which he belongs, and where the entity and the inventor or creator has entered into an agreement under which there is provision on who has right to apply for a patent and to whom the patent right belongs, the provisions of the agreement shall prevail. (*Patent Law of People's Republic of China*)

【译文】执行本单位的任务或者主要是利用本单位的物质技术条件所完成的发明创造为职务发明创造。职务发明创造申请专利的权利属于该单位；申请被批准后，该单位为专利权人。非职务发明创造，申请专利的权利属于发明人或者设计人；申请被批准后，该发明人或者设计人为专利权人。利用本单位的物质技术条件所完成的发明创造，单位与发明人或者设计人订有合同，对申请专利的权利和专利权的归属做出约定的，从其约定。(选自《中华人民共和国专利法》)

【分析】以上组成段落的六个分句(clause)皆由具有主谓语的完整句来表达，尽管 invention-creation 出现了四次之多，belong 更是出现了五次，但却没有像我们在普通英语文体中那样，相同部分采用承前省略结构的形式，而是不厌其烦地一次又一次地使用完全主谓句结构，以体现法律英语语言的严谨性和规范性。

3. 广泛使用长句

法律英语中的句子结构的长度和使用从句的数量及连续性显然比科技、商务或其他文体语言要复杂得多。法律英语文体的句子的长度就远远超过普通英语句子的平均长度，后者平均为17个词(王佐良，丁往道，2000: 287)。法律文体语言中的长句主要指多重复合句，除主谓结构外，还有许多修饰成分及结构，如从句、短语等，其主从关系由各种连接词贯通以表达逻辑关系，句子结构严谨。在理解此类句子时，可以先抓住句子的主干，然后理解各个句子成分的修饰成分。在此过程中，要注意句子的语法逻辑层次、层层扩展的从属成分及表达顺序。

【例 1】Where an international treaty which is relevant to a contract, and to which the People's Republic of China is a contracting party or a signatory, has provided differently from the law of the People's Republic of China, the provisions of the international treaty shall prevail, with the exception of those clauses on which the People's Republic of China has declared reservation.

【译文】中华人民共和国缔结或者参加的与合同有关的国际条约同中华人民共和国法律有不同规定的，适用该国际条约的规定；但是，中华人民共和国声明保留的条款除外。(《中华人民共和国涉外经济合同法》，1985)

【分析】上述英文条款为一个包含 61 个词的长句，对中心成分 international treaty 有两个定语从句加以修饰限制，从而准确完整地表达了法律条文的规定。当然，比这更长的句子不胜枚举。

法律文体语言的句子修饰语多，结构冗长烦琐，从属成分层层扩展，枝叶繁茂，错综复杂。分句类型有状语从句、定语从句、同位语从句、条件从句甚至虚拟从句等。究其原因，无非是力求庄严、周密的陈述表达风格，避免任何的表达缺省与遗漏，防止任何的理解偏差与歪曲出入，更好地维护法律的精神及意旨。

4. where在法律英语中的特殊用法

法律英语中的where的用法与其他文体中完全不同，同样引导状语成句，却译为"在……时"、"当……时候"，说明的是事物的状况，这与表示时间的when是不同的。例如：

【例 1】Where the State functionary engaged in supervision over and inspection of unfair competition acts abuses his power or neglects his duty, and if the case constitutes a crime, he shall be investigated for criminal responsibility according to law; if the case does not constitute a crime, he shall be given an administrative sanction.

【译文】监督检查不正当竞争行为的国家机关工作人员滥用职权、玩忽职守构成犯罪的，依法追究刑事责任；不构成犯罪的，给予行政处分。(节选自《中华人民共和国反不正当竞争法》)

【分析】where 在其他文体中仅能引导地点状语或者表示转折，而法律英语中 where 的用法则迥异，为一般法律学习者所不熟悉，应结合大量实践学习了解该特殊用法，并熟练加以实践运用。

在句法层面，法律文体语言当然还具有其他的特点。我们知道，英语句子呈树状结构(tree-shaped structure)，主语及谓语是"树干"，而修饰成分则是"枝丫"与"树叶"。所以，即使修饰成分再多，句子的主干只有一条。只要抓住了主干，理解其语言就不在话下了。汉语则完全相反，其主干呈现为直线结构(bamboo-shaped structure)，其句子主干很有可能不止一条。这些英汉语言句法方面的差异在法律文体语言中的表现，由于文体严谨，更为突出。

9.1.3　法律文体的语篇特点

从语篇层面来看，法律文体一般都组织严密，观点明确，合乎逻辑顺序，没有插叙、倒叙等表现手段。在格式标点方面，经常是一个或数个长句就构成整段文字，其间不用或很少使用标点符号。

汉英两种法律文体语言中的语篇结构大体相当，都具有高度程式化的特点。一般来说，法律文件都采用从总则到条款的先宏观后微观的语篇结构。首先以总则规定法律事务主体在某一领域内的一般性权利和义务，然后以具体的分则规定该领域内特定情形下的法律权利和义务。这种法律篇章结构具有高度程式化的特点，有助于为当事人创造理解文本内容的语篇语境。

具体实例可参照全国人大常委会于1999年3月15日通过并予以公布

的《中华人民共和国合同法》。开篇部分是总则，是合同法的一般性规定部分，规定了合同的订立、效力、履行、转让等等。接下去便是合同法的具体规定，规定了买卖合同、水电合同、赠与合同、借款合同等等具体情形下的权利和义务。其对应的英文版本也是如此。

9.2 法律文体的语域特点

"语域"(register)是指语篇语场(field)、语篇方式(mode)和语篇基调(tenor)[1]。正如大家已知，语篇语场指的是正在发生什么事，所进行的社会活动的性质，语言所谈及或描述的是什么。比如，是文学语篇、科技语篇，还是广告语篇等等。法律文体语篇语场描述的是发生在法律事务领域内的社会活动，不同的法律语篇规定了不同领域中的权利与义务，维护各自领域内的秩序与权威，并对违反法律的行为规定处罚形式。语篇方式指的是语言在交际中所起的作用，即语篇信息的传播方式。比如是书面还是口头。应该说，法律文体所涉及的语篇方式是一个复杂的过程，既有书面的也有口头的，因此得视具体情形而定。比如，法庭上的诉讼及辩护就是一个很好的例证，其语篇方式可以是口头的，如原告与被告双方律师的辩护、当事人的陈述、法官及陪审团的言语行为等，但书记员以书面方式进行记录，其语篇方式又是书面的。法律文件的制定、颁发和发布，其语篇方式则是书面的，但其中也必然掺杂了口头的语篇方式，如媒体的宣传、公众的议论等。所以，几乎没有绝对的口头或书面的语篇方式。语篇基调指的谁是交际者，他们的基本情况、特点、地位、角色以及参与者之间存在的交际关系，比如是正式的(formal)、随便的(casual)还是私密的(intimate)等。法律文体所涉及的交际者非常广泛，如法学家、律师、法官、普通民众，甚至每一个社会人，尤其是在今天的法制社会。当然，上述交际者的情况、特点、地位及角色各异。比如律师，他们以法律为职业，能够熟练掌握并实践运用，在法律文体

---

[1] 语域三个变量的汉译术语与前两章有所不同，但内涵一致。为尊重作者，特保留不同译语。
——总主编。

语言的交际过程中显然占据显著而重要的地位，为法律语篇基调中的主角。当然，当今社会中的每一个公民都不能置身于法律事务之外，都不可避免地会涉及法律文体的交际，纵使他们不完全熟悉甚至对法律条文完全陌生，或者在法律语篇基调中处于明显的次要地位。此外，还有法学家和法官，都以不同方式研究或实践法律，都是对法律文体了如指掌的专业人士，在法律文体的交际过程中占有显赫的地位和角色。无论法律文体的交际发生于任何交际者之间，其交际关系无疑都是正式的。

综上所述，法律文体的语域特点就是，为了维护特定阶级的利益，规定和协调特定行业或领域的权利和义务，从而规范一定的市场秩序和行为，采用包括书面、口头或综合的语篇方式，由法官、律师、当事人和普通民众共同参与，以异常正式的语篇基调，制定和执行的文件资料文体类型。

9.3 法律文体翻译的理论与方法

9.3.1 法律文体翻译的理论

法律文体是法律和语言的结合体，故翻译必然要从这两方面着手。法律翻译的目的，是产生一个和原法律文本在功能和传意方面都尽可能对等的文本，从而维护某个法律文件在不同语言国家和地区在理解和应用方面的统一和协调。所以，法律翻译涉及的不仅是语际转换，同时还涉及不同法律体系中不同的法律理念、法律文化、法律概念、法律框架、法律制度等的转换。

在法律翻译的理论方面，应该说，对等理论(equivalent theory)具有一定的指导意义。"对等"的翻译思想是在 19 世纪中叶开始显露端倪并一直持续到 20 世纪的。1953 年，苏联翻译理论家费道罗夫从前辈译论家斯米尔诺夫的"等同翻译"概念中汲取了营养，并正式提出了"翻译对等"的理念。他认为，所谓翻译，就是用一种语言把另一种语言在内容和形式不可分割的整体中所表达出来的意义准确而完整地表达出来的过程。原文与译文的对等对应关系是指原文的整体话语与译文的整体话语的对等(李成滋、刘敏，1990)。对对等理论贡献较大的显然是美国翻译理论家雅各布森与奈达。雅各布森在论述各语言之间的非对等关系和翻译完全对等的难度的基础上提出了"有差异的对等"的观点(Jacobson, 1959)。奈达的贡献在于他综合了信息论、交际论、符号论和接受美学的合理内核，提出了"动态对等"(后将其改为"功能对等")的翻译理论。奈达强调的是两种语言的接受者的感受和接受效果应该大体相同，追求的是两种效果之间的基本对等(Nida, 1964: 159; 1969: 25)而非有些人理解当中的完全的数学意义上的等值(持有此类观点的还是大有人在的，并为此争辩说什么"完全等值在翻译中是绝无可能的"云云，由此怀疑奈达理论的合理性与科学性)，即"The readers of a translated text should be able to comprehend it to the point that they can conceive of how the original readers of the text must have understood and appreciated it"，或"The readers of a translated text should be able to understand and appreciate it in essentially the same manner as the original readers did" (Nida, 2001)。再后来，英国的卡特福德于 1965 年提出"篇章对等"的理论(Catford, 1965)。凯德提出了全额对等、选择性对等、近似性对等和零对等的分类，从词汇层面论述了翻译的对等观(Kade, 1968)。科勒则把翻译对等具体分为外延对等、内涵对等、语言规范对等、语用对等和形式美对等(Koller, 1979/1992)。显然，他们强调的都是模糊的、相对的对等，而非非常明确的、绝对的对等。这正是值得称道和欣赏之处，也是颇为遗憾地被很多人误解或曲解之处。

　　将对等理论应用到法律翻译中，就要求在两个方面达到对等，即法律知识方面和语言学知识方面。所以，从某种程度上说，法律翻译者必须是法学家的同时，还必须是语言学家。翻译者需要"与时俱进"地在法学领域内与世界潮流有更多的接触与互动，了解比较法律文化学，以求更加准确地把握翻译的本质和内涵。当然，对比较法律文化学的学习和了解必须是横向的，即对比不同法律体系在同一时代的异同；这种对比还必须是纵向的，即对比同一法律体系在不同时代的表现和异同。如此这般，才有可能创造出尽可能对等的法律文本，从而在异语言地区顺畅地传播和实践，而不会为法律事业和工作带来困难和损失。

德国功能派理论同样对法律文体翻译有指导意义。德国功能派翻译学学者汉斯·弗美尔(Hans Vermeer)提出了翻译目的论，强调译者的目标(*skopos*)决定翻译行为过程。目的论注重的是翻译的互动及语用层面，主张目的不是固定不变的，会随着接受者的不同而变化(Shuttleworth, 2004: 4)。译者采用的翻译策略是目的决定手段。图里则将目的论描述为一种可供选择的以目的语为中心的翻译策略(Toury, 2001: 25)。

将此理论与法律翻译实践相结合，那就是说，翻译预计要产生的法律文本决定一切，无论是源文本的形式还是内容，无论是翻译的过程还是性质，无论翻译者采用的是直译还是意译、归化抑或异化，法律翻译的目的决定一切。所以，应该注重翻译过程和翻译目的的互动与沟通，应该注重翻译中的互动层面。所以，应该根据不同的接受者而变换翻译目标。如法律文本翻译的目的是为了普法宣传及教育，则应该尽量采用浅显的语言翻译出一个一般民众易于接受的文本；如法律文本翻译的目的是为了产生一个供法学家或其他专业人士研究的文本，则应该尽量采用原汁原味的术语、结构及表达，翻译出学术性强、有深度的译品。

9.3.2 法律文体翻译的方法

无论采用何种具体的翻译方法，我们认为，首先，法律文本的翻译文本必须达到一个对等的标准。此"对等"翻译标准的达到需要从两个方面来加以衡量，即语言学层面和法律概念、思想及体系方面。正如我们在前面所陈述的那样，好的法律文本翻译者必须兼具语言学和法学的知识。他必须通晓古今中外的法律思想体系与制度等相关知识，并且对其有一定程度的研究，掌握翻译理论和翻译技巧。在此节当中，我们将不再深入讨论此方面的习得，而主要讨论法律文体翻译方法。翻译法律文体语料，当然不能离开英汉语言的差异这个基础。总的来说，译者必须时刻铭记，法律文体是一种正式程度很高、严肃庄重、规范严密的文体，必须想方设法采取各种相应的语言手段来防止可能产生的误解或歧义，保留法律文体之所以成为法律文体的各种特点。所以，翻译出来的文件资料的全部内容必须字面化、外部化，而不应该像在其他的文体翻译中那样，采用含蓄的表达以蕴涵深层的含义，或采用诗化的语言以增添语言的美感及韵味，或运用多样的修辞以吸引读者，等等。这些在法律文件的翻译中没有丝毫施展的余地。

1. 术语及专业词汇的翻译对等

在词法翻译层面，大的原则是，所运用的表达应该具有字面化、庄严、规范的特点。法律文体词汇应该具有确定的词义，不需要给读者留下任何怀疑和想象的空间。法律文体词汇翻译必须具备较高的正规性、书面性和庄重性。如，"死，纠正，摒弃，威胁，出席，看"分别翻译成"decease, rectification, forsake, jeopardize, attendance, behold"，而非"die, correct, desert, threaten, come, look/see"。

具体到翻译实践操作方面，法律文体译者首先要在深入准确理解法律术语的基础上进行翻译实践。这一点是最基本、也是最重要的环节之一，因为从纵向看法律文化及传统源远流长，从横向看不同国家的法律又属于不同的法律体系。在不同法律体系中，既有含义重叠的法律术语，更有含义相异的术语。理解术语、掌握术语、翻译术语是翻译操作的第一步，这当然需要以大量的实践和阅读法律文本，了解法律知识为基础。另外，还必须翻译一部分常用的古词和旧词，其构成通常是 here, there, where 加上一两个介词，如 hereto(于此，至此), herein(在此，据此看来), hereinafter(在下文中), hereunto(到此为止，迄今), thereon(关于那，在那，在那一刻), thereupon(因此，随即，于是), whereby(由此，凭借那个，靠什么), wherein(在那方面，在那里), whereunder(在其下，在那下面), whereto(向何处，为什么), whereupon(因此，于是)等等。另外，还需要准确有效地翻译外来词(loanword)。

2. 翻译中的因地制宜

在翻译法律文体词汇过程中，应该结合英汉语言在词类方面的异同，因地制宜地采取不同策略来处理英汉或汉英翻译中的词类问题。尤其需要注意的是代词、动词和名词等词性的翻译。如前所述，英语有动词名词化的倾向，而汉语多用动词，法律文体也是如此。英语法律文体中选择重复名词性表达，而不像其他文体那样用代词来代替，除非代词的使用绝无引起歧义或所指没有不明确的可能。避免使用带感情色彩和夸张含义的形容词及副词(包括不使用语义模糊的词汇，以取得良好的翻译效果)。这些都是法律翻译应该遵循的原则。

【例 1】As regards those members whose exports are subject to restrictions on the day before the entry into force of the WTO Agreement and whose restrictions represent 1.2 per cent or less of the total volume of the restrictions applied by an importing Member as of 31 December 1991 and notified under this Article, meaningful improvement in access for their exports shall be provided, at the entry into force of the WTO Agreement and for the duration of this Agreement, through advancement by one stage of the growth rates set out in paragraphs 13 and 14, or through at least equivalent changes as may be mutually agreed with respect to a different mix of base levels, growth and flexibility provisions. Such improvements shall be notified to the TMB. (*AGREEMENT ON TEXTILES AND CLOTHING*)

【译文】对于在《WTO 协定》生效前一日出口产品受限的成员，如有关限制占一位进口成员截至 1991 年 12 月 31 日实施的限制总量的 1.2%或以下，并已根据本条发出通知，则在《WTO 协定》生效时和本协定有效期内，应对此类成员出口产品的市场准入做出有意义的改善，改善可通过将第 13 款和第 14 款所列增长率提前一个阶段实施，或可通过按双方同意的对基础水平、增长率和灵活条款不同形式的混合使用而给予至少相等的调整实现。此类改善应通知 TMB。(选自《纺织品与服装协定》)

【分析】此段英汉翻译很好地说明了英汉互译中在词类转换方面的一些特点。首先，英汉词类的转换非常明显，英语中的名词性表达 exports, restrictions, entry into the force, advancement, mix 都

转译成了汉语中的动词性表达"出口，受限，生效，提前，混
合使用"；上述例子中都多次重复上文中出现过的表达，而很
少用代词，尤其是人称代词。如三次重复 restrictions，两次重
复 the entry into force of the WTO Agreement 等等。条文中都没
有出现具感情色彩的形容词和副词。另外，英语文本中的
Members 是大写的，这是因为条约、合同或其他法律文件中涉
及的主要人或物通常会以大写字母开头的(王佐良，丁往道，
1987: 288)。

3. 具体语境具体翻译词义

准确理解法律文体词汇，是翻译法律文书的前提和基础。在这里，
具体语境具体分析地翻译词汇就显得尤为重要。首先，要注意词义在上
下文中的一致性。一个法律词汇在不同的场合，译成英文或汉语之后会
有不同的含义。翻译中要正确理解法律原文的词义，要使词义在上下文
语篇整体中保持一致。例如，"对本协议在解释上若有分歧，应以……
文本为准。""解释"一词，可翻译成 explanation, explication, expounding,
interpretation。但该句中的"解释"是指对法律条文的正式解释，interpretation
恰好符合这样的含义，故一般翻译成"In case of any divergence of
interpretations of this agreement，the...text shall prevail"(吴光华，2001)。
其次，要注意同义表达在译文中的不同含义。在进行法律文书英汉互译
过程中，遇见此类词汇时，一定要注意译入语语言的逻辑性和规范性，
经常查阅专业工具书，例如，"草签文本"和"草签合同"两个概念的
翻译。前者指的是一个缩略的文本，故翻译成 initialed text 较为恰当。
而后者指的是对合同条款的初步认证，但尚不具备法律效力，故翻译成
referendum contract 较为恰当。再次，要从法律概念上理解词义。译者
要熟悉法律专业术语，还要对法律词语的内容和结构进行分析，从而从
深层次上翻译术语。例如："诉讼参加人"不翻译成 litigant(仅仅指"诉
讼当事人")，而翻译成 litigant participant，因它指参与诉讼活动的人，
包括"当事人，第三人，共同诉讼人"等；"法律权限"不应该译成
authority of legal body，应译为 corporate power, power 是指"权力范围"。

最后，译者还要正确选择结构词，不能从源语字面来翻译术语。例如"合同双方"应译成 both parties to the contract。这里的介词 to 不能用 of 代替，因为 to 是指"作为一方参加某个机构"。"外国企业的所得税以人民币为计算单位"中的"以……"指的是以何种形式，所以不能翻译为 by means of 或 according to，而应选择 in terms of。

4. 长句的翻译

在句法翻译层面，首先要注意的是长句的处理。法律文体语言结构复杂严密，长句众多，句子结构完整，大部分是复合句。法律文件起草者为了把条文尽可能表达周全，会不厌其烦地运用各种附加语、修饰语、从句等附属成分，见缝插针，前后穿插，句中有句，所以语法关系复杂，究其原因，或许是为了显示自身知识渊博，或是为了完好地维护法律的公正性、规范性和权威性。翻译长句的关键是理解句子的逻辑关系，理清句子的脉络，抓住句子的主干，然后把长句中的辅助修饰成分以合乎译文逻辑习惯的语言表达出来。

【例 1】 With respect to customs duties and charges of any kind imposed on or in connection with importation or exportation or imposed on the international transfer of payments for imports or exports, and with respect to the method of levying such duties and charges, and with respect to all rules and formalities in connection with importation and exportation, and with respect to all matters referred to in paragraphs 2 and 4 of Article III,* any advantage, favour, privilege or immunity granted by any contracting party to any product originating in or destined for any other country shall be accorded immediately and unconditionally to the like product originating in or destined for the territories of all other contracting parties. (*GENERAL AGREEMENT ON TARIFFS AND TRADE*)

【译文】 在对进口或出口、有关进口或出口所征收的关税和费用方面，或对进口或出口产品的国际支付转移所征收的关税和费用方面，在征收此类关税和费用的方法方面，在有关进口和出口的

全部规章手续方面，以及在第 3 条第 2 款和第 4 款所指的所有
事项方面，*任何缔约方给予来自或运往任何其他国家任何产
品的利益、优惠、特权或豁免应立即无条件地给予来自或运往
所有其他缔约方领土的同类产品。(选自《关税与贸易总协定》)

【分析】该句包含词汇 117 个，是一个长句。翻译此句，首先应该抓住
句子的主干。句子的主干其实很简单，即 any advantage, favour,
privilege or immunity…shall be accorded…to the like product，翻
译成汉语就是"任何……利益、优惠、特权或豁免……应……
给予……同类产品"，而其他成分都是起修饰、限制和说明作
用的，提供或补充额外的信息。从 With respect to customs duties
and 到 in paragraphs 2 and 4 of Article III 显然是句子的状语；
granted by any contracting party to any product originating in or
destined for any other country 是一个后置定语，修饰主语 any
advantage, favour, privilege or immunity；immediately and
unconditionally 则是状语，说明谓语 shall be accorded 发生的方
式和状态；originating in or destined for the territories of all other
contracting parties 则又是定语，修饰限制宾语 the like product。
还应注意，汉语中的定语多置于被修饰成分之前；而在英语中，
单个词汇的修饰成分放于被修饰成分之前，短语和句子则放在
后面。如此分析之后，产生一个合乎逻辑的译文就不再困难了。

5. 重复手段的使用

由于法律文体的任务是规范及调节社会秩序，以体现统治阶级意
志，维护统治阶级利益，由于法律文体规范性、庄严性、强制性的特点，
由于法律文体被用于陈述案件事实及本质的特点，法律文体的翻译应该
使用陈述句，而不应该使用疑问句、祈使句或感叹句。我们迄今没有读
到过以上述后三种句式描写的法律条文。

另外，法律文体还绝大部分是以完整句式来表达的。无论是英汉还
是汉英翻译过程当中，应该尽量避免省略句子成分，不要害怕重复。以
此，可以避免因为省略而导致的法律条文含义残缺，从而给法律工作造

成困难与麻烦。

【例 1】Members which are parties to any agreement referred to in paragraph 1 shall promptly notify any such agreement and any enlargement or any significant modification of that agreement to the Council for Trade in Services. They shall also make available to the Council such relevant information as may be requested by it. The Council may establish a working party to examine such an agreement or enlargement or modification of that agreement and to report to the Council on its consistency with this Article.

(*GENERAL AGREEMENT ON TRADE IN SERVICES*)

【译文】属第 1 款所指任何协定参加方的成员应迅速将任何此类协定及其任何扩充或重大修改通知服务贸易理事会。它们还应向理事会提供其所要求的相关信息。理事会可设立工作组，以审查此类协定及其扩充或修改，并就其与本条规定的一致性问题向理事会提出报告。(选自《服务贸易总协定》)

【分析】此两段法律条文中，中文版共三个分句，与此对应的是，英文版也是三个分句。采用的全部是主语、谓语和宾语完备的完整句，都没有省略任何成分。所以，翻译法律文本时，为了避免出现漏洞，被人利用，产生纠纷，要不厌其烦地把法律事实和实质说清楚。

9.4 法律文体的术语与新词翻译方法

词汇是语言的基础，法律文体术语是法律的构成要素，是翻译法律文体语言的基础。Mellinkoff把法律语篇的词汇分为九类：1) 含有法律专业意义的普通词；2) 来自古英语和中世纪英语的罕用词；3) 拉丁词和短语；4) 普通词汇中不包括的法语词；5) 法律专业术语；6) 专业行话；7) 正式词语；8) 多义词语；9) 极端精确表达词语(杜金榜，潘庆云，1997)。法律术语是指"具有专门法学含义的语词"，反映的是一国法律体系中所特有的概念，与该国的历史、文化、社会生活、风俗习惯以及经济发展密切相关(陈小全，2006：4)。所以，法律文体术语和一国或地区的文化传统密切相关。既然各国或地区的文化既有重叠，更有差异之处，这同样会反映在法律文体专业术语领域。也就是说，法律制度和体系不同，其法律术语在概念上就会差别很大。那么，一种法律体系或制度下的法律术语在其他体系或制度下就很难找到完全对等的对应项。我们对法律文体术语的翻译讨论将从英汉两种法律体系中其术语的对应程度来展开。我们认为，英汉两种法律体系中的术语间存在着"基本对应"、"部分对应"和"零对应"三种现象。下面我们将一一加以阐述。

1. 基本对应

英美与中国的法律分别属于普通法系(或称之为"英美法系")和中国法系(或称之为"中华法系")(达维德，1984)。法律体系不同，导致法律文化、法律制度、法律思想、法律传统等等的不同。由于上述差异，导致了英汉两种法律体系之间在法律术语和专业词汇方面，只存在基本对应的对等项，而很少有完全对等的对应项。这一点和林巍(2006: 4)的分类"重叠对应"是大致相等的。他认为，汉英法律文化间的所谓"功能对应物"是呈现交叉状态的，也就是说，其中只有一部分，甚至是一小部分相重合，而且，对于它们的理解要依靠上下文的帮助才可得以实现。"基本对应"介乎"完全对应"和"部分对应"之间，我们用"基本对应"这个概念来说明，虽然汉英两种语言是截然不同的，其法律也分属于两种完全不同的法律体系，但是，世界各国的历史、政治、经济和文化的发展有相通之处，也许表面现象不同，也许表述的方式和角度不同，但实质是一样的。而"基本对应"阐述的就是英汉两种法律体系在法律文体术语层面重叠交汇之处。对于此类源语中的法律术语，在目的语中基本都能找到对应项。

例如：accused(刑事被告), ab initio(从开始), acquittal(罪名不成立), adjourn(休庭，押后), act or omission(作为或不作为), assize(巡回审查), burden of proof(举证责任), de facto fort(事实上的侵权行为), deed(契约),

defence(辩护), defendant(民事被告), dependant(受养人), disclaimer(弃权，否认), ex parte(单方), inter parte(双方), false imprisonment(非法拘/监禁), guarantee(保证), inter alia(其他，以外), hearing(听证), intra vires(权力以内), ultra vires(权力以外), ipso facto(事实使然), force majeure(不可抗力), void(无效)等等。

2. 部分对应

英汉法律文体在法律术语层面的部分对应，指的是在法律文体翻译实践中，译者经常遇到的法律概念或术语，它们看似对等，实则不然。这些法律术语在某些方面可能有局部的重叠或吻合，但又有着不同的侧重点。法律传统和法律思想不同，造就了法律术语的部分对应的现象。要理解和翻译这样的术语，需要深入理解各自不同的法律思想和历史传统，深入理解各自不同的法律体系及制度，深入透彻地研究所翻译的法律文体材料。不能仅仅停留在表面，而应该挖掘深层次的语用含义，然后找到对应项加以语际转换。应该避免掉入"形似而神不似"的陷阱。这里所指的对应项，当然并非绝对的"对应"或"对等"，而是从程度上说，应该尽可能的语用"对应"或"对等"。译者应该找出目的语中尽可能对等的法律术语，以翻译源语中的法律术语。

英语中的 not proven 常被翻译成汉语"证据不足"，此二概念看似对等，实则不然。汉语中的"证据不足"也不能翻译成英语 not proven。因为 not proven 指的是苏格兰法律中介于"有罪"和"无罪"裁决之间的第三种裁决，相当于宣判无罪或罪名不成立。显然，它和"证据不足"并不对等。所以，not proven 还是翻译成"罪名不成立"为好。如何翻译"法"、"条例"、"办法"、"规定"、"决定"等基本法律格式词语方面目前还存在一定的问题。很多译者会毫不犹豫地将它们翻译成 law, regulations, measures, provisions 及 decision，殊不知有些术语和它们的英译项也只是部分对应而已。首先，"办法"、"规定"和"决定"是否就一定要翻译成 measures, provisions 和 decision？需要注意的是，measures 和 provisions 是完全不能用来指法律文件的，decision 主要是指法院的裁决或决定，也是不能用来指代一部法律的。而英文法律中的

resolution 则比较符合汉语法律中的"办法"和"决定"的概念，是为对等项。另外，provisions 强调表达的是法律文件中的具体条款，与汉语法律术语"规定"也不对等，而"规定"翻译为 regulations 较为合适，因为两者是功能和语义都对等的法律格式词。至于"法"和"条例"的翻译，英语法律中 act, code 和 ordinance 则用得更多、更广泛。

3. 零对应

我们对英汉法律术语的新词对应状况的第三种分类称为"零对应"。中西方法律文化和法律传统迥异。西方有着悠久的法律传统和法律概念，因此形成了浓厚的法律文化；而古代的中国是"礼仪之邦"，占统治地位的是儒家思想及文化。在很多西方人眼中，中国缺乏"法"和"法制"的传统文化。因而，西方法学中的许多术语与概念在中国法律文化中找不到对等项。也就是说，中西法律文化的差异决定了其法律术语缺少对等项，导致了法律文体术语的"缺省"。翻译此类法律术语，需要以深厚的语言学知识和法学知识作为基础，需要译者具备开拓的精神和与时俱进的头脑。也许，意译加文外或文内注释、解释性翻译和创造新词不失为行之有效的解决方法。创造新词这个翻译法律术语的策略，在运用于翻译实践时必须十分慎重。不得不承认的是，直译和硬译虽不可取，但硬译有时确实是一种解决术语差异不得已而为之的权宜之计，能解决一些实际困难和问题，只是译出的效果差强人意而已。

英汉法律术语和新词的不对应性列举如下：法律汉语中的"差额选举"、"等额选举"、"统筹安排"、"厉行节约"、"量入为出"和"定罪量刑"在法律英语中都很难找到含义和功能都毫无缺失的对等项；法律英语中的术语 alibi, ombudsmen, lobby, equity, sheriff, mandamus, recorder 和 solicitor 在法律汉语中也找不到对应项(杜金榜，张福，袁亮，2004：3—73) 我们将上述分别翻译如下：multi-candidate election, single-candidate election, overall planning, practice strict economy, live within one's means, punishment fits the crime；"法庭答辩"，"调查员"，"民众接待室"，"公平，公正"，"行政长官"，"训令"，"记录员，书记员"和"(英)律师"。但很显然，无论是英汉翻译还是汉英翻译，翻译出来的结果和源语读者对于该术语的理解都有一定的差距，也就所谓的功能和语义的不对等。译者还可以在上述解释性的翻译之外，再添加一些文外或文内的注释，进一步说明该术语概念。比如，将"差额选举"翻译为 competitive election 之后，补充说明 a Chinese typical election in which candidates outnumber the posts to be elected and only those who win the most ballots can get the post。

9.5 法律文体的术语与新词翻译例析

以上讨论了术语和新词的翻译方法，在下面部分中，将结合实例来加以说明。

1. 巨额财产来历不明罪

译文 crime of possessing properties of unclear sources by public servants 显得冗长，且不够精确，翻译为 crime of huge unidentified property，相对于前一个译文来说言简意赅，表达准确。

2. 妨碍公务罪

译文 crime of interference of public function，由于 function 的概念不甚明了，故我们认为应该改译为 crime of interference with public performance，另一种译文 crime of interference with performance of official duties 则显得略微拖沓。

3. 非法拘禁罪

应该翻译成 crime of false imprisonment，而非 crime of illegal confinement。根据《牛津法律词典》(Elizabeth A. Martin)，非法拘禁并不一定指关在监狱里，任何完全剥夺行动自由的行为都是足以构成此罪。因此非法拘禁包括非法逮捕 (false arrest) 等。

4. 非法持有毒品罪

一种翻译是 carrying drugs illegally，另一种译文是 illegally possessing drugs。"持有"是否应该包含了生产、购买、运输、销售、使用等环节呢？也许一个简单的have就可以表达上述诸多"持有"的方式。所以，我们的译文是illegally having drugs。

5. 侵犯商业秘密罪

可译为crime of breaching business secrets，但crime of invasion of trade secrets似乎更妥当，因为breach强调的是"违反"的含义，而crime of breaching business secrets指的应该是非法透露商业秘密而导致的犯罪。

6. 赌博罪

显然应该翻译成crime of gambling，而非crime of betting，因为bet显然是指"打赌"，而非"赌博"。

7. 伪劣商品赔还法

有人翻译为Lemon law，但regulations on compensation for products in poor quality应该更妥当，因为Lemon law原意指的是"伪劣汽车退换法"。原译似乎犯了一个"以偏概全"的错误。

8. 诽谤罪

在我们看来，应该翻译为crime of defamation，因为defamation涵盖了口头和书面诽谤两个范畴。

9. 沉默权

应该译成privilege of silence，或者right to silence。因为这个"权"既是一种特权，也是人的一种正当权力。

10. 无罪推定

可以译为presumption of innocence，也可以译为innocence presumption，这是两个含义和功能都对等的翻译。

11. 犯罪嫌疑人

既可以简单地译成suspect，也可以是criminal suspect。

12. 不可抗力

可以译为act of God或force majeure。

13. 探望权

译文则较多，visitation rights, visiting rights, visitation privilege或the right to visit等，都是可行的。

14. 不得转让

我们认为更通用的是not negotiable; restricted只在有限范围内使用。

15. 不可更新资源

翻译为non-renewable resources / irrenewable resources, exhaustible resources也是一种选择。

9.6 法律文体篇章翻译例析

　　法律文体对篇章结构的要求特别高，这就要求译者在翻译时不能仅仅满足于传达信息，而要采取一切可能的词汇、语法、修辞、篇章等手段来再现源语的文体特征。又由于翻译从本质上来说是文化翻译，因此在翻译的过程中要保证文化信息的传达，保证目的语中源语文化没有增加或缺失。我们倡导的法律翻译理论为功能学派的对等理论，认为在法律文体的源文本和目的语文本之间必须达到一种对等，一种在法律信息、文化信息和社会功用等层面都处于平衡的对等。当然，这种对等，只能达到一定程度的对等，而非绝对的对等。译者应该使法律篇章的译语读者能够产生和源语读者相仿的读后效果。而且，这种相仿效果程度越高，说明该翻译越成功。反之亦然。

　　在关注对等的同时，译者又必须考虑翻译的目的。目的不同，决定了法律翻译的策略、手法、体裁、正规程度等等都不相同。而这些正是目的论(*skopostheories*)的精髓。目的论关注的是翻译的互动(interactional)及语用(pragmatic)层面，也就是说，翻译过程和翻译目的必须是互动的。翻译过程决定翻译目的，后者也反过来决定前者。同时，翻译行为以实际用途为导向，语言的使用决定翻译本身。下面，我们将结合实例来讨论法律文体篇章的翻译。

Paris Convention for the Protection of Industrial Property
Article 5
(A. Patents: Importation of Articles; Failure to Work or Insufficient Working; Compulsory Licenses. B. Industrial Designs: Failure to Work; Importation

of Articles. C. Marks: Failure to Use; Different Forms; Used by Co-proprietors.
D. Patents, Utility Models, Marks, Industrial Designs: Marking)

A. (1) Importation by the patentee into the country where the patent has been granted of articles manufactured in any of the countries of the Union shall not entail forfeiture of the patent.

(2) Each country of the Union shall have the right to take legislative measures providing for the grant of compulsory licenses to prevent the abuses which might result from the exercise of the exclusive rights conferred by the patent, for example, failure to work.

(3) Forfeiture of the patent shall not be provided for except in cases where the grant of compulsory licenses would not have been sufficient to prevent the said abuses. No proceedings for the forfeiture or revocation of a patent may be instituted before the expiration of two years from the grant of the first compulsory license.

(4) A compulsory license may not be applied for on the ground of failure to work or insufficient working before the expiration of a period of four years from the date of filing of the patent application or three years from the date of the grant of the patent, whichever period expires last; it shall be refused if the patentee justifies his inaction by legitimate reasons. Such a compulsory license shall be non-exclusive and shall not be transferable, even in the form of the grant of a sub-license, except with that part of the enterprise or goodwill which exploits such license.

(5) The foregoing provisions shall be applicable, mutatis mutandis, to utility models.

B. The protection of industrial designs shall not, under any circumstances, be subject to any forfeiture, either by reason of failure to work or by reason of the importation of articles corresponding to those which are protected.

C. (1) If, in any country, use of the registered mark is compulsory, the registration may be cancelled only after a reasonable period, and then only if the person concerned does not justify his inaction.

(2) Use of a trademark by the proprietor in a form differing in elements which do not alter the distinctive character of the mark in the form in which it was registered in one of the countries of the Union shall not entail invalidation of the registration and shall not diminish the protection granted to the mark.

(3) Concurrent use of the same mark on identical or similar goods by industrial or commercial establishments considered as co-proprietors of the mark according to the provisions of the domestic law of the country where protection is claimed shall not prevent registration or diminish in any way the protection granted to the said mark in any country of the Union, provided that such use does not result in misleading the public and is not contrary to the public interest.

D. No indication or mention of the patent, of the utility model, of the registration of the trademark, or of the deposit of the industrial design, shall be required upon the goods as a condition of recognition of the right to protection.

【参考译文】

保护工业产权巴黎公约

第五条

(A. 专利：物品的进口；不实施或不充分实施；强制许可。B. 工业品外观设计：不实施；物品的进口。C. 商标：不使用；不同的形式；共有人的使用。D. 专利、实用模型、商标、工业品外观设计：标记。)

A. (1) 专利权人将在本联盟任何国家内制造的物品输入到对该物品授予专利的国家的，不应导致该项专利的取消。

(2) 本联盟各国都有权采取立法措施规定授予强制许可，以防止由于行使专利所赋予的专有权而可能产生的滥用，例如：不实施。

(3) 除授予的强制许可不足以防止上述滥用外，不应规定专利的取消。自授予第一个强制许可之日起两年届满前不得提出取消或撤销专利的诉讼。

(4) 自提出专利申请之日起四年届满以前，或自授予专利之日起三年届满以前，以最后到期的日期为准，不得以不实施或不充分实施为理由申请强制许可；如果专利权人的不作为有正当理由，应拒绝强制许可。这种强制许可为非独占性的，而且除与利用该许可的部分企业或商誉一起转让外，不得转让，包括授予分许可证的形式在内。

(5) 上述各项规定准许用于实用模型。

B. 在任何情况下，对外观设计的保护都不得以不实施或以输入物品与受保护的外观设计相同为理由而予以取消。

C. (1) 在任何国家，如果注册商标的使用是强制性的，则只有经过适当的时期，而且只有有关人员不为其不使用进行辩护，才可以取消注册。

(2) 商标所有人使用的商标，在形式上与其在本联盟任一国家所注册的商标的形式只有细节的不同，而并未改变其显著特征的，不应导致注册无效，也不应降低对商标所给予的保护。

(3) 根据本国法律，作为商标共同所有人的工商企业，在相同或类似商品上共同使用同一商标，不应妨碍商标在本联盟任何国家内注册，也不应以任何方式减少对该商标所给予的保护，如果这种使用不会误导公众，并且不违背公共利益。

D. 不应对商品提出表示或载明专利、实用模型、商标注册或外观设计保存，以作为承认取得保护权利的一个条件。

【分析】

首先，翻译一种文体，首要的问题就是翻译它特有的词汇及表达方式。翻译法律文体的首要任务也就是翻译法律文体的术语及专门用语以准确传达文本的意义。上文的实例取之于《保护工业产权巴黎公约》的第五条，是该文件关于该领域的全部条文，所以完全可视作一个完整的法律语篇。该篇章中术语及专门用语很多，英文条款中有 patentee, patent, entail, forfeiture, legislative measures, compulsory licenses, abuse, file, patent application, grant of the patent, expire, inaction, non-exclusive, transferable, sub-license, mutates mutandis(源于拉丁文，表示"已作必要的修正")等等。汉语法律条文中，上述术语分别被翻译"专利权人，专利，导致，取消，立法措施，强制许可，滥用，提出，专利申请，授予专利，届满，不作为，不是独占性的，转让，分许可证，准予"。从上述术语翻译可以看出，译者很好地理解了术语在具体语境中的含义及体裁，并完好地将它们转换成了汉语。从而，在法律术语翻译层面上，英汉两种篇章达到了很好的对等。

法律措辞体裁方面，可以很清楚地看到，无论英语还是汉语法律篇章，用词都极其规范、正式、庄重和书面语化，如 entail(导致)和 alter(改变)等，非正规和口语化的表达都是法律文体翻译过程中应该尽量避免的。还有，为了明白无误地表达法律条文的含义，杜绝漏洞和误解的出现，很多概念或表述，在上文已经出现过的情况下，下文一般不会用代词去代替它们。如在英语篇章 C 点 3 款中，即使看上去代词的使用并不会引起理解上的偏差和语法上的混乱，mark 仍然重复出现了三次。汉语篇章中也重复了三次"商标"。由此可见，代词在法律文体翻译中是没有很大的用武之地，译者应该遵循这条准则。那么，法律文体用词必须精确，是否意味着，必须排除那些表意含糊的词语呢？在英语篇章中，使用了 a reasonable period, identical or similar, in any way, indication or mention 和 forfeiture or revocation, industrial or commercial establishments 等含义相对模糊的表达。它们非但不是失误，而是必须的，专门用于表达法律条文中的模糊概念，或称之为习惯套话，或成对使用的近意表达，以便在争议发生时为自己留下主动权和解释的余地。法律汉语篇章的翻译也是灵活的："适当的期间"、"相同或类似"、"以任何方式"、"表示或载明"和"取消或撤销"、"工商企业"，正所谓模糊对模糊，灵活对灵活。对于此类表达，直接的语际转换就可以达到翻译的目标。

词汇层面翻译的最后一点，恐怕是法律文体中情态动词和时态的问题了。法律文体表达其权威性、命令性、庄严性的手法很多，其中最重要的一条就是，法律英语大量使用 shall, may, may not, ought to 等情态动词和其他命令性词汇。另外，时态也是表达权威性及命令性的一个重要手段。一般时态的使用使读者具有客观、斩钉截铁、权威的感觉，令人不容置疑。在翻译实践中，无论英汉还是汉英翻译，这一方面也是对应的。只是汉语缺少词形的变化，所以就无法使用时态手段奏效了。所以，英译汉时，应该运用更多的词汇手段，以弥补此方面的不足。

　　在法律文体句法翻译层面，我们首先讨论的是长句的翻译。法律文体是非常正规的文体，为了表意完整而不留漏洞，为了法律文体的权威性和庄严性，法律文体中会使用很多的长句，而且从句和修饰成分很多，句子结构完整，大部分是复合句，这一点在上述无论英语还是汉语篇章中都是非常显著的，英语篇章尤其如此。翻译法律文体的长句，首要的是要理清句子的逻辑关系，抓住句子的主干，弄清主次。特别要注意的是，不要机械地转换源语法律文体的句子，要使翻译出来的作品符合目的语的语言习惯及逻辑，"欧化的汉语法律语言"或"汉语化的英语法律语言"都是不可取的。上述法律条文的第 C 点 3 款就是一个很好的例子。

练习题

1. 中华人民共和国涉外经济合同法[A]

第七条　当事人就合同条款以书面形式达成协议并签字，即为合同成立。通过信件、电报、电传达成协议，一方当事人要求签订确认书的，签订确认书时，方为合同成立。

　　中华人民共和国法律、行政法规规定应当由国家批准的合同，获得批准时，方为合同成立。

第八条　合同订明的附件是合同的组成部分。

第九条　违反中华人民共和国法律或者社会公共利益的合同无效。

　　合同中的条款违反中华人民共和国法律或者社会公共利益的，经当事人协商同意予以取消或者改正后，不影响合同的效力。

第十三条　合同应当视需要约定当事人对履行标的承担风险的界限；必要时应当约定对标的的保险范围。

第十四条　对于需要较长期间连续履行的合同，当事人应当约定合同的有效期限，并可以约定延长合同期限和提前终止合同的条件。

第十五条 当事人可以在合同中约定担保。担保人在约定的担保范围内承担责任。

2. 中华人民共和国商标法[A]

第五十三条 有本法第五十二条所列侵犯注册商标专用权行为之一，引起纠纷的，由当事人协商解决；不愿协商或者协商不成的，商标注册人或者利害关系人可以向人民法院起诉，也可以请求工商行政管理部门处理。工商行政管理部门处理时，认定侵权行为成立的，责令立即停止侵权行为，没收、销毁侵权商品和专门用于制造侵权商品、伪造注册商标标识的工具，并可处以罚款。当事人对处理决定不服的，可以自收到处理通知之日起十五日内依照《中华人民共和国行政诉讼法》向人民法院起诉；侵权人期满不起诉又不履行的，工商行政管理部门可以申请人民法院强制执行。进行处理的工商行政管理部门根据当事人的请求，可以就侵犯商标专用权的赔偿数额进行调解；调解不成的，当事人可以依照《中华人民共和国民事诉讼法》向人民法院起诉。

3. Patent Law of the People's Republic of China[C-A]

Article 19 Where any foreigner, foreign enterprise or other foreign organization having no habitual residence or business office in China applies for a patent, or has other patent matters to attend to, in China, he or it shall appoint a patent agency designated by the patent administrative organ under the State Council to act as his or its agent. Where any Chinese entity or individual applies for a patent or has other patent matters to attend to in the country, it or he may appoint a patent agency to act as its or his agent. The patent agencies should abide by the laws and administrative regulations and should deal with patent applications and other patent matters according to the commissions of the clients. Except for those applications that have been published or announced, the agencies should bear the responsibility for keeping confidential the content of its clients' inventions-creations. The administrative regulations for administering the patent agencies shall be formulated by the State Council.

Article 20　Where any Chinese entity or individual intends to file an application in a foreign country for a patent for its or his domestic invention-creation, it or he shall file first an application for patent with the patent administrative organ under the State Council and, shall appoint a patent agency designated by the said organ to act as its or his agent, and shall abide by the prescriptions of Article 4 in this law. Any Chinese entity or individual may, according to the international treaties concerned to which China is a party, file an international application for patent for its or his invention-creation. The applicant for the international application should abide by the provisions of the preceding paragraph. The patent administrative organ under the State Council shall handle the international application for patent in line with the international treaty to which China is a party, this law and the administrative regulations concerned made by the State Council.

Article 21　The patent administrative organ under the State Council and the patent reexamination board subordinated to it shall handle patent applications and requests concerned according to law and in the spirit of objectiveness, justice, precision and punctuality. Until the publication or announcement of the application for a patent, staff members of the patent administrative organ and other personnel involved have the duty to keep its content confidential.

4. Foreign Trade Law of the People's Republic of China[C-A]

Article 29　Where a product is imported in such increased quantities as to cause or threaten to cause serious injury to domestic producers of like or directly competitive products, the State may take necessary safeguard measures to remove or ease such injury or threat of injury.

Article 30　Where a product is imported at less than normal value of the product and causes or threatens to cause material injury to an established domestic industry concerned, or materially retards the establishment of a particular domestic industry, the State may take necessary measures in order to remove or ease such injury or threat of injury or retardation.

Article 31　Where an imported product is subsidized in any form directly or indirectly by the country of export and causes or threatens to cause material injury to an established domestic industry concerned or materially retards the establishment of a domestic industry, the State may take necessary measures in order to remove or ease such injury or threat of injury or retardation.

5. Agreement on Textiles and Clothing

20. Where such a measure is applied using non-tariff means, the importing Member concerned shall apply the measure in a manner as set forth in Paragraph 2(d) of Article XIII of GATT 1994 at the request of any exporting Member whose exports of such products were subject to restrictions under this Agreement at any time in the one-year period immediately prior to the initiation of the safeguard measure. The exporting Member concerned shall administer such a measure. The applicable level shall not reduce the relevant exports below the level of a recent representative period, which shall normally be the average of exports from the Member concerned in the last three representative years for which statistics are available. Furthermore, when the safeguard measure is applied for more than one year, the applicable level shall be progressively liberalized at regular intervals during the period of application. In such cases the exporting Member concerned shall not exercise the right of suspending substantially equivalent concessions or other obligations under Paragraph 3(a) of Article XIX of GATT 1994.

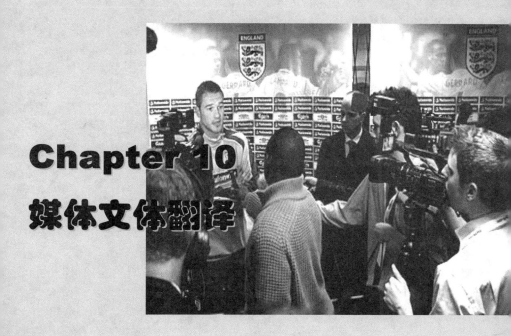

Chapter 10
媒体文体翻译

媒体或称"传媒"、"媒介",是传播信息的载体,即信息传播过程中从传播者到接受者之间携带和传递信息的一切形式的物质工具。1943 年,在美国图书馆协会的《战后公共图书馆的准则》一书中,首次将媒体(media)作为术语使用,现在已成为各种传播工具的总称。

随着人类技术变革的不断发展,媒体也演变为"传统媒体"和"新媒体"两种表现形式。传统媒体把世界划分为生产者和消费者两大阵营,这是一种"一对多"的传播,如报纸、电视和广播等。新媒体可以简单表述为:由所有人面向所有人进行的传播,是一种"多对多"的传播,它使每个人不仅有接受的机会,而且有参与的条件,如网络、手机等。

媒体文体就是媒体的体裁、样式,是媒体传播具体而又不同的载体形式,是事实在报道中呈现出的信息内容、表达特色和结构方式的整体形态。本章所讨论的媒体文体主要侧重于新闻媒体文体。

10.1 媒体文体的文体特点

从文体角度来认识,媒体在表达上的共同特征是:准确、明了、简洁、活泼。所谓准确,是指新闻报道在用词时要严谨、规范,不夸大其词。明了,通常是指语言明白、通俗。简洁,就是在表述时要用精练的文字表现内容,去除可用可不用的词句。宁用短句,不用长句;宁用简单句,不用复合句。活泼,就是要具体、形象、生动,要用具体叙述和描写的语言,使读者得到关于事物的真实印象;要用形象化的语言,描述大家生疏的信息;要用生动的事实叙述,来说明信息所蕴涵的深刻道理。从结构方式的整体形态上看,媒体文体常见的体裁主要有三大类:消息(news)、特写(features)和新闻评论(commentaries and columns);其中,消息又包括简讯(news brief)、新闻报道(straight reporting)和深度报道(in-depth reporting)。

10.1.1 媒体文体的词汇特点

1. 准确明了

"真实"被媒体视为"生命"，"受众易于理解"是所有媒体在传播效果方面的追求之一。因此，媒体文体在用词上具有准确明了的特点，在标题和导语中，这一特点显得尤为突出。

【例 1】Iran's president proposes TV debate with Bush (标题)

(XINHUA Online, 28th, August 2006)

【例 2】The Chinese People's Liberation Army (PLA) has conducted a war exercise at a north China training base to test its high-technology combat capabilities. (导语)

(Chinanews.cn, 25th, August 2006)

上述两例中，均运用明了的词语，准确地向受众交代了新闻事实的主要构成因素(即：who, when, where, what, why, how。这六个要素通常被简称为"5W1H")。例 1 作为标题，介绍了何人、何事、如何；例 2 用作导语，则陈述了何人、何时、何地、何事、何故、如何。

2. 倾向性用词

在长期实践活动过程中，媒体形成了自己的一套惯用词语——"媒体词语"。这些常用"媒体词语"，一般都具有读者熟悉、短小精悍的特点。使用这些词语，不仅能使读者易于理解，而且还能够节省篇幅，并有利于保证新闻的时效。如倾向用 rap 来表示 to speak severely to, to blame, to punish；用 story 来代替 news item 或 news report；而 probe 一词则被用指 news investigation。如此等等，不胜枚举。且看下列例句：

【例 1】A high-level meeting at the United Nations of <u>key</u> international partners in the Middle East peace process today welcomed efforts to form a Palestinian national unity government…

(UN NEWS CENTER.com, 20 September 2006)

喜欢用 key 来代替 important 或 vital。

【例 2】 Secretary-General Kofi Annan said on Wednesday that…the diplomatic Quartet on the Middle East, which includes the UN, will <u>meet</u> next week… (UN NEWS CENTER.com, 21 September 2006)

倾向用 meet 来顶替 hold a meeting。

【例 3】 Followers of radical Shi'ite cleric Moqtada al-Sadr said US forces had arrested one of Sadr's top <u>aides</u>, Salah al-Obeydi, at his home in the holy city of Najaf. (Chinadaily.com, 21 September 2006)

青睐 aide 而弃用 high-level assistant or official。

【例 4】 Thailand's new military ruler, winning crucial royal <u>backing</u> for its bloodless coup… (Chinadaily.com, 19 September 2006)

习惯用 backing 而不用 support。

3. 新词频出

新词频出的目的，一是为了追求新奇以吸引读者的耳目，二是为了达到简明和节约版面的效果。媒体界推出新词的常见手段有如下几种。

(1) 旧词赋新义。通过词义延伸和借用社会各界的行业用语以及外来词语来表达新的含义。

【例 1】 The <u>sea-saw</u> period in China's economic development may now come to an end. (*Financial Times*, November 23, 1982)

sea-saw 原义为"跷跷板"，一种儿童游戏玩具，但此处却把词义延伸为上下或前后摆动，即"不稳定"。

【例 2】 Also, confirm that a school offers the full range of courses you'll need to complete your degree at a distance, "some institutions grossly exaggerate their online <u>presence</u>", warns Robert Tucker, president of inter Ed, a phoenix-based education research firm.

(*U.S. News and World News*)

这里 presence 指原文中的 course，即网上"课程"或"教程"。

【例 3】 Former Serb leader Slobodan Milosevic was found dead in his prison cell Saturday, abruptly ending his four-year U.N. war crimes trial for <u>orchestrating</u> a decade of conflict that ended with 250,000 dead and the Yugoslav federation torn asunder. He was 64.

(Chinadaily.com, May 3, 2006)

美联社的相关报道在形容"米洛舍维奇因策划发动了长达 10 年之久的政治冲突而被国际法庭审讯"时，用了 orchestrate 一词，在这里 orchestrate 可以解释为 to arrange or combine so as to achieve a desired or maximum effect。在西方人看来，米洛舍维奇在塞尔维亚实施的是独裁统治，所谓的灭绝行动是在米洛舍维奇的策划下，有组织有规模进行的。orchestrate 的这一含义与其名词形式 orchestra 联系颇深，orchestra 原指"包括弦乐、木管乐器、铜管乐器及打击乐器在内的管弦乐团"，要使一场音乐会达到预期效果，这些乐器必须有序地结合，由此，orchestrate 在此表示"组织，协调，策划"之意。

【例 4】I have no present intention of endorsing candidates for other offices in the November 7 elections. We are all running independent campaigns. I've never believed in a package deal.   (*Newsweek*)

a package deal 原为商业用语"一揽子交易"。

又如，从军事用语中，媒体英语吸收了 flagship(头等大事)，从赌博业中借用了 showdown(摊牌)，从体育中借用了 knockout(击败)等。而外来词语有如：coup de theatre(非常事件，源自法语)，swindler(骗子，源自德语)，zen(禅宗，源自日语)，renegade(变节分子，源自西班牙语)等等。

(2) 临时造词。由于新生事物层出不穷，或因语言文化上的差异，在传播相关信息时，媒体往往面临相应表达词语缺失的窘境。在此情况下，媒体会被迫按照一定的原则临时造词。这也是使相关语言的词汇得以丰富和发展的源泉，其常用手段如下。

1) 杜撰(coinage)

taikonaut	中国太空人/航天员
paper tiger	纸老虎
dot com	公司域名
pizazz	精力，潇洒

2) 派生(derivation)

moneywise	在金钱方面
supercrat	高级官员
zipgate	性丑闻
cybercommunity	虚拟社会

3) 复合(compounding)

mousemat	鼠标垫
heartmen	换心人
atobomb	原子弹
thumbsuck	安抚

4) 缩合(blending)

Reaganomics	里根经济学
smog	烟雾
nukes	核武器
Euromart	欧洲共同市场

5) 截短(clipping)

biz	business
Aussie	Australian
homo	homosexual
rep	representative

(3) 临时构词。为了追求新奇和诙谐方面的情感色彩、丰富表达手段，媒体英语常用连字符号(hyphen)"-"而自由联缀成词。

【例 1】On November 29, 2004, the 6th <u>China-Japan-ROK</u> Leaders' Meeting was held in Vientiane, the capital city of the Laos.

【例 2】He said the results reflect the <u>love-hate</u> relationship many Chinese citizens have with the United States.

4. 首字母缩略

为节省篇幅和传播及时，新闻报道还常使用首字母缩略的方法。如：

SARS (severe acute respiratory syndrome) 萨斯病/严重急性呼吸系

新世纪翻译学 R&D 系列著作

统综合征

AIDS (acquired immure deficiency syndrome) 艾滋病/获得性免疫缺
陷综合征

ISDN (Integrated Services Digital Network) 综合业务数字网

TMDI (Theater Missile Defense Initiative) 战区导弹防御倡议

NATO (North Atlantic Treaty Organization) 北大西洋公约组织

SALT (Strategic Arms Limitation Talks) 限制战略武器会谈

5. 固定套语

媒体文体在实践还形成了一些固定的套语。例如：

according to…(eyewitness, AP reports, sources concerned, spokesman
etc.) 据目击者，美联社，有关方面，发言人等

informative sources / well-informed source 消息灵通人士

in response to allegation in… 就……的提法发表评论

said news 马路消息

No comments. 无可奉告。

Not so, not yet. 不置可否。

preferred not to be identified 不愿透露姓名的

quoted as saying (cited as saying)… 援引……的话说

with guarded reserve 持审慎态度

10.1.2 媒体文体的句法特点

为满足"时新性、重要性、接近性、显著性和趣味性"等新闻价值
最大化的要求，媒体在激烈的竞争发展中，在句法层面上形成了独有的
特点。

1. 标题的时态倾向用现在时

标题所使用的时态则倾向用现在时，可对读者产生一种"某事正在
发生"的印象，从而增强其新鲜感、直接感、真实感和现实感，以达到
引人注意的目的。

【例 1】China <u>Urges</u> Japan's "Positive" Response to Hu's Remarks.

(Xinhua News Agency, April 18, 2006)

【例 2】Hu Jintao <u>Concludes</u> Five-Nation Tour and <u>Leaves</u> Nairobi for Home.

2. 标题常用省略或借助标点来表达相关含义

为了在有限的标题篇幅内尽量多安排实义词，使标题言简意赅，英语新闻标题常常省略一些无关紧要的词(如下述例句中的黑体词)，或借助标点来表达相关含义，但这些手段均以不妨碍读者的理解为前提。

【例 1】Last Two Beirut Hostages "To Go Free"

完整的句子应为：**The** last two hostages **in** Beirut **are** "To Go Free" 引号表明了时态、道出了人们的期盼的同时，也起到了强调作用。

【例 2】Economy Grows Slowly As Unemployment, Inflation Rise— Economists

完整的句子应为：Economists say that the economy grows slowly as the unemployment and inflation rise.

3. 常采用扩展的简单句

为力求让较小的篇幅容纳较多的信息量，媒体英语常采用扩展的简单句(expanded simple sentences)，其方法是频繁地使用状语、同位语、定语、介词短语、分词短语等语言成分。大量使用或增加修饰限定词的数量，可让句式不致过于复杂，受众也易于理解。下列一则报道中画线部分可作此说明。

Armenian Airliner Crashes into Black Sea, <u>Killing 113</u>

<u>An Armenian passenger</u> plane crashed <u>early Wednesday into</u> the Black Sea <u>off the coast of the southern Russian resort of Sochi, killing all 113 people on board</u>, Russian media reported.

Wreckage <u>from the Armenian passenger aircraft</u> has been found <u>in</u> the Black Sea <u>some six km from shore,</u> and rescue workers so far have found eight bodies <u>at</u> the site, Russian news agencies <u>quoted</u> Emergency Situations Ministry officials <u>as saying.</u>

The Airbus 320 was traveling <u>from the Armenian capital Yerevan to</u> <u>the Black Sea resort of Sochi</u> and vanished <u>from radar screens near Sochi at</u> <u>about 2:15 a.m.</u> <u>(2215 GMT Tuesday)</u>, Itar-Tass quoted Viktor Beltsov, <u>deputy head of Russia's Emergency Situations Ministry's information</u> <u>department</u>, as saying.

The Emergency Situation Ministry said the plane belonged to the Armenian airline Armavia.

Beltsov has said <u>earlier</u> that <u>according to preliminary information</u>, there were 113 people <u>on board</u>, <u>including six children</u>.

Beltsov said weather conditions were poor <u>at the time the plane crashed</u>.

Armenian airline officials said they believed the crash was <u>due to</u> the stormy weather.

The emergencies ministry had sent an amphibious plane <u>to the scene of</u> <u>the crash</u>, the RIA news agency said. Boats and divers <u>were involved in</u> the search <u>but</u> heavy rain and poor visibility were complicating the operation.

(Xinhua News Agency, May 3, 2006)

4. 多用主动语态

语态方面，多用主动语态，但为了叙事的客观和便利，有时也使用一些被动结构。如上述报道中句子：

【例 1】 Wreckage from the Armenian passenger aircraft <u>has been found</u> in the Black Sea some six km from shore, and rescue workers so far <u>have found</u> eight bodies at the site, Russian news agencies <u>quoted</u> Emergency Situations Ministry officials as saying.

【例 2】 It is the fourth time Hu <u>has addressed</u> the three-day UN summit. On the second day of the summit, heads of government and state from more than 170 countries <u>stressed</u> in their speeches the need to reform the UN, to fight terrorism and to continue efforts to achieve the UN's Millennium Development Goals (MDGs).

(*China Daily*, September 17, 2005)

5. 广泛使用直接引语或间接引语

为了彰显媒体报道的真实性、生动性和客观性，常常广泛使用直接引语或间接引语。

【例 1】 "Under the new situation, the maintenance of healthy and stable growth of Sino-Japanese ties complies with the fundamental interests of the two peoples and the common aspiration of the international community," Tang said.

　　"Sino-Japanese ties now face certain difficulties. Such a situation should be promptly reversed," Tang said.

(Xinhua News Agency, May 2, 2006)

【例 2】 Sri Lankan police said the bomber was believed to be a member of the Liberation Tigers of Tamil Eelam (LTTE).

　　Qin said China had been watching developments in Sri Lanka and supporting its government's efforts to promote national stability, reconciliation of ethnic groups and economic growth.

(Xinhua News Agency, *China Daily*, April 28, 2006)

6. 常用举偶/提喻的修辞手法(synecdoche)

借典型名词喻指相关的内容，既简洁又意含丰富。

【例 1】 The White House today threatened for the first time to veto of the bill creating Homeland Security Department that was once embarrassed by both parties.

(*The New York Times*, July 26, 2002)

【例 2】 Republicans narrowly retained control of the House in November.

(*International Herald Tribune*)

例 1 中，用白宫 White House 来代指美国政府。例句 2 中用 House 来代美国国会，用 November 代指美国选举。

7. 固定套句的使用

媒体文体在其传播发展过程中形成了一些较明显的固定套句。如：
It has been calculated (proved, viewed, shown...) that ...

It has recently been brought to us that…

It is alleged (arranged, asserted, declared, demonstrated, enumerated, established, noticed, preferred, universally considered…) that…

It may be argued (recalled) safely said…

10.1.3　媒体文体的语篇特点

如前所述，媒体文本总体来说是信息型文本，以传播资讯为目的，要求准确、明了、简洁、活泼，尽管不同题材、文类、传播载体的媒体文本具有各自的特点。

大体上说，媒体文体中的消息和特写的主体结构是由标题、导语、正文三部分组成。

标题(headline)：概括浓缩全文的中心或实质性内容。

导语(lead or introduction)：通常为文章的第一段，用来提供主要话题和主要事实。

正文(body)：在导语的基础上，引入更多的与主题相关的事实，使之更加翔实、具体。有时还展开评论，进而得出结论。

从形式结构上看，用得较多的表达结构形式可概括为三种：倒金字塔式(the inverted pyramid form)、并列式(parallel form)和时间顺序式(chronological order)。

倒金字塔式结构，主要适合于时效性强、事件单一的突发性新闻，可以将最重要、最新鲜、最精彩的新闻事实放在消息的最前边，将次要的放在后边。这样做，既有利于记者写作，也便于编辑对稿件的处理。但由于它打破了传统的叙事常规，对新闻事实内部的过渡与衔接便提出了更高的要求。

并列式结构，是把新闻事实的几个内容并列起来，主要适合于经验性、综合性新闻的写作。这种结构形式便于叙述，条理清楚，但也有主次不明、形式呆板的缺陷。

时间顺序式结构，是按照事件发生的时间顺序来写作，适合于故事性较强的新闻。其特点是有头有尾，叙述完整；缺点是容易松散，将主题淹没于事实的叙述中。

消息报道或特写报道一般采用"倒金字塔形式"，其特点是按新闻报道最重要的 5W1H 头重脚轻地安排材料，把新闻的高潮和结论放在最前面的导语里，然后以事实的重要性递减的顺序来安排(in the order of descending importance)材料。在实际运用中，更多的是这三种形式穿插使用。比如，在并列式的局部叙述中运用倒金字塔式，以便分清局部内容的主次；在时间顺序式的开头运用倒金字塔式，以设置悬念调动受众的阅读兴趣。

媒体评论的结构，结合信息内容和传播表现形式，大致上可分为以下四种：1) 顺序结构。由开头、中间和结尾所组成。2) 逻辑结构。按提出、分析和解决问题的形式来展开。3) 论述结构。包含立论、引论和结论。4) 随机结构。实际传播时，随机而定。

10.2 媒体文体的语域特点

媒体文体的语域中的相互联系的三大参数呈现出以下特点。

语场方面，媒体文体是媒体工作者通过载体选择性地针对某种"事实"而形成对"事实的报道"、"传播"，让受众参与对事实的信息变化的认识和反映这一活动过程，以及在此过程中所使用的语言。某种事实能否成为媒体信息主要取决于该事实所具有的新闻价值(news value)的大小。

媒体文体的话题，按内容可分为：政治新闻(political news)、文化新闻(culture news)、科技新闻(technological news)、经济新闻(economic news)、体育新闻(sports news)、暴力与犯罪新闻(violence and crime news)、灾难新闻(disaster news)、讣告(obituary)、娱乐新闻(entertainment news)、天气新闻(weather news)。按所发生的地域和范围可分为：地方新闻(local news)、国内新闻(home news)和国际新闻(world news)。

　　尽管媒体文体总体上要求语言简练、明白、易懂，但不同的话题明显地左右着其语言的使用。政治新闻、灾难新闻、讣告的语言大多用词庄重、严肃，并在一定的程度上表现某种倾向和情感；文化新闻、科技新闻、经济新闻、体育新闻、娱乐新闻、天气新闻则难免会使用一些相关专业的词汇。对此，媒体常常要增加一些解释的内容。

　　由于媒体文体传播载体的不同、受众群体的特点不同，相应表现出不同的语式特征：

　　平面媒体文体(报纸、杂志等)多以"书面"交流为主。

　　电子媒体形成了独具适宜各自传播技术的特色：广播更重视调动人的听觉思维，在语言上力求口语化，多用短句，避免使用引起歧义的语词，声情并茂地使受众不费力气地了解到所传播的内容。

　　电视则让"新闻向视觉化、特写化、镜头化发展，给人以形象的直观的启示和教育"(周胜利，1997：62)，充分重视发挥信息对受众视觉、听觉的冲击力。

　　广播和电视媒体语言的共同要求及特点是：清晰准确，连贯完整，简单明了，规范化，口语化，力求将受众的听觉和声画所提供的信息内容完美结合在一起。

　　此外，广播和电视媒体还经常采用"内容提要"、"精彩片段介绍"这些独具特色的文体，旨在抓住观众的注意力，提高收听、收视率。

　　网络在报道形式方面融合传统媒体的精华，推陈出新，形成了独具特色的"网络文体"——即以网络为平台，综合运用音、画、文字等多种元素，突出形式多样性、传受互动性的表达方式，拓展了新闻报道方式的种类，形成自身的独特风格：形式多样，版面活泼，互动性强。网站首页的编排模式借鉴了杂志目录的形式却又超越了纸质媒体的传统编排模式——各大网站的首页一般不登载全文，而是汇集了各种栏目、图片和标题，待点击后才能阅读全文。这种编排模式简洁而活泼，对报纸头版的编排方式产生了借鉴性的影响。

　　网络媒体独具特色地开设了"网上直播"和"视频报道"。视频专区不但可以在新闻发生时进行"网上直播"，受众还可以在电视音画已逝后的任意时段不限次数地点播，细细品味，领略视听新感受。"资料链接"、"背景链接"有利于使新闻深化，使信息透明化，并使传播方式多样化。网络为了调动受众的参与性创设了多种互动方式：网络论坛(BBS)、网上调查、网站热线和 email。这些互动方式的最大特点就是自主性、时效性强，特别是在"网络论坛"上，各种观点交汇，成了名副其实的"观点的集市"。

值得注意的是，各种媒体文体在语式上正在相互取长补短地发展。

从语旨的角度来看，虽然所有的媒体都无一例外地标榜在传播信息时是持客观、公正的立场，但在实际过程中，无不是在竭尽所能地利用各种方式表达自己所代表的政治立场、思想观点，并竭力影响受众立场、思想和行动。

媒体传播学认为，"谁传播、传播什么、传播渠道、向谁传播、传播动机、传播情景、传播效果"这七大要素构成了传播过程的整体，它们之间相互联系，彼此制约。美国学者 H·拉斯维尔把传播的过程归纳为五要素(传者、信息、媒介、受众、效果)的互动关系与活动过程。由此可见，在媒体文体中，语场、语式和语旨相互影响、相互制约的特点表现得尤其明显。

10.3　媒体文体翻译的理论与方法

10.3.1　媒体文体翻译的理论

媒体文体翻译理论的建立和发展，是一个在媒体信息传递的实践活动之中形成具有自身特点的动态过程，是在原有翻译理论基础上，综合吸收了多门学科营养的产物。

传播学研究表明，大众传播具有四大功能：检测环境、协调关系、传承文化、调节身心。相对应的传播研究为：控制分析、内容分析、媒介分析、受者分析和效果分析。美国学者 J·赖利和 M·赖利提出的"社会类型论"认为：不同社会类型的受传者有不同的选择信息的特征，从而对媒体的信息有不同反应。

对媒体文体翻译的主体、载体、客体、受体等诸方面进行系统性的研究发现：译文的内容、译者的技法和效果的选取，受制于译者、媒体机构和受众等各方面因素的影响。

这些研究对媒体文体的翻译理论的研究具有很大的启发。

目前，在媒体文体翻译理论中得到普遍应用的有"全译"和"变译"。

全译要求译者在翻译时，忠实于原媒体信息的内容并保持其风格，译者的创造性仅表现在词句和修辞手段的选择上。全译的方法和技巧有：加词、减词、词义引申、词类转换、成分改变、关系转移、反面着笔、断句等等，大都在句内展开。采用全译的目的是为保障新闻信息的真实，力求不减少原信息，力争使译文与原文达到最大限度的相似。

但是，媒体传播的特点要求媒体翻译不能囿于原语与译语之间的两极界限，将翻译中的信息传递看成静态封闭系统，因一味遵守"信、达、雅"标准而忽略了其过程中许多其他因素。在"全译"理论旗帜下的新闻翻译活动，并不能完全达到传播的理想效果。以黄忠廉为代表的学者所总结提出的"变译"理论突破了传统的翻译标准"信"或"忠实"的束缚，在一个新的学术维度上扩展了翻译理论的空间。

变译是相对于全译提出来的。变译原因是为满足特定条件下的特殊需求，采用增、减、编、述、缩、并、改等手段从宏观上改变原作。变译理论给国际新闻的摘译、缩译、编译、译述等行为提供了理论依据。采用变译法，不仅可使译者省时、省力，省版面、省空间，其优点还更在于在翻译时可变通处理好利益、立场、意识、文化等方面的差异。

10.3.2 媒体文体翻译的方法

媒体语句的特点是结构简单，语法手段丰富，信息量大。译者在进行媒体翻译时，必须本着科学、严谨的态度，遵循汉、英两种语言的科学规律和使用习惯，努力增强译后作品的准确性和可读性。翻译时，要照顾文体特点，在语域及语用选择上使译文"适如其所译"。

总体上看，媒体文体翻译过程一般有理解原文、翻译表达和检查修改三个阶段。

1. 标题翻译

在新闻中，"标题被视作报道全文的缩写"，为了尽量吸引受众，编辑往往运用各种修辞手段，力争使新闻标题更具吸引力。翻译者需力争把原标题的意义和风格以目标语形式再现出来。为此，翻译时应兼顾三个方面：准确理解标题，领悟其妙处；适当照顾译文特点，增强可读性；在文化背景缺失的情况下，注意译文的可接受性。由此可知，标题翻译过程，是一个综合运用语言学、翻译学、美学、传播学的过程。广大新闻传播工作者在实践中做出了许多值得借鉴的探索，综合唐见端等对新闻标题翻译技巧的总结，在标题翻译时，可采用以下方法。

(1) 直译或基本直译新闻标题。直译和意译各有长短。就英语新闻标题翻译而言，如果标题的含义明白，译后读者不至于产生理解上的困难，可考虑采用直译或基本直译。比如：

【例 1】Olympics Begin in Style; Swimmer Takes 1st Gold

【译文】奥运盛装开幕　泳将喜夺首金

【例 2】UK's oldest person dies at 115

【译文】英国第一寿星谢世，享天年百岁又十五

【分析】以上标题属于直译或基本直译，没有洋腔洋调，语言归化，显得自然流畅。

(2) 翻译中添加注释性词语。原语中的新闻标题往往迎合本国受众的阅读需要，由于思维习惯不同，表达方式也与目标语有所不同。因此，翻译过程中必须充分考虑到受众的心理，对有可能使目标语受众不太熟悉的有关信息、文化背景知识以及不符合其阅读习惯的表达方式进行必要的变通或增删。

【例 1】For Beslans children, a legacy of nightmares

【译文】(俄罗斯)劫后相逢，别城孩童仍似噩梦中

【分析】这是一篇特写的标题，对 2004 年 9 月初发生俄罗斯别斯兰市的学生人质遇难事件作了后续报道。报道记录了孩子们在悲剧

之后重返校园，原来许多好朋友都不见了，一个 30 人的教室里坐着 5 位小朋友。抚今追昔，孩童们悲恐之情油然而生。这则标题的译文里添加了"俄罗斯"一词，主要因为别斯兰不像莫斯科那样出名，读者可能一下子不明白别斯兰是何处。此外，原文是两个短语，不是一个主谓结构的句子，如果直译，也不符合我国读者的习惯。经过这样的增删处理之后，标题拉近了读者与新闻事件和新闻人物的距离。

(3) 尽量再现源语的修辞特点。许多新闻标题不仅以其简洁精练引人注意，同时也通过运用各种修辞技巧，既有效地传递一些微妙的隐含信息，又使受众在义、音、形等方面得到美的享受。因此，在翻译时应尽可能地体现原文修辞特点，如双关、比喻、押韵等，使译文和原文在修辞上基本吻合，从而让译文读者得到与原文读者近乎一样的感受。

【例 1】After the Booms Everything Is Gloom

【译文】繁荣不再　萧条即来(或：繁荣过后尽萧条)

【分析】其中的 Boom 和 Gloom 构成尾韵(rhyme)，而汉语译文通过"再"和"来"，也达到了押韵的效果，读来琅琅上口。这则标题还可有其他译法，例如："一别繁荣　一片愁容"也是两句八个字，不但首尾都押韵，而且把原文的事实性陈述化成了形象性描述，给人一种行文紧凑、一气呵成的感觉。括号中的译文为编者改译，将原译中没有完全译出的 Everything 再现出来了。

【例 2】No Fans? "No fret!"

【译文】赛场没人气？"咱可没生气！"

【分析】上面这则标题点出这样一个新闻事实：在雅典奥运会开始几天，赛场观众寥寥无几。在一场网球比赛时，8000 多人的体育场只坐了 500 人。不过运动员显得颇有风度，在接受记者采访时，他们表示对此并不介意。原文两行标题结尾处用了由两个 f 起首的单词 fans(球迷)和 fret(烦恼)，构成了英语中常用的头韵(alliteration)修辞手法，读来很有节奏感。汉语没有这种修辞方式，但译文通过押韵加叠词的手段，用"人气"和"生气"

这两个词，在相当程度上体现出了原文的韵味。

(4) 采用翻译权衡手法。当一些标题或因修辞手法、或因文化及语言差异，在目标语中难以表现其微妙意义时，不妨根据标题字面意，结合新闻内容译出合适的目标语标题。这样处理时，可根据目标语新闻标题的特点，采用不同语法、修辞手段，以取得最佳效果。

(a) 增加词语使意义完整

就揭示新闻内容而言，英语标题倾向于将某一内容作"重点化"(accentuation)处理，不讲究面面俱到，所以标题一般比较精练简短。而汉语新闻标题侧重"全面性"(totalism)，加上汉语是一词一意，所以汉语标题用词相对较多。鉴于此，在标题翻译时，可结合各自新闻标题的特点，适当增减一些词语，使标题的形式更趋地道，意义更趋完整。

【例 1】Older, Wiser, Calmer

【译文】人愈老，智愈高，心愈平

【分析】这条新闻聚焦于当今老龄化社会，尤其是老人们退休后在处理各种问题时表现出来的睿智和冷静。若按照原文逐字翻译成"更老，更明智，更冷静"，也不失为一个可以接受的译文。但如果根据中国读者阅读习惯，增加"人"、"智"、"心"三个字，意义更加明确，句式也更齐整。更为重要的是，译文体现了全文中暗含的"比较，递进"意义。

【例 2】Japanese dash to US to say "I do"

【译文】日本情侣蜂拥美利坚，牧师面前誓言"我愿意"

【分析】这则报道是说，美国许多旅行社专门为亚洲国家的情侣推出美式婚礼服务，包括他们在教堂举行正式婚礼等。这一举措立刻受到众多日本情侣的青睐，纷纷赶往美国体验那种教堂婚礼情调。英语原题运用了引喻(metaphor)的修辞手法。以 say "I do"来代替 get married。I do 在英语国家中已成为在教堂里举行婚礼的代名词。如果把原题直接译成"日本人涌往美国说'我愿意'"，未免太突兀，因此，根据新闻内容加入"情侣"和"牧师"等词，译文意义更完整，更具可读性。

◆新世纪翻译学 R&D 系列著作

(b) 套用中外诗词熟句

源远流长的文化一直是各国人民的骄傲，很多脍炙人口的诗词熟句至今仍广为流传。此外，不少外国作家诗人的名言名句经翻译后也备受人们喜爱。翻译英语新闻标题时，酌情借用、套用读者耳熟能详的诗词熟语，比较容易唤起受众的亲切感。例如下面两则标题：

【例 1】Bush daughters reach legal age to drink

【译文】布什双娇初长成　　酒巷从此任纵横

【例 2】Singaporean Star Gives Part of Liver to Save Dying Lover

【译文】若为爱情故　肝脏也可抛——狮城上演感人生死恋

【分析】第一个标题说的是，布什一对孪生女儿经常因未成年酗酒而被媒体曝光，现在她俩终于到达了法定饮酒年龄，从此可以开怀痛饮了。另一个说的是，一位新加坡明星为救情侣而捐出部分肝脏。两则标题的译文都套用了我国读者耳熟能详的名句，比较容易引起读者的阅读兴趣。

2. 非标题部分的翻译

对于新闻的非标题部分的翻译除了可以应用上述标题翻译方法外，结合具体情况，还可从以下方面加以着力。

(1) 充分考虑中英两种文字在表达习惯上的差异。翻译时，为使译文不仅忠实于原文，同时也符合译语的表达习惯，应注意在不影响内容的前提下调整译文的语序，有时还要增减一些非实质性的字句。

【例 1】新华社香港 3 月 15 日电

【译文】Hong Kong, March 15 (Xinhua)

【例 2】Orlando, Florida, April 30 (AP)

【译文】美联社佛罗里达州奥兰多市 4 月 30 日电

【分析】电头的翻译应兼顾汉、英时间表达习惯和消息来源的交代方法。

【例 3】AP: Georgia's powerful security chief declared this month's parliamentary elections fraudulent and called Friday for a new vote, signaling a rift in President Shevardnadze's government.

【译文】美联社：格鲁吉亚权力很大的安全总长宣布，格鲁吉亚本月议

会选举存在舞弊行为，他呼吁进行新的投票。这一事件凸现了总统谢瓦尔德纳泽政府内部的矛盾。(戴尔国际英语网站)

【分析】原文中 this month's parliamentary elections fraudulent 是个宾语带补语的结构，译成汉语时变成句子"存在舞弊行为"；原文中分词结构 signaling a rift in President Shevardnadze's government 被译成单句"这一事件凸现了总统谢瓦尔德纳泽政府内部的矛盾"。

【例 4】Emergency talks were held yesterday between the Government and aviation industry representatives to try to solve an insurance crisis that threatens to ground airlines from tomorrow.

【译文】政府和航空界的代表昨天举行紧急会谈，试图解决因保险问题而引发的危机。从明天起，这场危机可能会威胁香港航班的正常运营。

【分析】将文中被动语态的句子译成主动句，更符合中文表达的习惯。

(2) 掌握好"贬褒"词语的界限。在英语媒体中有一些词语，在翻译成中文时会有"贬褒"之分，这时要结合媒体的编辑方针和政治取向进行处理。如 the noted politician 既可译为"名噪一时的政客"，也可译为"著名的政治家"。有些词语虽没有明显的政治含义，但翻译时却存在因感情取向不同而对词语色彩进行选择的问题。如 to die 既可译成"一命呜呼"，也可译成"仙逝，死，牺牲"。因此，在翻译时要多加斟酌。

【例 1】Three construction workers were killed in the blaze.

【译文】三名建筑工人在这场大火中不幸遇难。

【例 2】More than one hundred Taleban soldiers were captured by the Alliance Forces.

【译文】一百多个塔利班士兵被盟军抓获。

同类词语还可列举如下：

to attribute to　　归功于，归之于，归咎于
to be allied to　　结盟，联合，勾结
to be captured　　被捕，遭到逮捕

to be killed	被杀，被害，遇难，罹难，牺牲，横遭杀身之祸
to blame	责备，指责，责难
to kill	杀害，杀死，杀戮，屠杀
to put down	镇压，制止，平定
leader	领袖，领导人，头目
lover	情人，恋人，情侣，爱侣，爱人，情夫，相好
news	消息，风声，噩耗
rebellion	叛难，造反，反叛
……	

(3) 准确理解词语和语法的特定含义。译者在翻译时，切忌望文生义，否则容易张冠李戴，造成误译。

【例 1】Those taken into custody were students and teachers, the sources said, but they provided no <u>breakdown</u>.

【误译】这些人士说，这些被拘捕的人都是学生和教师，但是他们可以证明没有搞破坏。

【改译】这些提供消息的人士说，那些被拘捕的人都是学生和教师，但是他们无法说明教师和学生各占多少。

【分析】译文出现错误在于译者对 breakdown.这个多义词理解不对，不知道其有"分类，细分"的含义。

【例 2】…Reports of 400 million dollars worth of new investment projects <u>in the pipeline</u>.

【误译】……据报道，在石油管道方面的新投资项目价值 4 亿美元。

【改译】……有消息说，耗资 4 亿美元的投资项目正在兴建中。

【分析】从上下文看，这条消息与石油管道无关，in the pipeline 是英语成语，意为"在准备中，在进行中"。

【例 3】In the last year，the United States has surpassed Europe as Kuwait's second biggest customer after Asia, <u>which</u> buys 60 percent of the country's daily crude output.

【误译】去年，美国超过欧洲成为科威特第二大顾客，仅次于亚洲。美国共购买科威特原油日产量的 60%。

【改译】……亚洲购买科威特原油日产量的 60%。

【分析】句中的关系代词 which 不可能指主语 the United States，只能指 Asia，从逻辑上看，既然美国是 second biggest customer，它就 不可能购买科威特原油日产量的 60%，因为 40%不可能大于 60%。

【例 4】The Sino-U.S. relations <u>cannot be better</u>.

【误译】中美关系不可能更好了。

【改译】中美关系处于最好时期。

【分析】误译者望文生义，译者不懂得 "cannot be more" 的语法含义。

（4）雅俗适度，尽量使译文的文体风格与原文一致。处理好口语、俚语、习语、典故及文化差异，同时应兼顾各媒体长期所形成的文体、语域及语用风格。

【例 1】MONTREAL—Clark Johns accomplished a spectacular debut for his NHL career tonight, the first score launching a four-point first period out burst, to lead the Johnson City High Hats to a 6:4 victory over the Montreal Teals and their eighth consecutive game without a loss.

【译文】[蒙特利尔电]在全国冰球联赛中克拉克·约翰斯今晚初试锋芒，引起轰动。上半场领先四分，首开纪录。克拉克发挥中坚作用，约翰逊市高帽队终以 6:4 击败蒙特利尔市小鸭队，创造了连胜八场未负一场的战绩。

【分析】上述这则电讯只有一个句子，却把一场球赛描绘得淋漓尽致，富有吸引力。其特点是简明扼要，短小精悍，结构紧凑，笔锋犀利。在译成中文时，结合体育新闻语域及语用风格，将句子切分为三句，用词也尽量突出球赛色彩。(摘自汇添富翻译公司网。本书编者做了一项重要更正，即 NHL 应为 "国家冰球联盟"。)

【例 2】Little of the mud thrown at Clinton over the Whitewater affair has stuck, so Federal prosecutor Starr must now look for a smoking gun.

【译文】就"白水事件"向克林顿发起的攻击几乎全部落空，因此联邦检察官斯塔尔不得不寻找确凿的证据。

【分析】smoking gun 意为确凿的证据或罪证。原为侦探小说用语，发生命案，找到凶器，便可定罪。如果找到的枪支还在冒烟，更是铁证如山了，持枪人定是凶手无疑。出处是福尔摩斯探案中的一句话：The Chaplain stood with a Smoking Pistol in his hand.

【例 3】He was smart enough to realize he needed to make friends…now, through the good offices of Tunisia and Algeria, he wants to reach out, to United States as well.

【译文】他(指卡扎菲)聪明得足以认识到他需要朋友……现在，他想要通过突尼斯和阿尔及利亚的斡旋，也同美国接触。

【分析】good offices 的含义为"斡旋"、"调解"或"帮助"等。

【例 4】Yankees, Stay Home: Expat policy is changing!

【译文】美国佬，呆在国内吧！有关驻外人员的政策在起变化！

【分析】文章谈的是美国驻外人员，主要是美国驻外的外交官的待遇降低，作者呼吁这些驻外人员不要出国赴任。

(5) 综合运用多种手段处理好新词和生造词的翻译。从词的联立关系和上下文中，即该词与其他词的搭配、组合和相关语境中去寻找线索，判断该词可能的意义。

【例 1】为了进一步发展外向型经济，上海最近将出台一系列优惠政策，以鼓励国内外经营者创建更多的三资企业。

【译文】To further develop the **export-oriented economy**, Shanghai is to make a number of preferential policies soon to encourage business people both at home and abroad to set up more enterprises in **the three forms of ventures, i.e. enterprises for Sino-foreign joint venture, for Sino-foreign co-production and enterprises with sole foreign capital.**

【分析】"外向型经济"采用连字符(hyphen)"-"而联缀成词，对

"三资企业"给出补充说明。

【例 2】Intel and McDonald's Hook Up to Push Wi-Fi.

(High-speed wireless Internet access, or Wi-Fi, is spreading rapidly, with "hot spots" popping up in airports, hotels and coffee shops across the United States.)

【译文】英特尔与麦当劳联袂推动"高速无线互联网接入技术"。

【分析】Wi-Fi (wireless fidelity)的含义可从下文中找到：高速无线因特网接入服务，或者称为 Wi-Fi，正在全美飞速发展，众多的"热点"雨后春笋般出现在机场、宾馆以及咖啡厅中。

　　(6) 妥善处理好意识形态与文化差异的影响。在翻译涉及国家利益、政府立场、意识形态、文化差异等内容的信息时，译者必须在综合运用各种翻译手段和方法的基础上，灵活运用全译或变译，根据情况进行适当的增减或变通。

【例 1】And while Argentina and the Philippines are predicted to have economic growth unscathed by their oil imported needs, the so-called new industrial countries such as Brazil, Hong Kong and, Korea (R.O.) and Taiwan are unlikely to be able to sustain annual growth rates of up to 10%.

【译文】虽然人们预言阿根廷和菲律宾的经济增长不会受到进口石油的影响，但是像巴西、香港、韩国和台湾这些所谓的新兴工业国家和地区，看来是不能保持高达 10%的年增长率的。

【分析】原文中将中国的香港和台湾称为"新兴的工业国"，与巴西和韩国并列，这与事实不符，直译会混淆视听，所以，在译文中要加上"和地区"三个字。

【例 2】After the game, S. Williams looks a little blue.

【译文】比赛后，小威廉姆斯看起来有点失落。

【分析】若不考虑文化差异因素，这句话可能被翻译成了"比赛后，小威廉姆斯看起来有点蓝。"事实上，这里 blue 在英文中描述人的心情时，意思是"忧郁的"。

10.4 媒体文体的术语翻译例析

媒体文体的术语不仅包罗万象，而且具有自己独特的属性和内涵。术语翻译所涉及的根本问题在于处理源语和目的语之间内涵及形式之间的矛盾，从这个角度来讲，"信实、通达和雅致"仍是术语翻译的应追求的最高境界。所谓"译无定法"，译者除了应遵守约定俗成的翻译标准，综合运用各种翻译方法外，还要考虑到文化、政治、行业等因素，在术语翻译过程中，做到意义相符且功能相似。

1. 熟悉汉、英两种媒体相关术语的固定表达法

在实践中积累、比较其异同。翻译时，力戒主观臆断而造成失误。下列固定媒体术语在翻译过程中具有参考价值。

(1) 政治类

布什政府	the Bush administration
平民政府	civilian government
左翼/右翼政权	left-wing regime/right-wing regime
采取强硬政策的政权	hard-line regime
内阁改组	cabinet shake-up/shuffle/reshuffle/ reorganization
最高国家权力机构	supreme body of state power
在议会中获得……个席位	pick up…seats in the parliament
宣誓就任	be sworn in as
穿梭外交	shuttle diplomacy
新闻吹风会	a news briefing

(2) 军事类

空中预警系统	air early-warning system
仪仗队	a guard of honor
逆火式轰炸机	backfire bomber

喷火式轰炸机	spitfire bomber
应急部队	contingency force
阵亡人员	KIA (killed in action)
战争失踪人员	MIA (missing in action)
在……驻军	keep military presence in…
炫耀武力	flex one's military muscles
核试验	N-test
激光制导炸弹/灵巧炸弹	smart bomb
特遣部队/舰队	task force/fleet

(3) 经济类

资源配置	adjustment of resources / allocation of resources / resource allocation
资本(技术)密集型产业	capital (technology)-intensive industry
道琼斯(平均)指数	Dow Jones averages
有利于环境的	environment-friendly
决算/基本建设预算	final budget/capital budget
初创工业	infant industry
下岗职工	laid-off workers
最惠国待遇	most-favored-nation treatment
净回收值作价法	netback pricing
软贷款(指实物、设备的援助)	soft loan
放宽关税	tariff liberalization
失业救济金	unemployment benefit
华尔街业内人士	Wall Street insiders

2. 借助术语产生的文化背景

媒体中的许多术语属于借用语，了解并结合其产生的背景文化来翻译，对于准确翻译其在具体语域中的语用含义具有不可或缺的作用。如：

破釜沉舟	burn one's boat (语出《史记》)
trench warfare	墨守成规(语出军事用语"壕堑战")

goal-line stand	背水一战(语出橄榄球比赛用语)
litmus-test issues	竭尽全力(语出篮球比赛用语"全场紧逼")
the stakes run high	试金石般的考验(语出化学用语"石蕊试验")
	高风险(语出赌博用语"赌注大")
Achilles' heel	致命弱点(语出希腊神话)
catch-22	自相矛盾的/难以适从的(语出小说《第二十二条军规》)

以下更正为正确对应：

goal-line stand	背水一战(语出橄榄球比赛用语)
full court press	竭尽全力(语出篮球比赛用语"全场紧逼")
litmus-test issues	试金石般的考验(语出化学用语"石蕊试验")
the stakes run high	高风险(语出赌博用语"赌注大")
Achilles' heel	致命弱点(语出希腊神话)
catch-22	自相矛盾的/难以适从的(语出小说《第二十二条军规》)

3. 充分利用特定词含义或词缀含义

长期的媒体实践活动，形成构词性很强的一些单词或词缀，译者可据其进行创造性翻译。doctrine 常被用来指"外交主张或实质"，而-ism 这一后缀常被用来指"对内政策"；curtain 常被用来指"屏障或阻碍"；gate 常被用来指"丑闻"；generation 常被用来指"具有共性特征的一代人"。例如：

Howard Doctrine	霍华德主义
Keynesianism	凯恩斯主义
Blairism	布莱尔主义
Iron Curtain	铁幕
mediagate	媒体丑闻
me generation	自我为中心的一代

4. 构词手段与造词、直译与意译相结合

对于已经社会化且不易引起误解的术语，可采用直译；反之采用意译。在此过程中，可综合运用各种构词与造词手段。如：

扶贫	poverty alleviation
可持续发展	sustainable development
个体户	self-employer / self-employed worker
精简政府机构	streamline / simplify the government administration / institutions
三个代表	three represents
一国两制	one country, two systems

radioactivity	辐射效应
the fault of	断层
hammer out preferential policies	仔细制定出来的优惠政策

10.5 媒体文体的全译例析

　　全译是将以原语语言写成的媒体文体信息全部转换为目标语文体信息的翻译方法。其文体信息一般都十分重要，二次传播的价值较高，且篇幅又相对较短。翻译时，必须逐段甚至逐句进行，既要译出原语信息的深层内涵，又要保留其基本结构和风格。对其内容，译者不能随意进行增减。然而，为使译文符合目标语表达习惯，可应用多种翻译手段来进行必要的语句调整。全译的着眼点是在内容上不省略。在翻译时，谋篇布局应考虑其文体结构；语域和语用上，用词要适如其所，在注意句群关联的同时，有必要对长句进行切分和调整。

　　下面提供两篇完整消息的全译，以供参考(为便于分析，将例文中自然段用数字进行了标序)。

【中译英】

价格低廉抢占市场　中国泡菜风靡韩国

　　上周日发布的一项调查结果显示,在韩国首都汉城(现已改译为"首尔"——编者注)，每两家餐馆中就有一家供应的泡菜来自中国，这意味着进口泡菜已经打入韩国市场。〈1〉

　　令人惊讶的是，在汉城南部繁华的瑞草区，10 家韩国餐馆中有 9 家承认他们供应的是从中国进口的相对比较便宜的泡菜。〈2〉

　　韩国饭店协会在今年 8 月对汉城和京畿道 79,311 家餐馆进行的调查显示，其中有 39,663 家餐馆表示他们提供给顾客的泡菜来自中国，占餐馆总数的 50%。〈3〉

　　代表韩国饭店协会发布调查结果的韩国农业部说，该调查没有包括中式、日式餐馆和快餐厅。〈4〉

在汉城，占整个餐饮企业 59.9%的 39,803 家餐馆正在供应中国泡菜，在京畿道这个数字是 40.1%，也就是有 39,508 家餐馆。〈5〉

在汉城的瑞草区、麻浦区、衿川区和龙山区，供应中国泡菜的餐馆所占的比例特别高。在京畿道的华城市、安养市、水原市和龙仁市，餐馆在很大程度上依赖进口泡菜。〈6〉

韩国政府公布的数据显示，今年上半年韩国泡菜的进口量比去年同期增长 114.4%，达到 49,846 吨。从进口额来看，泡菜的进口额比去年同期上升了 136.8%，高达 2,155 万美元。这一时期进口的所有泡菜中有99.9%来自中国。〈7〉

泡菜是一种味辣、营养丰富的小菜，通常是腌制的卷心菜和萝卜。泡菜几乎是韩国人每餐必备的食物。〈8〉

"尽管大量中国泡菜涌入韩国市场，当地的餐馆经营者们拒绝向顾客透露泡菜的确切产地消息。政府将推出一项新的法案，要求餐馆老板们说清楚泡菜的产地。"韩国农业部的官员透露。〈9〉

韩国农业部将中国泡菜的大量涌入归结为以下两个原因：一是价格低廉的中国泡菜满足了广大餐馆老板们的需求，另一个原因是越来越多的韩国泡菜生产商将生产基地迁往中国。〈10〉

【译文】

Over Half of Seoul Restaurants Serve Chinese Kimchi

One in every two Korean restaurants in the Seoul metropolitan area serves Chinese kimchi, according to a poll released last Sunday, illustrating the inroads kimchi imports have made here. 〈1〉

Surprisingly, nine of 10 Korean food restaurants in the affluent Seocho district in southern Seoul admitted to using the cheaper kimchi imported from China. 〈2〉

In the poll of 79,311 restaurants in Seoul and Gyeonggi Province conducted by the Korea Restaurant Association (KRA) in August, 39,663, or 50 percent, said they were offering Chinese kimchi to their customers. 〈3〉

Chinese, Japanese and fast food restaurants were excluded from the poll, said the Agriculture Ministry, which released the results on behalf of the KRA. 〈4〉

In Seoul, 59.9 percent, or 39,803 eating establishments, were using Chinese kimchi, compared with 40.1 percent, or 39,508, in Gyeonggi Province. 〈5〉

The percentage of Chinese kimchi was particularly high in Seoul's Seocho, Mapo, Geumcheon and Yongsan districts. In Gyeonggi Province, restaurants in Hwaseong, Anyang, Suwon and Yongin were heavily dependent on the imported kimchi. 〈6〉

According to a government figure, South Korea's kimchi imports for the first half amounted to 49,846 tons, 114.4 percent higher than the same period last year. In terms of value, kimchi imports climbed 136.8 percent to $21.55 million. Up to 99.9 percent of all kimchi imports during the period were from China. 〈7〉

Kimchi is a spicy, nutritious dish generally made from fermented cabbage and radish that accompanies almost every Korean meal. 〈8〉

"Despite the surging imports of Chinese kimchi, local restaurant goers are denied accurate information on product origin," said a ministry official. "The government will push to introduce a new bill to oblige restaurant owners to clarify the origin of their kimchi." 〈9〉

The ministry attributed the influx of Chinese kimchi to demand for cheaper products and the increased relocation of production facilities to China by South Korean kimchi producers. 〈10〉

(中国日报网 2005 年 9 月 29 日，薛晓文译)

【分析】

这是一篇以小见大的经济类的新闻报道。"中国泡菜风靡于以泡菜闻名于世的韩国"的事实反映出全球经济一体化和中国经济蓬勃发展的现实。

译文采用全译的方法，译出了原语信息的深层内涵，保留了其基本结构和风格。

翻译标题时，译文采用了意译的手段，充分利用隐含的背景常识(世人皆知韩国人做的泡菜好吃)，结合文章的数据，另选角度和主语，用 Seoul Restaurants Serve Chinese Kimchi 来彰显"中国泡菜风靡韩国"，用 Over Half 这一数字来表达"价格低廉抢占市场"和"风靡"的程度。译文标题将原文标题简洁而达意地表现了出来。

译文仍保留原报道的"倒金字塔式"结构，对内容，译者没有进行增减。总体上是采用直译。

在句法上，译文在许多地方进行了调整，主要是利用了介词、分词(短语)、连词和从句的语法功能，形成了媒体惯用扩展的简单句。如：原文第一段是由两个简单句组成导语，译文通过调整句序，利用介词(according to)和两分词短语(released last Sunday, illustrating the inroads kimchi imports have made here)合并成一个扩展了的简单句。这些手段在第一段至第十段均有运用。对句子中的词语进行了删减。如：译文第十段中因为有了 and，略去了原文中"一是……，另一个原因是……"。

译文在用词上贴近媒体惯用词语，大多是读者熟悉、短小精悍的词。如：译文第四段中的 released 等等，为让读者易于理解并能够节省篇幅，译文第四段利用第三段中解释过的首字母缩略词 KRA(Korea Restaurant Association)。

【英译中】

Chinese Prime Minister Wen Jiabao Visits Portugal

Lisbon, Portugal, 08 Dec—The Prime Minister of China, Wen Jiabao, is due to begin an official visit to Portugal Friday aimed at increasing diplomatic ties between the two countries, officials said. 〈1〉

China wants to strengthen its cooperation and understanding with Portugal and during the prime minister's visit will officially grant Portugal the preferential status of global strategic partner, the Chinese authorities said when they announced the visit. 〈2〉

In Europe the only other countries to have been given global strategic partner status are the United Kingdom, France, Germany and Spain. 〈3〉

The status will mean that Portugal will be treated preferentially by Chinese diplomats and that bilateral relations will be increased. 〈4〉

Officials have also said China is looking for Portugal's support in lifting the military embargo. 〈5〉

Wen Jiabao's two-day visit to Portugal follows visits to France, Slovakia and the Czech Republic. 〈6〉

He is due to meet with Portuguese Prime Minister Jose Socrates to sign the joint statement that establishes the partnership and discuss other bilateral agreements. 〈7〉

The two prime ministers are also expected to discuss issues such as immigration and Chinese textiles in Europe, the relationship between China and Portuguese-speaking African countries, particularly in terms of investments, according to the official schedule. 〈8〉

After the meeting the two prime ministers will sign a number of bilateral agreements-for cooperation in legal matters, health, reciprocal protection of investments, teaching of Chinese and Portuguese—and corporate agreements —memoranda of understanding and cooperation agreements between the molding, communications and technology sectors. 〈9〉

Statistical data from the Chinese authorities shows that bilateral trade between Portugal and China in the first half of 2005 totaled US$908 million (768.3 million Euros). 〈10〉

The last official meeting between Portuguese and Chinese authorities was when Portugal's President Jorge Sampaio visited China last January. 〈11〉

On the Chinese side, it has been 13 years since a Chinese Prime Minister has visited Portugal. 〈12〉

【译文】

中国总理温家宝访问葡萄牙

葡萄牙里斯本 12 月 8 日电——有官员称，中国总理温家宝将于周五对葡进行正式访问，以期加强两国之间的外交联系。〈1〉

在宣布此次出访消息时，中国官方说，中国希望与葡加强合作、加深了解。温总理访问时，将正式与葡萄牙建立"全球战略伙伴"关系。〈2〉

这意味着中国将优先处理与葡有关的事务，并且会加强双边关系。〈3〉

在欧洲，与中国的保持"全球战略伙伴"关系的国家还有英国、法国、德国和西班牙。〈4〉

有官员还称，中国希望在(取消)武器禁运方面得到葡萄牙的支持。〈5〉

温家宝将在访问法国、斯洛伐克和捷克共和国之后开始对葡进行为期两天的正式访问。〈6〉

他将会见葡总理若泽·索克拉特斯，签署建立"全球战略伙伴"关系的联合声明，并讨论其他双边协议。〈7〉

根据正式的日程安排，两位总理还将讨论移民、中国纺织品出口、中国与葡语非洲国家关系，特别是投资方面的一些问题。〈8〉

会谈后，两位总理还将签署一系列重要双边合作文件：司法、健康、投资互惠保护、汉语和葡语教育方面的合作协议，以及铸造、通信、科技方面的合作协议及谅解备忘录。〈9〉

中国官方的统计数字显示，2005 年上半年的中葡双边贸易额为 9.08 亿美元(7.683 亿欧元)。〈10〉

中葡两国上一次官方会晤是去年一月时葡总统若尔热·桑帕约访问中国期间。〈11〉

对于中国来说，这是近 13 年来中国总理第一次访问葡萄牙。〈12〉

（新闻出处：翻译中国网 2006 年 1 月 26 日，Tradoser 译）

【分析】

这是一篇领导人外事访问的新闻报道。

译文直译标题。保留了原报道的"倒金字塔式"结构、内容。

　　在句法上，译文在许多地方对英文长句进行了切分和调整。形成了更适合中文媒体的惯用短句。如：第一段中的电头，语序被调整成中文媒体惯用表达法；一个简单句组成导语，译文调整成更适合中文表达习惯的语序。第二段将一个英文长句切分成两个中文句。这些手段在随后的文中，均有运用。

　　译文准确地把握了媒体术语的翻译。如：global strategic partner(全球战略伙伴), military embargo(武器禁运), Tiananmen Square incidents(天安门事件)等等。

10.6　媒体文体的变译例析

　　对于同一信息内容，常常有多家媒体多样形式的报道，甚至在某些内容上还会有出入。这就要求译者仔细地辨别和分析，对信息以适当的方式进行取舍、组织和整合。这是全译所不能做到的，必须借助于变译。也就是说，运用增、减、编、述、并、改等手段，对媒体信息进行变通翻译，从而达到准确、适当地报道该内容的目的。

　　变译的主要手段是摘译(或称节译)和编译。所谓摘译，其本质是"选取"，选取的标准是依据翻译发起人(政府、报社、为国家意识形态工作的组织机构等)之目的，跟该目的相一致的材料(涉及政治、经济、文化、社会等诸多方面)就选用，反之则予以舍弃。所谓编译是指编辑和翻译，是先编后译的过程，是根据媒体对象的特殊要求对一篇或几篇原作加工整理后再进行翻译的变译活动。从微观上讲，编译的方法是摘取、合并、概括、调序和转述。宏观的方面，则包括段内编译、段际编译、篇内编译、篇际编译、书内编译和书际编译。

　　变译的作用在于多快好省地传播信息。"多"指单位信息量大，"快"指传播速度高，"好"指信息有效，"省"指篇幅、译者和读者的时间占用少。这正与传播的特点与受众的需求不谋而合。

　　进行媒体文体变译时，应在以"目的论"为指导的基础上，做以下准备：

(1) 进行整体规划。包括确定主题信息、表现手法、初步调整原文的结构、用适当的结构和方式来完成对新闻事件的再创造。

(2) 变通各种差异因素。在变译过程中，要充分考虑中西方文化的差异和报道立场的不同，某些内容不宜直译时，就要求译者舍弃或变通处理。

(3) 深化变译的主题。把片面的内容变译成全面，把面面俱到的内容编得重点突出，把主题不明确的编得观点鲜明。

(4) 处理详略关系。在变译过程中，根据主题、文体、新闻的"就近原则"和读者需要等方面，决定翻译原文内容的详略程度。

(5) 调整好结构和篇幅。结构的调整要考虑到全文的布局，比如开头是否引人入胜，结尾是否深刻有力，段落之间的内在联系是否紧密。篇幅的长短，应该根据内容、当天版面的容量和读者的要求来确定。

且看以下例子。

【例 1】摘译(原文是布什总统在"9·11 事件"九天后一次讲话前五段)

Mr. Speaker, Mr. President Pro Tempore, members of Congress, and fellow Americans:

In the normal course of events, Presidents come to this chamber to report on the state of the Union. Tonight, no such report is needed. It has already been delivered by the American people. 〈1〉

We have seen it in the courage of passengers, who rushed terrorists to save others on the ground—passengers like an exceptional man named Todd Beamer. And would you please help me to welcome his wife, Lisa Beamer, here tonight. 〈2〉

We have seen the state of our Union in the endurance of rescuers, working past exhaustion. We have seen the unfurling of flags, the lighting of candles, the giving of blood, the saying of prayers—in English, Hebrew, and Arabic. We have seen the decency of a loving and giving people who have made the grief of strangers their own. 〈3〉

My fellow citizens, for the last nine days, the entire world has seen for itself the state of our Union——and it is strong. 〈4〉

Tonight we are a country awakened to danger and called to defend freedom. Our grief has turned to anger, and anger to resolution. Whether we bring our enemies to justice, or bring justice to our enemies, justice will be done. 〈5〉

(http://www.guardian.co.uk)

【译文】(香港《东方日报》对此讲话所做的摘译)

在正常程序下，美国总统来到这个会场作国情咨文报告，交代国家的状况。今晚，此一报告已无必要，因为国家的面貌已由美国人民表达出来了。

我们看到那些与恐怖分子搏斗的乘客所展现出来的勇气，我们也在搜救人员的努力中看到了我们的国情。

今晚，我们是一个受危险而惊醒的国家，受召唤而保卫自由。我们将悲伤化为愤怒，愤怒化为决心。不论是我们将敌人绳之以法或是我们对敌人伸张正义，正义都将实现。

【分析】译者主要采用了摘译策略，摘译那些中国的受众所需要的信息：美国政府对"9·11 事件"的态度和反应，因此，第一段是例行呼语，被完全舍弃；对第二段取段首句而舍例说；第三段与第四段被进行了综合处理，取意义，舍详述；第五段显示政府的态度和反应，基本上对其全译。

【例 2】编译(2003 年 4 月 3 日，在不到 24 小时的时间里，美军的两架战机被伊拉克军队击落，美联社和路透社对被击落的两架战机各有一篇报道)

U.S. Chopper Crashes in Iraq Casualties Uncertain

Washington (Reuters)——A U.S. Army Black Hawk helicopter with at least six people on board has been shot by small arms fire in central Iraq, U.S. military officials said on Wednesday.

One official at Pentagon on condition of anonymity, said the UH-60 helicopter was shot down near Karbala, 50 miles south of Baghdad, early on Thursday Iraq time, killing seven and wounding four on board.

U.S. Central Command in Tampa, Florida, issued a statement confirming the Black Hawk crashed at about 7:30 pm local time on Wednesday, but it said initial reports put the number of people on board at six.

The Central Command statement said there was no conformation of casualties.

There was no immediate explanation for the discrepancies in information from the Pentagon and from Central Command.

The Pentagon officials said search and rescue personnel were at scene where the craft came down, adding, "They were pulling people out." The Black Hawk had been carrying 11 personnel, the official said.

The Black Hawk was second U.S. helicopter lost in combat since U.S. and British forces invaded Iraq two weeks ago. An Apache gunship went down last week and its two crew members were captured by Iraqi forces.

Armed with Global Positioning System and advanced avionics, the Black Hawk is the Army's primary assault and utility helicopter. It can perform a variety of missions, including air cavalry, electronic warfare and aero medical evacuation. It can carry a squad of 11combat troops, or a 105mm M102 howitzer and six-person crew.

Iraq Shoots Down U.S. Navy F/A-18 Hornet

Washington (AP)—Iraq shot down a U.S. Navy F/A-18 Hornet with a surface-to-air missile Wednesday, military officials said.

There was no immediate word on the fate of the pilot. Statements released from U.S. Central Command said the twin-engine jet, flying from the aircraft carrier USS Kitty Hawk, went down at about 3:45 pm EST.

The plane went down near Karbala, a city about 50 miles south of Baghdad where fighting raged between Army forces and Iraq Republican

Guard. Iraqi forces shot down an Army Black Hawk helicopter in the same area Wednesday.

Lt. Brook Dewait, a spokesman for the Kitty Hawk, said the Hornet had flown a bombing mission over northern Iraq Wednesday. Other planes flying over Iraq at the same time reported seeing surface-to-air missiles and anti-aircraft artillery fire in the same area in which the plane disappeared.

Central Command said the downing is being investigated. Officials would not comment on search and rescue operations, but both Central Command statements said the military is committed to accounting for all coalition personnel.

It was the first American fighter jet shot down during the war on Iraq. The Iraqis have downed several pilotless surveillance drones.

Navy and Marine pilots fly the F/A-18 Hornet from aircraft carriers. The supersonic jets are armed with a cannon and can carry a wide range of bombs and missiles.

The easily maneuverable Hornet can operate as a fighter jet, shooting down enemy planes or as an attack plane, bombing targets.

【译文】

美军昨损失惨重　"黑鹰""大黄蜂"双双被击落

综合美联社、路透社华盛顿 4 月 3 日电　美国军方今天说，伊拉克用地对空导弹击落了一架美国海军 F/A-18 "大黄蜂"战斗攻击机。飞行员生死不明。

这是伊拉克军队昨天击落的第二架美军战机。同一天，在同一地区，伊军还击落了一架美国陆军的"黑鹰"直升机，机上 11 人中 7 人死亡，4 人受伤。

美军中央司令部昨天发表声明说，这架"大黄蜂"战机是从"小鹰"号航空母舰起飞的，于美国东部时间下午 3 时 45 分在巴格达以南 50 英里的卡尔巴拉市附近坠毁。

声明说，这是对伊战争开始以来首架被击落的美军战斗机。此前，伊拉克曾击落过数架无人驾驶的侦察机。"大黄蜂"战机以航空母舰为基地，海军和海军陆战队都有装备。这种超音速喷气机配备了一门 20 毫米加农炮，能携带多种类型的炸弹和导弹。

这种战机的机动性强，既可以作为战斗机攻击敌机，也可作为攻击机轰炸地面目标。

中央司令部还证实，一架"黑鹰"直升机在当地时间星期三下午 7 时半在上述地区坠毁。

五角大楼的一位官员说，救援正在进行。他说："人们正把机上人员拖出机外。"

这架"黑鹰"直升机是入侵伊拉克以来被击落的第二架美军直升机。上星期，一架阿帕奇直升战机坠毁，两名机组人员被俘。

"黑鹰"直升机装备了全球定位系统和先进的电子控制系统，是美军的主力攻击机和多用途直升机。

（引自：刘其中《新闻翻译教程》）

【分析】

编译时，译者进行了以下处理：

在确立编译基础时，选取以"大黄蜂"战斗机被击落事件为主线，一是因为这一事件发生在后，更接近于"现在"，二是因为这种战机的作战能力更强，设备更先进，造价更昂贵，它被击落这一事件对美军的打击更大，因而其新闻价值也就更高。

所拟订的新闻标题涵盖了主要新闻事实：同一天发生的两起美军飞机被击落事件。

报道采用"双导语"结构。主导语是"大黄蜂"事件，次导语交代的是"黑鹰"事件，在主导语和次导语之间加写了一个过渡段，把这两个不同的新闻事件有机地连接起来，让读者在读过前两段后就能获悉最主要的新闻事实。

在材料取舍方面，主体部分只编入了译语读者最为关注的新闻事实，如人员伤亡情况、出事时间和地点等。保留了原语新闻中最重要的背景材料，如两种飞机的性能和作战能力，以突出这些军机被击落事件的意义和影响。这样使得编译新闻的长度为 600 多字，并仍然具备一定的可缩性来满足不同的版面要求。

练习题

1. 中译英（消息，全译）[C]

江主席与普京总统通电话

就世界和平与安全、联合国的作用和上海合作组织圣彼得堡峰会等共同关心的重要问题交换看法。

新华社北京 4 月 17 日电　正在突尼斯进行国事访问的中国主席江泽民 17 日应约与俄罗斯总统普京通了电话。双方就世界和平与安全、联合国的作用和上海合作组织圣彼得堡峰会等共同关心的重要问题交换看法。

（《人民日报》2002 年 4 月 18 日第一版，

引自许明武《新闻英语与翻译》）

2. 中译英（消息，全译）[A]

[主题]万里云霄，有我"神舟三号"

[副题]技术状态与载人飞船完全一致　我国载人航天取得重要进展

新华社酒泉 3 月 25 日电　"神舟三号"飞船今晚 10 时 15 分，在我国甘肃酒泉卫星发射中心成功升入太空。

载人航天工程有关负责人称："神舟三号"是一艘正样无人飞船，除没有搭载航天员外，其技术状态与载人飞船完全一致。这艘飞船的成功发射，标志着我国载人航天工程取得重要进展，为不久的将来把中国航天员送入太空打下了坚实的基础。

"神舟三号"是由"长征二号"捆绑式大推力运载火箭发射升空的。目前，飞船已按计划进入预定轨道，飞行状态正常。

据悉，"神舟三号"飞船进入太空后，将持续绕地球飞行若干天，进行一系列项目的科学实验。之后，飞船返回舱返回地面，轨道舱继续留在太空飞行，直至完成预定的科学实验任务。

(《楚天都市报》2002 年 3 月 26 日，
引自许明武《新闻英语与翻译》)

3. 英译中(消息，全译) [C]

Iraqis Jubilant as Saddam Toppled

BAGHDAD (Reuters)   Saddam Hussein's 24-year reign over Iraq has ended after U.S. troops swept into the heart of Baghdad and jubilant Iraqis pulled down a huge statue of their ousted leader, broke it apart and danced and stomped on its severed head and limbs.

The whole world watched on television as Iraqis rushed forward, trampled over the fallen 20-foot high metal statue on Wednesday and dragged its decapitated head through the streets in contempt for the man who had led the country into three ruinous wars resulting in massive human losses and economic damage.

As Saddam's shadow dissolved and his authority collapsed, a people who had lived in fear were suddenly free to express their feelings. But U.S. control over the city was still not total. As night fell, the streets emptied and tank and artillery fire boomed on the western bank of the Tigris river.

There was no word on the fate of Saddam or his sons, Uday and Qusay, targeted by U.S. bombs in a western residential area of the city on Monday. American officials said they did not know if the Iraqi leader had survived the attack.

(www.vancn.com 温哥华中文网)

4. 英译中(评论，全译) [C]

Merely Turn a Page in History

Europe's largest economy—and the world's third largest—opens a new chapter in history Tuesday. Angela Merkel becomes Germany's first female chancellor, and its first from the former East Germany. But these firsts won't be enough.

Ms. Merkel likens the job of reviving and reforming her country's moribund, welfare-burdened economy to the task of rebuilding Germany after World War II.

Certainly, the citizens of Germany, idled with a jobless rate of 11 percent and discouraged by a forecast economic growth rate of a tepid 1 percent, want Ms. Merkel to succeed. And so do neighbors such as France, itself struggling with high unemployment that's helped to fuel a social explosion in its largely Muslim community.

And yet, it's hard to see how Merkel can get the job done.

In Germany, there's no more urgent task than reviving up the economy. Basic economics would prescribe two ways of doing that. Depending on ideological preference, the government could choose to invest in job creation, or it could stimulate growth by cutting taxes. These are stimulants that would have to be accompanied by major reform to its bloated welfare system and inflexible labor market.

Stunningly, the two parties in Germany's new coalition government chose none of the above.

No one will argue that Germany's fiscal house couldn't use the same order that has its train system running on time. But this is hardly a top priority. The way it's to be accomplished—raising taxes—could actually serve as a brake on the economy.

A few hopeful welfare-reform measures will be taken, including raising the retirement age and lowering payroll taxes. But it looks as if Germany's leaders will merely turn a page in history, not write a new chapter- a reflection, perhaps, of the conflict within a country that knows it must reform, but can't fully face it yet.

新世纪翻译学 R&D 系列著作 ◆

(《基督教科学箴言报》,
引自《钱江晚报》天下双语 2005 年 11 月 24 日)

5. 英译中（特写，全译）[C]

Nate Brazil, Sentenced to Grow Up in Prison

Friday, July 27, 2001

The Florida teen goes 28 years for shooting his teacher. Only time will tell if the judge was harsh enough.

After 14 years old Nathaniel Brazil was convicted of second-degree murder in May for the shooting death of his favorite teacher, he rode back to the Palm Beach County Jail in silence. Tried as an adult, he had to face the possibility of being found guilty of Murder One. As he strode into the 12-floor cell he shared with other youths accused of violent crimes, the Florida teenager could hardly imagine the life in prison awaiting him when the judge eventually sentenced him. "What up, Nate?" the others greeted him. "Saw you on TV. Could've done worse." He laid in his bunk, crying alone in his cell. Later that night, the others crowded around the TV to watch an episode of Law & Order. It was about a school shooting, captured on video, a case just like his. Nate could not stay and watch. He retreated to his cell.

On Friday morning, Nate gulped silently as Ciruit Judge Richard Wennet finally determined his fate: Instead of life in prison, Nate will serve 28 years, followed by another seven years of house arrest and probation. His jail buddies were right again—he could've done a lot worse. Prosecutors and relatives of teacher Barry Grunow had asked the judge to imprison him for the rest of his life. Or, at least, for 40 years.

Talk to schoolteachers about the sentence, and you can understand why they feel Nate got off lucky. Murder is murder, they say. Had he killed a police officer, another public servant, there is litter double that he would have received life. With 29 school employees killed violently on the job since 1992, the National Education Association is now offering homicide insurance to the 2.6 million members of the union. Talk to the family of the slain teacher, and you can understand why they do not want to be walking down the street some day and bump into the killer of their loved one.

Still, the question remains whether the seventh grader deserved more or less. The judge may have ordered him to get his GED and take anger-management courses in prison, but can Nate be properly rehabilitated growing up inside? How much should he suffer for one fatal mistake? He had been an honor student. He had been mild mannered and likeable, the kind of kid whom teachers and principals relied upon to help settle schoolyard disputes. He loved school, and he love Barry Grunow.

On the last day of school in may 2000, Nate was sent home early because he had been throwing water balloons. He was told to leave school, before he had a chance to say goodbyes to teenager Dinora Rosales, his first serious girlfriend who only six days earlier had given him his first kiss. Fuming, he went home, got a gun belonging to his grandfather and return to the school, where he stood outside Grunow's classroom and demanded to see his girlfriend. Grunow did not take him seriously enough, so he cocked the gun. Then he fired one bullet, which struck Grunow in the head. As his favorite teacher lay dying, Nate ran.

In an interview with *TIME* before the jury convicted him in May, Nate said he did not intend to pull the trigger. It just happened. Afterward, he said, "I just felt like jumping into the lake and drowning myself. I was disappointed in myself".

At his emotional sentencing hearing this week, Nate read a statement as defense lawyers tried to persuade the judge to spare him life in prison. "Words cannot really explain how sorry I am," Nate told the judge, "but they're all I have." His mother, Polly Powell, blamed herself for the tragic turn in her son's life. While he may have been an A-student at school, he was surrounded by domestic abuse and alcoholism at home. She never made good choices in men; she said the cops had gone to the family's house five times on domestic violence calls. Just months before the shooting, Powell also was diagnosed with breast cancer. "I don't know what happened with my baby," Powell told the judge. "We need to search ourselves as human beings and see how can we just throw away kids like this."

The teacher's widow, Pam Grunow, came to the sentencing hearing, carrying a quilt made by her husband's students. She told the judge, "Maybe tomorrow, another woman's husband, another little boy's daddy and another great teacher won't be sacrificed in an angry, crazy moment".

As for other teenage gunmen who have been incarcerated after school rampages, they received varying degrees of punishment, serving everything from two years to multiple life sentences. The 28 years handed down in Nate's case falls in the middle. He will get credit for the 428 days he has served awaiting the outcome of his trial.

Already, the months of confinement in an adult county jail have hardened Nate. It has forced him to turn inward in a seemingly callused, sullen and uncaring way. Teachers who see him now cannot believe how much he has changed. He also has grown; the puberty that no doubt helped drive many of his actions that fateful day, from his decision to arrive at school with flowers for a sweetheart to his pointing the gun at Grunow, have made Nate larger, broader across the shoulder, his voice deeper. He no longer looks like a child.

Even at 14, Nate still does not see the world like an adult. Adult inmates can often recall every detail of a crime even years afterward. Someday, Nate is likely to be serving a sentence for a crime that has receded like any childhood memory. Most people, by the time they reach their 40s, would have trouble remembering the names of seventh grade teachers.

Thirty years from now, Nate probably won't remember what Barry Grunow's face looked like. But no doubt he will remember the name.

(引自许明武《新闻英语与翻译》)

6. 英译中（消息，摘译）[A]

Akbar Charged in Grenade Attack 101st

Fort Campbell, Ky—A soldier from the 101st Airborne Division has been charged with murder in a grenade attack on officers' tents in Kuwait that killed two.

The charges against Sgt. Hasan K Akbar, 32,were announced Friday afternoon. Fort Campbell officials said Akbar was charged March 25 with two counts of premeditated murder and 17 counts of attempted murder, under military law.

If convicted, Akbar could face the death penalty, according to Dennis Olgin, a retired military judge.

Akbar was also charged with one count each of aggravated arson of an inhabited dwelling and misbehavior as a sentinel while receiving special pay.

Akbar was returned to the United States last Friday and was being held at an undisclosed military facility.

Akbar is the only person charged in the grenade attack that killed two U.S. officers and wounded 14 other soldiers on March 23. He was transferred from Kuwait to the military detention center in Mannhelm, Germany, after the attack, then to the United States.

Officials are still investigating the attack, which killed Army Capt. Christopher Scott Seifert, 27, of Waston, Pa., and Air Force Maj. Gregory Stones, 40, of Boise, Idaho.

The attack happened in the early morning hours in the command center of the 101st Division's 1st Brigade at Camp Pennsylvania. Days later, the

1st Brigade began moving into Iraq.

FORT Camphell said military defense counsel had been assigned to Akbar and that he could hire a civilian lawyer on his own. Military lawyers representing Akbar had no comment, the post said in a statement.

Akbar, a black Muslim, has been described as resentful about alleged religious and racial discrimination in the Army.

(AP, March 25, 2003 引自刘其中《新闻翻译教程》)

7. 英译中（消息，编译）[A]

将以下两条新闻编译为 700 字左右的综合新闻。

U.S. Special Forces on the Trail of Taleban Leaders

By Thomas E. Ricks and Braldley Graham of *Washington Post*

After five days of swift battlefield success that put about half of Afghanistan in the hands of the opposition, the United States is zeroing in on the leadership of Afghanistan's retreating Taleban militia and its allies in Osama bin Laden's al Qaeda network, Defense Secretary Donald H. Rumsfeld said yesterday.

Rumsfeld disclosed that small numbers of U.S. Special Operations troops are now active around the southern Taleban stronghold of Kandahar and elsewhere in south-central Afghanistan. But he said the troops were not acting as liaisons with ante-Taleban rebels as U.S. Special Forces have done with considerable success in the north but were acting "independently" as part of a stepped-up effort to hunt down Taleban leaders and their militant allies.

A Defense Department official said that the Special Operations forces primarily were observing and tracking fleeing Taleban and al Qaeda members to prepare the way for attacks against them. The "first priority is unquestionably tracking down the leadership in al Qaeda and Taleban," Rumsfeld told reporters. "The second priority is destroying the Taleban and al Qaeda's military capability, which is what props up that leadership, and tracking it down, finding it, and destroying it."

Rumsfeld's renewed emphasis on the search for Taleban and al Qaeda leaders signaled that the anti-terrorism war was entering a new phase, after the string of rapid successes by Northern Alliance rebels that sent Taleban leaders fleeing from Kabul, the capital, and other northern cities.

The defense secretary warned that other countries should not provide safe harbor to terrorists fleeing to neighboring Iran and Pakistan or to countries where they have operated before, specifically Somalia and Sudan. He also listed Iraq, Syria, Libya, Cuba and Korea (D.P.R.) as "states that in the past have housed terrorists".

Rumsfeld's comments were intended to "lay down a marker" for those countries and show them that the United States is watching their behavior, a defense official said.

With the north now in rebel hands, a senior defense official said U.S. military engineers and logistics specialists may be dispatched to help establish a land route from Uzbekistan for military and relief supplies and to reconstruct airfields. But the Pentagon's hope is that much of the task of securing these facilities can be accomplished by other foreign forces.

"We have to come up with a plan pretty quickly," the official said.

The disarray of the Taleban as it retreated from the north to Kandahar and the country's mountains is making it far easier to U.S. forces to find and attack them, Rumsfeild said. "Right now they are in many instances visible," he said.

Gen. Richard B. Myers, the chairman of the Joint Chiefs of Staff, said the Pentagon had "some indication of some [al Qaeda] leadership" being killed. But he added, "We're not done yet."

新世纪翻译学 R&D 系列著作

新世纪翻译学 R&D 系列著作 ◆

Special Forces Tighten Net Round Bin Laden

By Alex Spillius in Peshawar and Ben Fenton in
Washington Daily Telegraph, Britain

Western Special Forces were narrowing the search for abandoned large areas of territory.

Military sources in Washington said they believed that bin Laden, his lieutenant Ayman Zawahiri and their bodyguards were in the area of the eastern city of Jalalabad.

That would fit the most recent clues to his whereabouts. A Pakistani journalist who interviewed bin Laden last week was blindfolded and driven for five hours from Kabul. Given the slow speeds possible on Afghan roads, that suggests he was within 75 miles of the capital.

For Washington and London, who have not concealed their burning desire to capture the Saudi terrorist header and to destroy his network, such information will prove invaluable. The special forces hunting for bin Laden will also have been helped by the opening up of bases close to his likely hideouts.

One US source said of bin Laden and his lieutenants: "They may have been cut off from the rest of the Taleban, and although they can possibly slip over the border into Pakistan, things are not looking good for them at the moment. I doubt that they were expecting their Taleban friends to cave in quite as quickly as this."

Loren Thompson, head of the Lexington Institute, a military think-tank based in Washington, added: "I had been saying that we would kill bin Laden before the end of December, but now it looks as though it could be before the end of November."

Amid reports of fighting in Jalalabad between Arab troops loyal to bin Laden and deserting members of the Taleban, British and US military chiefs will be hoping for a growing flow of reliable intelligence on the whereabouts of the man who has now all but admitted responsibility for the September 11 atrocities. The SAS or US Delta Force would then close in.

Bin Laden is believed to live constantly on the move to avoid capture and reportedly shuttles from cave to cave. The Saudi terrorist leader's private guard is thought to number up 2,000 troops and is almost certainly taking refuge in mountainous areas.

But moving such large numbers around will become even more perilous. The Americans are expected soon to be in the captured northern city of Mazar-I-Sharif or even Bagram airfield, near Kabul.

"The fall of Kabul will ease the work for those people who are trying to kill or capture Osama bin Laden," Younis Qanooni, a key member of the anti-Taleban leadership, said.

If he remains true to his apocalyptic rhetoric, bin Laden will fight to the death. According to Hamid Mir, the Pakistani journalist who talked to him last week, the Taleban's withdrawal from major cities were either planned or approved by him.

It is claimed that the strategy will lure US and British troops into a guerrilla war that will humiliate the superpower and feed bin Laden's vision of a clash between believers and infidels in which the Muslim world is inspired to unite behind Islamic brothers and vanquish the west.

He claims to be utterly unafraid of death and his killing would only provide an opportunity for martyrdom that would further his cause.

Mr. Mir said yesterday, "He was so relaxed despite the danger. I was confused and asked him why." He said, "I love death as you love life. This is a difference you will never understand."

Having nowhere to run to, the world's most wanted man has no choice but defiance and threats. He was long ago stripped of his Saudi nationality. Friendly states or regions would be hard to reach, though it is not inconceivably that he could be spirited out of the country into neighbouring

Pakistan.

Scores of his Arab and other foreign fighters who would supposedly fight to the last were reported yesterday to be heading for the Pakistani border and an autonomous tribal area sympathetic to the Taleban. If they reach it they may bide their time, blend in and one day head for home or a third country.

(引自刘其中《新闻翻译教程》)

Chapter 11
旅游文体翻译

随着国民经济的迅速发展和生活条件的不断改善,中国的国际旅游业和国内旅游业日益兴旺发达,越来越多的国外游客来中国旅游,而越来越多的中国人也跨出国门看世界。旅游业是一个很大的产业,涉及的领域有交通、酒店服务业、餐饮业、手工艺制造业等,对应的旅游宣传推介涉及的文体主要是旅游资源的翻译。旅游资源包括两方面:一是自然旅游资源,比如湖南张家界的奇山、四川九寨沟的秀水与杭州钱塘的怒潮等;二是人文旅游资源,如宫殿建筑、庙宇宫观、园林碑刻与民俗文化等。

11.1 旅游文体的文体特点

旅游文体是一种信息型文体、呼唤型文体,或者信息—呼唤复合型文体,以描述见长,与异国情调、民俗文化不可分离。从整体上来说,旅游文体具有以下特点:短小精悍,生动活泼,通俗易懂,信息量大,又不失文学性、艺术性、宣传性和广告性。为了更好地介绍旅游景点的特色,吸引游客,旅游文体一般配有插图。这种文体涉及很多文化历史概念和地理知识,在翻译中要充分考虑读者的文化接受能力,有时甚至要考虑读者的宗教政治信仰和思维方式,以及因文化差异而造成的词汇空缺。这就需要译者既要具有相当高的汉语造诣及中国传统文化修养,又要具备相当娴熟的英语表达能力,了解西方国家的民俗文化,译者要仔细阅读源文本,仔细推敲研究其文化含义,力求两种语言文字和信息的等效,使目标文本尽量实现其呼唤功能,达到交际目的。

11.1.1 旅游文体的词汇特点

从选词来看,不同文体风格的词语适用于不同的语境。词语的文体色彩与词语的成分和来源有一定的联系。汉语是词汇丰富的语言之一,有不少文言词,也吸收了不少外来词,外来词多用来表达新的意思,文言词主要表达传统文化方面的内容。文言词作为历史文化的结晶在现代汉语中得到了继承，这种词和外来词在旅游资料中都会经常出现。另外在旅游翻译中也会出现一些具有地方色彩的方言词，这类词体现了浓重的地方文化色彩。英语中具有语体色彩的同义词有三类：一类是英语本族词(native words)，一类是外来词(loan words：拉丁语、法语、希腊语等)，另一类为习语同义词(synonymous idioms)。这些词在言语中的不同比例反映不同的语体风格。如起源于拉丁语、法语和希腊语的词语往往比英语词更为正式，多用于科技、学术、实务性文体中，具有书面语特征；习语则显得生动活泼，具有口语的特征。所以这两类词语较少用于旅游文体中。从等效的角度来比较汉英词汇的语体色彩，只能发现很少有完全对应的词。但从翻译的角度来看，由于语体是其要素在整个语篇上的表现，翻译时不需要，也不可能在字面上一一对应。只要某一种语体的词汇之总量在译文中都占到相当比例，就可以使源文的语体风格在译文中得到体现。

旅游文体最显著的特点就体现在词汇上，其词汇特点又体现在其丰富性上面，旅游词汇涉及文化、经济、政治、宗教、地理、历史、民俗、休闲与娱乐等，有时甚至会使用某一领域的术语，比如：pyramidal steep(锥形屋顶)、tope / stupas(窣堵波；佛塔)、Karst topography(喀斯特地貌)、opiment(田黄石)等等。这类术语名词主要用于建筑和地理风貌的描述，词义明确，根据专业辞典翻译即可。

旅游文体中还大量使用特定文化专有名词(proper names)，如人名和地名，例如：苏堤(Lover's Lane 或 Su Causeway)、西子(Chinese Cleopatra 或 Xizi)、玉皇山(Jade Emperor Hill)、Westminster Abbey(威斯敏斯特大教堂)等，具有王德春教授所说的民俗语义。有时这类专有名词需要附加说明性文字，例如：瓦市——一种提供娱乐活动的集市(*Washi*, a kind of recreational fair)，太学——南宋的最高学府(*Taixue*, Imperial College, or the supreme institution of higher learning of Southern Song Dynasty)。这些在后面会有详细说明。

中文旅游文本的语言特点是文字使用比较文学化，常用夸张的手法，而英语旅游文本则常用口语体(含方言)、文化用语和大量的描述性文字，力求体现艺术性和美感，常常会使用优美和文学性较强的形容词，比如，picturesque(风景如画的), exquisite(细致精巧的), idyllic(田园诗般的)，形态各异的巨石(spectacular rocks)。总之，旅游文体切忌刻板，以至失去其生动性和趣味性。

11.1.2 旅游文体的句法特点

在旅游资料中，英汉语句式有所不同。汉语讲究用词富于变化，句子讲究对仗工整，整体风格协调一致。而为了体现旅游文体的生动活泼，突出情趣，英语旅游文体句型灵活多变，长短不一。短句通俗易懂，利于宣传；长句显示其艺术性和美感，用来烘托景点的美丽。由于修饰性文字较多，旅游英语较多使用后置定语、垂悬结构和定语从句。在时态上，一般性的描述用一般现在时，涉及历史故事、神话传说时一般用一般过去时，语态上多用被动语态来表现静态的景观。最后一点是要注意诗句的翻译，一些中国景点介绍会用古代文人墨客的诗词或对联或其他古典文体来突出其历史意义或美学价值，而英文翻译时很难以完全对应的形式翻译，需要进行必要调整，以传达出文本的呼唤意义。

1. 英语时态特点

旅游文体描述的大多是不因时间而异的自然或人文景观的风貌、艺术或观赏价值，所以多用一般现在时，有时也会讲述景点的发展历史或关于景点的历史故事、人物轶事及神话传说，这时，英语会用到过去时(也会用历史现在时)，因为英语必须通过语法手段明确表明时态，而汉语呈"无时间性"(timeless)，只能通过词汇手段来强调时间的"过去"、"现在"和"将来"。

【例 1】鹿回头公园

位于三亚市区以南 3 公里，关于这个公园，有一个美丽动人的爱情故事。相传很久以前一位黎族的猎人追逐一头山鹿，从五指山一直追到南中国海。当山鹿面对大海，无路可逃时，回头一望，突然变成一位美丽的少女。以此传说建成的壮观雕塑"鹿回头"已成为浪漫爱情的见证。鹿回头公园也是登高鸟瞰三亚市和三亚湾全景的首选之地。

The Turn-round Deer Park

Located three kilometers south of Sanya City, the park is known for a beautiful and moving love story related to it. A long, long time ago, there was a young hunter from the Li nationality who once chased after a deer from the Five-Finger Mountain all the way to the South China Sea. Unable to flee any more, the deer could do nothing but turn its head and into a beautiful girl in no time. Hence the stone statue of the turn-round deer, known as *Luhuitou* in Chinese. It bears witness to the romantic love between them. The park named after the story is the best place for enjoying a panoramic view of Sanya and the Sanya Bay.

(田淑芳，2003，编者重译)

【例 2】Venice was founded by the Veneti clan, who settled on the islands in the lagoon that surrounds Venice in AD 452. These communities came from the surrounding northern Italian cities and were taking refugee from the Teutonic tribes who invaded Italy during the fifth century.

【译文】威尼斯城由威尼西亚人建立，他们于公元 452 年，来到环绕威尼斯的咸水湖的小岛上定居。威尼西亚人来自于附近的意大利北部一些城市，公元 5 世纪他们为了躲避条顿人入侵意大利而来到此地。

(同上，编者重译)

2. 句型特点

旅游文体是书面语与口语的结合，是为了传达信息，争取顾客，所以一般来说，旅游英语的句子比较简短易懂，但有时为了体现景点的形象性、特色和美感，也会出现简单句与复合句、长句与短句/小句并用的情况，这就使文章显得错落有致。在这里英语和汉语的区别在于英语里常用后置定语或定语从句，状语的位置也是在主谓语之后，由此造成句子结构头小尾大。而中文则是状语总放在谓语或句子主体的前边，定语无论长短都在中心词之前，其结果形成头大尾小的狮子头形状。

【例 1】灵隐寺拥有源远流长的佛教文化，宏伟壮丽的殿宇建筑和得天独厚的自然风光，成为人们学佛、观光、祈福、休闲的佛教圣地。

【译文】With time-honored Buddhist culture, grand and magnificent temple buildings and charming natural scenes, Lingyin Monastery is a famous Buddhist resort for pilgrimage, sightseeing, blessing, and relaxation.

（吴渝等，2005，编者重译）

【例 2】南宋的杭州还是全国文化中心。杭州在北宋时已经是全国印刷业的四大中心之一，南宋时雕版印刷得到进一步的发展，杭刻书籍成为全国宋版书的精华。南宋最高学府——太学也设立于此，此外还有算学、书学、医学等专门学校等，教育得到普及，文化传承的脉络即使经过战争的洗礼也从未终止过。

【译文】Hangzhou in the Southern Song Dynasty remained China's cultural center after the Northern Song Dynasty, during which it had been one of the country's four centers of printing industry. Block printing developed further in the Southern Song, and books printed in Hangzhou became known as the best Song edition nationwide at that time. *Taixue* or Imperial College (the supreme institution of higher learning) in the Dynasty was also founded here, in addition to math, calligraphy, and medical schools. Thus, education was popularized and culture handed down despite repeated wars.

（同上，编者重译）

【分析】这段英文文本表面看是 4 句，但却包含了 6 句(含从句等)。汉语文本里其实有 8 个小句，虽然只有 3 个句号。英文重形合，句子长短不一，错落有致，句型灵活多样；而汉语则重意合，呈流水句，松散、自如，逐步展开，似乎并不嫌逗号多。

【例 3】The great Italian traveler Marco Polo, a native of Venice, set out from the city on his travels to the east. His book, *The Travels of Marco Polo*, introduced China to Europe and was very influential. It paints a rich, detailed picture of Chinese society as seen through the eyes of a 13th-century European explorer.

【译文】伟大的意大利旅行家马可·波罗是威尼斯人，他就是从这座城市出发开始东行的。其著作《马可·波罗游记》，正是通过 13 世纪欧洲探险家的眼睛，丰富、详细地描述了中国社会，把她介绍给了欧洲，颇具影响力。

(编者重译)

【分析】这个例子里值得注意的是英文文本里最后两句都是介绍《游记》，在中文文本里，根据一句话一个主题的原则把它们并为一句话。

3. 诗词对联等古典文体的引用

为了增强旅游文章的文学性，从而表达一种美感和品位，在中文旅游介绍中常会用到古诗词。

【例 1】西湖犹如西子，无论晴雨，无论四季更迭，都有着美丽的容颜。正如苏东坡所写的："欲把西湖比西子，淡妆浓抹总相宜。"

【译文】West Lake is often likened to Xizi, one of the four ancient beauties in China. No matter whether it is sunny or rainy, or no matter in what season it is, she is always so pretty. It is just as Su Dongpo, a great Northern Song poet, wrote, "West Lake may be compared to Beauty Xizi at her best, / it becomes her to be richly adorned or plainly dressed."

(吴渝，2005，编者改译)

然而，出于英文文体本身的特点，或者为了适应流行文化，英文旅游资料很少使用古诗，不过有时会使用耳熟能详的流行歌词。

【例 2】 With its hot sun and gay night life San Francisco is a fine place to live in or to visit. It is the most European of all American cities and you'll be sure to grow fond of it instantly. So tell yourself in the words of the song, "San Francisco, here I come!"

【译文】旧金山白天骄阳当空，夜生活热闹繁华，是个适宜于居住和旅游的好地方。它是美国城市中最欧洲化的城市，你一定会马上喜欢上这里的。所以，就像歌词所唱的那样："旧金山，我来了！"

(田淑芳，2003，编者改译)

11.1.3 旅游文体的语篇特点

一般说来，汉语篇章倾向于使用归纳法，先罗列具体事实，旁征博引，最后得出结论。英文篇章则倾向于演绎法，主题句在文章或段落开始。但是旅游文体一般都是一篇文章介绍某一个景点，没有非常复杂的篇章结构，所以篇章上的差异不是很显著。从篇章结构上来看，旅游文本同样体现出英语语篇多层次、立体式结构的特点；而汉语语篇则呈平面状，都是结构短小的句子串联在一起。但两者也有共同之处，那就是语句之间或段落之间虽然有一定的逻辑关系，如时间顺序、空间排列顺序(从左到右，从大到小等)，但这些逻辑关系并不明显。也就是说，句子或段落之间使用的关联词不多，英语语篇大多采用代词来表示衔接，而汉语语篇则是需要从意思上体会文章的连贯。下面来看一个例子。

【例 1】

To a great extent, people attach themselves to Hangzhou because they are fascinated by West Lake. West Lake is the soul of Hangzhou. People always compare it to Geneva Lake of Switzerland, praising the two cities as the shining pearls on both the east and the west. Indeed, West Lake is a pearl, bright and attractive. So, as early as 1982, the State Council of China listed the Lake as one of the first group of national major scenic areas.

West Lake faces hills on three sides and the city center on the other side, like a warm embrace enclosing it in the center. West Lake is often compared to Xishi, one of the four ancient beauties in China. No matter whether it is sunny or rainy, or no matter in what season it is, she is always so pretty. It is said that there are 36 West Lakes all over China, but the one in Hangzhou hits the best. No matter how long you may know her, either as local residents or temporary tourists, you will be bewitched by her pleasant scenery and cherish a sincere and earnest emotion towards her.

Pretty scenes could be found anywhere in West Lake. In the lake there are one hill, two causeways and three isles. The hill refers to Solitary Hill Island. It seems a corolla on the surface of West Lake, exquisite and harmonious. Not only beautiful, Solitary Hill Island is famous for its cultural features. A lot of renowned figures have left their stories on the Island. Two causeways refer to the Bai Causeway and the Su Causeway. The two, like two ribbons floating on the Lake, divide it into the Inner lake and the Outer lake. Previously people dredged West Lake and piled up the silt from the lakebed, and then long causeways came into form in the lake. Through constant repair later on, the two causeways, each having flowers in blossom in any season, turned out to be very pleasing and charming. The three isles mean Three Pools Mirroring the Moon (namely Lesser Yingzhou), Midlake Pavilion and Ruangong Isle. How exquisite it is with the islands on the lake and small lakes within the islands! People are so enchanted by the scenery as to forget to return home.

(吴渝等，2005，编者做了部分修改)

【译文】

人们留恋杭州，很大程度上是因为眷恋西湖的美。西湖是杭州的灵魂。人们常常把它与瑞士的日内瓦湖一起比作是世界上东西辉映的两颗明珠。西湖确实如同一颗明珠一样光彩照人，让人喜爱。早在 1982 年，国务院就把西湖列为首批国家重点名胜区之一。

西湖三面临山，一面正对着市中心，仿佛一个温暖的怀抱，把她围在中央。西湖犹如中国古代四大美女中的西施，无论晴雨，无论四季更迭，都有着美丽的容颜，所以人们评论说："天下西湖三十六，就中最好是杭州。"不论是多年居住在这里的人们，抑或是匆匆而过的旅客，无不为它的迷人风景所倾倒，无不对它产生出真挚而热切的情感。

西湖处处有美景。湖中分布着一山二堤三岛。"山"是指孤山，它好像是西湖水面上的一顶花冠，精致，和谐。孤山不仅景色宜人，而且有很多名人在此驻足，是一个充满人文气息的地方。"二堤"当然就是指白堤和苏堤了，它们仿佛两条缎带，漂浮在西湖之上，把西湖分成里湖、外湖等几个部分。早先人们疏浚西湖，把湖底的淤泥堆积起来，就成了湖中长堤。后来经过不断的修整，两条长堤上四时花开，姹紫嫣红，景色十分宜人。"三岛"是指三潭印月(即小瀛洲)、湖心亭和阮公墩，倒映在水中，岛中又有湖，说不尽的精巧玲珑，让人流连忘返。

【分析】

这里选取的是一段对西湖的描绘，其逻辑顺序是从西湖的地位及人们对她的评价，到她的总貌，最后到湖中的景致。英语和汉语语篇虽然都在句中使用关联词，但是用于连接句子的关联词只用了一处，其他都用代词或由语义自然连接，与汉语语篇有所不同的是，英语语篇也用了定冠词使前后文更好地衔接。

11.2　旅游文体翻译的理论与方法

随着全球信息时代的降临，我们经历着信息爆炸、知识爆炸，同时也经历着翻译爆炸。我国旅游翻译的兴起是由我国旅游业的腾飞带来的。我国地大物博，有着十分丰富的自然旅游资源和人文旅游资源。我国旅游业的发展主要是在改革开放，特别是我国经济开始高速发展和国内社会环境日益稳定之后。旅游业不仅为我国带来了更多的外汇储备，并能带动其他一系列服务产业的发展，同时也能提高我国的国际声誉及地位。而当今，最盛行的莫过于文化旅游(culture tourism)，它是旅游学大范畴中的一个全新概念，是旅游活动中的一个以文化追求为核心的旅游方式，主要关注一个地区或国家在历史文化方面的精神、物质、口头或非物质的遗产，了解不同民族和人民的不同文化的独特旅游活动，是一种高层次、高要求、高水平的现代旅游。吸引海外游客源源不断来我国的是我国深厚的文化积淀，引人入胜的民俗风情。另外一方面，境外旅游在中国变得越来越流行，原因一方面是人民生活质量的提高，一方面是人们对异域文化风俗的向往，他们不再满足于电视、电影等其他传媒手段，希望身临其境，亲身体验异国风情，也是我国人民审美情趣提高的表现。这就极大地促进了国外旅游资料的翻译，而其中很大一部分，也必然涉及传统习俗，人文文化翻译。

通过详细分析了旅游文体的特点，比较了英汉两种旅游文体的异同，译者翻译时应充分考虑旅游文体的语域特点，遵循文本的翻译目的，译出符合目的语规范、能为读者所接受的文本。下面我们介绍一些旅游文体翻译的方法。

1. 词类转换与词的增减

(1) 词类转换

词类转换指在翻译过程中，根据目标语的规范，把源文本中的某种词类转换成目的语文本中的另一种词。由于汉英两种语言在句法、语序、表现法、词类等方面存在很大差异，词类转换是翻译中常用的手段。相比较而言，汉语重意合，动态词使用较多；英语重形合，静态词使用较多。汉译英时，汉语动词常常转换成英语名词、介词词组、非谓语动词形式。此外，由于表达习惯不同，汉语中的动词也可以转换成英语名词、形容词。

【例 1】<u>分析</u>文化层的土质和堆积，我们发现代表跨湖桥文化的跨湖桥遗址和下孙遗址，都和江南地区较为普遍的山前坡地形遗址不同。

【译文】<u>From the analysis of</u> soil property and pileup of the remains, Kuahu Bridge Remains and Xiasun Remains, which represent Kuahu

Bridge Culture, are different from those comparatively prevalent Shanqianpo Remains in the Jiangnan region.

【分析】中文文本中用的"分析"是动词，与后面的"发现"形成了连动式，而连动式在英语中并不常用，所以在英文文本中使用了"分析"的名词形式，并用 from 这个介词来表现"分析"和"发现"的关系。

【例 2】唐代"平民县令"白居易苦心<u>经营</u>，北宋"贤太守"苏东坡精心<u>改造</u>，一代又一代官民精心<u>呵护</u>，西湖到南宋时期繁华已达到极点，其美丽妩媚也到了极致。

【译文】Through the painstaking <u>effort</u> of Bai Juyi, a plebeian magistrate in the Tang Dynasty, and meticulous <u>transformation</u> by Su Dongpo, a virtuous governor in the Northern Song Dynasty, and the careful <u>protection</u> by many others generation upon generation, West Lake came to its prime time in the Southern Song Dynasty.

（吴渝等，2005，编者改译）

【分析】中文文本中的动词词组"苦心经营"、"精心改造"和"精心呵护"在英文文本中，为了行文需要都转化成了名词词组，并用了介词 through 来体现它们与谓语动词的关系。

【例 3】<u>夜幕降临</u>，淮海路上华灯齐放，特别是那不锈钢拱形的跨街灯饰所组成的灯光"隧道"，形成了一条火树银花不夜天的灯街，吸引着无数国内外游人前来赏灯观览。

【译文】<u>At the eventide</u> all colorful lights are on along Huaihai Road. Especially the light-decoration on the stainless frameworks which form a "Tunnel of Lights" spanning the street presents a magnificent bright night, attracting a lot of visitors Chinese and foreign alike.

（韩荣良等，2005，编者改译）

【例 4】The Swiss have made good <u>use</u> of their country's scant natural resources.

【译文】瑞士人很好地<u>利用</u>了其并不充裕的自然资源。

(2) 增词

增词是指在译文中增加原文中虽然没有但却隐含有这个意思的词，这样就可以使译文明白无误。增词可分为语义性增词、语法性增词、修辞性增词等。语义性增词是指为使译文语义明确，根据意义上的需要在译文中增加原文中没有的词。

(a) 语法性增词

由于汉英词法、句法不同，翻译时往往要补充代词、介词、连词、冠词、动词等。

【例 1】走在杨公堤上，清风习习，鸟鸣声声，青草翠绿，树影婆娑，蜿蜒的栈道曲折前伸，清幽的湖水波光粼粼，水边的芦苇在微风里轻颤……这一切让人恍若走进一幅简约的写意画里。

【译文】Walking on the Yanggongdi Causeway, <u>you</u> will be greeted by fresh breezes, bird songs, emerald green grass, dancing tree shadows, a winding plank-road, the quiet and beautiful glistening lake water and waterside reeds quivering in the gentle breeze, as if <u>you</u> were walking in a freehand brushwork of traditional Chinese painting.

(吴渝等，2005，编者改译)

【例 2】大楼外墙以花岗石饰面，入口大台阶直达二三层高的营业大厅。

【译文】The exterior wall of the building is applied with granite pieces. <u>One</u> can reach the business halls on the second and third floors by following the big steps at the entrance. (或者：…The flight of steps at the entrance leads directly (up) to the business halls on the second and third floors.)

(韩荣良等，2005，编者重译)

【分析】根据汉语句法，主语是可以省略的，而英语却不可以，所以上面两个例子中，在翻译成英文时，都添加了主语，例 1 加了 you，例 2 加了 one。但例 2 比较特殊，通过选择不同的动词，亦可改由"物"(即 The flight of steps)作主语，跟中文一致。

【例 3】但同时又广泛吸纳了各国建筑风格的长处，形成了一个具有多风格建筑的混合体。

【译文】However, it has also taken in some special features of many other countries, <u>thereby</u> forming an architectural establishment of composite styles.

【分析】根据句法规则，中文文本中分句间的逻辑关系可以隐含，但在英文文本中增加了 thereby 一词，使其逻辑关系变得明确。

【例 4】Its 102 floors of offices hold 16,000 people, the population of a fair-sized American town.

【译文】(帝国大厦)共 102 层楼的办公室可以容纳 16000 人，<u>相当于一</u>个中等规模的美国城镇人口。

【分析】the population of a fair-sized American town 作为对"16000 人"的补充解释，根据英语语法规则可以独立存在，因为它直接跟在 16,000 people 之后，而在中文文本只有加上"相当于"才能明确它所解释说明的对象。

(b) 修辞性增词

修辞性增词大多是出于行文上的考虑，所增加的词多为不改变原意的语气词、强调性副词或其他修辞上需要的词汇，以使意义明确，或使事物特点鲜明。

【例 1】入口处为典型的希腊多立克柱式门廊，其外貌带有古典风格的折中主义色彩。

【译文】<u>Seen</u> at the entrance is the typical Greek Doric colonnade featuring in somewhat way with classic eclecticism.

【分析】在这个例子中，英文文本增加了 seen，这样不仅语法规范，而且给人一种身临其境的感觉。

【例 2】她总是以一种宠辱不惊的方式面对时光的流逝。

【译文】She is <u>never in a hurry</u> to face the lapse of the time but handles hardships <u>with a kind of serene posture</u>.

【分析】在这个例子中，"以宠辱不惊的方式面对时光的流逝"被化解为 never in a hurry to face the lapse of the time 和 handles hardships

with a kind of serene posture 两个部分，因为英语中没有完全与
"宠辱不惊"对应的词汇，所以只有用这种方法才能确切地表
达中文文本的意思。

【例 3】中国银行上海市分行，建于 1936 年，前部高 17 层，钢架结
构，后部为钢筋混凝土结构，筑有地下保险库。

【译文】Bank of China Shanghai Branch was put up in 1936 with its front
part of iron and steel structure towering 17 stories high while the
rear part is of reinforced concrete and with an underground treasury
<u>added to it</u>.

【分析】英文文本增加了 added to it，使 underground treasury 与 the rear
part 的关系——附加关系——更加明确。

【例 4】Although many languages are spoken in its picturesque cluster of
40 shops, the Burlington Arcade is quintessentially English.

【译文】虽然在柏灵顿市场街的 40 多家精美如画的商铺里可以听到许
多国语言，但它由内而外体现的却是典型的英式<u>风格</u>。

【分析】English 可以翻译为"英语"、"英国人"、"英国的"，所以在中
文翻译文本里，为了明确起见，增加了"风格"一词，以避免
误解。

(3) 减词

汉语很讲究对偶，这种同义重复用得适当可以产生很好的修辞效
果，但如果使用不当，则会成为赘词。在翻译时，冗余的排偶在大多数
时候应省略不译，而且有时候需要省略内容空洞的词语。所谓内容空洞
的词语，是指一些词语或说法，无论在作者头脑中还是在读者心目中，所
表示的意思远比其字面上所表达的意义少。如果保留在译文中，会让译
文的读者费解，或觉得不可信。

【例 1】盈盈湖水作证，巍巍蓝天作证，见证这一个个人生的爱情希冀。

【译文】The clear water of the lake and the lofty blue sky can testify that
everyone will have his true love.

【分析】"盈盈湖水作证，巍巍蓝天作证"用了重复、对仗的修辞方

法，使语言产生美感，在英语中不可能产生这种效果，所以干脆把重复部分省略。

【例 2】他此行的<u>心情</u>是轻快的，他眼里的杭州依然那样光彩照人，那样闲适精致。

【译文】He was lighthearted when he came and in his eyes Hangzhou was still jewelly, leisurely, comfortable and exquisite.

【例 3】每当华灯初上之际，外滩各座建筑物上的艺术灯光与浦江对岸东方明珠广播电视塔竞相辉映，争奇斗艳，令海内外游客<u>为之</u>赞叹不已。

【译文】When the evening lights are lit, structural nightscape lighting along the Bund and that of the Oriental Pearl TV Tower on the opposite bank of the Huangpu River enhance each other, impressing domestic and overseas visitors strikingly.

(韩荣良等，2005，编者改译)

【例 4】乐山<u>水光山色独特，地理环境优越</u>，素有"绿杨夹岸水平铺"之称，举行龙舟竞赛得天独厚。

【译文】Famous for its "tranquil river fringed with rich vegetation", Leshan in Sichuan Province has the ideal setting for the dragon boat race.

【分析】中文文本中"水光山色独特，地理环境优越"的具体表现就是"绿杨夹岸水平铺"，删去前两句，译文简练，更符合外国读者的习惯。

【例 5】在我国最早的典籍中，即有关这条河的记载。尚书禹贡："漆沮既从，沣水攸同。"诗经大雅："沣水东注，维禹之绩。"说明沣水在远古就是一条著名的河流。

【译文】Records about this river can be found even in the earliest Chinese classics, which proves that the Feng River has been well-known since ancient times.

【分析】中文旅游资料的撰写者们在描述一个景点时，往往喜欢旁征博引，如这段对西安附近"八水"之一的"沣河"的描写。中文撰写者引经据典的目的，无非是想证明洋河的悠久历史。但是，所引的汉语文字对大多数中国人来说都难以明白，更何况外国旅游者：就是翻译者费九牛二虎之力将引文的来龙去脉在英语中交代清楚，效果又会如何？不如省些力气，作上述处理，求得功能上的对等。

【例 6】Despite <u>the fact</u> that confidential bank accounts are no longer possible, Switzerland continues to attract investments from firms and individuals in other countries.

【译文】虽然开秘密账户已经不再可能，但瑞士还是吸引了很多海外公司、个人的投资。

【例 7】The stone columns inside the church were designed with a variety of beautifully carved patterns.

【译文】教堂里的石柱上刻着多种美丽的图案。

【分析】在中文文本里，根据汉语习惯把 designed 省略掉了，而把 carved 放到了谓语的位置，这样更简洁明了，也丝毫没有改变英文文本的意思。

2. 定语性词组的翻译

定语性词组与中心词的关系可以是表示地点、条件、目的、方式、原因、主谓、主系表或复指关系。英译时，可以借助定语从句、介词+从句、不定式、分词、介词+分词等进行转换。

【例 1】所有喜欢泛舟行乐的人，或是带着自己的家眷，或是呼朋唤友，雇一条画舫，荡漾水面。

【译文】All the people who love to go boating can rent a gaily-painted touring boat to ripple on the lake with family members or friends.

【例 2】"画境"是把从大自然中取得的素材，如山水草木等，通过取舍、概括、剪裁和提高，运用写意、传神的手法，使之成为一个主次分明，又有烘托并有呼应，多样而又统一的完整布局，使其浑然一体，产生"画境"的效果。

【译文】The "picturesque scene" means that with the raw materials taken from nature, such as hills, waters, grasses and plants to make them, by way of selection and discarding, epitomizing and priming and enhancement and by using a freehand for bringing out vividness, into a diversified yet an integrated layout with a drastic contrast between the major and the minor in which they set off one another as though they were in a whole piece of an artwork.

【分析】例 1 的定语性词组用来表达目的，英译时用了表示目的的不定式；例 2 的定语性词组，由于关系并不复杂，在英译时可用后置定语。

【例 3】Ancestral heritage hunters who seek to combine a little shopping with their historical research will be pleasurably surprised when they visit the Burlington Arcade.

【译文】想寻访古迹，打算把历史研究和购物结合起来的游客在游览柏灵顿市场街的时候会十分惊喜。

3. 主动句与被动句的翻译

被动句是主动句中处于宾格的受事者被提到主语位置上。在汉语中主动句适用于强调说明施动者，说明它的动作、行为所起的作用；而被动句强调被动者(受事)的被动地位和被动状态。所以主动句直截了当地表达思想感情，使人易于理解，一般的交际中用得最多；被动句作为一种特殊的句型，用得较少。因此，翻译过程中要注意语态的转换，会用到变异的手法。

【例 1】在良渚文化圈内，还出现了大量稻谷栽种的迹象，反映出这一带比较成熟的水稻文化，显示出这里当时发达的农业文明。

【译文】Around the Liangzhu Culture area, traces of rice-planting have been found, displaying the riper paddy culture and the well-developed farming civilization at the time.

(吴渝等，2005，编者改译)

【分析】例 1 的中文文本都是主动句，在英文文本里都被翻译为被动句，目的是为了强调受事方。

新世纪翻译学 R&D 系列著作

【例 2】后来清代断桥东建御书楼，悬挂康熙御题"平湖秋月"匾额。

【译文】Later in the Qing Dynasty, an imperial library was built to the east of Broken Bridge with the plaque "Autumn Moon over the Calm Lake" written by Emperor Kangxi.

(吴渝等，2005，编者改译)

【例 3】灵隐寺依山而建，位于杭州西南的灵隐山上。

【译文】Built by the mountain, Lingyin Temple lies on the Lingyin Hill which stands in the southwest of Hangzhou.

【分析】在这句话中，"依山而建"被译为被动句，一方面在这里无需说明施事者，一方面是使句子结构匀称，文气连贯。

【例 4】The State Rooms are located in the main west front overlooking the garden and are extravagantly decorated with some of the finest pictures, tapestries and works of art from the Royal Collection.

【译文】(白金汉宫里的)殿堂位于主楼的西面，俯视着花园，里面陈列着皇室收集的最精美的画作、艺术品和挂毯，布置十分奢华。

【例 5】Mass is held a number of times every day. Special celebrations and concerts are held at the cathedral from time to time particularly in the summer.

【译文】(在这个大教堂里，)一天会做好几次弥撒，有时，特别是夏天，也会举行特别的庆典和音乐会。

【分析】这是两个典型的施动者无足轻重而无需提及的例子。在这种情况下，中文文本用主动句会显得更流畅。

4. 长句的翻译

汉语的句子充分体现了汉语注重话语意思统一的句子特征。汉语的句子一般由小句组成，用逗号分隔。小句之间的语义关系虽然没有表示特定逻辑关系的关联词语，但小句本身的意义隐含了它们之间的语义关系。翻译成英文时，首先要弄清小句之间是什么样的语义关系，再按主次原则分别译成主次句，并加入一些逻辑关联词使原来蕴涵的逻辑关系明确呈现。

【例 1】 山谷顶端，残留着一座道教建筑，名叫"黄龙古寺"。寺前有
　　　　一溶洞，深邃莫测。寺后有一石碑，除碑檐外，几乎全被碳酸
　　　　钙沉积淹没，碑文已不可辨认。

【译文1】 On the hill top stands the Yellow Dragon Monastery, a Taoist retreat
　　　　built in the Ming Dynasty (1368—1644). A karst cave lies before
　　　　it, and a stone tablet was erected behind. All but the top of the tablet
　　　　has been eroded by calcium carbonate, and the inscriptions have
　　　　become unreadable.

【分析】 原文通过"山谷顶端"～"古寺"、"寺前"～"溶洞"、"寺后"～
　　　　"石碑"～"碑檐"、"碑文"等一系列的"主题—说明"结构，
　　　　将古寺的方位及其周围的事物交代得一清二楚，空间关系十分
　　　　明确。译文虽然把原文的每一事物也做了详细交代，但由于断
　　　　句不当且频繁更换主语，空间关系有些凌乱。所以表达时不仅
　　　　要注意句子内部成分的意义是否忠实无误，还要特别重视各成
　　　　分之间的语义关系是否也正确无误。这还要靠词序安排及对句
　　　　子主语的选择。上面的译文可做如下修改：

【译文2】 On top of the hill stands the Yellow Dragon Monastery, a Ming
　　　　Dynasty (1368—1644) structure for a Taoist retreat. Before the
　　　　monastery is an unfathomed karst cave, and behind it stands a stone
　　　　tablet, all but the top having been concealed by calcium carbonate
　　　　and the inscriptions on the surface illegible.

(吴渝等，2005，编者改译)

【例 2】 这些雕像中，年代最早的是青林洞西岩壁的"西方三圣"坐像，
　　　　创作于公元 951 年，距今已有一千多年的历史，但至今依然能
　　　　看出其细致精巧的风格。

【译文】 Among the grottos, the oldest one is the seated statue of The Three
　　　　Saints of the West on the west wall of Qinglin Cavern. It was carved
　　　　in 951, more than 1,000 years ago. Today, however, we can still
　　　　recognize its delicate and exquisite style.

新世纪翻译学 R&D 系列著作

（吴渝等，2005，编者改译）

【分析】在这个例子中，中文文本是一个长句，英文文本把它断成三个
句子。第一句表达了这个意群的中心意思。第二句用了代词 it
来与第一句连接。第三句则用了关联词 however 来表示转折关
系。这样看来，虽然英文文本由三个句子组成，但其中各句之
间的逻辑关系十分清晰，所以结构非常紧密；而中文文本虽然
只有一个句子，各小句之间却显得结构松散。

【例 3】Brighton is known for catering to its tourists. For those interested
in sporting activities, tennis courts, golf courses and bowling
greens are all readily available. For children, there are paddling
pools, playgrounds and numerous activities on the pier.

【译文】布莱顿以娱乐设施齐全，能满足不同游客的需要而著名：那儿
有为运动爱好者准备的网球场、高尔夫球场、草地滚球场和为
孩子准备的划船的池塘、操场以及突堤上的各种游戏活动。

（田淑芳，2003，编者改译）

【分析】在英文文本里，这段话由三句组成，第一句是主题句，后两句
是并列的句子对主题句加以举例说明；在中文文本里，根据一
句话说明一个意思的原则，虽然这一句话内各小句之间的逻辑
关系不必很明确，但这三句话还是可以合并为一个长句。

11.3 旅游文体的文化词翻译例析

翻译中，文化因素的处理是一项十分困难但又十分重要的任务。数
千年的华夏文化与历史悠久的汉语言文字有千丝万缕的联系。汉语译成
英语时不但文化的载体改变了，文化环境也不复存在。这时会出现两种
情形：首先，译入语没有相应的词语来承载原文本中的文化因素，形成
词语空缺。其次，译文的读者缺乏理解原文所需要的汉语或英语文化背
景知识，或者以自己的文化背景去理解译文，造成误解。这就给文化词，

包括专有名词、历史名词和一些只出现在一种文化环境里的民俗语义词的翻译带来一定的难度。一般来说，文化词的翻译有三种常用的翻译手段，一种是音译，例如，the Buckingham (Palace)翻译为"白金汉宫"，灵隐(寺)翻译为 Lingyin (Temple)；一种是意译，the Mediterranean Sea翻译为"地中海"，the Red Square 翻译为"红场"，"断桥"翻译为 the Broken Bridge。有时也会将两者结合，例如，the Big Ben 翻译为"大本钟"，big 采取了意译法，Ben 采取了音译法，"钟"的添加其实是运用了增补法，这在后面会提到。但有时，特别是对一些文化含量较高的文化词，这三种翻译方法都不能满足翻译需要，需要灵活处理。下面就介绍一些文化词翻译较常用的方法。

总体来说，文化名词的翻译方法主要有：释义及增补、类比或转译。

1. 释义及增补

释义是指对一些专有名词(proper name)在给出音译后，再给出意译，以便读者能更好地理解这一专有名词的含义及文化内涵。例如，"紫禁城"可译为：*Zijincheng, the Forbidden City*；"颐和园"可译为：*Yiheyuan, the Summer Palace*；"玉皇飞云"(西湖新十景之一)可译为：*Yuhuangfeiyun, Clouds Scurrying over Jade Emperor Hill*, one of the West Lake's New Top Ten Views 等等。

这种翻译法将读音和含义结合起来，便于英语读者记忆，加深他们的印象，提高他们的游兴。这种处理方法在文字中比较普遍。

再如：元宵节那天，人们都要吃元宵。译为：On *Yuanxiao Jie* or the Lantern Festival, which falls on the fifteenth day of the first lunar month, it is a common practice to eat *Yuanxiao*, a kind of glutinous rice-flour balls filled with bean paste, sugar or some other sweet things。

译文对元宵节的内容及日期的解释，对元宵的解释说明，弥补了英文中的词汇空缺，很好地传递了文化信息。

增补与释义类似，也是为了帮助读者更好的理解某一文化名词，但增补主要是添加一些相关知识和背景资料，特别是对有关中国文化历史，通过增加字、词、句，对原文做进一步的解释。这主要是对一些地名、人名、朝代名、佛名等，根据字面意思，再略加解释，会让人易于理解其历史意义及人文意义，增添兴趣。

"秦始皇"可译为：Qin Shihuang, the first emperor of the Qin Dynasty in Chinese history who unified the country in 221 B.C.；"林则徐"可译为：Lin Zexu, a government official of the Qing Dynasty (1636—1911) and the key figure in the Opium War；"弥勒佛"可译为：Maitreya (Buddha), the designated successor of Sakyamuni Buddha and better known as Mi Le Fo in China, who, exposes his chest and belly, always beaming with smiles and seemingly seeing through everything in the world.

在翻译地名的时候，有时要为读者补充必要的相关知识及其地理方位。在有关丝绸之路的旅游资料中经常提到"西域"这个地理名称，如果不做任何增补而音译为"Xiyu"或再加释义"the Western Regions"，英文读者会误以为这是一地名。做过增补后，概念就清晰了。"西域"可译为：the Western Regions (a Han Dynasty term for the area west of Yumenguan Pass, including the present-day Xinjiang Uygur Autonomous Region, parts of Central Asia and beyond)。

在译朝代名时，需要补充该朝代的公元年份，这样就可以给对中国朝代不熟悉的外国游客一定的时间概念，有时还可以让他们对本国的历史作一比较。

【例 1】北宋朝廷虽然结束了五代十国的军阀割据局面，但它却抵挡不住女真族金国的铁蹄，挡不住女真南下的步伐。

【译文】Though it succeeded in ending the separatist warlord regimes of Five Dynasties & Ten Kingdoms (907—960), the Northern Song Dynasty (960—1127) was unable to keep out the invasion of Jin Kingdom, a Northern ethnic group called Golden Tartar, and was finally driven south.

(吴渝等，2005，编者改译)

再看一个英译汉的例子：

【例 2】Venice was a great centre of Renaissance and Baroque art, spanning more than three centuries from the 1500s on.

【译文】自 16 世纪始，横跨三个世纪，威尼斯成为文艺复兴(15 至 16 世纪)和巴洛克艺术(流行于 17 至 18 世纪欧洲)的中心。

【分析】中文译文对西方文化名词加上了时间上的定义，这就使不了解西方艺术史的中国读者至少对这些艺术有一个历史背景的概念，由此可以想象其特征。

一本介绍崂山的资料中有这样一段：

【例 3】三官殿里有一株茶花树，在寒冬腊月开出一树鲜花，璀璨如锦，因此又名"耐冬"。

【译文】There is a camellia tree in the Sanguan Palace blooming fully in midwinter, so it is known as a "winter-hardy flower" or *naidong* in Chinese, which means standing bitter cold winter.

(徐云珠，2006，编者改译)

【分析】译者根据原文的字面意思，在句末增加了一个非限定性定语从句，对"耐冬"做了进一步的解释，使英语读者了解中国人如何描绘茶花(树)的。

再看一个例子：

【例 4】路左有一巨石，石上原有苏东坡手书"云外流春"四个大字。

【译文】To its left is a rock formerly engraved with four big Chinese characters *Yun Wai Liu Chun* (Beyond clouds flows spring) hand-written by Su Dongpo (1037—1101), the most versatile poet of the Northern Song Dynasty (960—1127).

【分析】译文增加了对苏东坡的说明，较好地表达了原文想表达的意图："云外流春"四个字具有较高的文物价值。

最后看一个英译汉的例子：

【例 5】In the Cathedral, and throughout the city, one can see the winged lion, the symbol of Mark.

【译文】在天主教堂和城市的每个角落，到处都可以看到有翅膀的狮子，象征着威尼斯的保护圣徒，马可，也称为"圣马可"。

2. 类比或转译

为了使旅游资料在外国读者中产生共鸣，我们用"以此比彼"的方法拉近读者与中国文化的距离，使他们产生亲近感，激发他们的游兴。所谓"以此比彼"就是把中文资料中有关的内容转化为外国游客熟悉的同类内容。如：将民间传说中的"梁山伯与祝英台"转译作(Chinese) Romeo and Juliet。也可把外国资料中的内容转译为中国游客所熟悉的东西。如：美国亚洲旅行社的旅游资料中把威尼斯比作中国的苏州；北京的王府井比作美国纽约的第五大道(the Fifth Avenue)；郑州在其交通位置上可以比作美国的芝加哥(Chicago)。这样可以简洁而较为准确地介绍人物或景点，使读者在自己的文化基础上理解异国文化，并能加深印象。

例如，西施(西子)可以翻译为 Chinese Cleopatra(克利奥帕特拉)。中国古代四大美女之一的西施在中国人民心目中的地位与埃及美女 Cleopatra 在西方人心目中的地位相当，所以较容易被西方人接受。当然，我们也可以把"西子"翻译成：Beauty Xizi，这样翻译虽然明确了西子是美女的身份，但是没能传达人们对她的爱戴。又如："清明节"翻译为 Chinese Easter 较为容易被西方人理解，清明节还有其他十几种易于为海外游客接受、喜欢的译法。"苏堤"被翻译为 the Su Causeway 或 Lovers' Lane，前者是直译，会使外国游客对这一景点迷惑不解，而后者则用了类比法，突出了苏堤浪漫的特点，是恋人幽会的地方(参见陈刚，2001/2004/2006)。

再看一个例子：

故宫耗时 14 年，整个工程于 1420 年结束。

如果这份旅游资料是对北美市场发行，可以翻译为：The construction of the Forbidden City took 14 years, and was finished in 1420, 72 years before Christopher Columbus discovered the New World. (刘宓庆，1999)

如果这份资料的目标市场是欧洲，则可在 in 1420 后加上 14 years before Shakespeare was born，采用这样的类比手法能使外国人将他们陌生的中国历史年代与他们熟悉的历史或人物所处的年代联系起来，以便留下深刻的印象。

　　还有一些文化名词是外来语,所以在翻译成英文时要再还原成初始语言,比如,跟佛教有关的一些名词。

【例 1】灵隐寺主要建筑由天王殿、大雄宝殿、药师殿和云林藏室组成。

【译文】The main constructions of Lingyin Temple consist of the Hall of Deva-Kings or Heavenly Guardian Hall, the Mahavira (Great Buddha) Hall, the Hall of the Buddha of Medicine, Yunlin Repository. (参照陈刚,2001/2006)

【分析】对几个主要殿名的翻译可根据不同的对象采用英译或者梵语。

11.4 旅游文体的篇章改写例析

　　篇章翻译是指高于句子以上的语言单位的翻译,在翻译实践中占有举足轻重的地位。就篇章结构而言,汉英篇章大抵相同,全篇通常首尾相呼应,句间承上启下,各句、段的排列以及所反映的概念都紧密相连,具有完整独立的交际功能。篇章翻译与句子翻译的主要不同在于前者为译者提供了范围较大的语境。根据这一语境,译者可以较准确地掌握篇章的主题,理解该篇章及组成该篇章的词、句的深层含义或言外之意。

　　在进行篇章翻译的时候,要注意应用翻译功能论。根据功能论,语言符号有再现、表达和感染三大功能。旅游文体主要涉及再现和感染两大功能,从而激发读者的某种行动。

　　第一步是要做篇章分析,也就是对篇章的结构、风格,涉及的人、事、情、境的认识和分析。第二步是要遣词、造句、谋篇。谋篇与遣词造句是一种整体与局部的关系,在这里要做到连贯(coherence)、统一(unity),提高可读性趣味性。还要注意一点,翻译此类文本时译者的主要任务是要不折不扣地传递原文所包含的信息。译文需选用完全符合译入语的该类文本的写作规范和语言表达习惯,以使读者正确接收原文的信息。

【中译英例析】

雷峰塔——西湖边的另类风景

西湖多塔。塔是佛教用来藏舍利和经卷的地方，每一座塔都有它自己的历史、它独特的形态以及其特殊的故事。六和塔壮丽挺拔，白塔小巧玲珑，保俶塔端庄秀美。而以塔列为西湖十景的，只有雷峰塔，即雷峰夕照。

雷峰塔，位于西湖南面，在净慈寺前的夕照山上。西湖是秀美的，而雷峰塔却十分敦厚；西湖是浪漫的，而雷峰塔是浪漫故事中另类的插曲；西湖的历史是持续的，而雷峰塔的经历却一波三折。

雷峰塔建于吴越国时期(975)，吴越国王钱弘俶因为黄妃生得一子，对佛心生感激，所以修建此塔以谢佛的恩德。塔初名"黄妃塔"，是一座八面砖木结构的楼阁式塔，塔心是砖砌的，塔檐、游廊、栏杆等为木结构。南宋以后，雷峰塔木构檐廊屡毁屡修。当时的《雷峰夕照》图中，斜阳的余晖照耀在塔身上，成了西湖边静穆的图画。明代嘉靖时，雷峰塔被毁，仅存塔心。杭州诸塔中，其他的塔都是随毁随修，只有雷峰塔自那时起便不曾修葺过，以残缺的姿态在湖畔耸峙了四百余年。

【译文 1(传统译法)】

The West Lake has many pagodas. The pagoda is the place where Buddhism uses to reserve relics and texts. Each one has its own history; each has its unique form and special legend. Six Harmonies Pagoda is magnificent, tall and handsome; White Tower is petite and pretty; Baochu Pagoda is elegant and graceful. However, it is Leifeng Pagoda that is listed as one of the West Lake's Top Ten Views, namely Leifeng Pagoda in Evening Glow.

Leifeng Pagoda, to the south of the West Lake, is on the Xizhao Hill in front of Jingci Temple. While the West Lake is beautiful, Leifeng Pagoda is lenient; while the West Lake is romantic, Leifeng Pagoda is the peculiar interlude of the romantic story; while the history of the West Lake is lasting, the experience of Leifeng Pagoda is full of twists and turns.

Leifeng Pagoda was constructed during Wuyue Period (975). It is said that Qian Hongchu, the king of Wuyue State, wanted to express his thanks to Buddha because his wife, Princess Huang, gave birth to a son. So he donated to build the pagoda. The initial name of the pagoda was Princess Huang Pagoda and it was a building with brick timber structure of eight sides. The core was built of brick, but the eaves, veranda, railing, etc. were timber structures. Since Southern Song Dynasty, the eaves corridor of timber of Leifeng Pagoda had been repeatedly destroyed and repaired. In the picture of "Leifeng Pagoda in Evening Glow" at that time, the sunshine of setting sun glows on the pagoda, forming the solemn and quiet picture by the West Lake. Leifeng Pagoda was destroyed in Jiaqing of Ming Dynasty, only left the brick core. All pagodas in Hangzhou except Leifeng Pagoda are rebuilt instantly after being destroyed. However, Leifeng Pagoda since then had not been rebuilt. The ruin has been standing by the West Lake with the incomplete posture for more than 400 years.

(吴渝等，2005)

【译文 2(改写译法)】

Leifeng Pagoda with Its Special Stories

West Lake boasts numerous pagodas. The pagoda is the place where *sarira* (Buddhist relics) and Buddhist scriptures are preserved. Each one has its own history; its unique form and its special story. Pagoda of Six Harmonies stands lofty and majestic, while White Pagoda appears much smaller yet attractive. Baochu Pagoda looks elegant and graceful. Of all the local pagodas, however, it is only Leifeng Pagoda that ranks among the West Lake's traditional Top Ten Views, namely, Leifeng Pagoda in Evening Glow.

Leifeng Pagoda is situated south of the lake on Xizhao Hill in front of Jingci Temple. It is said that West Lake is like a pretty girl, but Leifeng Pagoda is like a simple and sincere man; West Lake is known for her romantic stories, but Leifeng Pagoda features different ones; West Lake grows without stop, but Leifeng Pagoda has undergone many ups and downs.

◆新世纪翻译学 R&D 系列著作

Leifeng Pagoda can be traced back to 975 during the Kingdom of Wuyue, in which King Qian Hongchu was so happy to have his concubine give birth to a son that he erected a pagoda to express his gratitude to Buddha and named it after the concubine Huang Fei. This pagoda was an octagonal brick-and-wood structure of storied-pavilion type. The core part was built of brick, but the eaves, veranda, railing, etc. were of a wooden structure. Since the Southern Song Dynasty, the eaves and veranda had been damaged and repaired repeatedly. In the painting of "Leifeng Pagoda in Evening Glow" at that time, the pagoda was bathed in sunset glow, forming a solemn and quiet picture by West Lake. It was destroyed in the mid 1500 during the Ming Dynasty, with the only brick core remaining. Historically, all pagodas in Hangzhou were rebuilt after destruction, except Leifeng Pagoda that had been left in disrepair for more than 400 years.

(编者重译)

【分析】这一篇文章的翻译实则应为改写(rewriting)，这也是旅游翻译(尤其是汉译英)的常用方法，使译文更加符合目标读者的语言习惯，更容易被接受。译文 1 错误过多，译语过"直"，过于"机械"，对一些历史事件和不少词语的理解不够准确，甚至完全错误，难以再现原文的意义、内涵及情趣。总体译文的可读性较差，很难算是一篇合格的旅游介绍文章。译文 2 就采取了"改写"的方法，感觉完全不同。第一段起着总领全篇的作用，先是总体介绍了"西湖多塔"，以及一些名塔的概况，然后突出只有雷峰塔属于西湖十景这一事实，显示出其出众之处。其中，第二句话的定语部分，由于有动词和并列结构，较为复杂，所以在英译时把它转化为 where 引导的定语从句。第三句用了 each one 来代替"每一座塔"以使上下文连贯更好，并避免重复。就选词的准确性和生动性以及对原文理解的正确性而言，译文 2 显然高于译文 1。接下去的段落、篇章基本上是脱离中文语言形式的英文重写，可用"得意忘形"来描述。

为了比较好地领略改写的所谓"真谛",读者不妨根据自己对中文的理解,先进行自译,然后对照译文 1,最后对照译文 2。这里需要从研究的角度来审读中文和译文,若能通过理论结合实际,写一篇有学术性的翻译实践小论文,相信一定会印象深刻,受益匪浅。

【英译中例析】

Cambridge

Resting on the banks of the River Cam for over two thousand years, the City of Cambridge is home to the prestigious University of Cambridge. When Oxford University students felt discontent with their school, they established the University of Cambridge nearly eight hundred years ago.

For some sightseeing enjoyment, Cambridge offers the Fitzwilliam Museum, which is considered as having one of the finest collections of paintings and rare books. To see magnificent stained glass windows, the King's College chapel boasts a quite impressive display of décor including a vaulting fan built completely out of stone. Following a style imported from sixteenth century Venice, the Bridge of Sighs is another site to visit.

A beautiful college town, Cambridge allows visitors to truly experience life. Drink and socialize at the local pubs, or completely lose track of time while drifting in and out of the weeping willows overhanging the River Cam. During the festive season, hear the carolers' singing echo down the narrow lanes where Darwin and Newton once walked.

(http://www.uktravel.com/citycontent)

【译文】

具有两千多年历史的剑桥市坐落在康河岸上,闻名于世的剑桥大学就在这里。近八百年前,牛津大学的学生对他们的学校产生了不满,所以他们创建了这所大学。

如果要观光,在剑桥有被认为拥有最好的油画收藏和珍稀藏书的博物馆之一的菲茨威廉博物馆;如果想看看彩绘玻璃窗,国王学院教堂里的装饰让人叹为观止，其中还有一个石头的扇形拱顶。16 世纪威尼斯风格的叹息桥是另外一个值得一去的景点。

美丽的大学城剑桥能让游客真正体验生活。游客们可以在当地的酒吧喝上一杯，结交朋友，或徜徉在康河岸的垂柳间而忘记时间的流逝。节日期间，在达尔文和牛顿漫步过的小巷子里，还可以听到颂歌余音缭绕。

【分析】这篇应用了不少翻译技巧，诸如 conversion, inversion, amplification 和 omission 等。第一段文字介绍了剑桥市的位置和历史，剑桥大学的起源。for over two thousand years 这个时间状语被转化成定语"具有两千多年历史的"，使语句更连贯，更紧凑。另外一个时间状语 nearly eight hundred years ago 根据汉语习惯放到了句首。第二段紧跟主题段，主要讲剑桥的主要景点，是主题段的发展。应该注意的是 which 引导的一个定语从句在翻译的时候放到中心词"菲茨威廉博物馆"之前作定语，因为汉语句法中没有后置定语。最后一段是一个小结，值得注意的是第二句中 drink 和 socialize 的翻译方法，在英语中这两个词是不及物动词，所以可以不跟宾语，但在汉语中却是及物的，必须跟宾语，所以这里用了增词法；还有一点是在同一个句子中，由于英文句法规定，分句之间的逻辑关系必须明确，而中文没有这样的要求，所以翻译时关联词 while 应该省略；最后一点是最后一句，也把定语从句转化为前置定语。

综上所述，旅游文体的翻译过程中，我们不仅要考虑到两种文化之间的差异，旅游文体的读者阅读需求和思维习惯以及旅游文体本身所具有的独特文体风格，还要小心谨慎地选择合适的编译手段和改写方法，以满足所编内容的要求。旅游文体的编译和改写过程就是追求和谐的过程，翻译是其中最重要的一"变"，其巨大的"魔力"有待于我们进一步地探究。

练习题

1. 西湖[A]

如果把西湖比作美女，那么这些景点就是美女的"眉目"，使西湖变得风情万种，格外传神。

因为时光的流逝，因为历史的变迁，西湖景致中有的已经湮没无闻，有的已经毁坏或坍塌。近年来，杭州市又开始综合整治西湖，把许多被岁月风尘掩埋的景点重新开发出来，并对西湖作了新的规划，一个更丰满、圆润的西湖渐渐露出清新的面容。

昔日的西山路对于很多杭州人来说都是熟悉和亲近的，人们几乎忘记了这里早先的状态，所以当400多年前那条著名的杨公堤重新呈现在人们面前时，人们感到了无比的惊艳。是的，是惊艳，惊艳于那种山乡的野趣和幽深，惊艳于那种朴素而葱翠的感觉里流淌着的美丽。

西湖南宋时就有"十景"之说，苏堤春晓、曲院风荷、平湖秋月、断桥残雪、柳浪闻莺、花港观鱼、雷峰夕照、双峰插云、南屏晚钟、三潭印月，这十景或在湖上，或散布湖的周围，湖山相映，相得益彰，春夏秋冬，每个季节都精彩，每处景致都曼妙婀娜，把西湖点缀得五彩缤纷，它们的名声也早已为中外游人所知。

2. 淮海路[C]

淮海路，原名为宝昌路，初建于1901年，10年后改名为霞飞路。后又数易其名，先后称为罗宋大马路、泰山路和林森路。1949年，上海解放后，为纪念解放战争中著名的淮海战役，改名为淮海路。

淮海路分为东、中、西三段，全长约为6公里，是上海著名的商业街。其繁华之处是从陕西路到西藏路的一段，长约2.2公里。淮海路旧时是法租界，街道宽直，富有建筑艺术，马路两侧均植有"法国梧桐"，极具欧陆风情。

拥有400多家商号的淮海路与南京路齐名，商品以高、中档闻名。

新建的现代化楼宇比肩林立，每天吸引着逾百万人次来此观光购物。

淮海路还是一条品位高雅的文化大街，著名的孙中山故居、宋庆龄故居、周公馆、中共"一大"会址，都在此马路或与此相毗邻的马路上。1996 年年底，世界十大图书馆之一的上海图书馆新馆，也在淮海中路上开馆。

夜幕降临，淮海路上华灯齐放，特别是那不锈钢拱形的跨街灯饰所组成的灯光"隧道"，形成了一条火树银花不夜天的灯街，吸引着无数国内外游人前来赏灯观览。

3. 黄浦江游览[C]

登上黄浦江游船漫游黄浦江，是一件令人赏心悦目的事。站在船头眺望，两岸景色尽收眼底。一边是矗立于外滩的巍峨建筑群、高高的人民英雄纪念塔、著名的上海滩上最早的公园——黄浦公园；另一边是高耸入云的东方明珠广播电视塔、正在开发中的浦东新区，以及陆家嘴高楼群。

雄伟的杨浦大桥横跨江面，将黄浦江两岸紧紧连在一起。大桥两边的扇形斜拉索，颇似巨大的琴弦，在为那奔腾不息的黄浦江，伴奏着豪迈雄壮的进行曲。放眼望去，来自世界各地的大小船只，或往返江中，或泊于岸边，千姿百态，十分壮观。

沿江前行，还可以看到繁忙的上海港国际客运站、鳞次栉比的码头、中国最大的钢铁厂——宝山钢铁厂、吴淞古炮台遗址，以及长江入海口处的"三夹水"奇观，这就是绿色的海水、黄色的长江水和青灰色的黄浦江水。这三股水，泾渭分明，互不融合，在阳光下更见明显，不失为一大奇观。

4. 外滩[C]

外滩，又名中山东一路，是为纪念中国民主革命的先驱者孙中山先生而命名的。它北起苏州河与黄浦江相交之处的外白渡桥，南抵金陵东路口，全长约 1.5 公里，东临黄浦江，西侧是 52 幢风格迥异的大厦，其中有哥特式、巴洛克式、罗马式、古典主义式和文艺复兴式，还有中西合壁式等。它是旧时西方列强控制上海政治、经济、文化的中心。从建筑形式上看，耸立在这里的一幢幢建筑，虽属于不同的时期，并具有不同的风格，但建筑格调还是基本一致的。无论是极目远眺，还是盘桓其间，都能感受到一种刚健而雄浑的风格、庄严且非凡的气势，这一"万国建筑博览群"是上海的象征之一。

外滩是上海历史的一个缩影。以往东亚闻名的上海总会，便是今天的东风饭店，它是一幢典型的英国古典式建筑。矗立在外滩 12 号的那幢仿古希腊式的圆顶建筑物，是过去的汇丰银行，建于 1923 年，当时被称为"从苏伊士运河至远东白令海峡之间一座最为讲究的建筑物"。上海解放后，这里曾是上海市人民政府所在地。现在由于改革开放之需，市政府已迁去他处办公。隔壁那幢顶端带有钟楼的建筑，是建于 1927 年的上海海关大楼；而以前的沙逊大厦则是现在的上海和平饭店，属近代西方建筑。其旁是中国银行大楼，该楼建于 1920 年。外白渡桥后面的那栋 22 层高的建筑物便是上海大厦，建于 1934 年，那时称为百老汇大厦。现在，为了让游客们对外滩的建筑物有个较为清楚的了解，已在 23 座著名的建筑物上挂上了中英文名牌。

5. Manchester[C]

With numerous museums and galleries, the city of Manchester is a place for art and culture. The City Art Gallery displays many collections of Victorian paintings with special interest given to the works of L.S. Lowry, a Manchester native and painter of industrial landscapes. Other places of art include the Heaton Hall Gallery, which exhibits collections of watercolors, ceramics, silver and glass, and the Queen's Park Art Gallery, which concentrates on sculptures and paintings sampling famous sculptors such as Rodin and Epstein. Another unique museum to visit, The Gallery of English Costume hosts the largest display of historical English clothing in the country.

Not limited to art, Manchester embodies music and is home to the famed

Halle Orchestra and the Royal Northern College of Music. Manchester also has three impressive libraries: The John Rylands University Library, named after the first Manchester millionaire and contains many rare books and documents including the earliest known manuscript of the New Testament, The Central Library, one of the largest municipal libraries in Europe, and The Chetham Library, which opened in 1653 making it the first free public library in England.

Located in one of the England's most densely populated areas, Manchester expanded in the 19th century with the opening of the Manchester Ship Canal. The trade coming in from this major inland port combined with the Industrial Revolution turned Manchester into a major business hub. Now also booming cosmopolitan center, Manchester's nightlife entertains and satisfies the large student population. This bustling city epitomizes the ever-changing music, art, and fashion industries and often sets national trends.

Chapter 12
公示文体翻译

公示语(public signs)是指公开面对公众的告示、指示、提示或警示及与其相关的信息，是一种常见于受众生活中的特殊文体。

在国际化的时代背景下，公示语是当地语言环境和人文环境的重要组成部分。这种应用文体在构建和谐社会氛围、提高生活效率、优化生活质量、指导趋利避害等各个方面均起着重要的作用。由于公示语在公众生活中具有重要的意义，任何对公示语的歧义和滥用都会导致不良的"国际影响"。

公示语被应用得最为广泛的地方是：公共设施、公共机构、区域名称、旅游景点、军警重地、生产基地以及其他易招致危险的场所，或者是某些需要公示职务、职称的场所等。

12.1 公示文体的文体特点

公示语通过载体所表现出来的形式或是精练简洁的文字，或是简明易解的图示，抑或文字与图示兼用。为实现其功能，公示语大都具有语言洗练、扼要简明、引人注意、句法独特、坦率有力的特点。

12.1.1 公示文体的词汇特点

1. 大量使用名词(或动名词)

英语公示语有时会大量使用名词(或动名词)，这样能直接地显示特定信息内容，能让简洁的表达形式传达出明确的内容；而汉语中相应的公示语往往使用动词来达意。常见形式有：

(1) no+名词(或动名词)。例如：

No Admittance except on Business	非公莫入
No Food or Beverage	不准携带食物或饮料
Army Property No Trespassing	军事设施严禁穿行
No Smoking in This Lift	电梯内禁止吸烟
No Laying Inflammable Thing	禁止堆放易燃物

(2) 名词(或动名词)+过去分词。例如：

Inspection Declined	谢绝参观
Road Closed	此路封闭
Toilet Engaged	厕所有人
Parking Permitted	允许停车
Smoking Strictly Prohibited	严禁吸烟

(3) 名词(或动名词)+副词。例如：

Hands Off	请勿手摸
Safety First	安全第一
Staff Only	闲人免进
Stairs Up	上楼楼梯
Working Overhead	上面在施工

(4) 名词(动名词)单独使用，或用作中心词。例如：

Food & Beverage	餐饮部
Tollgate	收费站
Registration	注册登记
Slow, School	前方学校，低速行驶
Diverted Traffic	交叉路口
VIP Car Park	贵宾停车场
Strictly No Parking	严禁停车
Reserved Seating	预定的座位

2. 频繁使用动词

公示语大量使用动词或动词短语，其目的是要将公众的注意力集中在公示语发出者要求采取的行动上来。

【例 1】Don't Walk.

【译文】禁止通行。

【例 2】Please <u>help</u> us <u>keep</u> it clean and attractive. Transgressors <u>will be</u> severely <u>punished</u>.

【译文】请协助保持站区清洁。违者必将严惩。

【例 3】Please <u>remember</u> to:

<u>put</u> towels you <u>want</u> <u>washed</u> on the floor. <u>leave</u> towels you <u>will</u> <u>use</u> again on the towel racks. This simple gesture <u>helps</u> to <u>protect</u> the environment.

<u>Thank</u> you.

【译文】请记住：

将需要清洗的毛巾放在地板上；

将准备继续使用的毛巾挂在毛巾架上。

您的举手之劳将有助环保。

谢谢！

【例 4】Bomb Detectors:

Your awareness <u>can save</u> lives. If you <u>see</u> any suspicious package or bag, <u>do</u> not <u>touch</u>. <u>Warn</u> others. <u>Move</u> away quickly.

【译文】爆炸物发现者：

您的警觉可以拯救无数生命。如果您见到任何可疑包裹或提包，千万不要触摸。警示他人，迅速撤离。

3. 利用词组、短语

词组、短语的结构简单，组合多样，能有效传达公示语的中心意思。

【例 1】<u>Beware of</u> the Dog　　小心有狗

<u>Check in</u> Area (Zone)　　办理登机手续区/乘机手续柜台

【例 2】Departure Times <u>on Reverse</u>　　出发时间(见背面)

Due to Security Closed　　由于治安原因关闭

【例 3】After 21:00 hours <u>access to</u> London underground station. 21:00 以后，开往伦敦地铁站。

Thank You for <u>keeping off</u> the grass. 请勿践踏草坪。

4. 借助缩略语

公众最常接触、使用的公共设施或服务的公示语会使用缩略语来标识。其好处是能将要突出的中心内容用简洁明了的形式表现出来。如：

P　　　　　　停车场

WC	厕所
SQ	广场
VIP lounge	贵宾候机室
ENT DEPARTMENT	耳鼻喉科
CCTV	闭路电视监控/用于监控的闭路电视

12.1.2 公示文体的句式特点

1. 常用省略

公示语用词简洁，措辞精确。只要不影响公示语含义的准确性，并能体现出特定的功能、意义，就可以仅使用实词、关键词或核心词汇，而将省略其他非重要成句因素。如：

U-Turn OK	允许掉头
Open Now	现在营业
Beverage Not Included	酒水另付
Take Away Service Available	提供外卖
Fasten Seat Belt While Seated	坐定后系好安全带

2. 使用现在时态

公示语给予所处特定区域范围的公众以现实行为的指示、提示、限制或强制，为此，时态多用现在时。

【例 1】Recycling bin to your right! Please use it.

【译文】回收筒在您右侧！请使用。

【例 2】If this lift is out of order, please call 020-736397 for assistance, We apologize for any inconvenience caused.

【译文】如果电梯出现故障，请拨打 020-736397 求助。我们为由此造成的任何不便深表歉意。

【例 3】No food is to be consumed in this area.

【译文】此处不准饮食。

【例 4】ATTENTION: OUR MERCHANDISE HAS A HIDDEN SECUITY DEVICE UPON

PURCHASE IT WILL BE DEACTIVATED.

【译文】注意：

本店商品内置特殊报警装置，付费后即行失效。

3. 多用祈使句

因为受众多是行色匆匆，且公示语所针对的目标受众是明确的，所以祈使句在公示语中得到了大量的应用。

【例 1】See Reverse for Full Rules and Condition 详细规则条款见背页

【例 2】Lower window for ventilation 调低车窗通风(通风请开车窗)

【例 3】Please do not help yourself to books from this shelf. 请不要随意从架子上取书。

【例 4】Hold the Hand Rail 抓紧扶手

4. 结构简单，形式独特

为了让受众能够在较短的时间内领会所要传达出的信息，公示语的结构都应力求简短。同时英语公示语在书写上可以全部(或将需要强调的部分)大写，或实词的首字母大写，句末常不用标点符号。例如：

GLASS 小心玻璃

PLEASE MIND THE STEP. 请小心台阶。

Please DO NOT put other types of plastics in the bin. 请勿将其他种类的塑料投入此垃圾桶。

No Cigarette Disposal. 不准乱扔烟头。

12.1.3 公示文体的语篇特点

如果从"篇"的角度来考察公示文体，它无疑是所有应用文体中篇幅最简短的语篇：独词、独句、独图示均可成篇。其表现形式却多种多样，不一而足。

从公示文体的语篇结构来看，词、句、图示、语段等语言和符号要素的连缀往往并不是依赖标点符号和语法规则来完成，而是要依靠受众在语场的环境下，将这些要素经过整体的认知和综合思考之后，方可领悟其整体的中心含义。

尽管形式和结构呈现出多样性，公示文体中语言和符号要素选取和组织仍然是围绕着主题来进行的。

12.2 公示文体的语域特点

公示文体的语域表现出如下的特点：1) 语场方面，公示语是发布者通过不同的载体，在醒目的地方将与其一定活动休戚相关的信息呈现给特定的受众，而受众则会据此做出趋利避害的反应。其话题因受众活动的不同而呈现出多样性。2) 公示语所展示的信息状态既有"静态"，也有"动态"。

在语言上使用上的特点有：

1. 遵循规范性和标准性

鉴于公示语应用的广泛性和对象的特定性，与日常生活相关的公示语在多年实际使用中，形成了自己规范和标准的表现形式。例如：

TWO WAY	双向行驶
FOREIGN EXCHANGE	外币兑换
DUTY FREE SHOP	免税店
RAMP SPEED	斜坡限速

2. 回避生僻词语

英语公示语在用词选择时，必须考虑到公众的文化水平，并且遵循"语言准确、易看易懂"的起码原则，避免使用生僻词语、古语、俚语、术语，以免造成对公示语功能的损害，更为重要的是，它将直接失去"当场看懂、见效"的作用。例如：

No Thoroughfare	禁止通行
Road Closed	此路封闭
Guest's Car Park	来客停车场
Buy Two Get One Free	买二赠一
Customer Services	顾客服务处

When the bus is moving, do not speak to the driver. 汽车行驶中，严禁

与司机交谈。

公示语由于其传播载体不同而表现出不同的语式特征。就传播渠道(channel)而言，平面载体(如横幅、标牌)等可根据需要采用不同的书写形式。在多数公共场所，公示语常常和醒目的标志共同使用，使这两者的效果相得益彰。例如：

(图片来源: 中国日报网站 here we go)

电子载体中，除广播采用声音形式外，电子显示屏、电视、幻灯片、网络等则可以采用声音、文字或声音、文字和图形标志相结合的形式。

体现在传播媒介(medium)上，因传播内容的不同，也有口语体和书面语体之分。

英、美、澳等英语作为母语的国家中，为数不多的英语公示语在用词上还具有明显的本土色彩和鲜明的地域局限。例如：

PHARMACY	药房(美)
CHEMIST'S SHOP	药房(英)
POSTPAID	邮资已付(美)
POSTFREE	邮资已付(英、澳)
WATCH YOUR STEP	脚下留神(美)
MIND YOUR STEP	脚下留神(英)

从语旨的角度来看，公示语的功能主旨可分为：指示性公示语、提示性公示语、限制性公示语和强制性公示语。

指示性公示语：指示性公示语体现的是周到的信息服务，没有任何限制、强制意义，因此语言应用也不一定要求公众去采取何种行动，其功能在于指示服务内容。例如：

Airport Lounges	机场休息室
Night Club	夜总会
Stamp Vending Machine	邮票销售机
Out-Patient Department	门诊部
Take Away Service Available	提供外卖

提示性公示语：提示性公示语没有任何特指意义，仅起提示作用，但用途广泛。例如：

Sold Out	售完
Wet Paint	油漆未干
Drinks Purchased Are for Taken Away Only	饮料仅供外卖
Please Wait Here for Enquiries	请在此等候咨询/询问
Floor Cleaning in Progress	正在清扫地板

限制性公示语：限制性公示语对相关公众的行为提出限制、约束要求，语言应用直截了当，但不会使人感到强硬、粗暴、无理。例如：

Slow Out	慢速驶出
Hot! Avoid Contact!	高温！勿触！
Children and Senior Citizens Free	儿童与老人免费
All Visitors Please Report to the Gate Warder	来客请到门房登记

强制性公示语：强制性公示语要求相关公众必须采取或不得采取任何行动，语言直白、强硬、没有商量余地。例如：

| No soliciting / We do not buy at this door | 谢绝(上门)推销 |
| Please retain your ticket for inspection | 请保留车票备查 |

SUPERIOR SNOW AVALANCHE AREA　NO PARKING OR STANDING
　　雪崩高发区　严禁停车停留

THIS IS A SECURE AREA. IDENTIFICATION MUST BE DISPLAYED
　　AT ALL TIMES. 安检区，请佩带身份证件。

突出服务、指示功能的公示语，其信息状态多为"静态"。突出提示、限制、强制功能的公示语，其信息状态多为"动态"。

除了示意功能，公示语的特定功能还表现为以下方面：

(1) 引发兴趣。例如：

Anniversary Sale	开业纪念特卖
Last chance to buy	最后商机，不可错失
Superpower Phone Charger inside	车内有超能手机充电装置

(2) 提供信息。例如：

Fashion Accessories	服饰
Camping Equipment	露营装备
Souvenirs	旅游纪念品

Tickets and guide books on sale here for Tower of London 本处销售伦敦塔门票与导游手册

(3) 加深理解。例如：

Transco APOLOGISE FOR ANY INCONVENIENCE DURINGTHESE ESSENTIAL WORKS 因 Transco 施工给您带来的任何不便深表歉意

More than 100 bags left unattended in the last 6 days. Help us keep the Tube safe by keeping your bags with you at all times. Please take this request seriously. Thank you. 最近六天我们发现 100 多件行李无人认领。请随时携带着您的行李，以协助我们确保地铁安全。请认真对待我们的要求。谢谢！

(4) 促进行动。例如：

20% Off	八折优惠
Daily Service	天天服务 / 每天营业
Donate Blood The benefits are great	无偿献血，益处多多
KEEP YOUR PARKS CLEAN	保持园内清洁

(5) 维护形象。例如：

Thank you for visiting Excel London 谢谢您到伦敦伊克塞尔车站

We care! We want your comments! 我们关注！欢迎批评！

Work has started! With your help we are developing the Royal Observatory, Greenwich. 施工正在进行。在您的帮助下，我们正在扩建格林

威治皇家天文台。

(6) 服务社会。例如：

THANK YOU FOR YOUR DONATION! Funds received in this donation box will be used to purchase playground equipment for the park. 谢谢你的捐助！本募捐箱所得捐款将用于公园游乐设施的购置。

A MILLENNIUM PROJECT Supported by Funds from the National Lottery　千禧年纪念工程　获国彩基金赞助

Working together, we can make a world of difference. 共同努力，世界更精彩。

(7) 化解危险。例如：

EMERGENCY DOOR RELEASE　应急门开启

CAUTION: DO NOT TOUCH AUTOMATIC DOOR　小心：切勿靠近自动门

TURNING VEHICLES YIELD TO PEDESTRIANS 拐弯车辆礼让行人

DANGER　HIGH SPEED TRAINS　DO NOT ENTER 危险　高速列车　切勿进入

(8) 防范犯罪。例如：

Alarm Will Sound　警铃随时响起

We would like to inform you that our shop is controlled by video cameras. Every theft will be reported to the police. 本商场受电子摄像监控，任何偷窃行为将记录在案，通报警方。

DRUG FREE ZONE CRIMINAL PENALTIES ARE SEVERE FOR THE SALE, POSSESSION, OR TRANSPORTATION OF DRUGS 毒品禁区，销售、拥有、运输毒品将依法严惩

12.3　公示文体翻译的理论与方法

　　"翻译活动最本质的作用是为人类拆除语言文字障碍，促成不同社会、不同地域、不同文化背景的国家和民族的沟通和交流。"(许嘉璐，

2005)

公示语的存在由来已久。而今，全球化的发展趋势又使公示语在人们国际交往活动中获得了越来越重要的地位。由此，公示语翻译也成了翻译界令人关注的新领域。公示语翻译有其自身的规律，亟待深入进行积极的探索研究。

戴宗显、吕和发在《中国翻译》2005 年第 6 期著文《公示语汉英翻译研究》提出："功能对等，情境相同，对象一致，目标明确，转换对应是在语境全球化条件下公示语汉英翻译所应遵循的原则标准。"其他学者也纷纷从不同侧面提出具有特定对象的公示语翻译理论。但是，这些理论的系统性及其在翻译实践中的指导作用仍有待于完善和加强。

由于公示语具有"内容广泛，一定的规范性和标准性，且受时间和空间限制，不便于读者详思细解"的特点，因此，好的公示语的译语应该具备三个特点：信息保真度高，与目标语表达习惯一致，且符合目标语读者的思维方式。

这就向译者提出了翻译的更高要求：除了过硬的双语基本功外，译者还应掌握以下方法。这些方法的具体运用请参阅本章随后两节的例析。

(1) 熟知原语和目标语中公示语的语用和语域特点，选择恰当的表达形式。

(2) 厚积薄发，加强语感培养。平时注意收集、整理较好的、与公示语翻译近似或等值的译语和表达法，这是译者在今后翻译时可以仿效甚至直接拿来的鲜活的语言素材，给译者带来"倚马可待"的便利，同时，也能保证译文的质量。

(3) 顾及英汉文化差异，译法灵活。语言和文化密不可分，公示语的翻译应将译文读者的文化习惯放在首位。除了要求所传达的信息内容的准确外，还要追求风格对等、功能对等。因此，为避免文化冲击(cultural shock)，同时又保证容易被受众所领悟，译者在翻译公示语时，应译法灵活：权衡直译与意译；取舍语义翻译和交际翻译；兼顾异化翻译法和归化翻译法。

(4) 遵守单一罗马化(Single-Romanization)和国家有关规定。在进行人名、地名公示语的翻译时，要遵守现有的国际、国内规定。

20 世纪 60 年代，联合国地名专家组就考虑到既要便于国际交往，又不损害民族尊严，还要使地球上每个地名只有一种拼写形式，才能做到在国际交往中，地名不会因语言文字的复杂而造成混乱。1967 年第二届联合国地名标准化会议做出决议，要求世界各国、各地区在国际交往中，都使用罗马(拉丁)字母拼写，做到每个地名只有一种罗马字母的拼写形式，这就叫单一罗马化。因此，使用非罗马字母文字的国家，就必须制定一个本国地名罗马化方案，经联合国地名标准化会议通过后，方能作为地名罗马字母拼写的国际标准。2000 年 10 月 31 日第九届全国人民代表大会常务第委员会第十八次会议通过、2001 年 1 月 1 日起施行的《中华人民共和国国家通用语言文字法》第二章第十八条规定，《汉语拼音方案》是中国人名、地名和中文文献罗马字母拼写法的统一规范，并用于汉字不便或不能使用的领域。

(5) 重视翻译调研。翻译调研是公示语翻译活动中的重要环节，也是翻译传播过程中检验、评估其有效性的重要方法。其作用有二：一是能发现特定的源语在其原来的生存状态中与受众和公众的关系、文化生态、功能形式，为有的放矢的翻译提供基础。二是通过调研，可发现目标语是否就是源语的译语，以利于改进和提高翻译的质量。

12.4 常用公示文体的翻译例析

以上章节介绍了告示文体、语域特点、翻译理论与方法，下面结合常用公示文体的汉译和英译例析如下。

【例 1】北京东直门外大街 15 号

【译文】15 Dongzhimenwai Dajie, Beijing

【分析】该译文是澳大利亚驻华使馆对其在华地址的"原始译作"，译文遵守了单一罗马化和中国有关地名翻译的规定，符合中英文地名排列顺序。

【例 2】(1) 长城饭店　　　　　　　　The Great Wall Hotel

(2) Mayflower Hotel　　　　五月花饭店

(3) Hilton Hotel　　　　　　希尔顿饭店

(4) Hotel Lisbon/Hotel Lisboa　葡京酒店

【分析】营业场所的翻译，既要突出、易记，又要有吸引力。因此，翻译酒店招牌时，要让译文具有广告效果。最好尽量用大众在脑海中已接受的约定成俗的译文，而不要随意音译或意译。"长城"用译音翻译成 Chang Cheng 所起的效果就不如众所周知的译文 The Great Wall 来得更具吸引力，更易让外国人接受了。美国的 Hilton Hotel 中文音译成"希尔顿饭店"。但，美国的 Mayflower Hotel 不应音译成"米弗劳尔"，而按习惯意译成"五月花饭店"。这样的译法，既可让我们联想起美国的一些历史，易记，又具有一定的吸引力，因而，也就不会失去起名时的用意。澳门的 Hotel Lisbon 的中文名却是间接意译。Lisbon 是葡萄牙的首都，也就是"京城"了。该酒店译为葡京酒店，亦属佳作，如直接译为里斯本酒店，反倒有违汉语求短、求简的习惯。

【例 3】Baby Change

【译文】婴儿换巾处

【分析】翻译公示语时，切忌望文生义。译者必须准确把握其特定环境下的特定所指的内涵，才不至于闹笑话。

【例 4】敬老院

【译文】Home for Golden Agers

【分析】因为文化差异的缘故，在保证意思明确的前提下，应设法隐去令西方人感到不悦的字眼"老"。

【例 5】桂林山水甲天下

【译文】East or west, Guilin scenery is the best. (吴伟雄译)

【分析】译者采用归化翻译法(domesticating translation)，以译文读者为中心，套用英语谚语"East or West, home is the best."激起其对桂林旅游的向往之情。外交部英文专家认为，这样翻译，押韵，比较上口，既能准确地表述这一名句的含义，也易于英语受众

传诵和流传。此外，天下，指中国还是全世界？这种翻译，避
开了这些问题，大家都能接受。

【例 6】此处有炸药，注意安全

【译文】DANGER: EXPLOSIVE

【分析】公示语译文不应受制于源语的字句，醒目和达意功能传达的特
点往往要求译者需"得意而忘形"。

【例 7】酒后勿驾驶。

【译文】If you drink, you can't drive.

【分析】drink 和 drive 两词押头韵，这样，给人语气上一气呵成，语音
上铿锵有力的效果，能给受众留下深刻的印象。

【例 8】As a courtesy to the Animals. Please refrain from tapping on the
glass.

【译文】爱护动物，请勿敲打玻璃！

【分析】为使语言有感染力，对源语中的修辞手段应景地进行意译调
整。原文中的 As a courtesy to the Animals 这一具有劝导性的拟
人修辞，意译成"爱护动物"更为通俗、直接。

【例 9】(1) 顾客止步

【译文】Employees only

(2) Staff Only

【译文】闲人免进

【分析】考虑礼貌原则和公示语的语言特点，译语通常采用反面着笔和
视觉转换的技法，以避免受众的反感和不悦。

【例 10】BEGIN RIGHT TURN LANE
YIELD TO BIKES

【译文】开始右转弯道
礼让单车/自行车

【分析】翻译既要避免中式英语，也应避免英式中文。此处 YIELD TO
BIKES 译为"礼让单车"，更能"动之以情，晓之以理"。

【例 11】DANGER HIGH VOLTAGE KEEP OUT

【译文】高压危险　切勿靠近

【分析】根据汉英表达习惯和语域理论，进行必要的词序的调整和词语添加。

【例 12】Photography and video are not permitted inside the building

【译文】楼内不许拍照、录像

【分析】原文使用被动语态，译文采用祈使句来表达，符合"禁止"含义的表达方式。

【例 13】FREE tickets are available at the admissions desk

Please ask a member of staff if you require assistance

Last Admission 5:30

【译文】门票在检票处免费索取

如需帮助，请找工作人员

5:30 停止入园

【分析】为降低受众的视觉困难，可将公示语按意思分行排列，翻译时直译与意译并用。

【例 14】停车时限 30 分　早 6 时—晚 6 时货车需许可证

【译文】30 MIN PARKING

6 AM TO 6 PM FREIGHT LICENSE REQUIRED

【分析】为求简捷，采用受众熟悉的缩写符号，利用语法上过去分词的功能，将 be 略去。

【例 15】严禁赌博

【译文】NO GAMBLING

【分析】具有中国本土意义的公示信息经确认实有必要保留，在暂时无法找到对应译法的情况下，应当参照实际功能需要，选择适宜的形式、风格进行试译，然后在实践中进行检验。

　　需要指出的是，公示语翻译首先是"实用翻译"，它不仅需要"实用"，还需要修辞和美观，要求译者必须具有高屋建瓴的视角、多角度的双语思维和灵活多变的翻译技巧。显然，凸现公示语"立竿见影"的功能效果，是译者要把握的第一要务。

12.4 常用公示文体的误译分析

鉴于上述公示语的功能、语域和文体特征，译者用最简单明了的语言，准确、地道、符合规范和约定俗成地将公示语翻译成目标语言，这其实是一件非常不容易的译事。译者必须对海外(尤指英语国家及英汉双语国家和地区)的标识有足够或起码的了解，综合运用各种知识和技巧，在翻译时精雕细凿。稍有不慎，就会给译文留下各种缺憾，有损我国国际化的形象，甚至造成不必要的损失。

现举例并作简要分析。

1. 书写不符规范的误译

【例 1】宾馆预订服务

【原译】Hotel reservation servce (某某机场公示牌的英文)

【改译】Hotel reservation (service)

【分析】原译的英文翻译中 servce 一词明显地少了一个字母 i。在一定语境 service 亦可省略。

【例 2】售票处

【原译】T.O. (某博物馆公示牌的英文)

【改译】Ticket Office

【分析】随心所欲的缩写只能令国际友人摸不着头脑。Ticket Office 在英语国家无此缩写形式。

【例 3】开放时间：

　　　　上午　下午

　　　　9:00—4:30

【原译】Opening Time

　　　　AM—PM

　　　　9:00—4:30 (某图书馆公示牌的英文)

【改译】Opening Times / Hours

　　　　9:00 AM—4:30 PM

【分析】开放/营业时间用 times / hours 复数形式为好(比较 opening time /closing time 等)。商店营业时间不妨用 business hours。公示牌上表示上午、下午可以用缩略语 AM/a.m.和 PM/p.m.，只是不能像汉语"上午"、"下午"那样单独使用，一般放在数字的后面。

【例 4】新华人寿保险公司

【原译】New China Life Insurance Co. Ltd

【改译1】Xinhua Life Insurance Co. Ltd

【改译2】New China Life Insurance Co. Ltd

【分析】原译将"新华"译为 New China，有人发表论文认为不妥，指出：翻译这类名称，用汉语拼音即可，这方面现成的例子也不少，例如："新华通讯社"就是 Xinhua News Agency，"新华字典"便是 Xinhua Dictionary。原译极有可能引起不必要的误解或误会。目前要判断这个问题的对错，首先应根据"名从主人"的翻译原则。使用汉语拼音，固然没有错，也许是首选原则，但新华人寿保险公司自己使用的英译名正好是原译，所以我们应该尊重该公司的选择，而且这一译名也不至于会造成误解。需要注意的是 Sino Life Insurance Co. Ltd.不是什么"新华人寿保险公司"，而是"生命人寿保险股份有限公司"。有鉴于此，我们仍然尊重原译和改译 2，除非"新华人寿"自己更名。

2. 语法不合乎要求的误译

【例 1】仕女馆

【原译】Lady's Hall (某广场公示牌的英文)

【改译】Ladies' Hall

【分析】忽视了名词的单复数问题。

【例 2】小心碰头

【原译】Attention Your Head (某地铁站公示牌的英文)

【改译】Mind / Lower Your Head

【分析】attention 只是一个名词，而此译文却清晰地表明它是一个动词。Pay attention to 意思是"注意……"。但是，Pay attention to your head 的字面意思为"注意/留意你的头部/脑袋"。如此提示语言显然与其本意相悖,尽管外国人也能看懂。从国外惯例来看,"小心"这样的警告性和提示性文字最常用的单词是 mind / beware / caution。

【例 3】1 楼西区电梯直达 10 楼,谢谢您的光临!

【原译】Please Go To 10 Floor, Thanks For Your Coming (某广场公示牌的英文)

【改译】The elevator in the west area of the 1st floor (/in the western lobby) takes you (directly) to the 10th floor. Thanks for coming!

【分析】原译"缺失"较多,既有语法问题,也有表达等其他问题。

3. 望文生义的误译

【例 1】教师休息室

【原译】Teachers' Restroom (某学校公示牌的英文)

【改译】Teachers' Lounge

【分析】Restroom 不是"休息室",而是"公共厕所"。

【例 2】社会保险局

【原译】Social Insurance Bureau

【改译】Social Security Department / Bureau

【分析】原译把"社会保险"译为 Social Insurance,是对原文理解失误,这里的"社会保险"是指"社会保障",因而应将其译为 Social Security。

【例 3】贵宾候车室

【原译】Distinguished guests wait for a bus at the place

【改译】VIP lounge / VIP Waiting Room

【分析】原译是在字字照译,为典型的 Chinglish,应按照国际上的惯用法表达。

【例 4】恭贺您一路平安!

【原译】Wish you the best landing!

【改译】Wish(ing) you a good trip (journey)!

【分析】该译文出现在一般的公路边上，该公路也不靠近机场。在这种
情况下，将其译为 Wish you the best landing!就不妥，好像所有
路过此路的人都要去乘飞机似的。即便是在机场，也可以使用
Wish you a good trip (journey)! 翻译时应注意场合和分寸才行。

【例 5】发展是硬道理

【原译】Development is a hard reason

【改译】NO DEVELOPMENT, NO SURVIVING (姜岩译)

【分析】原译是在搞一一对译，改译套用英语谚语 No pains, no gains
的句式，对译文受众而言显得地道、简明、扼要。不过，改译
仅仅译出了原文的其中一个方面。我们完全何以译为：NO
DVELOPMENT, NO ADVANCEMENT。若改成简单句，译文
又可以是：Development is of overriding / vital importance。

4. 忽视文化差异的误译

【例 1】九月，相约在××(地名，参加那里的国际时装节)

【原译】Dating in ××, this September

【改译】Let's Meet in ×× in September

【分析】date 一词是指青年男女之间的约会，而不是通常意思上的会面。

【例 2】以外贸企业为龙头

【原译】with foreign trade enterprises as the dragon head

【改译】with foreign trade firms as the flagship of the industry…

【分析】使用 dragon head 容易误导外国人，产生不必要的歧义。如果
他们对"耍龙灯"有所了解，可能会悟出点道理来。而(the)
flagship (of...)才是正确的选择。

5. 违反约定俗成的误译

【例 1】

(1) 总服务台

【原译】General Information

【改译】Information / Reception / Front Desk / Service Desk

【分析】根据不同的单位(如宾馆、饭店、商店、写字楼、商社等)，可

以有不同的译法。

(2) 停车

【原译】Stop Bus

【改译】Parking / Park

【分析】原译是根据中文直译的，不正确。

(3) 收银台

【原译】Receive Silver (Here)

【改译】CASHER / Casher's Counter

【分析】原译是直译，看后令人喷饭。"收银台"实为"结账处"，所以应根据意思翻译。

(4) 警务工作站

【原译】POLICE AFFAIRS STATION

【改译】POLICE / POLICE SUBSTATION / POLICE STATION

【分析】以上翻译均不符合目的语公示语表达法，对英文一知半解。这里提供三个表达法，按照"简洁"和"可能性"原则排列，POLICE 为首选译文。

【例 2】

(1) 小草微微笑，请你走便道。

【原译】Little grass is smiling slightly. Please walk on pavement.

【改译】Keep off the grass.

【分析】改译固然不错，但我们不妨来一个大胆创新，用这样独具特色的公示牌，外国人一定会"刮目相看"：Little grass has life. Do take care of her!

(2) 请节约用水

【原译】Please save water

【改译】Every drop (of water) counts

【分析】采用换一种思路的译文，效果则完全不同。

【例 3】

(1) 游客止步

【原译】GUEST GO NO FURTHER

【改译】STAFF ONLY

【分析】换位思考法。"游客止步"即只有工作人员才能入内。

(2) 本院为无烟医院

【原译】SMOKING IS NOT ALLOWED IN THIS HOSPITAL

【改译】Smoke Free Hospital / Smoke-free Hospital

【分析】这是正确地道的表达法。分析得知：采用反面着笔和视觉转换技法，是英语公示语常用的表达技法，体现了社会对人的权利和尊严的关注，适宜得当，功能对等，转换对应，有礼有力。

　　不难看出，要克服和避免公示英译中的以上翻译/表达不当的问题，译者就必须要加强英语公示语的语感修养，特别要注意其用词和句式特点，英译时多借用英语标牌和标识中类似的表达方式，尽量避免翻译时出现语法、用法、搭配及常识性错误。只有具备较为扎实的语言功底才有可能做好此项工作。

练习题

将下列公示语翻译成英文或中文[C-A]

1. 凭此宣传品优惠 15%

2. 儿童与老人免费

3. 前方学校请慢行

4. 限速每小时 48 公里

5. 此处经常使用，禁止停车

6. 安全出口，请保持通畅

7. 现在打电话预定，索取免费彩色介绍资料。

8. 旅游配有现场英语解说

9. 价格按季节和公寓大小而定

10 此池塘禁止游泳，垂钓

11. 正在开会，请保持安静

12. 本区域内注意小偷

13. 请不要在此倒垃圾

14. 除指定区域外，禁止吸烟

15. 请保存好收据，作为交款凭证，并享受保修。

16. IN THE INTEREST OF THE PUBLIC AND THE ENVIRONMENT PLEASE SWITCH OFF YOUR ENGINE WHILST STATIONARY.

17. Please have your ticket and boarding pass ready for inspection.

18. Please ride slowly and warn pedestrians as you approach.

19. This is a RESIDENTIAL AREA. Please leave QUIETLY so as not to disturb our neighbors.

    Thank you for your cooperation & your kind attention.

20. Look Left Look Right

21. Emergency Use Only

22. Warning Anti-climb Paint

23. HALF PRICE Summer Styles Reduced

24. YOUR SAFETY IS OUR PRIORITY

25. For your security, please pay attention behind you while entering your password!

26. Complete Transaction Before Leaving the Counter

27. Objects throwing from the observation deck is strictly prohibited.

28. Place no hand luggage on the floor.

29. CAFÉ OPEN BREAKFAST AND LUNCH 7 a.m.—5 p.m.

30. Guests must be over the age of 21 with appropriate identification to enter the service area.

Chapter 13
广告文体翻译

　　根据美国市场营销协会的定义，广告是一种信息传播活动，即由特定的广告主通常以付费的方式通过各种传播媒体对产品、服务或观念等信息的非个人推介行为。广告种类繁多，有产品广告、企业广告、服务广告、公益广告、购买/销售现场(POP)广告、路牌广告、电子广告等等。狭义的广告就是指带有经济性的商业广告。

　　随着我国与国际经济、文化交流合作的不断发展，广告的重要性正在日益提升。正如美国广告大师李奥贝纳所言，"文字，是我们这行业的利器"，语言文字的翻译是国际广告制作中的关键环节。广告翻译不但要处理文字、文体、修辞差异，更要顾及产品特征、企业文化、营销策略、传播媒介、消费群体、法律法规、社会文化、民族心理、审美情趣等各种非语言因素，涉及文学、语言学、美学、民俗学、心理学、营销学、传播学等，是一门综合性的艺术。本章从分析广告文体、语域特点入手，比较英汉广告语言的共性和特性，探讨广告翻译的理论原则和翻译方法，并通过实例分析指出广告翻译中应该注意的因素。

13.1　广告文体的文体特点

　　广告文体一般由四部分组成，即标题(headline)、副标题(sub-headline)、正文(body copy)和口号(tag line)，其中标题是最重要的部分。下面从词法、句法、体裁和修辞等方面逐一分析广告文体的特点。

13.1.1　广告文体的词汇特点

　　广告语言的措辞具有简明、新颖、形象、富有感召力等特点，具体表现如下。

1. 简洁明了

　　由于受广告费用和读者注意力等因素影响，广告一般篇幅都不长，因此广告语言首先必须简洁。英文单音节词，因符合广告语简洁的特点，并且琅琅上口，便于理解和记忆，颇受广告撰稿人的青睐。如：

Just do it. (耐克运动鞋广告)

Ask for more. (百事可乐广告)

Wheat Thins—Tastes Good. Feels Good. (某麦片广告)

而汉语广告多用四字结构，一方面因其简洁明了，另一方面也显得结构工整，琅琅上口，如：

一股浓香，一缕温暖。(南方黑芝麻糊广告)

精诚所至，顽石为开。(某结石病治疗中心广告)

英文词法的简洁性还表现在复合词和缩略词的使用上，如：

easy-to-read and hard-to-put-down books (书籍广告)

Fly-by-day home-by-night operation (瑞士航空公司广告)

Where to leave your troubles when you fly JAL. (日航广告)

许多分类广告为了压缩篇幅，节约广告费用，更是大量使用缩略语，形成类似电报的风格，如下面的这则租房广告：

FINCE-WARDEN, lrg 2br bsmt, new reno bright, lndry, eat-in kit, w-o balc, close to HSR/shops. No smoke/pets, +, 1st/last. 222-2222 - leave mess.

其中出现大量缩略词，如：Lrg = large; 2br = two bedrooms; bsmt = It is in a basement; new reno = new renovation; lndry = laundry; kit = kitchen; w-o balc = walk out to a balcony。

汉语中有缩略词，但没有类似英文的复合词，可是汉语本身就具备凝练的优势，汉字的四字结构更是言简意赅。以上面三句广告语为例，分别可以译为："浅显易懂，爱不释手"，"昼发夜至"和"乘坐日航，万事无忧！"

2. 口语化

广告语言还应当明白易懂，为大多数人所接受，因此在措辞方面还应多用简单词，避免使用大词和生僻词。在英文广告词中，口语、俚语也很常见，可以说，口语化已成为英文广告的一大特点，如：

Hello Tosh, gotta Toshiba? (东芝电器广告)

"I'm lovin' it" (麦当劳广告)

You'll go nuts for the nuts you get in Nux. (Nux果仁广告)

Pepsi-Cola <u>hits the spot</u>. (百事可乐广告)

但是广告语言应当视读者而定，并不是所有英文广告都使用口语或俚语，滥用俚语反而给人留下鄙俗浅薄的印象，破坏产品形象。

虽然也有许多汉语广告措辞非常口语化，但是相对英文广告而言，汉语广告比较讲究文雅，成语、诗词等在汉语广告中十分常见，如：

海内存知己，天涯若比邻。(中国移动通讯广告)

珠联璧合皆好事，良辰美景在翠谷！(某酒楼广告)

3. 创新求异

广告语为了吸引读者注意，常使用杜撰的新词、怪词。英文广告的新词的构成主要通过以下五种手段：

(1) 使用词缀。如用superexcellent, superfine, supernormal等派生词来强调产品的品质。后缀-ex，表示excellent，也常用于产品名称中，如：

Timex (= time + excellent, 手表品名)

purex (= pure + excellent 漂白剂品名)

Memorex (memory + excellent 录像带名)

还有巧用产品名加词缀，构成新词的，如：

It's jack-a-licious!　(Jack-in-the-Box 快餐店)

(2) 利用谐音。许多广告会使用谐音来创造新词，以求达到出奇制胜、吸引消费者的目的。例如某海滨度假村打出如下广告：

TWOGETHER

The ultimate all inclusive one price sunkissed holiday.

该广告的标题为together的谐音杜撰词，蕴涵"双人同行"的含义，旨在吸引情侣前来旅游观光。

(3) 合成。将单词组合在一起，杜撰出新词，用以宣传产品或服务的特点，也是英语广告常用的手法。如此一则可以令人耳目一新，二则也体现了广告简约的特点。例如：

The <u>Orangemostest</u> Drink in the world.

这则饮料广告通过新词 Orangemostest，传达了自己产品含天然橙汁最丰富这一信息。

(4) 误拼。某些英文广告会有意变更单词的拼写，以彰显所推销的商品或服务的某种特质，例如：

Easier dusting by a <u>stre-e-etch</u>! (清洁布广告)

XXXXXXXL Taste. (热狗广告)

在第一则广告中，stretch 的元音被拉长，以体现该清洁布如同手臂的延伸，能清洁角角落落。第二则广告用七个 X 强调某热狗味道极好。

(5) 套用固定搭配。广告语言创新还有一种常用手法就是模仿或套用固定的短语或句型，在此基础上创作出新的表达方式。如：

First of all, because now Yoplait is thicker.

<u>Second of all,</u> because it's creamier.

<u>Third of all</u>, because it's still 100% natural and really good for you.

<u>Fourth of all,</u> because to me Yoplait tastes well.

<u>Fifth of all,</u> because... well, just because...

(Yoplait 酸奶广告)

这则广告中的 second of all, third of all, fourth of all, fifth of all 都是套用固定短语 first of all，旨在吸引读者的注意，并形成排比，加强感染力。

汉语广告中也不乏新词，但大多来自仿拟、双关等修辞手法的应用，如：

"<u>芯</u>"静，自然爽。(某空调广告)

家有飞鹿，<u>随心所浴</u>。(某热水器广告)

4. 形容词、副词使用频率高

为了具体描述产品或服务的性状与优点，英文广告大量使用形容词和副词。英语广告中的形容词主要有描述性形容词(decorative adjective)和评价性形容词(evaluative adjective)两类。语言学家 Leech(1996)经统计发现广告中出现频率高的形容词为 new, crisp, good/better/best, fine free, big, fresh, great, delicious, real, full, sure, easy, bright, clean, extra, safe, special, rich 等，尤其是 new, good, fine 和 great (戚云方，2003: 73)，如：

Tangy. Zesty. Spicy. Crispy Baked. / It's also delicious (某脆焙鸡块
    广告)

Sensuously smooth. Mysteriously mellow. Gloriously golden. Who can
resist the magic of Camus XO Congnac? (Camux干邑XO广告)

为了凸现产品或服务的优势，形容词、副词的比较级和最高级在英
文广告中也很常见，尤以最高级居多，如：

The quicker picker upper (某纸巾广告)

You can be heartburn free with new Pepcid AC. The strongest, longest
acid controller. (某药品广告)

The biggest little resort on the Chesapeake is the best-kept secret in
Virginia (某宾馆广告)

汉语广告中也有大量的褒誉形容词和副词，如新、好、香、甜、美、
快、方便、豪华、尊贵、美味、美观、新鲜、漂亮、明亮、优质、真材
实料、明亮舒适、坚固耐用、安全可靠、中外驰名、老少咸宜等等。由
于 1994 年颁布的《中华人民共和国广告法》中第七条明确规定，在广告
中不得使用国家级、最高级、最佳等用语，因此形容词、副词最高级使
用受到限制，但是汉语广告中仍有"一流"、"顶级"、"……之骄"、"……
之尊"等间接的表述。

5. 动词使用频率高

动词能使广告显得生动有力，而且 get, need, have, buy 等动词能起
到很强的劝诱功能，所以动词在英文广告中使用频率也相当高。有人曾
统计过，在 196 条英文广告标题中，含动词多达 88.28%。不含动词的
标题，多数为追求简洁而省去系动词的短语、并列的比较结构和独立主
格结构等。在含有动词的标题中，至少有一个以上的动词，有的动词多
达标题总字数的三分之一(陈恪清，2004)。英文广告中出现频率最高的
动词有：bring, choose, come, cook, feel, get, give, go, have, help, keep, know,
last, like, love, make, meet, need, save, see, serve, start, take, taste, use。

6. You-form人称代词的使用

第一、第二、第三人称代词都可以出现在英文广告中。但为了拉近
与读者的距离，加强亲切感，第一和第二人称代词出现的频率都较高，
尤其是 you 和 your，如：

Multimedia You Can Use (苹果电脑广告)

If you like a lot of chocolate on your biscuit join our Club. (Jacob's
　　Club 食品公司广告)

For all you do, this Bud's for you. (百威啤酒广告)

汉语广告为了表达对受众的尊重，往往使用"您"、"足下"、"君"、
"阁下"、"请"、"欢迎"、"莅临"、"惠顾"等敬辞，其中以"您"
和"请"最为常用，如：

如果您不满意，请告诉我们，如果您满意，请告诉您朋友。(北京
天天渔港饭店广告)

"七百"知君心，虹彩迎嘉宾！(某百货公司广告)

13.1.2　广告文体的句法特点

1. 多短句、简单句、省略句

出于篇幅和受众接受程度两方面的考虑，英文广告较少使用长句、
复杂句，大量使用短句、省略句和分句、短语结构、独立主格结构，甚
至 one-word sentence。下面这则生发精广告很好地反映了英文广告这一
句法特点：

John's losing his hair.

His mission: get it back.

ASAP!

But how?

Weaving?

Not him.

Transplant?

Never.

…

汉语广告同样也大量使用简单句、省略句、短语结构，如：

富丽堂皇，高贵不贵！(世外桃源酒店)

海龙洗衣机：贤妻良母 (海龙洗衣机)

好空调，格力造！(格力空调)

2. 多祈使句、反问句

英文广告句式使用灵活多变，陈述句、感叹句、祈使句、疑问句都可出现在广告文案中，但是祈使句和反问句的使用频率更高。这是因为，疑问句能够引起读者的好奇与思考，如：

DOES YOUR KID HAVE HUNDRED DOLLAR FEET AND A TEN
　　DOLLAR HEAD? (BELL自行车头盔广告）

伊卡露脍炙人口的广告语"Does she? Or doesn't she?"(她染发了？还是没染？)不但引人注目，还有力地表达了伊卡露染发剂色泽自然的特点。

祈使句可以引导读者的行为，如：

Share the fantasy！

Use double-sure Body Mist, the perfumed deodorant. (香奈儿香水广告)

很多英文广告也采用疑问句加祈使句的问答形式，如：

You know that emerald bracelet you were going to pass down to your
　　daughter?

Use it for her college education.

(And buy her the navel ring she really wants.)　　(Windsor珠宝广告)

汉语广告中疑问句的使用频率不及英语广告，以陈述句和祈使句居多。

3. 多现在时、主动语态

除叙事式广告使用过去时外，英文广告为了强调现时性和营造身临其境的气氛，多用现在时或现在完成时。为了达到亲切自然的效果，多用主动语态，如：

The best relationships are complementary. We work together to bring
　　you more than a piecemeal approach to network challenges. At
　　Sprint North Supply, we have the resources to manage your supply-
　　chain needs—from inventory management to turnkey network

construction. (Sprint 通讯公司广告)

与英语相比，汉语被动语态使用频率本来就低，汉语广告中的被动语态就更少。

4. 多肯定句，少否定句

广告语中，肯定句占绝大多数。以祈使句为例，据统计，在 50 句广告语的祈使句中只有一句是否定祈使句(戚云方，2003: 126)。广告之所以避免使用否定词是因为读者往往喜欢正面的陈述，而且否定句容易使人产生相反的联想，如 Arsenic is not in this salt，原意是"该盐不含砷"，但是却无形中使读者将该盐和砷联系到一起。

即便广告中偶尔有否定词，也多用于警示、规劝，或为了烘托某些优点，如：

No smoking, please!

Extra Taste! Not Extra Calories.

13.1.3 广告的体裁特点

英文广告的体裁不拘一格，除了传统直陈式广告外，不乏各种新颖文体，充分体现了独特的广告创意，如对话体、故事体、书信体等等。

1. 对话体

以对话形式撰写的广告多为电视、广播广告，给人以生动、亲切的感觉，例如下面这则酒类广告：

JOE STETSON: Happy returns. Mary?

BEST FRIEND: Thanks. Hate birthday. Getting on.

JOE STETSON: Nonsense. Look ahead! New sensations. New horizons.

BEST FRIEND: Salute optimism. Await evidence.

JOE STETSON: Personal example. Great discovery. New drink. Dry rum.

BEST FRIEND: Dry rum? Rocks in head?

JOE STETSON: Not at all. Rocks in drink. Rum-on-Rocks. Dry Puerto Rican rum. Most important.

BEST FRIEND: More than one brand?

JOE STETSON: Of course. Subtle difference. People should experiment Carioca here extremely good. As was saying—happy returns.

2. 故事体

以故事的形式撰写广告，可以增加广告的趣味性，吸引消费者，如：

The Amazing Story of a Zippo That Worked
after Being Taken from the Belly of a Fish

Mr. Henry Best, recently retired fish and game protector for the New York State Conservation Department, told this remarkable but true story to the Zippo man:

"A party, just west of Cleverland on Oncids Lake, was fishing for Great Northern Pike in Three Mile Bay. They caught a Pike that weighed about 18 pounds. When they dressed the Pike, in the stomach was one of your lighters.

The Pike must have picked it off the bottom or could have grabbed it before it got to the bottom. The lighter was in fine shape which showed that it had not been lost long. The best part of it was that the Zippo lit the first time."

Even for fisherman, it's quite a yarn. But then there are thousands of other Zippo lighters which have lived through adventures that would have made brave Ulysses' hair stand on end.

The Zippo man is not surprised that the lighter worked. He makes every one of his lighters to work. Not just for weeks, months or years, but *forever*!

Whether you buy your Zippo lighter in a store or find it in a fish, the Zippo man offers you his same incredible guarantee: No matter how old it is or what its condition, if a Zippo ever fails to work, *he'll fix it free!*

(Zippo 打火机广告)

3. 书信体

某些广告会以致消费者信的形式出现，为的是拉近与消费者的距离，如：

A POSTAL PUZZLE
FOR YOU!

YOUR SPECIAL POST CARD IS A POSTAL PUZZLE

Your puzzle comes apart easily so you can put it together again.

Dear Valued Customer,

The spirit of independence. It's what being an individual is all about. No one understands that better than the folks back home. Give them a call this Independence Day.

Satisfying your individual communications needs is what **the i Plan** from AT&T is all about. **The i Plan** offers a menu of savings and service options to pick and choose from depending on when, where and how often you call. Because everybody's different, every **i Plan** is different. Call us to help design yours.

1 800 523-9675. Ext. 6025

i is for individual

英文广告常见文体还有诗歌体、小说体、散文体、新闻体、公告体等等。随着对外经济文化交流的发展以及广告业与国际接轨，汉语广告文体也日益丰富多样。但是目前中国产品在海外的宣传力度还不够，中国产品的英文广告多见于中国主办的对外报刊，基本上均采用企业或产品简介的形式，内容沉闷，千篇一律。因此，中文广告在英译时要考虑如何突破原文的禁锢，灵活采用各种文体和生动活泼的广告语言，充分展现广告的魅力。

13.1.4　广告的修辞特点

广告语言为了吸引受众的注意力，常玩文字游戏，善用各种修辞手段也是广告文体的一大特点。广告语言常用的修辞手法有比喻、拟人、对比、排比、重复、押韵、仿拟、双关等。

1. 比喻

THAI—Smooth As Silk (某航空公司广告)

绿色盾牌，全家安心。(竹林众生药品广告)

2. 拟人(personification)

Let your fingers do the walking. (黄页号簿广告)

我饿了，喂喂我吧！(青岛城市垃圾箱上的公益广告)

3. 对比(antithesis)

It takes a <u>tough</u> man to make <u>tender</u> chicken. (炸鸡广告)

岁月留<u>苍老</u>，黑马葆<u>青春</u>。(黑马牌化妆品广告)

4. 排比(parallelism)

A new year, a new career. (AT&T 招聘广告)

真真一片情，诚诚一片意。(曙光金银珠宝行广告)

5. 重复(repetition)

They're tasty, tasty, very very tasty. / They're very tasty. (某麦片广告)

白鹭，白鹭，迈进千家万户！(某沙发广告)

6. 夸张(hyperbole)

So quiet you can hear your blood pressure drop. (某汽车广告)

今年二十，明年十八。(某护肤品广告)

7. 双关(pun)

带你回"加"，非我莫选。(加航广告)

Arthritis pains?

All you need is Bayer Aspirin! (Bayer 阿司匹林广告)

8. 押韵(rhyme)

If it's too loud, you are too old. (唱片广告)

天上彩虹，人间长虹；家有长虹，其乐无穷！(长虹电视机广告)

9. 头韵(alliteration)

<u>F</u>ast, <u>F</u>lavorful and <u>F</u>abulous! (某芥末广告)

How can <u>s</u>omething <u>s</u>o <u>s</u>mall be <u>s</u>o <u>s</u>mart? (某汽车广告)

10. 拟声(onomatopoeia)

广告大师奥格威认为"音乐不会增加销售力，但音响——比如香肠在平底锅里的嗞嗞声——却能产生积极的作用"。(奥格威，2003: 111) 拟声词在英文广告中使用较为普遍，目的是为了突出产品的某种特点或吸引受众的注意力，如：

M'm! M'm! Better! (Campbell 食品广告)

Schhh! You know who? (某碳酸饮料广告)

Va-va-voom (雷诺汽车广告)

11. 仿拟(parody)

人生得意须尽欢，当使金樽邀星月！ (星月歌舞厅广告，仿拟诗句
"人生得意须尽欢，莫使金樽空对月！")

Not all cars are created equal. (三菱汽车广告，仿拟名句 All men are
created equal.)

汉语广告还有顶真、回环、嵌字三种常用修辞手法。顶真使用上句的结尾作为下句开头，如某电视机广告语"孔雀飞万家，万家欢乐多"。回环是在词语相同的情况下，巧妙地利用它们特殊的结构关系形成回环往复的语言形式，如北京天然居餐馆广告语"客上天然居，居然天上客"，顺读逆读意思都一样；"食在东北一家人，东北一家人实在" (东北一家人餐厅)也颇具特色。嵌字则是将商标名称巧妙地嵌入到广告语中去，如庄吉西服广告"庄重一生，吉祥一生"。

值得一提的是，或许是受中国古代诗词的影响，汉语广告比英语广告更讲究对仗工整，不但求其文雅，更是为了便于记忆。对此已经有专门的研究结果表明，广告语的结构对称、押韵等特征并没有显示出与广告语的记忆具有相关性，反而由于大家的普遍追求，对仗工整的广告语显得工巧有余，创意不足，这是值得我们在广告翻译和创作中注意的。

13.2 广告文体的语域特点

广告语域的语场包括广告委托人通过广告商向广告受众推销商品或理念这一活动过程以及在此过程中使用的语言。广告话题视广告内容而异，对广告所用的词汇与语言表现形式有着至关重要的影响。以护肤品广告为例，所选用的往往是有关美容的词汇，如：美丽、青春、除皱、美白、娇嫩、光彩、保湿等。由于绝大多数广告面对的是普通大众，广

告语言使用的是非专业词汇，避免生僻和过于专业的词汇。但是，也不排除有的广告商为了强调产品或服务的专业性，提升产品的层次和品位，有意在广告中使用一些专业术语。

广告由于其传播媒体不同而表现出不同的语式特征。就广告文体的传播渠道(channel)而言，报纸广告、杂志广告、包装广告、海报广告、招贴广告等采用的都是书写形式；广播广告完全采用声音形式；电视广告、电影广告、幻灯片广告、某些网络广告等则采用声音和文字结合的形式。体现在传播媒介(medium)上，虽然大多广告倾向于口语体，但也有广告倾向于书面语体，如下面这则英国旅游广告：

London's Heart Beats Faster as the Life Guards Clatter by

Suddenly, sharp against the humdrum roar of traffic, comes the clean clip of hoofbeats. Your eye is caught by the bobbing scarlet of the Life Guards, or by sunlight blinking on the Horse Guards' silver breastplates.

All heads turn as the cavalry troop sweeps by with a brave jingle. London's heart beats faster. Yours will, too.

This is a daily scene from London's passing show. It's part of the ageless pageantry of Britain.

In spring, summer, fall and winter, special red-and-gold days of pomp and circumstance await you. Whether you're here for Trooping the Colour in June—or in November for the Lord Mayor's Show—you will be struck by the British genius for showmanship in the grand manner and great tradition.

It costs so little, nowadays, to visit this friendly country. You can fly round trip from New York to London for only $453.60 (to Scotland for $27 less); or go both ways by ship for $400—with an extra saving of $50 between September and April. Call your travel agent today.

但总的说来，广告语式是非正式的、口语化的。

从语旨的角度来看，广告的功能主旨在于劝说，即向受众传递信息，说服其接受某项产品、服务或理念。广告的受众群体庞大，包括不同年龄、不同学历、不同阶层的受众，因此广告语言要清晰易懂、简洁明了。

但是，广告所针对的消费群体各不相同，所以广告语言又应当能显示出目标群体的特征。

13.3 广告文体翻译的理论与方法

13.3.1 广告文体翻译理论

尤金·奈达认为翻译对等分为形式对等和功能对等(也称"动态对等")。前者要求译者尽可能从字面和意义双重层面上传达原作的形式和内容，要求忠实原文的表达形式。后者目的是营造"最贴切的自然对等"(the closest natural equivalence)，使译文与原文在读者反应方面基本一致。

虽然广告翻译中不乏成功的直译例子，但总的说来功能对等原则更适用于广告翻译。一方面，由于英汉两种语言和文风的差异，如果在广告翻译中片面追求形式对等，往往会影响译文的顺畅和说服力，使广告效果大打折扣。另一方面，如奈达所言，广告文体联想意义的重要性远胜于其所指意义，而联想意义与文化背景密不可分。由于英汉两种文化的巨大差异，广告翻译要做到形神俱肖难度极大。多数情况下广告翻译需要对原文的语言形式做出灵活变通(Nida, 2001: 105)。

动态对等将翻译的重点从忠实原作转移到重视读者反应，而功能派进一步将翻译从原作的禁锢中解放出来。目的论认为原文只起到"信息供源"(offer of information)的作用，译者应根据翻译要求对原文信息进行有效处理，或保留，或改变，或删除，或添加，从而使得译文能达到其预定的目的。

根据目的论，在进行广告翻译之前应该首先确定具体的翻译纲要(translation brief)，涉及译文的功能、接受者、时间、地点、承载媒体、目的等。对于广告翻译来说，译文的功能和目的与原文一致，从根本上体现的是诉求功能(appellative function)，即诱导受众认同并接受广告中所推介的产品、服务或理念，目的是推销。翻译以移情功能为主的文本应该着眼于取得相同的接受者反应，为此可以改变原文的文体和内容。

广告译文的接受者显然有别于源语广告的接受者，而且广告的时间、地点甚至媒体也都会发生变化，这一切都会影响到最终采用的翻译方法。

可见广告翻译切忌生搬硬套原文，而是要综合考虑语言和修辞差异、产品和目标群体特征、文化背景、价值观念、法律制度以及产品在译入语环境中的营销策略等诸多因素，灵活采用各种翻译手段，使得译文能发挥有效的诱导、劝说功能。下面结合实际具体分析广告翻译中应该注意的五个方面。

1. 语言、修辞差异

英语重形合(hypotaxis)，而汉语重意合(parataxis)，这是英语与汉语的一个重要差异。形合是指词语或句子之间的连接主要依仗连接词或语言形态手段来实现。英语句子通过一整套完整系统的语法结构和连接词将单词和词组组合在一起，形成以主谓为主干，叠加多种形式的从属成分的"枝干状"句式。英语句与句之间的衔接也倚重各种连接词，强调逻辑上的严密。意合则指词语或语句之间的连接主要凭借助语义或逻辑关系来实现。汉语的字词句子之间的衔接重在意思上的联系，很少用关联词，形态松散而内容完整。逐点交代、层层展开、可断可联的"流水句"在汉语句子中占很大比重。

一般说来，中文广告比较文雅，喜用四字结构，以求达到音韵和谐、增强说服力和感染力的效果，而且四字成语结构松散、搭配灵活、言简意赅，充分体现了汉语"流水句"的特点，如：

Fresh up with Seven-up 君饮七喜，倍添神气 (七喜饮料)

Swatch: time is what you make of it. 斯沃奇手表：天长地久 (斯沃奇手表)

Intelligence everywhere. 智慧演绎，无处不在。(摩托罗拉手机)

当然这并不意味着广告英译汉必须求雅。日用品、儿童食品等广告如果也文绉绉地大用诗句、成语就不太恰当。而且企业文化、品牌形象对广告语言也有决定性的影响。一味求雅是广告翻译的误区。

需要注意的是中文广告中的四字格词语有的传达丰富的信息，有的却纯属堆砌辞藻，空洞无物。如果将汉语的四字格结构悉数直译成英文，往往会导致译文拖沓冗长，结构松散，不符合英文广告简洁平实的要求。褒誉性的四字成语在中文广告中尤其多见，过多的评价在西方读者看来纯属"王婆卖瓜，自卖自夸"。更有许多中文广告无论知名度高低，一概冠以"中外驰名"、"誉满全球"，如果翻译时不加鉴别，便有虚假广告之嫌。

英译四字结构时首先需要吃透其中的有效信息，视具体情况将其或拆分，或组合，或删除，或添补，转换成符合英文习惯的表达方式，如：

<u>别具匠心</u>的苏州园林<u>驰名中外</u>。亭台楼阁，池石林泉，<u>疏密适度</u>，<u>相映生辉</u>；廊榭曲折，沟壑幽深，移步换景，<u>引人入胜</u>；布局结构，<u>各显特色</u>。

【译文】

Suzhou gardens are <u>widely reputed</u> in the <u>unique styles.</u> Their towers, gazeboes, terraces, winding corridors and water-side pavilions are so <u>artistically laid out</u> among ponds, rockeries, trees and grottoes that visitors are <u>impressed</u> by the depth they create, and find a different vista at every turn.

原文语言华美，几乎通篇都使用四字短语；大量使用溢美之词，短短三行不到，评价性的短语就多达六处(用下画线注出)。而英文旅游广告注重介绍实际景物，过多堆砌评价性的形容词会令西方读者觉得空洞浮夸，所以译文对虚饰性的词语应进行弱化，基本上是一带而过或高度概括、化虚为实，如"别具匠心"与"各显特色"用 unique styles 来表达，而将重点落在景物描叙上。

2. 准确性

创意是广告的灵魂，广告翻译讲求灵活，但灵活并不意味着随兴而为，广告翻译仍然要遵守准确忠实的原则。首先，对于广告中出现的关键性术语，必须参透其正确含义。有的术语在业界有约定俗成的译法，翻译时不宜自行编创新译名，如：

At last, a moisturizer that perfects skin. See the impact. 终于有了湿润皮肤的 Lancôme。请看效果。

Moisturizer 在美容界固定译成"保湿乳液"，而且护肤品广告中也很少用"湿润皮肤"这样的表达，译为"滋润肌肤"、"润泽肌肤"、"保湿"更容易被接受。国际知名品牌 Lancôme 对应的中文译名是"兰蔻"。因此，上句不妨译为：

兰蔻保湿乳液，令肌肤完美，效果看得见！

广告翻译的准确性更体现为产品信息的准确传递，即广告翻译要注重产品特征。如奥格威(2003)所言："广告是信息的载体，不是娱乐活动或某种艺术形式。"广告翻译如果只片面追求文字效果而置产品、服务特点于不顾，便是本末倒置。如下面这则广告翻译：

【例 1】

Your body is beautiful. It's our jeans that are out of proportion.

Even the most beautiful body can get lost under the wrong pair of jeans. That's why it's important to wear jeans that let you look your best, jeans that make the most of what you've got. Like our Relaxed Riders. When we make Relaxed Riders, we cut our material on a curve to conform to the natural contours of your body. So where your proportions change, the proportions of your Lee's Relaxed Riders Jeans change too. If you've been thinking that something is wrong with you just because your jeans don't fit, try Relaxed Riders. You'll see it's not a better body you need. It's better jeans.

【原译】

你身材美妙，但不合体的牛仔裤会使美的身材黯然失色。李氏休闲牛仔裤剪裁得体，自然流畅，随身所欲，调整体形。好牛仔赛过好身材。

乍一看，原译似乎并无不妥，甚至被认为是"既凝练，又对仗，还上口，毫无刀凿斧削的翻译痕迹，算得上出神入化的佳作"(杨全红，2002: 19)。

但是，如果结合产品特点进行分析，原译就存在非常大的问题。"休闲骑士"为李氏(Lee)的代表产品。该产品之所以能打破牛仔男装一统天下的局面，关键就在于它一改传统的直条形的生产服装的方法，将其产品裁成曲线型、吻合女性的身材，增加了女性的美感和魅力。然而译文却只字不提"曲线剪裁"(cut our material on a curve)这一至关重要信息。"随身所欲"这个译者创造的词组显得非常拗口，且含义模糊，不能清楚表达"合身"这个重要特点。原文中"So where your proportions change, the proportions of your Lee's Relaxed Riders Jeans change too"的含义是"休闲骑士"根据女性身材比例剪裁，而不是说它具备"调整体型"的修身美体功能。由此可见，原译美则美矣，也固然凝练，但不能准确地传达产品信息，所以不能算成功的广告翻译。

【改译】

您身材曼妙，但不合体的牛仔裤却会使好身材黯然失色。李氏休闲骑士牛仔裤着眼女性身材特点，独创曲线型剪裁，自然随贴，舒适合体，毕现完美体态！穿上休闲骑士，您才会发现：好牛仔更胜好身材！

3. 目标群体特征

广告翻译需要考虑目标群体的特征、喜好以及产品的定位。以百事可乐为例，它是一种大众化的碳酸饮料，品牌定位是"年轻"。百事为扩大消费群体，将青春的含义拓展到心态的年轻，广告词 it's Pepsi for those who think young 就是为了表达这种意图。下面是一则百事英文广告：

Catch that Pepsi spirit, Drink it in.

Now it's Pepsi for those who think young.

Have a Pepsi Day.

【原译】

君饮百事可乐　　精神爽朗快乐

欲使青春常驻　　天天喝它一喝

原文采用的是活泼平实的歌谣形式，而译文却是对仗工整的六言诗，措辞也显得过于文绉绉，体现不出原文的轻松和活力。译为"欲使青春常驻"非但与原义有出入，更使译文像保健品广告，不符合百事可乐的产品定位。

【改译】

百事可乐

年轻的精神

畅饮百事可乐

　　享受青春每天
　　(追求百事精神，
　　畅饮百事精神，
　　百事给人青春，
　　百事伴你每天。)

4. 文化差异

　　文化因素对于广告的理解和接受起着至关重要的作用。广告翻译必须重视译语的文化背景，迎合目的语读者的风俗习惯、民族心理、伦理道德、审美情趣、法律法规等，否则就很难达到预期的效果。

　　中国文化强调共性，因此广告中有许多"大家都说好"、"人人都用×××"、"老少咸宜"等陈词滥调，而这些对于崇尚个性的西方人没有吸引力，尤其是"老少咸宜"，假如译 suitable for both the young and the old 更是触犯了西方人对 old 的忌讳。注重权威性也是中文广告的一大特点，"省优"、"部优"、"国际金奖"、"××学会鉴定"、"××组织推荐"等词语比比皆是。而在西方读者看来，这些信息也很"虚"，因为在西方民间学术组织多如牛毛、各种奖项也不计其数，荣誉说明不了问题，英文广告更注重体现产品和服务的实际品质，以真实的调研数据来说服消费者。

　　耐克进军香港时，其著名广告语 Just do it 最初译成"想做就去做"，香港作为华人社会，主张自律，对美国人的特立独行、张扬个性的思想不甚欢迎，因此不少消费者认为该广告有诱导青少年干坏事之嫌，纷纷投诉，后来将广告词改成"应做就去做"，才平息风波。同样，由于价值观不同，中国广告内容也未必能被西方人接受，这就是为什么许多国人心目中的优秀广告在国际大赛中屡屡败走麦城的道理。比方说，许多中国广告传达了强烈的家国意识，如"孔府家酒，叫人想家"、"海尔，中国造"、"非常可乐，中国人自己的可乐"等。这些以"家国"为宣传核心的广告，不易被崇尚个人主义的西方人所认可。而且过强的民族自尊心有可能被西方人误认为是民族主义，譬如海尔集团 1997 年推出"海尔：中国造"(Haire: Made in China)的核心广告语，来塑造海尔全球化品牌形象，结果成效甚微，最终不得不重新回到"海尔，真诚到永远"(To Be True Forever)这一广告口号上。

法律法规的差异也是广告翻译时需要注意的问题。我国的广告法明确规定"广告不得贬低其他生产经营者的商品或服务"，但在美国对比广告却是可行的。美国对于广告词有较为严格的要求，尤以医药用品电视广告为甚，譬如一般的商品超过六个月就不允许称为 New；不得使用"安全可靠"、"毫无危险"、"无副作用"等夸大医疗效用的词句；必须详细说明药物的副作用等等。美国监控和打击虚假广告的力度很大，美国联邦贸易委员规定，凡是广告的表述由于未能透露有关信息而给理性的消费者造成错误印象，这种错误印象又关系到所宣传的产品、服务实质性特点的，均属欺骗性广告，无论是直接表述还是间接暗示，广告发布者都要负责。而夸张的现象在国内广告中还是较为普遍的，不能不引起译者的重视。

5. 广告画面

优秀的广告往往是声音、文字、图像的完美结合。广告画面是构成非语言语境的重要因素，翻译广告时，应该重视文字与画面的相关性。如一则西铁城手表英文广告词为：

What's on your arm should be as beautiful as who's on it.

广告画面是一位绅士手挽一位美女，手腕上佩戴着西铁城手表。广告图文浑然一体，都包含了名表佳人的对照。原译为"好马配好鞍，靓表衬俊男"，与画面一搭配，显得不伦不类，有贬低女性之嫌。不如改译为"西铁城——君子好逑！"与画面配合更显妥帖。

13.3.2 语用与广告

对广告文体语用特点的分析可以加深我们对广告语言的了解，有助于我们选择适当的广告翻译策略。从语用角度考虑，广告语言拥有丰富的会话含义，具备间接性和关联性等特点。

1. 会话含义

英国著名的语言哲学家 Grice 设定了会话的"合作原则"(cooperative

principle)，即数量准则(不多说，不少说)、质量准则(讲事实)、关联准则(说话贴切)和方式准则(清晰明了)。而广告语言常常违反上述准则，从而产生言外之意，达到特殊的语用效果，比如某意大利面酱汁广告仅有两个单词 Regular 和 Chunky，只字未提酱汁。这显然违反了数量准则和关联准则，但是结合画面中一胖一瘦两位蒙娜丽莎形象，读者自然可以揣摩出这则广告的含义：该酱汁低热量，食用后不使人发胖。

The anti-aging ingredient that department stores don't want you to know about. 内含抗衰老成分，这点百货商店是不愿向你透露的。

这则玉兰油广告说百货商店不愿透露玉兰油的优点，这当然不是真话，违背质量准则，其真正含义是玉兰油抗衰老配方如同秘方，具有神奇的功效。

广告撰稿人常会用一些有违常规搭配的语句来吸引读者，这些语句同样违反质量准则，如：某饮料打出的广告是"每天都喝一只苹果"。众所周知，苹果肯定不能用来喝，这句话生动形象地表达了其言外之意——百分百纯天然果汁，给人留下深刻印象。

2. 间接性

广告语言中自然不乏直陈式的推销话语，但是这种赤裸裸的推销往往缺乏创意和说服力，甚至由于其口气强硬，容易引起受众的反感。所以越来越多的广告词采用间接迂回的方式。

任何语言都存在三种基本句型：陈述句、祈使句、疑问句，分别对应陈述事实、提出请求和提出问题三大基本功能，当三种基本句型与其功能不一致时，语言的使用便是间接的。广告的功能是请求消费者接受广告中的产品，应该用祈使句，但是如上文所见，现在许多广告，尤其是英文广告都通过使用疑问句来婉转地实现对消费者的诱导。

广告语言的间接性更多地体现在其字面意义和话语意义的不一致性。如海德运动鞋广告语：

Attention: You will never be 18 again. But you don't have to tell your feet.

单从字面上理解是"岁月不饶人，但用不着告诉你的双脚"，其话语意义却是穿上海德运动鞋会令人感觉年轻。

对于某些广告而言，间接性的表现手法更是必要，如某尿不湿广告的广告词：

The Inside Story is Leaking Out.

用Inside Story暗指"撒尿"，不但显得文雅，而且还很有幽默感。

3. 关联性

广告的关联性是成功广告的重要标准之一，牵强附会是广告大忌。且看牡丹客车的英文广告：

Mudan (Poeny in Chinese), national flower.

Mudan auto famous all over the world.

姑且不谈这则广告是否有夸张之嫌，牡丹作为国花和牡丹客车誉满全球之间的关联性实在太弱，难以引起读者的共鸣。

广告的关联性在很大程度上取决于广告的语境，包括语言语境和非语言语境。语言语境即上下文对语言符号的使用起着双重作用：既在一定程度上制约语言的使用(譬如押韵、排比、仿拟等修辞手法的使用)，又能推动人们对语言符号的理解，比如某裤行的广告词"Beauty is Trousers, Trousers beauty"套用了济慈《希腊古瓮颂》中的名句"Beauty is truth, truth beauty"，不但很好地体现了裤装的华美，更能令人联想到该裤行品位高雅、诚信经营。

非语言语境，如图像、声音、文化习俗等对广告语篇的理解起到更为重要的作用。"Smoking is a colorful habit"这则禁烟公益广告与人们的认知经验之间的关联性似乎为零，因为人人都知道吸烟绝对不是好习惯。但是结合画面上烟渍斑斑的牙齿，人们就不难理解为什么称吸烟为"多彩的习惯"。此外，文化也是影响广告语言的关联性的重要因素。

13.3.3 广告翻译方法

广告翻译讲求灵活，方法多样。常见的广告翻译方法有直译法、顺译法、套译法、增补译法、缩减译法、编译法和改写法七种。

1. 直译法

直译法在不破坏原文意义和文本交际功能的前提下，尽可能地保留原文的语言结构。

Obey your thirst. 服从你的渴望。(雪碧广告)

Feel the new space. 感受新境界。(三星电子广告)

挑剔的妈妈，专为孩子挑"吉福"。Choosy mothers choose Jif for their kids. ("吉福"花生酱广告)

像母亲的手一样柔软。As soft as Mother's hands. (童鞋广告)

您的空中之家。China Southern Airlines, your home in midair. (中国南方航空公司)

2. 顺译法

顺译法指在把握原文意思的前提下，根据译语特点，对原文语言结构进行调整，使之符合译语习惯，如：

Maxwell: good to the last drop. 麦氏咖啡：滴滴香浓，意犹未尽。(麦氏咖啡)

To me, the past is black and white, but the future is always colorful. 对我而言，过去平淡无奇；而未来，却是绚烂缤纷。(轩尼诗酒)

De Bierres: A diamond lasts forever. 钻石恒久远，一颗永流传。(戴比尔斯珠宝)

牡丹香烟，醇味盖冠。Peony stands out for fragrance. (牡丹香烟广告)

岁月的小皱纹不知不觉游走了。MAXAM erases years from your skin. (美加净护肤品广告)

3. 套译法

套译法指套用译语中的固定表达，可以是现成的广告套语，也可以是俗语、成语、诗句、歌词等。

英、汉语广告中存在着一些形义对应的现成的广告套语，如选料考究(choice material)、做工精细(fine workmanship)、质量上乘(superior quality)、耐穿耐洗(tough wash-and-wear)等，只要平时多加注意和搜集，便能在广告翻译中发挥极好的作用。

有时，广告原文的意思可以在译语中找到相应的诗句或俗语，如：

Gather ye rosebuds while ye may. 有花堪折直须折。(套用古诗)

> 有目共赏——上海牌电视 Shanghai TV—Seeing is believing (套用俗语)
>
> "绿丹兰"——爱你一辈子 Lvdanlan cosmetics—Love me tender, and love me true ("绿丹兰"护肤品，套用歌曲名)

也可以用仿拟修辞手法，对译语中的固定表达略加改变，使之与原文更贴切，如：

> Where there is a way for car, there is a Toyota. 车到山前必有路，有路必有丰田车。
>
> Think different. 不同凡想。
>
> 城乡路万千，路路有航天。East, West, Hangtian is the best.

但是有的广告翻译选择套用已有的广告语，这种做法值得商榷。如梅花牌手表广告词"人带梅花，准时乐道"译为 Give Plum to all, and to all a good time，与国外名表 Timex 的广告 Give Timex to all, and to all a good time 如出一辙(杨全红，2002: 19)。"美人鲜花,倾诉衷肠"译为 Beauty Flowers speak from the heart 也是照抄照搬英文广告语 Interflora Flowers speak from the heart。广告翻译和创作允许模仿，广告大师奥格威也说"要是找不到更好的办法，就模仿吧"(奥格威，2003: 88)。但是模仿并不等于抄袭，需要融入自己的创意。照抄照搬别人的广告用语，即使不构成侵权，也会给人留下缺乏创意、投机取巧的印象。

4. 增补译法

增补译法指为了使广告目的表达得更为明确,通过挖掘原文的深层含义或填补必要的文化信息，从而使得译文的意义明显超过原文，如：

> Rejoice: start ahead 飘柔：成功之路，从头开始。(洗发水广告)
>
> Elegance is an attitude. 优雅态度，真我性格。(浪琴表广告)

5. 缩减译法

缩减译法指出于文化、文风等方面的考虑，而压缩、删除原文中无效或不利于广告推广的信息，如：

> "烟水苍茫月色迷，渔舟晚泊栈桥西。乘凉每至黄昏后，人依栏杆水拍堤。"这是古人赞美青岛海滨的诗句。青岛是一座风光秀丽的海滨

城市，夏无酷暑，冬无严寒。西起胶州湾入海处的团岛，东至崂山风景区的下清宫，绵延 40 多公里的海滨组成了一幅绚烂多彩的长轴画卷。

> Qingdao is a beautiful coastal city. It is neither hot in summer nor cold in winter. The 40-km-long scenic line begins from Tuan Island at the west end to Xiaqing Palace of Mount Lao at the east end. (编者对原译略做修改)

原文采用诗句、比喻和成语，文风华丽，不符合英文旅游广告平实的特点。因此，译文略去了原文的诗歌和比喻。

6. 编译法

编译法指根据译语习惯和目的，对原文信息进行提炼，并重新组织语言表达形式和篇章结构。

【原文】

What's in a Name?

It sounds ordinary on paper. A white shirt with a blue check. In fact, if you asked most men if they had a white shirt with a blue check, they'd say yes.

But the shirt illustrated on the opposite page is an adventurous white and blue shirt. Yet it would fit beautifully into your wardrobe. And no one would accuse you of looking less than a gentleman. Predictably, the different white and blue check shirt has a different name. Viyella House. It's tailored in crisp cool cotton and perfectly cut out for city life. Remember our name next time you are hunting for a shirt to give you more than just a background for your tie.

On women and children's wear as well as on men's shirts, our label says—quietly but persuasively—all there is to say about our good quality and your good taste.

Our label is our promise.

【译文】

英国人以其衬衫的风度闻名世界。其知名品牌就是维耶拉衬衫，它以精纺棉布为面料，由英国维耶拉品牌精心裁制，质量上乘，畅销世界。

维耶拉特此郑重地承诺：蓝底白格，是白马王子的首选，风度翩翩，惹来窈窕淑女的青睐。穿上维耶拉，男人闯天下；穿上维耶拉，生活真潇洒。维耶拉还请您关注我们出品的妇女和儿童服装，百分之百的一流品味，百分之百的质量保证。

7. 改写法

改写法指完全撇开原文，仅根据广告意图，结合目的语语言文化特征进行再创作。英汉之间存在着极大的语言和文体差异，而且广告语言又喜欢玩弄文字游戏，给广告翻译造成了很大的困难。加之还要考虑营销策略、文化习俗、道德伦理、法律制度、传播媒体、目标消费群体等因素，广告翻译犹如带着镣铐起舞，有时不如索性摆脱原文的羁绊，根据产品特点和营销策略，对文字、声音、图像全方位彻底地改头换面，以达到最佳广告效果，如：

Israel for all seasons. And reasons. 通往古文明之路。

（以色列航空公司）

Quality Service for Quality Life. 凝聚新动力，文康展新姿。

（康乐及文化事务所）

广告和翻译界对改写的重要性早有认识。早在 1986 年，香港著名作家黄霑就提出广告翻译有别于文学翻译，未必一定追求与原作的神似。广告翻译的操作往往因为实际需要而对原文内容进行改写，"不但形不似，神亦有异"。譬如人头马 XO 的广告词原文为 REMY MARTIN XO: Exclusively Fine Champagne Cognac，经黄霑生花妙笔译为：人头马一开，好事自然来，牢牢把握了消费群体的心理特征，人头马藉此一举打入香港市场。杨全红(2000)在《译者，绎也》中提出，国际广告的翻译适用绎译法，即译者依照目的语市场的需要，对外来或涉外广告进行改写。

随着国际广告的迅速发展与广告本土化趋势的加强，这种另类译法在国际广告翻译和创作中正发挥着越来越重要的作用，值得深入研究探讨。黄霑先生(1986)说过："我记得大概十多年前，香港广告界的创作部有 translator 的职位，但现在，这职位已经完全没有了。'翻译'几乎变成了 dirty word。"周兆祥博士(1998)印证，在早期，香港的广告公司聘用专职翻译，而到了 20 世纪 70 年代，情况逐步改变，因为本地的广告人员都明白了，广告的目的就是促销，广告语与原文是否贴切并不重要。

20 世纪 90 年代末 Advertising Age International 对国际广告所作的一项调查显示："全球化思考，本土化行动"是国际广告业的镇山之宝。随着"本土化"成为国际广告的一大趋势，针对目的语文化对源语广告的全面改写已经日趋普遍。以在全球第一个提出"Think local, Act local"的本土化思想的可口可乐公司为例，其在中国的广告宣传无不紧密结合中国本土文化，如中国的传统节日、古老建筑以及贴春联、迎"福"、亲朋团聚等民俗习惯，广告文本自然也是另起炉灶。

此外，由于国情不同，广告的承载媒体很可能会发生改变，比如由电视、网络广告转换为报纸、广播广告。对于这类传播媒体发生变化的广告，改写更是非常必要。

13.4 广告文体的汉译例析

我们以一篇长广告来分析广告的汉译。

The Man in the HATHAWAY Shirt

AMERICAN MEN are beginning to realize that it is ridiculous to buy good suits **and then** spoil the effect by wearing an ordinary, mass-produced shirt. **Hence** the growing popularity of HATHAWAY shirts, which are in a class by themselves.

HATHAWAY shirts wear infinitely longer—a matter of years. They make you look younger and more distinguished, **because of** the subtle way HATHAWAY cut collars. The whole shirt is tailored more generously, **and** is **therefore** more comfortable. The tails are longer, **and** stay in your trousers. The buttons are mother-of-pearl. **Even** the stitching has an ante-bellum elegance about it.

Above all, HATHAWAY make their shirts of remarkable fabrics, collected from the four corners of the earth—Viyella and Aertex from

England, woolen taffeta from Scotland, Sea Island cotton from West Indies, hand-woven madras from India, broadcloth from Manchester, linen batiste from Paris, hand-blocked silks from England, exclusive cottons from the best weavers in America. You will get a great deal of quiet satisfaction out of wearing shirts which are in such impeccable taste.

HATHAWAY shirts are <u>made by a small company</u> of dedicated craftsmen <u>in the little town</u> of Waterville, Maine. They have been at it,<u> man and boy,</u> for one hundred and twenty-years.

At better stores everywhere, *or* write C.F. HATHAWAY, Waterville, Maine, for the name of your nearest store. In New York, telephone OX 7-556. Prices from $5.95 to $20.00.

【译文 1】

穿海瑟威衬衫的男人

美国男士们现在开始意识到，买了一套上好的西装，却配上一件质量平平的大路货衬衫是多么大煞风景的蠢事。这就是品位出众的海瑟威衬衫日益走红的原因。

海瑟威衬衫当然耐穿，穿几年都没问题。穿上它，您会显得更年轻、更潇洒，这源自海瑟威衣领的精心裁剪。整件衬衫裁剪得更熨帖，**因此**穿着更舒适。下摆更长，紧贴西裤。扣子是珍珠母的，针脚保留了一种南北战争前的优雅气质。

最重要的是，海瑟威衬衫用最好的面料缝制衬衫，面料来自地球的四面八方——维耶勒法兰绒和埃尔特克斯网眼布产自英格兰，羊毛平纹皱丝产自苏格兰，海岛棉布产自西印度群岛，手纺马德拉斯薄棉布产自印度，精细人造丝产自曼彻斯特，尼龙薄织麻布产自巴黎，手工丝织品产自英格兰，高级棉布产自美国最好的纺织工之手。穿着如此出色品位的衬衫，您当然会从容自若。

海瑟威衬衫由缅因州沃特维尔小城一家小工厂里敬业的员工们精心制造。先生们，他们的手艺已经流传了 120 年。

各地正规商店有售，或致信缅因州沃特维尔海瑟威公司索要离您最近的商店店址。在纽约，请致电 OX 7-556，售价从 5.95—20.00 美元不等。

【译文2】

海瑟威男士
——品位出众

名贵的西装怎能搭配普通的衬衫？因此，您需要风行美国 120 年的海瑟威衬衫！海瑟威衬衫，精工细制，最能体现您的出众品味。

海瑟威衬衫质量上乘、经久耐穿、裁剪合体、穿着舒适。衣领精心剪裁，下摆加长，扎入西裤中更显您年轻潇洒、气宇不凡。珍珠母纽扣，高贵大方，每个针脚都流露出百年传承的优雅气度。

海瑟威衬衫集八方精粹：英格兰的维耶勒法兰绒、埃尔特克斯网眼布和手工丝绸，苏格兰毛纺塔夫绸，西印度群岛海岛棉，印度手纺马德拉斯布，曼彻斯绒面呢，巴黎薄织麻纱，还有出自美国最好织工之手的高级棉布。如此专注完美，满意自然心生。

海瑟威衬衫，品味男士的选择！

【分析】

英文原文中的衔接词达 9 处之多，而且围绕主谓叠加了许多从句、非谓语动词、介词短语等从属成分，语法结构严密，体现了英语形合的特征。译文 1 以直译为主，注意保留原文的语言结构，即便如此，衔接词与短语也只有 3 处。译文 2 更贴近汉语语言习惯，衔接词减少到只有 1 处，大量使用结构独立而意思相连的短语，逐渐铺开，体现了典型的"流水句"特点。

就准确性而言，译文 1 中存在着一些误译，如：The tails are longer, and stay in your trousers. 译成"下摆更长，紧贴西裤。" quiet satisfaction 译成"从容自若"。一些面料的术语也不合规范，如把 woolen taffeta 译成"羊毛平纹皱丝"、broadcloth 译成了"精细人造丝"。译文 2 更为准确。

海瑟威衬衫属于高档服装，译文 1 使用直译，语言显得过于随意，而且行文拖沓。译文 2 的语言更简洁、优美文雅，与海瑟威衬衫的高尚品位正好吻合，更有利于品牌形象的树立。

新世纪翻译学 R&D 系列著作

　　非语言因素在广告翻译中所起的作用也很重大，在很多情况下甚至超过了语言因素本身对译文的影响。譬如，从文化角度考虑，译文 2 比译文 1 更多地考虑到了译语文化与目标消费群体。南北战争(1861—1865)之前，南方种植园经济阻碍了工业化的迅速发展，服装产业没有形成机械化、大批量、规模化生产的局面，大量服装依然需要手工缝制。尤其在美国南部，大种植园主残酷剥削黑奴，蓄积了大量财富，过着贵族般极度奢华的生活，对服装的工艺与品位更是挑剔。译文 1 直译 an ante-bellum elegance 为"南北战争前的优雅气质"，对于不熟悉美国历史文化的读者来说，这句话丢失了大量信息，表意模糊。译文 2 未着大量笔墨介绍南北战争和服装风格的关系，而是巧妙结合文化信息(南北战争距今 100 多年)和海瑟威衬衫本身的特点(120 年历史)，将原文翻译为"每个针脚都流露出百年传承的优雅气度"，同样有力地反映了产品历史悠久、工艺精湛，取得了与原文的功能对等。

　　在西方，服装的档次不在于生产规模，而在于设计和工艺，高档时装无不讲究因人裁衣、手工制作。而大型服装厂流水线上生产出来的服装被认为是品位低下的大路货。但在中国，made by a small company, in the little town 容易让人联想到乡镇企业和个体小作坊，译文 2 巧妙地回避了这些信息，免除了可能造成的负面效果。

　　译文 1 开篇就是一句"美国男士们"，没有意识到消费群体已经发生了改变。英文广告结尾往往都留有公司地址、电话、价格、品名、公司标识等，而且多以附文形式出现。译文 1 照搬了原文的结尾，没有针对中国消费者。译文 2 结合汉语广告习惯，将其翻译成了与标题呼应的口号。

　　最后，我们从广告整体效果的角度来比较两则译文。The man in the Hathaway shirt 是贯穿海瑟威衬衫系列广告的统一主题，广告画面也都是有个性的男士，为了配合广告画面和整体广告策划，两篇译文都对广告标题号采用了直译策略，突出 man 这个中心词。译文 2 增加了"品位出众"，首尾呼应，突出了海瑟威衬衫的宣传重点。

13.5　广告文体的英译例析

下面我们来分析一个汉语广告的英译。

【原文】

我厂是一家年生产能力 10 亿元的现代化中药厂。

我厂生产的"肤阴洁"、"肤阴洁湿巾"、"痛经一贴灵"、"八仙包"、"万发林"都是独具特色的，男女老少生活必备的中成药。其中"肤阴洁"以纯天然强力杀菌洁净疗效特别为广大用户所赞誉。"肤阴洁"系列产品荣获"中国公认名牌产品"、"七五全国星火计划成果金奖"、"广西优质产品"和"广西工业新产品白花奖"。

我厂的产品销售网络遍布全国各地，并远销泰国、美国、新加坡、马来西亚、日本等国家。

我厂下属有大同印刷厂、药品包装分厂、纸箱厂等企业，年产值均超过 2000 万元。

欢迎各界垂询！

【译文 1】

The enterprise is a large Chinese medicine producer with an annual production capacity of RMB 1 billion.

The company has produced the most common Chinese patent medicines, including Fuyinjie, Skin and Genital Care, Fuyinjieshuan (suppository), Dysmenorrhea Killer, Eight-Immortal Pack, and Wanfalin. Of them, Fuyinjie is very popular with customers as a purely-natural strong disinfecting agent. The company's Fuyinjie Brand Products have been cited as China's Famous-brand Products and Guangxi's Fine-Quality Products, and have won Gold Prize of the Achievements of the National Spark Program during the Seventh Five-year-plan as well as the One-Hundred-Flower Prize of the New Industrial Products in Guangxi.

Its products have become the best seller throughout China, and sold well in other countries, such as Thailand, the United States, Singapore, Malaysia and Japan.

The subsidiaries of the company include the Datong Press, the Medicine Packing Plant, and the Paper Box Plant, with annual output value of more than RMB 20 million each one.

People in all walks of life are welcomed to come for an inquiry.

【译文 2】

Yuan'antang is a modernized TCM manufacturer with an annual output value of one billion *yuan*.

We offer a broad spectrum of innovative solutions to medical, gynecological and hair-losing complaints. Our products are trusted by millions of users. Our Feelin'gee Skin and Genital Care is especially acclaimed for its 100% natural formula and strong disinfecting effect.

Our products sell well home and abroad, exported to many countries including Thailand, the United States, Singapore, Malaysia and Japan.

We also operate a press, a medicine packing plant and a carton plant, each with an annual output value exceeding 20 million *yuan*.

We hope to be able to provide you with the most effective and all-natural medications wherever you are!

【分析】

译文 1 将"年生产能力"译为 an annual production capacity，结果译文的意思很容易被人曲解为"每年生产 10 亿元人民币"，不如译文 2 的 an annual output value 准确。译文(1)将原文中的许多药名一一译出，但是恐怕很少会有读者明白 Fuyinjieshuan 是妇科用药、"八个神仙的包"是用来治疗腹泻的，而 Wanfalin 可以防治脱发。这些信息即冗余又不明确，不如译文 2 的 solutions to medical, gynecological and hair-losing complaints 来得切切实实。对于主打产品"肤阴洁"，译文 2 没有用拼音，而是采用音义结合的译法译为 Feelin'gee，更容易为西方消费者接受。原文把中成药说成是"男女老少生活必备"，显然是过于夸张，对此译文 1 采取回避的态度。但接下来译文 1 却将名目繁多的奖项如数传译，恐怕除了令读者头昏脑涨外，别无用处。译文 2 略去了各种奖项，将"男女老少生活必备"改为 trusted by millions of users，这样反而使读者觉得更加客观现实。此外，译文 1 称自己的产品是 best seller throughout China, and sold well in other countries，也显得言过其实，不如译文 2 译得合情合理。可见，译文 2 比译文 1 在虚实转换方面更胜一筹。原文的结尾部分"欢迎各界垂询！"是中文广告中的陈词滥调(cliché)，但是英文广告却很少使用"People in all walks of life are welcomed to come for an inquiry"，译文 2 更贴近英文广告的习惯，强调了产品质量和服务意识。

13.6　商标的翻译

谈到广告翻译就不能不谈商标的翻译。商标是商品或服务的名片，商标翻译是建立品牌形象的关键因素，成功的商标翻译可以带来令人意想不到的经济利益。20世纪20年代，可口可乐进入中国时最初被译为"蝌蝌啃蜡"，怪异的译名结合可乐产品自身的特点，容易使人联想到一瓶瓶浸泡了软体动物的药液，其结果可想而知。1933年左右，可口可乐公司在伦敦报上征集译名，最终选定当时留学英国的学者蒋彝的译名——"可口可乐"，从此可口可乐公司藉此神来之笔成功开拓了中国市场。失败的商标翻译不但有可能使得企业蒙受巨大的经济损失，还会损害企业形象，业界也不乏这样的前车之鉴。比如碳酸饮料巨头Schweppes的汤力水(tonic water)就曾经被译作意大利语的"马桶水"(toilet water)。上世纪70年代，通用公司曾向墨西哥和其他一些西班牙语的拉美国家出售过名为Chevy Nova的轿车，之后发现其译名在当地语中竟是"跑不动"的意思。以销售润滑油而闻名世界的埃索(Esso)公司进入日本时也因商标译名而备受困扰，最初其商标译名和日语中"抛锚车"读音如出一辙，后将发音调整为Enco，却又成了"污水处理车"。

13.6.1 商标翻译的原则

商标翻译至少要遵从如下几条基本原则：求简、求异、求美、合情、合理。

1. 求简

商标应当便于人们传颂记忆，因此应当力求简洁。有调查表明，四字商标的认知率为11.3%，六字为5.96%，而八字以上仅为2.88%(安亚平，2004)。对于冗长的译名，我们务必加以简化。这种简化可以是读音上的，如Bush & Lomb不译为"布什和朗姆"而译为"博士伦"、Hewlett-Packare Co. 不译为"休利特-帕凯公司"而译为"惠普公司"；也可以是意义上的，如"飞燕"译为Flying Swallow就显得冗余了，不如译为Swallow，"大白兔"略去了big直接译为White Rabbit；强健牌运动服没有全译为Strong and Vigorous，而是译为Vigor。

2. 求异

商标必须有一定的独特性和区别性，否则不但缺乏吸引力，更有可能造成商标注册困难或侵权。雅戈尔英译为Youngor而不是Younger就是基于上述考虑。然而环顾国内，以"海鸥"、"英雄"、"长城"、"蝴蝶"、"凤凰"、"熊猫"等普通名词作为商标名的现象比比皆是。时下还有一种风气是将中文商标音译为英文普通名词，如：

英佳	Enjoy
强生	Johnson
乐凯	Lucky
乔氏	Choose
事达	Star
四通	Stone

许多译者对此沾沾自喜，认为译文音义兼顾，又合乎译语习惯，算得妙译。殊不知，这些由常用普通名词构成的商标更需警惕是否有重名的危险。联想集团的易名就是明证。当初"联想"商标英译为legend，

及至联想集团准备启动全球战略才发现legend早被注册，只能另起炉灶，改为Lenovo。

3. 求美

商标翻译必须考虑到受众的审美情趣，音美、意美的商标更能得到消费者的青睐。英语是拼音文字，因此汉语商标英译时应当注意发音的优美，学会利用拟声理据(onomatopoeic motivation)、声音象征(sound symbolism)和回音词(echoism)等英语特有的美声手段。英文商标汉译时则要注意平仄、双声、叠韵等音调美化手法，使得译名琅琅上口(曾立，2003)。意美对于商标翻译来说更显重要，Brandy(白兰地), Lexus(凌志), 7-up(七喜), Bluebird(蓝鸟), Kent(健牌), Revlon(露华浓)等都迎合了译语受众求雅、求吉的心理，算得"美译"的典范。有的商标译者片面求新求异，不顾大众的审美情趣，如有一款MP3英文商标为Godson竟被译为"狗剩"，如此译文或许能够吸引眼球，却难以引起多数消费者的购买欲。

4. 合情

商标翻译要"合情"，指商标译文要合乎译语文化、政治背景。如考虑到中国人含蓄的文化心理，Kissme唇膏没有直译，而是音译为"奇士美"；"白象"电池也不宜译为White Elephant，因为后者在英文中指"大而无用的东西"；"孔雀"(peacock)在英文中指虚荣、好夸耀的人；中国人喜爱的吉祥鸟"凤凰"(phoenix)在英文中却是死后重生的象征，因此可以想象英语国家的人一定不希望骑Phoenix自行车。传统出口产品"帆船"地毯，原先译成Junk，遭到冷遇，后改译为Junco才幸免于难。黑人牙膏没有用Darkie而是用Darlie(心爱的人)作为英文商标，以免被认为有种族歧视之嫌。"大鹏"商标译为ROC便不妥，因为ROC是"中华民国"的英文简称。

5. 合理

商标翻译还应考虑法律法规因素，即"合理"。如商标法规定商标不能对商品构成直接的描述或过分夸大其辞，否则将无法注册。Citizen牌手表在香港的译名原为"希奇准"，由于译名对手表这种商品有直接的描述意义，该译名未能顺利注册，后改为"西铁城"方才注册成功(李淑琴，马会娟：2000)。

可见商标翻译绝不是简单的文字符号转换，一个成功的译名往往需要综合考虑语言、文化、产品特征、企业文化、法律法规等诸多因素，凝结着译者大量的心血，真正是"一名之立，旬月踟蹰"。

13.6.2　商标翻译的方法

商标翻译主要有音译、意译和音意兼顾三大方法。

1. 音译

商标翻译最直接的做法是根据发音特点将商标译为目的语，如Kodak(柯达), Dell(戴尔), Dove(德芙), 大宝(Dabao), 回力(Huilez), 乐高(Rocco)。

长期以来，中文商标音译时都习惯于采用拼音，然而汉语拼音与英文字母发音规则存在着一定差异，拼音商标可能会给英文读者造成发音上的困难，也容易导致读音的偏差，而且常常会显得比较冗长。如鄂尔多斯原先采用的是拼音译名Eerduosi，后经华侨指正，改为Erdos发音更接近中文商标，也更简练，易于诵读记忆。越来越多的知名中国企业已经意识到这点，因此在音译商标时都会根据英文发音规则作出调整，如立白(Liby)、康佳(Konka)、培罗成(Progen)、飞亚达(Fiyata)、科龙(Kelon)等。

音译的一大问题是会导致原意的流失或变形。安踏运动鞋译为Anta，原来"平安"的美好意义荡然无存，成了"门廊柱"；"美润"石化公司译为Moren，没有了原始"美好"、"滋润"的含义，倒是非常接近英文的Moron(蠢材)；"马戏"牌扑克(Maxi Puke)居然成了"大吐特吐"牌扑克。一些中文商标常用字用拼音译为英文会有负面含义，如"华"和"花"译为大写的HUA有"愚蠢，盲目，不专心"的意思；"芳"(fang)意为"獠牙"、"刚"(gang)意为"团伙，匪帮"、"博"和"波"(BO)指Body Odour即"体臭"等，因此使用中应该多方斟酌，避免文化语用失误。

2. 直译

商标翻译另一种较为直接的做法是按照字面意思将原语商标译为

对应的译语商标，如某英国药皂Valderma，由Value和希腊语derma(皮肤)合成，直译为中文商标"益肤"；香烟Good Companion译为"良友"；洗发水商标"蜂花"直译为Bee & Flower；"杉杉"西服商标译为Firs。有时译者会在直译基础上，结合构词原则，创造出新词，如护肤品"肤美灵"译为Skinice，便是使用了拼缀法，将skin和nice合为一体。有的译者为了求异、求雅或达到其他某种特殊效果，会在直译时使用多种语言，如时装品牌"七匹狼"的商标英译Sept Wolves便融入了法语。

3. 音意兼顾

最为理想的商标翻译应当既切近原始商标的发音，又能体现商品的特征、符合目标受众的接受心理，这便是做到了音意兼顾。当然这里的"意"未必指原文的字面意思，也可以是译者根据商品特征或受众心理赋予商标的"新意"，如：

Theragran Junior (儿童药品)	小施尔康
Goldlion (西服)	金利来
Head & Shoulders (洗发水)	海飞丝
Seiko (钟表)	精工
Aquafresh (牙膏)	家护
Comfort (衣物柔顺剂)	金纺
Legalon (药品)	利肝宁
Desis (杀虫剂)	敌杀死
Goodyear (轮胎)	固特异

商标翻译中还有一种做法是完全不顾原商标，译者根据商品和目的语特征，重新设计商标。如"鼻敏灵"的英文译名Nasalin，便是采用拉丁文nasal(鼻子)结合英文药品aspirin, penicillin的命名规则创作的。从狭义翻译角度考量，这种做法也许不能算作翻译，而应被视为创作。而事实上，由于许多中国企业在订立商标时缺乏国际化意识，给商标英译造成了不小的障碍，而一些老字号、传统商标翻译成英文要做到音义契合难度更大，因此有时创译所另辟的蹊径却可能成功地跨越语言和文化的巨壑。当然，创译必须注意译语语言与文化，否则很可能会画虎类犬。

如某丝绸公司用silk和sleek两个英文单词，配合法语拼写规则"创作"出英文商标Silique，为的是表达产品高雅、精致、时尚的特点，殊不知如此煞费苦心设计出的商标在英文中却是"长角果"或"(古罗马的)银币"的意思，根本不可能达到初衷。

练习题

1. 将下列广告语译成汉语[C]：

1) Time is what you make of it (斯沃奇手表)

2) Go for sun and fun (可口可乐)

3) For the road ahead (本田汽车)

4) All is well that ends well (香烟广告)

5) Trying to do it all yourself doesn't always make you look like a hero (金科专业办公室服务)

6) Try our sweet corn ,you'll smile from ear to ear (甜玉米广告)

7) We care to provide service above and beyond the call of duty (UPS 快递)

8) It never happened before because it all happened before (奔驰 S500)

9) Start ahead (飘柔)

10) Music makes us (2000/01 乐季—康乐及文化事务署)

2. 将下列英文广告译成中文，并分析你所使用的翻译理论与方法[A]：

1) Rich.Rich.Rich. Ahh. SKIM MILK is so rich in calcium, I drink as much as I can. It has all the nutrients without all the fat. And darling, you can never be too rich or too thin.

2)   **ZOOM-ZOOM**

The MAZDA6 is a spirited, athletic package that has taken Mazda's zoom-zoom ethos into the mainstream. It's an aggressive, confident look, one that's backed by impressive dynamics. Mazda takes a holistic approach to sportiness here, engaging all the senses in the driving experience. Bottom line: if you're in the market for a sports sedan and you think you're nearly as big as an automotive enthusiast as we are, stop by the Mazda store and ask to try on something in a size 6.

3) **THINK SMALLER**

Ericsson's mobile phones are getting smaller all the time. And even better. They reach further, reception quality is excellent and they are more and more intelligent.

Take the Ericsson GH 197 for example. Developed in parallel with the GSM system, it is one of the world's most advanced digital mobile telephones. Small (147*63*30mm), powerful (three hours' talk-time with the standard battery), intelligent, easy to use.

Then there's the EH237, the finest analog technology packed into one of the world's smallest mobile telephones.

3. 将下列中文广告翻译成英文，注意中英文广告在语言、文体、文化等方面的差异，并解释你所使用的翻译理论与方法[A]：

1) 沈阳龙腾电子有限公司

本公司系中外合资企业，主要产品为电子天平，共为 6 个系列近 50 种规格型号，产品具有数字显示、称量快速、精确可靠、自动校准、去皮等特点。接上不同接口，可与打印机、计算机等上部设备相连，是现代化计量及实验室必不可少的计量仪器。

本产品 1990 年通过了中国计量院的型式鉴定，曾获 1992 全国计算成果优秀奖，1994、1996 年度国家级新产品，辽宁省质量信得过产品等奖励。公司连续数年被沈阳市政府授予"明星企业"、"先进技术企业"和"高新科技企业"等称号，并通过 ISO9001：2000 质量管理体系认证。

产品畅销国内，远销欧、美、亚洲各国，深受广大用户欢迎。

2) 坤宝丸

滋补肝肾，镇静安神，养血通络 用于妇女绝经前后，肾阴虚引起的月经紊乱，潮热多汗，失眠健忘，心烦易怒，头晕耳鸣，咽干口渴，四肢酸楚，关节疼痛。

3)

　　本厂生产的"云龙山牌"蜜三刀，是传统名点，驰名南北。相传北宋时期，徐州太守苏东坡得宝刀一把，在青石上连砍三刀，留下三条刀印，蜜三刀故而得名。1983 年荣获商业部优质产品称号。

　　该厂还生产奶油饼干、烤蛋糕等，均被评为商业部优秀产品。

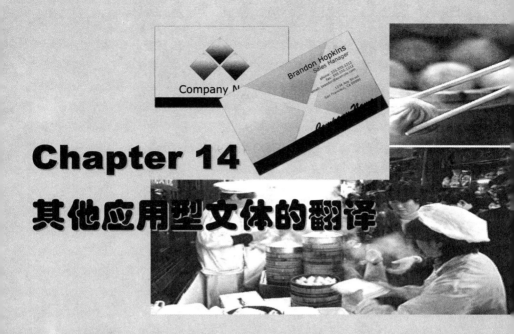

Chapter 14
其他应用型文体的翻译

　　应用文体种类繁多，似乎无所不包，也因为本书自身有篇幅限制，所以本书前几章与本章只能介绍比较复杂、有一定或较高难度的文体及翻译。那些书信类、社交信函类、私人书信类、普通商业书信类、请柬类、电报电传类、公文类、通知公告类、证明书类、公证书类、便条类、启事类、海报类、通知类、表格类等文体及其翻译，恕不在此介绍，请读者选读中英对照的有关常用应用文书籍。

　　本章主要涉及下列文体的翻译与研究(详略不同)：菜谱翻译、机构名称与企业简介翻译、建议书与可行性报告翻译、产品说明书翻译、名片与个人履历翻译以及各类总结报告翻译。

14.1　菜谱翻译

　　中华饮食文化博大精深，数千年传承，是中华民族灿烂文化的结晶之一。中国幅员辽阔、地形气候多样，不同的自然条件，产有各具特色的山珍海味、鱼肉蛋禽和瓜果蔬菜等动植物原料和调料，配以精湛繁多的烹调技艺，中国菜得以在世界三大菜系(法国、意大利和中国)中熠熠生辉。源于历史发展和地域差异，我国又形成了北有鲁菜(Shandong Cuisine)、南有闽菜(Fujian Cuisine)、粤菜(Guangdong Cuisine)、江浙菜(Jiangsu Cuisine and Zhejiang Cuisine)、川菜(Sichuan Cuisine)等众多菜系及名菜佳肴，真可谓流派纷呈、丰富多彩。

　　西餐是东方国家、地区的人对西方各国菜点及其餐饮文化的统称。"西方"原意是指在地球上阳光出现较晚的地区，习惯上我们把欧洲及欧洲移民为主的北美洲、南美洲和大洋洲的广大地域泛指为西方，并把这些地区的菜点及餐饮文化称为西餐。

　　其实西方人自己并无明确的"西餐"概念，法国人认为他们做的是法国菜，英国人认为他们做的是英国菜。"西餐"只是东方人的概念。

　　西方各国的饮食文化有许多共同之处，但由于自然条件、历史传统、社会制度的不同，不同国家和地区的人民的风土人情、饮食习惯各有特色，从而出现了风格不同的西餐派系。其中法国西餐、意大利西餐、英国西餐、美国西餐、俄国西餐、德国西餐影响较大，而法国西餐最为有名。西式正餐在 1840 年鸦片战争后才正式进入中国，虽有一定的发展，但较为缓慢，主要原因一是中国人还不太了解西餐，二是西餐较为复杂的礼仪和进餐方式，让中国人难以接受。但应该看到随着中国一些城市，特别是一些大城市的国际化，西式正餐必定有很大的发展潜力。

随着中西饮食文化的交流，中西菜谱的翻译也蓬勃发展起来。菜谱翻译很特殊，但也要遵循一定的翻译原则，同时要适时变通，因地制宜。一般在翻译菜谱时要直入主题，开门见山地点明菜肴的原料和烹饪方法，以便客人点菜；有时也可以使用艺术化的菜名，体现民俗风情，或讲述历史传说，引起客人的兴趣和食欲。常用的翻译方法归纳起来有以下几种。

1. 音译法

主要用在两种语言中没有对应概念的时候，特别多地出现在英译汉时。例如：

salad	色拉	sandwich	三明治
pie	派	Sundae	圣代
pizza	比萨	burger	堡
pudding	布丁	toast	吐司

当然有时候为了方便，也采用音译和意译结合的方式，一般是菜的原料(或辅料)意译。例如，apple pie(苹果派)，crab meat salad(蟹肉沙拉)，ham sandwich(火腿三明治)，plum pudding(梅子布丁)，Vichy carrot(维希胡萝卜)。

另外，如果某道菜的菜名不是英语，在翻译成中文时，采用意译比较烦琐，而音译又由于单词太长不容易记住，这时可用它的出处或出处加原料来命名。例如，minestrone(意大利浓汤)，Gnocchis(意大利土豆面团)。

中文菜名英译的时候，先以拼音译出，然后再加以解释性的英译，这样就能使外国客人了解这道菜的配料及做法。

包子	*baozi*	stuffed bun
饺子	*jiaozi*	Chinese-style ravioli
馒头	*mantou*	steamed bread
锅贴	*guotie*	pot stickers

【分析】以上几个例子的翻译都先给出音译，再给出解释性英译。解释性英译部分都由一个中心词和一个修饰词组成，中心词多是借用英语词(后面会详细讲到)，而修饰词限定了它的特征。例如，"包子"的翻译 bun 是一种圆形小面包，所以一看到 bun，外国客人就可以想象包子的样子，而 stuffed 则告诉人们这种圆形小面包式的食品是有馅的。

2. 直译法

(1) 烹饪法+原料(+佐料)

烹饪法即做菜的方法，即煮、煎、炸、煸、炒、蒸等。翻译时只要把烹饪方法译出再以这道菜的主要原料为中心词就可以了。

白切鸡	quick-boiled/steamed chicken
干炸鱼	deep-fried fish
盐水鸭	duck quick-boiled in salty water
炖牛肉	stewed beef
回锅肉	twice-cooked pork/double cooked pork
蒜头烧黄鳝	stewed river eel with garlic
炒海蟹肉	fried sea crab meat
煮花生仁	boiled peanuts

【分析】在这里要注意"盐水鸭"的翻译，其他菜名都是烹饪法作为前置定语，而"盐水鸭"的制作方法 quick-boiled 又有限定状语 in salty water，所以作为后置定语更符合英文习惯。类似的还有很多，例如，"辣椒炒蟹"翻译 crabs fried in chili sauce；还有"蒜头烧黄鳝"中要注意翻译的时候用从属表示，附加的 with 带出了这道菜的作料 garlic，又如

"鲜菇炒大虾"翻译为 fried mushroom with shelled shrimp balls。

从英文翻译到中文也可以用类似的方法。

baked eel in beer	啤酒烧鳗鱼
fried fish steak	炸鱼排
stewed prawn in tomato	茄汁烩明虾
smoked pomfret salad	烟鲳鱼色拉

有时，烹饪方式用主料的处理方法(如刀法)来代替，以体现这道菜的外观和/或口味及制作方式。如冬菇肉片(sliced pork with dried mushroom)，在这个例子中，sliced 是肉片的处理方式，另外还有冬菇的处理方法 dried。又如，茄汁鱼片(sliced fish in tomato sauce)，芹菜肉片(sliced pork with celery)，mashed potato(土豆泥)。

英文菜名"过去分词+名词+(附加成分)"的翻译有时会比较复杂。如 creamed mushroom soup(奶油蘑菇汤)，在英文中 cream 的名词与动词同形，在这个菜名中是作动词用，表示"加入了奶油的"，突出了奶油是这道汤的特色，而在翻译为中文时，把 creamed 翻译为名词"奶油"，这样就不显得累赘。同样，mixed cold meat(什锦凉拌肉)中的 mixed 也在翻译时转换成了名词。

(2) 原料+地名+style

这种方法一般用在处理一些具有地方风味特色的菜名。

镇江肴肉	spicy pork, Zhenjiang style
京都排骨	Spareribs, Beijing style
广东龙虾	Lobster, Cantonese style
四川泡菜	Sichuan-style pickles
湖南肉	Hunan-style pork

【分析】从例子中看，"地名+style"作为后置定语也可以转化为"地名-style"作为前置定语。

再来看看英文菜名的中文翻译。

roast duck, Spanish style	西班牙式烧鸭
baked fish, Italian style	意大利烤鱼
French toast	法国吐司
Italian chicken liver risotto	意大利鸡肝味饭

【分析】从例子中看，由于英文单词可以转换词性，可以把地名的名词转换为形容词形式，所以可以直接作为前置定语。也可以用名词作前置定语，如：New England clam chowder(新英格兰蛤蜊浓汤)，California cream soup(加利福尼亚奶油浓汤)。

(3) 直译 + 故事法

在英译中文菜名时，可以直接按中文菜名译出其意，然后再补充说明其实际所指含义。

【例 1】龙凤配

【译文】dragon & phoenix—Two separate dishes characterize this distinctive plate. On one side, lobster meat in Sichuan chili sauce, which is inviting. On the other is house special chicken, which never fails in delighting.

【例 2】叫花鸡

【译文】beggar's chicken—There's a legendary story connected to it. Long, long ago there was a beggar. One day he stole a chicken and was pursued by the owner. He was almost caught when he suddenly hit upon a good idea. He smeared the chicken all over with clay, which he found nearby and threw it into the fire he had built to cook it. After a long while the beggar removed the mud-coated chicken from the fire. When he cracked open the clay he found, to his delighted astonishment, that the clay together with the feather had formed a hard shell in which the chicken had been baked into a delicious dish with a wonderful flavor. That night he had a very enjoyable meal. Hence the name of the dish.

【例 3】club sandwich

【译文】总汇三明治——一般为双层三明治，一层夹咸肉，一层夹鸡肉或火鸡肉，还有生菜、西红柿，涂有黄油和蛋黄酱。

3. 意译法

(1) 以实对虚

指舍去中文(或英文)菜名里的喻义、夸张等说法而用平直、明白的英语(或汉语)译出。这种译法多用于汉译英。

红烧狮子头	stewed minced pork balls with chili (in Sichuan style)
芙蓉鸡片	fried chicken slices with egg-white
白玉虾球	crystal white shrimp balls
发财好市	black moss cooked with oysters
baked Alaska	火烧冰激凌

(2) 中英文借用法

这是指用西方人熟悉了解的欧洲菜名或主食名来翻译部分中菜名或少数主食名，用中国人熟悉的中菜名来翻译西方菜名，因为它们之间有许多相似处，所以可以借彼之法为我所用，译文地道、通俗易懂，能收到事半功倍的效果。

烤排骨	barbecued spare ribs
盖浇面	Chinese-style spaghetti
锅贴	Chinese-style ravioli
鸡油冬笋	bamboo shoots in chicken gravy
ham	火腿
black tea	红茶
cream puff-pastry	奶油千层酥
French roll	花卷面包

【分析】spaghetti 和 ravioli 都源于意大利语，它们的含义和吃法恰好分别与我们的"盖浇饭"和"饺子"非常相似，外国人都非常熟悉。"锅贴"其实有好几种翻译方法，如 pan-fried dumpling 和 pot sticker，

但这两种翻译方法都不那么容易被西方人接受。如果把 French roll 直接翻译为"法国卷",很难让人想象其样子,翻译为"花卷面包"就能让人联想起中餐里的"花卷",从而联想起它的样子。

中餐菜名,除按照以上所提供的方法翻译外,还可以换一种思路和方法来加以总结、归类(有部分重叠,仅举一例),即所谓的一种原则性的"翻译公式"(参照王颖,吕和发,2007 等资料改编):

(1) 以主料开头的公式

- 主料(名称/形状)+ with + 辅料: 松子黄鱼——yellow croaker with pine nuts
- 主料 + with/in + 味汁: 番茄锅巴——sizzling rice in tomato sauce

(2) 以烹饪方法开头的公式

- 烹饪方法(过去分词) + 主料(名称/形状): 红焖肘子——braised pork joint
- 烹饪方法(过去分词) + 主料(名称/形状)+ with + 辅料: 豆腐烧鱼——fried fish with tofu
- 烹饪方法(过去分词) + 主料(名称/形状)+ with/in + 味汁: 鱼香肉丝——fired shredded pork with sweet and sour sauce

(3) 以形状或口感开头的公式

- 形状/口感 + 主料: 蜜汁火方——honey ham
- 形状/口感 + 主料 + with + 辅料: 荷兰豆虾片——sliced shrimp with mange tout
- 形状/口感 + 烹饪方法(过去分词) + 主料: 香酥排骨——crisp fried spareribs
- 形状/口感 + 主料 + with/in + 味汁: 番茄汁鱼片——sliced fish with tomato sauce
- 烹饪方法(过去分词)+ 形状/口感 + 主料(名称/形状)+ with + 辅料: 小炒黑山羊——sautéed sliced lamb with pepper and parsley

(4) 以人名或地名开头的公式

- 人名/地名 + 主料: 东坡肉——Dongpo Pork (*after the poet*)
- 人名/地名 + 烹饪方法(过去分词/形容词)+ 主料: 杭州煨鸡 ——Hangzhou roast chicken
- 烹饪方法(过去分词)+ 主辅料 + 人名/地名 + style：北京炒肝 ——stewed liver, Beijing style
- 主料 + 介词(with/of)+ 辅料 + 人名/地名 + style：北京炸酱面 ——noodles with soy bean paste, Beijing style

4. 虚实结合法

指保留中文菜名里的形象、喻义、夸张等说法，然后用朴实、明白的英语译出。这种译法一般用于汉译英。

【**例 1**】鱼米之乡

【**译文**】land of fish and rice—thick soup of tofu and fish meat

【**例 2**】佛跳墙

【**译文**】Buddha jumping over the wall (*Fo Tiao Qiang*)—steamed abalone with shark's fin and fish maw in broth (*Its delicious aroma once lured the traditionally vegetarian Buddhist so much as to jump over the wall to eat the dish*)

从事翻译实践和研究值得注意的是：中国菜名的翻译具有较高的灵活度和多元化等特色。通常，同一种菜名可以采用至少一种以上的翻译方法或公式，当然，一定会有一种比较甚至最为合适的方法或公式。至于最终采用哪种，这完全取决于译者或决策者个人的综合素质。我们不提倡译界或学界的某些赞同"见仁见智"的观点，因为中英两种跨语言和跨文化交际，在某一历史时期，往往存在一种(或一种以上)"最佳"译文。仅举两例：

【**例 1**】beggar's chicken (叫花鸡/乞丐鸡)

据媒体报道[1]，在华生活了一年半的德国人，对此名看着不舒服，于是记者以此作为该名称不合适的理由。请注意，这是德国人对英文和

---

[1] 见新华网(http://forum.xinhuanet.com/detail.jsp?id=46733955&agMode=1)和其他全国各地报纸。

异国文化(即中国文化)的反映/应,不足为凭。根据编者多年跟讲英语(native speakers)的旅游者打交道的经历及经验,译名 beggar's chicken 对他们颇具吸引力,是一个非常好的"卖点"。另一个佳译是 emperors' chicken(皇帝鸡)。

【例 2】童子鸡(spring chicken)

据报载[2],作者质疑:将童子鸡译为 spring chicken(春鸡),难道只有春天的鸡才叫童子鸡吗?在华已生活了 4 年的日本人对此亦感到困惑(见脚注 1)。又据编者和英语同行的接触,他们中不少人对将"童子鸡"译成 spring chicken 不以为然,他们的直觉是"春鸡";春鸡固然年轻,但未必是"童子鸡"啊?看来,专家、学者、媒体从业者对此是"以其昏昏,使人昭昭"。殊不知,中文中,"童子鸡"为方言(吴方言或四川方言),意为"笋鸡"(《汉语方言常用词词典》,1995)。而"笋鸡"就是"做食物用的小而嫩的鸡"(《现代汉语词典》第 5 版),这跟 spring chicken (a young chicken suitable for cooking/eating,是美语,见《朗文当代英语大词典》和 *New Oxford English Dictionary*)的内涵一致。之所以叫"春"鸡,原仅春季才有。这不仅可以查证,编者长期跟美国旅游者的关系也完全可以证明:spring chicken 是"童子鸡"的最佳译法。

5. 常用的中餐烹调手法的翻译

(干)炸	to deep-fry
炒	to stir-fry; to fry; to sauté
烩	to braise; to simmer; to cook rice / pancakes with meat, vegetables and water
煎	to pan fry—in boiling oil; to fry in shallow oil; fried; pan-fried
卤	to marinate; to stew / boil in soy sauce; stewed in the master sauce; to stew with spices in salty water; pot-stewed; marinated
焖	to braise; to stew; fricasseed

---

[2] 《云南信息报》2007 年 8 月 31 日 A12 版:"菜名翻译也要讲文化"。

煨	to roast; roasted; simmered
炖	to stew; to simmer; to warm / warm up; to cook by long, slow simmering
爆炒	to quick-fry; to sauté
扒	to braise; to stew; frying and simmering
回锅	twice-cooked
软炸	soft deep-fry
酥炸	crisp deep-frying
烤焦；烙黄	searing
烧	to burn
炙	to broil/grill
明火烧烤	skewered
叉烧的	spit-roast
干烧	dry braised
涂油烤	basting
加辣味烧烤	devilled
煮	boiling
蒸	steamed
半煮	parboiled
涮	instant boiling
熘	to steam; to heat up
烫(白灼)	scalding
汆	to quick-boil; to quick-poach; quick-boiled / poached
水煮	poaching
拔丝	candied floss
熏制的	smoked
腊制的	cured
腌制(的)	to pickle; to preserve; to salt; to cure (pickled; preserved; salted; cured; marinated)

6. 常用刀工的翻译

切丁	dicing，如 diced chicken 鸡丁
切片	slicing，如 sliced fish 切鱼片
切碎	mincing，如 minced meat 肉末
切丝	shredding，如 shredded meat 肉丝
切柳	fillet，如 fried fillet of fish 炸鱼柳
捣烂	mashing，如 mashed garlic 蒜蓉
拍碎	crushing，如 crushed almond 碎杏仁

7. 其他常用词汇(含少量重复词汇)

白灼	scalding
捣烂	mashed
剁碎	minced
烘烤	toasted; baked
红烧	braised with soy sauce; braised in brown sauce
麻辣	spicy and hot
磨碎	ground
切丁/块	diced; cubed
切柳	filleted
切片	sliced
切丝	shredded
去壳	shelled
去骨	boned
去皮/壳	peeled
烧烤(的)	roast (roasted; barbecued)
什锦	mixed; assorted
糖醋	sweet and sour
铁扒	broiled; grilled
五香	spiced; seasoned

14.2　机构名称与企业简介翻译

14.2.1　机构名称

在中国加入 WTO 之后，国内各种企业蜂拥而起，都力争成为外向型企业，积极争取海外市场，因此这些企业除了要有中文名称之外，还需要有一个英文名，以便于国际交流，这就需要正确而又巧妙地翻译企业名称，主要翻译方法是用音译和意译结合的办法，例如，"上海铁洋多式联运有限公司"翻译为 Shanghai Tie Yang Multi Modal Transportation Co. Ltd。要了解企业名称的翻译，首先要了解"公司"这个词在英文里的不同对应词。

agency	公司；代理行；旅行社
store(s)	百货公司
line(s)	轮船(航空、航运等)企业公司
system	广播公司
combine	联合企业
associates	联合公司
service(s)	服务公司
office	公司(多与 head, home, branch 等连用)
universelle; centrale; general	总公司
head/home office	(国内)总公司
Co., Ltd	有限责任公司
Inc.	有限责任公司
complex	联合企业，综合企业
PLC (public limited company)	公共股份有限公司
company	公司
corporation	(股份有限)公司；法人团体
business	商行，商号；公司，企业

concern	康采恩；公司，企业
syndicate	辛迪加；公司，财团，企业联合组织
trust	托拉斯；垄断性联合企业

另外还有表示"工厂"的词，例如：

factory	指所有成批生产成品或商品的地方或单位，其用法最普遍
plant	多指轻工业或军工企业，也可指自动化、电子、冶炼和机械厂
works	多用于轻化工厂、车辆、制造及钢铁厂等，其工序经常在露天操作
mill	原指把粮食碾成粉的机器或地方，现常指轻工方面的工厂，特别是纺织业，有时亦用于钢铁企业
refinery	一般指精炼、精制、冶炼厂类
foundry	一般指铸造厂、玻璃厂、翻砂厂等
house	通常加一字首，用来表示较小的工厂或手工作坊，如啤酒、印刷等
yard	一般表示露天的工厂、作坊，常用来构成复合词，如 shipyard 造船厂
studio	用来表示摄影棚、制片厂、录音棚、艺术工作室及照相馆等
brewery	主要指啤酒厂、酿造厂
tannery	指制革厂、硝革厂、酿酒厂
laboratory	常用来指化工、化学、药品及弹药方面的制造厂
bakery	糕饼厂
cannery	罐头食品厂
distillery	酒厂，蒸馏厂
filature	缫丝厂
manufactory	制造厂类
mine	矿井，矿山

mint	制币厂
printery	印刷厂
quarry	采石场
saltern	盐厂
smeltery	冶炼厂

公司、工厂等单位名称的翻译，往往依照习惯和个体情况，但也是有规律可循的，并建筑在翻译的一般规律(如专有名词翻译)的基础之上的。大致可以分成如下三大类：1) 照搬不译；2) 按照英语语法规律翻译；3) 按照习惯法翻译。

【例 1】MecoxLane International Mailorder Co., Ltd

【译文】麦考林国际邮购有限公司

【例 2】上海协程商务信息咨询有限公司

【译文】Shanghai Xiecheng Consultancy Co., Ltd

【例 3】杭州第二中药厂(旧名)

【译文】(the) Hangzhou Second Traditional Chinese Pharmaceutical Works

[*Cf.*] (the) Hangzhou No.2 Traditional Chinese Medicine Factory

【分析】例 1 不管是英译中还是中译英，我们不必自己去译，因为该公司有现成的正式中英文名称。自己翻译，反而会出错。目前这类例子占大多数，除非原译错误必须改译。例 2 说明企业名称的翻译一般为按顺序逐词翻译，例外也不少，最简单的例子就是"中国银行"，只有四个汉字，其英译文却是 Bank of China。有些词用音译，有些用意译。"协程"，这两个字的意思都比较复杂，翻译成英文拼凑在一起没有意义，所以用音译比较方便自然。例 3 完全可以采取 Hangzhou No. 2 Traditional Chinese Medicine Factory 这一译名，因为采用 Traditional Chinese Medicine 和 Factory 均符合英语表达习惯，但根据厂家的译名(即"名从主人"原则)，应做出(专业性)调整。当然，在平时或非正式场合交谈中，可以随意使用上述任何一种译名。

再看几个例子：Generali China Life Insurance Co., Ltd. Beijing Branch 翻译为"中意人寿保险有限公司北京分公司"，另一种分公司的

翻译方法是如：Ericsson (China) Communication Company Ltd., 爱立信
(中国)通信有限公司。按照分类，这两例均属于大类 1。

14.2.2 机构简介

在企业的对外宣传过程中，企业简介(corporate profile)是外部了解
这个企业的第一步，所以一个好的企业简介或其翻译可以树立良好的企
业形象(CIS, corporation identity system / corporate identity system)。一般的
企业简介包括以下一些实质性的信息：企业的经营性质和目的、股东情
况、注册资金、从业人员和厂房占地面积、产品介绍、联系电话、传真、
联络人等。但是我国有的公司在撰写或翻译企业简介时，会把所在城市
进行一番描写，有的则把公司获得的省市进步奖、优秀奖等罗列夸耀一
番，这些都是不必要的，特别是后者，在西方的企业制度根本中没有这
种体制，所以会让西方读者很难理解，最后反倒弄巧成拙。因此，译者
要站在让客户了解企业的立场，从客户的角度出发，以平实的语调、简
洁的措辞，译出企业的核心内容和客户感兴趣的内容，如企业性质、股
东情况、注册资金等，一些水分多的宣传词可以删去。这时，如有需要
可以考虑变译手段，也即根据英语文本或汉语文本的特点，增加或删减
内容，但如果没有特殊需要，翻译时还是忠实于源文本。

【例 1】

Nokia is the world's leader in mobile communication and a driving
force in promoting mobile industry to develop substantially in a broader
way. Nokia is dedicated to provide user-friendly and innovative product,
including mobile phones, pictures, games, media and solutions for network
operators and enterprises, thus to enrich people's lives and enhance working
efficiency. Nokia is a broadly held company with listings on the five main
stock exchanges.

Nokia is committed to long-term development and preferred partnership
in China. With innovative technology, Nokia has continuously strengthened

its market position as a leading supplier of mobile and broadband network systems and mobile phones in China. Nokia has become the largest export company in mobile communication field in China and China is its major R&D base, with 4 R&D and manufacturing centers, offices all over China and over 6,000 employees.

【译文】

诺基亚是移动通信的全球领先者，推动着更广阔的移动通信行业持续发展。诺基亚致力于提供易用和创新的产品，包括移动电话、图像、游戏、媒体以及面向移动网络运营商和企业用户的解决方案，从而丰富人们的生活，提升其工作效率。诺基亚股票在全球五个主要证券市场上市，股东遍布世界各地。

诺基亚致力于在中国的长期发展并成为最佳的合作伙伴。凭借创新科技，诺基亚作为中国移动通信系统和终端、宽带网络设备和移动电话领先供应商的地位不断加强。诺基亚是中国移动通信行业最大的出口企业。中国也是诺基亚全球重要的生产和研发基地之一，诺基亚在中国建有四个研发机构和生产基地，办公机构遍布全国，员工逾 6000 人。

【分析】

这是诺基亚公司的简介，由英文文本翻译为中文文本，原文本文字简洁精练，只涉及公司主要产品、股份、与中国合作的现状及前景等，但这已经是中国读者想要了解的全部内容，所以没有长篇大论。在翻译时要注意一些行业术语的翻译，如 solutions for network operators and enterprises 翻译成"(面向)移动网络运营商和企业用户提供用户解决方案"；user-friendly 一般只出现在商务英语方面，译为"易于使用的"；R&D 即 research and development，但在商务英语文体中，只会出现其缩写形式。这些都是应该注意的。

【例 2】

海尔集团是世界第四大白色家电制造商，也是中国电子信息百强企业之首。旗下拥有 240 多家法人单位，在全球 30 多个国家建立本土化的设计中心、制造基地和贸易公司，全球员工总数超过五万人，重点发

展科技、工业、贸易、金融四大支柱产业，2005 年，海尔全球营业额
实现 1039 亿元(128 亿美元)。

　　海尔集团在首席执行官张瑞敏确立的名牌战略指导下，先后实施名
牌战略、多元化战略和国际化战略，2005 年 12 月 26 日，创业 21 周年
之际，海尔启动第四个发展战略阶段——全球化品牌战略阶段。海尔品
牌在世界范围的美誉度大幅提升。1993 年，海尔品牌成为首批中国驰
名商标；2005 年，海尔品牌价值高达 702 亿元，自 2002 年以来，海尔
品牌价值连续四年蝉联中国最有价值品牌榜首。海尔品牌旗下冰箱、空
调、洗衣机、电视机、热水器、电脑、手机、家居集成等 16 个主导产
品被评为中国名牌，其中海尔冰箱、洗衣机还被国家质检总局评为首批
中国世界名牌，2005 年 8 月 30 日，海尔被英国《金融时报》评为"中
国十大世界级品牌"之首。海尔已跻身世界级品牌行列。其影响力正随
着全球市场的扩张而快速上升。

　　海尔有 9 种产品在中国市场位居行业之首，3 种产品在世界市场占
有率居行业前三位，在智能家居集成、网络家电、数字化、大规模集成
电路、新材料等技术领域处于世界领先水平。在国际市场彰显出发展实
力。"创新驱动"型的海尔集团致力于向全球消费者提供满足需求的解
决方案，实现企业与用户之间的双赢。目前，海尔累计申请专利 6189
项(其中发明专利 819 项)，拥有软件著作权 589 项。在自主知识产权基
础上，海尔还主持或参与了近百项国家标准的制修订工作，其中，海尔
热水器防电墙技术、海尔洗衣机双动力技术还被纳入 IEC 国际标准提
案，这证明海尔的创新能力已达世界级水平。

　　在创新实践中，海尔探索实施的"OEC"管理模式、"市场链"管
理及"人单合一"发展模式均引起国际管理界高度关注，目前，已有美
国哈佛大学、南加州大学、瑞士 IMD 国际管理学院、法国的欧洲管理
学院、日本神户大学等商学院专门对此进行案例研究，海尔"市场链"
管理还被纳入欧盟案例库。海尔"人单合一"发展模式为解决全球商业
的库存和逾期应收提供创新思维，被国际管理界誉为"号准全球商业脉
搏"的管理模式。

面对新的全球化竞争条件，海尔确立全球化品牌战略、启动"创造资源，美誉全球"的企业精神和"人单合一，速决速胜"的工作作风，挑战自我，挑战明天，为创出中国人自己的世界名牌而持续创新！

【译文】

Haier is the world's 4th largest whitegoods manufacturer and one of China's Top 100 electronics and IT companies. Haier has 240 subsidiary companies and 30 design centers, plants and trade companies and more than 50,000 employees throughout the world. Haier specializes in technology research, manufacture, trading and financial services. Haier 2005 global revenue was RMB103.9 billion (USD12.8 billion).

Haier has been widely recognized as a leader of 9 products in terms of domestic market shares and the 3rd player of 3 products in the world market and world-class company in the fields of home integration, network appliances, digital and large-scale integrated circuits and new materials.

Facing fierce global market competition, Haier has launched the global brand building strategy and updated the spirit, "Creative resources, worldwide prestige" and work style "Individual-goal combination, swift action and success", with an aim to gain global recognition and sustainable development.

【分析】

这是海尔公司的简介，是由中文翻译为英文，原文本内容比较详细，除了主要产品、服务介绍、企业规模等介绍外，还加入了企业领导理念、经营模式等内容，这就使内容更充实，更有说服力。比较两个版本，不难发现英文译本使用了变译法，删除了英语读者不感兴趣的内容，使文本更加符合英语企业简介的要求。但保留的部分则非常忠实于中文文本，在用词和句法上都很好地保持了原文本的语体色彩，值得借鉴。

14.3 建议书与可行性报告翻译

建议书与可行性报告均为报告的一种，可以是学术类、政治类，也可以是商务类，在这一节主要以商务类作为讲解对象。这类报告的内容要求涵盖：你使用的方法是什么，你发现了什么，其发现的意义如何，你的建议，有时要加上建议可行的原因、条件等。报告的形式较格式化，比较正式，恰当使用写作和翻译技巧就能让报告有效、清晰、明了。通常报告包含四部分：

· 介绍部分(Introduction)：标题(title)；受调查的范围(terms of reference)；调查行为(proceedings)。

· 内容部分(Details)：发现(findings)和总结(conclusions)。

· 反映(Response)：建议(recommendation)和原因(reasons)。

· 结尾(Close)：签名(signature)。

注意在翻译时要遵守文本格式。

【例 1】

Report on Flextime

Flextime was studied as a managerial approach in the 1960s by Mr. Christel Kammerer, a management consultant, and was adopted by a West German aerospace firm in 1967. The concept has spread to other types of firms in Europe and to many firms and government agencies in the United States.

The concept of flextime is simple. A fixed schedule of a beginning time and an ending time for the work day is replaced by a flexible one.

The flexible approach entails two different types of work times during the day: (1) a base or core time when all workers must be present, and (2) the flexible time before and after the core time, when most of the workers may choose when to arrive and when to depart. Each employee's core time plus his flexible time must add up to the required number of work hours established for each pay accounting period.

Experience with flextime concept reveals both a number of advantages and disadvantages.

The advantages for the employee are that: (1) he may set his own work schedule to meet personal needs; (2) he may choose a schedule that avoids traffic congestion and thus reduces commuting time; (3) he avoids the psychological stress resulting from concern over arriving at the work place at a set time, and (4) an atmosphere of mutual trust and respect between the worker and the employer is created.

The advantages for the employer appear to be as follows: (1) absenteeism is reduced; (2) production is increased; (3) with mutual agreement between the employee and the employer, adjustment of work schedules can accommodate fluctuations in work loads; (4) since personal needs are otherwise provided for, the employee's work day is uninterrupted; (5) more effective communications occur. among employees during the core time; (6) better delegations of assignments and authority are made to subordinates; (7) more good applicants for jobs are available (e.g. working mothers); (8) personnel cost is reduced.

There are disadvantages, especially for the employers. For example, flextime results in higher utility costs because of the longer hours of operation. Also, some key staff members may be needed but unavailable at certain times. Time record keeping becomes more complicated. In some instances, union-management relations may be more difficult because issues raised by flextime may be difficult to resolves.

Other work time concepts are being studied and various experiments are being conducted. The 4-day week, the shorter week (less than the so-called American 40-hour standard), and the seven-day service week (already used in retailing) are examples. Advantages and disadvantages for employees, the clientele, and the general public need to be evaluated. In any event, motivational implications for the employees are among the important matters receiving major attention.

(常玉田，2002)

【译文】
关于弹性工作制的报告

作为一种管理方法，管理顾问柯瑞斯特尔·卡莫瑞尔(Christel Kaammerer)先生于 20 世纪 60 年代研究弹性工作制，并且于 1967 年在西德一家航天公司采用实施。此概念传遍了欧洲的其他行业以及美国的许多公司和政府部门。

弹性工作制的概念很简单。用弹性的工作时间代替每天固定的上班时间和下班时间。

弹性工作制在每天有两种不同种类的工作时间：(1)在基本时间段或核心时间期间，所有的员工必须工作；(2)在核心时间的前后，大多数员工可以选择什么时候上班和下班。每位员工的核心时间加上弹性上班时间必须达到计算薪酬所规定的工作时间。

弹性工作制实施的经验说明，既有许多有利因素也有不利因素。

对于雇员来说，有利因素有：(1)员工能根据个人的需求来安排他们的工作计划；(2)员工可以选择避免交通拥挤时间上班，以减少通勤时间；(3)员工可以避免由于在规定时间到公司上班而产生的心理紧张压力；(4)建立员工和雇主的相互信任和尊重的气氛。

对于雇主一方，有利的方面为：(1)减少旷工；(2)增加产量；(3)由于雇员和雇主的相互协调，调整工作时间安排可以应付起伏不定的工作量；(4)由于个人需要得到了保障，雇员的工作日不会因此而受干扰；(5)在核心时间内雇员间有更多的有效沟通；(6)更好地分配下属的任务和下放权利；(7)有更多称职的申请者(如职业母亲)可选择；(8)人事管理费用减少。

当然也有不利因素，特别是对雇主而言。例如，弹性工作制会因为更长的工作时间而导致水电费用的增加。同样，一些关键员工在需要时却不能到岗。工时记录变得更加复杂。在一些情形下，由于弹性工作制引发的劳资纠纷很难解决。

我们也研究了其他工作时间概念并进行了各种试验。例如：每周 4 天工作制，每周更短工作时制(少于美国每周 40 小时的工作标准)，或者一周 7 天服务制(已在零售业中采用)等各种例子。需要评估对雇员、客户和公众的有利和不利因素。无论如何，提高员工积极性是值得重点关注的重要因素之一。

【分析】

这是一封典型的建议书，是有关实行"弹性工作制"的，其目的是为了说服读者使用"弹性工作制"，所以主要描述了"弹性工作制"的起源、发展、内容，重点说明了这一制度对雇主和雇员的益处，但为了显示其客观性，也略微提到了其弊端及其他工作时间概念。

像这类文章，在翻译的时候，要特别注意措辞，用词要准确、中肯，符合商业语体色彩，在句法方面，这里用的翻译技巧基本与前面章节所描述的相符，所以不做赘述。

14.4 产品说明书翻译

说明书主要是用来说明产品的性能、特点、用途、配方及使用方法等，服务对象是普通消费者，所以语言浅显确切，简单明了，讲究科学性和逻辑性。它的作用旨在指导使用，所以翻译时要一丝不苟，不能有丝毫出入。由于商品种类、性质不同，说明的方法、内容也就不同。所以在翻译时要针对不同的具体要求，努力使译文选词用字准确明了，行文简洁流畅。一般来说，日用品与消费者的日常生活紧密相关，而且各种品牌竞争激烈，所以日用品说明书在说明产品性能、特点、用途等方面时，往往追求生动活泼，充满溢美之词，旨在激发人们购买、使用产品的欲望。而药品说明书通常包括成分、主治、用法说明、注意事项、禁忌以及副作用等部分。翻译时要读懂原文中的专用名词，然后才能准确用词，避免出错。机械设备说明书通常包括商品特点、用途、规格、性能、结构、操作程序以及注意事项等，语言简单明了。下面举两个例子说明。

【例 1】

娃哈哈儿童营养液

娃哈哈儿童营养液是由我厂和浙江医科大学医学营养系共同开发的，含有人体所需的氨基酸、维生素、微量元素等多种营养成分，尤其是对儿童生长发育所缺的钙、铁、锌作了补充，通过国家级新产品鉴定，在国内同类产品中处于领先地位。

配料：蜂蜜、山楂、红枣、枸杞、莲子、米仁、桂圆、核桃等。

成分：每 100 毫升含量，蛋白质 1.5% 以上，钙 250—300 毫克，铁 12.5—20 毫克，锌 12.5—20 毫克。

净含量：每支 10 毫克，每盒 10 只，计 100 毫升。

储藏：本品宜存于阴凉处。保质期一年，保存期一年半。

食用方法：早晚食用，每次 1—2 支。

批准文号：浙卫食准字(89)第 0004-35 号

标准代号：Q/WJB0201-89

杭州娃哈哈营养食品厂出品，浙江医科大学医学营养系监制。

【译文】

Wahaha, a children's nourishing liquid is co-developed by Hangzhou Wahaha Nutritious Food Product Factory and the Dept. of Medical Nutrition of Zhejiang Medical University. The liquid contains rich amino acids, vitamins and particularly supplies children with Ca and trace elements such as Fe and Zn essential to healthy growth. It occupies the leading position in the development of nourishing products and has passed the nation-level evaluation of newly-developed products.

Ingredients: honey, hawthorn, jujube, lyceum, Chinese lotus seed, longan, barley, walnut, etc.

Nutrients: per 100ml: protein over 1.5%, Ca 250—300 mg, Fe 12.5—20 mg, Zn 12.5—20 mg.

Contents: 10 ampoules per case, 10 ml per ample, total 100 ml.

Storage:	To be kept in a cool place. Quality guarantee for one year and storage period one and a half years.
Dosage:	1—2 ampoules a day in the morning and evening.
Sanction No.:	Zhejiang Food Hygiene Permit (89)0004-35
Standard Code:	Q/WJB 0201-89
Manufactured by:	Hangzhou Wahaha Nutritious Food Product Factory
Supervised by:	Dept. of Medical Nutrition of Zhejiang Medical University

【分析】

这段说明书比较短，中文原文和英文译文中，在篇章结构上基本一致，但是句法和词语上则有一些不同。英语组句多焦点透视，句式呈树状结构，汉语组句多散点透视，句式呈竹节式结构；英语语句逻辑性强，句式严谨，但似乎缺乏弹性，汉语思维重语感，句式长短不一，灵活多变。这两个特点在这里得到了充分体现。在中文文本里，由于第一段都是一个主题，即"娃哈哈儿童营养液"，所以可以由一个主语引出多个短句。而英文中，如果两个或多个短句存在于一个句子中时，它们之间一定要有关联词，而在这段文字里，各短句之间的逻辑性不强，所以只好断为几个句子。再从词汇上来看，首先值得一提的是这是一段保健品的说明书，所以需要体现一定的权威性、专业性，而把"医学营养系"的"系"翻译为它的略写形式，更能体现其专业性。还有就是要注意"氨基酸、维生素、微量元素、钙、铁、锌"等术语在翻译时一定要把握准确，有时需要用专业词典，切勿望文生义。

【例 2】

柯尼卡彩色胶卷

请勿在阳光直射下将胶卷装入相机或取出，请将胶卷放置于凉爽干燥处。

阳光下拍摄时的曝光：将相机上的胶卷感光度盘或曝光测定设计设置于 ISO100/21'，如果相机没有曝光测定计，请参考下表拍摄。

环境	大晴天 (雪景, 海边)	晴天 阳光	薄云 阳光	多云 晴天	背阴处 或阴天
光圈	F/16	F/11	F/11	F/5.6	F/4
快门	1/250	1/250	1/250	1/250	1/250

使用闪光灯时的曝光：可使用电子闪光灯、蓝色闪光灯或闪光管。用胶卷感光度为 ISO100/21'时的闪光灯指数除以闪光灯至拍摄对象的距离。

冲印：胶卷价格内不包括冲洗费，冲印材料用 CNK-4 或 C-41，拍摄后应立即冲洗。

注意：如因质量及包装问题，本胶卷可更换，除此之外，恕不承担其他责任，由于时间因素，色彩颜料可能发生变化，对此，将不予以更换或承担任何责任。

【译文】

Avoid direct sunlight while loading and unloading film. Keep the film in a cool and dry place.

Daylight Exposure: Set the film-speed dial on camera or exposure meter at ISO 100/21'. Refer to the table below for cameras without exposure controls.

shot	bright sunlight (snow, seascape)	bright sunlight	hazy sunlight	cloudy bright	open shade overcast
aperture	f/16	f/11	f/8	f/5.6	f/4
shutter	1/250	1/250	1/250	1/250	1/250

Flash Exposure: use electronic flash, blue flashbulbs or flashcubes. Divide flash guide number for ISD 100 (21 DIN) by flash-to-subject distance. Processing: Film price does not include developing or printing. Develop promptly after exposure. CNK-4 or C-41 should be used in developing.

Notice: This film will be replaced if defective in manufacturing or packaging. Except for such replacement, it is sold without liability of any other kind. Since color dyes may change in time, this film will not be replaced, or otherwise warranted against any color change.

【分析】

这段说明的前半部分是使用说明，一般使用说明有两种译法，一种是翻译成祈使句，就像例文里的那样，这种翻译方法会使读者产生一定的距离感，但更客观，更显得权威，更能使读者遵守它的指示。另外一种是加入第二人称翻译成 you should，这种译法缺乏权威感，但容易与读者拉近距离，更亲切。在中文中，可以由几个祈使短句组成一个句子，表示并列(多是表示对照、对比，比如像这个例子里的该做什么，不该做什么)，也可表示连动；而在英文里，一个祈使句，即使很短，如果没有关联词，也必须自成一句。在词汇方面同样要注意一些摄影专业术语的翻译，如"胶卷感光度刻盘"、"曝光"、"曝光测定计"、"光圈"等。后半部分则类似于声明，语气肯定，毋庸置疑，但又不失礼貌。

【例 3】

Eye Make-up Remover

Ingredients: purified water, disodium cocoamphodipropionate, propylene glycol, sodium laureth sulfate, cucumber extract, honey, EDTA 2na, alletoin, perfume, FD&C yellow No. 5, FD&C blue No. 1 al lake, diazolidinylurea and iodopropynyl butylearbmate and propylene glycol.

Directions: red earth's eye make-up remover with extracts of cucumber to relax and refresh the eye contour area and honey to soothe.

Use a separate cotton pad for each eye to remove eye make-up gently and thoroughly, mild and non-oily.

Warning: keep away from heat or flame. Store at room temperature. Harmful if taken internally. Keep out of reach of children. Stop using if irritation occurs.

【译文】

成分：去离子水，椰油两性二乙酸钠，丙二醇，月桂酸硫酸钠，黄瓜提取液，蜂蜜，乙二胺四乙酸二钠，尿囊素，香精，黄 5，蓝 1，双咪唑烷基脲和碘化丙炔基丁基甲氨酸酯以及丙二醇。

使用方法：嫣妮眼部卸妆液内含蜂蜜及黄瓜提取液，能彻底清洁眼部区域，减缓眼部疲劳。先用眼部卸妆液沾湿棉片，把棉片轻轻按在内眼角上。再由内向外分别轻抹眼部区域。

警告：切勿接近热源或火焰，室温下闭光保存，勿内服，对身体有害，放置于儿童无法触及的地方，如出现皮肤不适，立即停用。

【分析】

这里主要应注意的是成分里面一些术语的翻译，例如 disodium cocoamphodipropionate; propylene glycol; sodium laureth sulfate; cucumber extract; honey; EDTA 2na; alletoin 等术语的翻译一定要确保其准确无误，不确定的要查阅专门词典。

【例 4】

Care and Maintenance (Nokia)

Your device is a product of superior design and craftsmanship and should be treated with care. The suggestions below will help you protect your warranty coverage.

- Keep the device dry. Precipitation, humidity and all types of liquids or moisture can contain minerals that will corrode electronic circuits. If your device does get wet, remove the battery and allow the device to dry completely before replacing it.
- Do not use or store the device in dusty, dirty areas. Its moving parts and electronic components can be damaged.
- Do not store the device in hot areas. High temperatures can shorten the life of electronic devices, damage batteries, and warp or melt certain plastics.
- Do not store the device in cold areas. When the device returns to its normal temperature, moisture can form inside the device and damage electronic circuit boards.
- Do not attempt to open the device other than as instructed in this

guide.

- Do not drop, knock, or shake the device. Rough handling can break internal circuit boards and fine mechanics.
- Do not use harsh chemicals, cleaning solvents, or strong detergents to clean the device.
- Do not paint the device. Paint can clog the moving parts and prevent proper operation.
- Use a soft, clean, dry cloth to clean any lenses (such as camera, proximity sensor, and light sensor lenses).
- Use only the supplied or an approved replacement antenna. Unauthorized antennas, modifications, or attachments could damage the device and may violate regulations governing radio devices.
- Use chargers indoors.

【译文】

维护与保养

您的手机为设计优越、做工精良之产品，应妥善维护、保养。下列建议将有助于您在保修范围内很好地享受其服务。

- 请将手机保持干燥。雨雪、湿气与各种液体或水汽等都可能含有腐蚀电路的矿物质。如果手机确实被弄湿了，应先取出电池，待手机完全干燥后，方可重新装入。
- 请勿在有灰尘、肮脏的地方使用或放置手机，这样会损坏其可拆卸部件和电子元件。
- 请勿将手机存放在热源附近。高温可能会缩短电子装置的寿命、损坏电池，并使某些塑料部件变形或熔化。
- 请勿将手机存放在过冷的地方。当手机恢复到正常温度时，其内部会有湿气凝结，这会损及电路板。
- 请按本手册说明打开手机，切勿尝试其他方法。
- 请勿摔打或晃动手机。不当使用会破坏其内部的电路板和精密结构。

- 请勿使用烈性化学制剂、清洁溶剂或高强度去污剂来清洁手机。
- 请勿用油漆漆手机。油漆会阻塞活动部件，从而阻碍正常操作。
- 请使用柔软干净的干布来清洁镜头(例如相机、接近度传感器和光传感器等的镜头)。
- 请使用原配天线，或者认可的天线作为替代。未经认可的天线、改装或附件会损坏手机，并违反无线电设备的管理规定。
- 请在室内使用充电器。

(编者改译)

【分析】

这是诺基亚手机的"维护与保养"说明，这个说明充分体现了说明书礼貌、权威、专业性强等特点，但是中英两种语言的表达习惯存在着差距，对有关专/行业和语域不熟悉的话，汉译并非易事。例如，在英文里可以用 precipitation 这个比较专业的词来表示中文的"雨、雪、冰"等降水(量)这个抽象、概括的概念，亦可表示"雨"、"雪"或"雨雪"等具体概念，而中文里没有与此完全对等的一词多义的单词。又如，Do not drop, knock, or shake the device 中的几个动词，需经推敲，才能做出比较理想的选择。再如，从文体角度看，在中文里可以用"您"来表示对消费者的尊敬，这在英文中则难以体现。

14.5　名片与个人履历翻译

14.5.1　名片的翻译

名片(business cards; name cards; visiting cards; calling cards)主要用于自我介绍，以便于社交或处理公务。在制作名片时，中国人习惯罗列头衔，把学衔、职称、职务及所有社会兼职甚至临时兼职等都放上去，但英语名片通常只放上本人姓名、学衔、一两个有实质性的职务、任职单位、通讯地址、电话号码，有些还加上传真号或 Email。

部分常用的职位、头衔中英文对照如下。

公司总裁	chief executive, CEO
总经理	president; general manager
董事长	chairman / president of the board; board chairman
高级顾问	senior advisor
副总经理	vice/deputy president; vice/deputy general manager
助理总经理	assistant president; assistant general manager
总经理助理	assistant to the president / general manager
执行副经理	executive vice manager
技术副经理	vice-manager-technology; technical manager
供应副经理	vice-manager-material
生产副经理	vice-manager-manufacturing
计划副经理	vice-manager-planning
人事副经理	vice-manager-personnel
总编辑	editor-in-chief
副主编	associate (deputy) editor(-in-chief)
责任主编	executive editor; commissioning editor
主任	head; director; chief
副主任	deputy head; director; chief
总工程师	chief engineer
总设计师	chief designer
高级工程师	senior engineer
高级经济师	senior economist
助理工程师	assistant engineer
经济师	economist; economic administrator
会计师	accountant
农艺师	agronomist
工艺师	technologist
设计师	designer
建筑师	architect

技师	technician
处长	division chief; chief of a department
科长	section chief
副科长	deputy chief
科技副县长	technical magistrate (deputy county head)
区长	administrative chief of...District
乡长	administrative chief of...Township; township head
行长	president
厂长	factory director
大学校长	president; chancellor
大学副校长	vice-president; vice-chancellor
中学校长	principal
小学校长	school master
教授	professor
副教授	associate professor
名誉教授	emeritus professor
客座教授	visiting / guest professor
讲座讲授	chair professor
主治医生	physician-in-charge
内科主任	chief physician
医士	practitioner
护士长	head nurse
研究员	research fellow
主任委员	chairman
秘书长	secretary general
执行理事长	executive director
常任理事	standing director

下面看几个实例。

【例 1】

祥腾机械工业(上海)有限公司

王　军　　总经理

上海中山北路 211 号
电话：× × × ×
传真：× × × ×

Worldwide Precision Machining,
Shanghai Co., Ltd
Wang Jun
General Manager
221 Zhongshan Road(N), 　　Tel: ××××
Shanghai, China 　　Fax: ××××

【分析】

　　从该例子看来,翻译文本的格式基本还是遵从源文本和英语国家的有关模式。

　　下面再看一个英译汉的例子。

【例 2】

Generali China Life Insurance Co. Ltd, Hangzhou Branch
Linda Jones
Liaison and Program Director
International Office
51 Qingchun Road
Hangzhou, 310000 　　Tel: ××××
Zhejiang Province 　　Fax: ××××
P. R. China 　　Email: Ljones@hotmail.com

```
中意人寿保险有限公司杭州分公司
琳达·琼斯
联络员及项目主任
国际部                           电话：× × × ×
中国浙江省杭州市庆春路 51 号      传真：× × × ×
310000                          Email: Ljones@hotmail.com
```

14.5.2　个人履历的翻译

　　求职的第一步是要写好履历表(resume)，履历应该全面、真实、有力地反映本人情况，包括个人资料、学历、所获学历证书、工作经历和兴趣爱好等。翻译的时候要注意中英文履历表的不同格式，以及中英文表达方面的差异和一些专有名词的翻译。履历表通常简洁易懂，翻译时也要注意这一点，避免使用生僻的词汇。此外，注意英文履历表一般简单明了。下面看两个具体例子。

【例 1】

个人履历

姓名：陈鸽

国籍：中国

出生地：湖南

出生日期：1977 年 10 月 12 日

性别：女

婚姻状况：未婚

家庭地址：香港坚尼地城大宏街 124 号 203 房

电话：2598××××

工作地址：香港铜锣湾敬诚街 57 号

　　　　　　Matterson, Stock & Cleaver 公司

电话：2532××××

教育：
1996—1999 沙田工业学校
学历资格：
秘书实务及语言高级证书(普通话、英语和日语)
Pitman 速记证书(每分钟 90 词)
文字处理系统操作证书(Word 6)
工作经验：
1999—2001 香港北角翠仙街 140 号冯氏特价店秘书
2001—至今 香港铜锣湾敬诚街 57 号 Matterson, Stock & Cleaver 公司，私人助理
目前薪金：每月 18000 港元
咨询人：
1) 香港北角冯氏特价店经理：冯先生
相识时间：2 年
香港北角翠仙街 140 号冯氏特价店
2) Matterson, Stock & Cleaver 公司培训部经理：A. Williamson 先生
相识时间：3 年
香港铜锣湾敬诚街 57 号
2005 年 1 月 3 日
日期 签名

【译文】

Resume

Name: Chen Ge (Atty)

Nationality: Chinese

Place of Birth: Hunan

Date of Birth: 12 October, 1977

Sex: Female

Marital Status: Single

Home Address: Flat 203, 124 Dai Wang Street

Kennedy Town, Hong Kong

Tel: 2598××××

Work Address: Matterson, Stock & Cleaver Company

57 Keswick Street, Causeway Bay, Hong Kong

Tel: 2532××××

Education:

1996—1999   Shatin Technical Institute

Educational Background:

Higher Certificate in Secretarial Studies with Languages (Mandarin, English & Japanese)

Pitman Shorthand Certificate (90 wpm)

Diploma in word processing (Word 6)

Working Experience:

2001—Now   Personal Assistant

Matterson, Stock & Cleaver

57 Keswick Street

Causeway Bay, Hong Kong

Present Salary: HK$18,000 per month

1999—2001   Secretary

Fung's Discount Store

140 Tsui Sin Street, North Point

Hong Kong

Referees:

Mr. E. Fung, Manager	Mr. A Williamson
Fung's Discount Store	Training Manager
140 Tsui Sin Street	Matterson, Stock & Cleaver
North Point	57 Keswick Street, Causeway Bay
Hong Kong	Hong Kong
Acquaintance: 2 years	Acquaintance: 3 years

3 January 2005

Date   Signature

(常玉田，2002，编者译)

【分析】

这是一份比较简单的履历表，主要介绍了工作经历和相关教育背景。在翻译的时候要注意在介绍工作经验和教育背景时，英文履历是从最近到过去的，而中文履历是从最早到最近的。其次是地名的翻译，英文习惯是从房间号到门牌号到大街再到区最后城市名，即由小到大，而中文习惯正好相反，即由大到小。

下面再来看一份比较复杂的履历。

【例 2】

Bill Peterson—Curriculum Vitae

Personal Profile:

· Experienced and innovative general manager with sophisticated sales, customer service and business administration skills.

· High personal integrity, and able to relate to and create trust in all.

· Highly articulate, confident and persuasive team-builder, able to motivate and communicate to achieve exceptional business performance.

· Dependable and reliable in supporting and enabling team effort to produce genuine long-term sustainable development.

· Persistent and flexible approach to the mutually beneficial achievement of business plans and personal goals of staff, suppliers and customers.

Experience:

· Over 20 years proven expertise in industrial purchasing, manufacturing, logistics, business development, marketing, sales and service.

· Background in a wide range of industries, including construction, plant hire, pharmaceutical, hygiene services and industrial process control.

· International General Manager since 1991.

· Implementation of modern management practices, concerning personnel,

IT, reporting systems, and partnership customer-supplier relations, etc.

Achievements:

· As production control executive with XYZ Corporation introduced pc-based systems to reduce lead-times from 7 months to 3 days, and inventory by 80% from $4.7m to $750k.

· As materials manager with ABC Inc. introduced systems to reduce lead-times from 3 months to 7 days, and inventory from $6m to $2.5m, and 12% reduction in procurement costs.

·As operations manager with CDE, a 10% reduction in procurement costs.

· As general manager for FGH, business achieved growth from $800k to $5m, increased new customer growth from 20 to 600 per year.

Career History:

· 1996—present   XYZ Corp. General Manager

· 1988—1996   ABC Inc. International Operation Manager

· 1973—1988   Early career development with WER, ASD, CED Ltds

Personal Details:

Bill J. Peterson

27 Hill Lane

London

NW 25 0DB

Tel: 0208 971 ××××

Born: 9th Oct. 1953

Educated: 1973—1977   University of Wales

1972—1973   Hertstone College

1965—1972   Sidmouth School

【译文】

比尔·彼得森——简历

个人档案：

· 富有经验的、有革新思想的总经理，具有高级销售、客户服务和商务管理技能。

- 人品高尚，得到了员工的广泛信任。
- 口齿清楚流利、自信和具有亲和力的团队建设者，可以很好地与员工沟通并调动他们的工作积极性，取得非凡的商业业绩。
- 支持和鼓励团队真正长期稳定地发展，值得依靠与信赖。
- 能坚定而灵活地处理企业与员工、供货商和客户个人利益之间的关系，使大家共同受益。

工作经验：

- 在工业采购、生产、后勤供应、企业发展、市场营销、销售与服务等方面拥有 20 年的实际专业知识。
- 在工业领域拥有广泛的工作经验，包括：建筑、工厂租赁、医药生产、卫生服务和产业加工控制。
- 自 1991 年任国际部总经理。
- 采用现代管理模式，包括：人事、信息技术、汇报机制、客户和供应商之间的合伙人关系等。

工作成就：

- 作为 XYZ 公司的生产总监，引进了电脑管理机制，将生产准备时间由 7 个月减到 3 天，库存从 470 万美元降到了 75 万美元，费用减少了 80%。
- 作为 ABC 公司的物资经理，通过引进机制将生产准备时间从 3 个月降到 7 天，库存从 600 万美元降到 250 万美元，采购费用降低了 12%。
- 作为 CDE 公司的项目经理，降低了 10%的采购费用。
- 作为 FGH 的总经理，贸易额从 80 万美元增加到了 500 万美元，新客户由每年 20 个增加到每年 600 个。

工作经历：

- 1996—现在　XYZ 公司，总经理
- 1988—1996　ABC 公司，国际项目经理
- 1973—1988　早期事业发展阶段，就职于 WER, ASD, CED 等公司

个人资料

　　比尔·比得森

　　住址：27 Hill Lane, London, NW25 0DB

　　电话：0208971××××

　　出生：1953 年 10 月 9 日

　　教育：1973—1977　威尔士(Wales)大学

　　　　　1972—1973　赫特斯通(Hertstone)专科学校

　　　　　1965—1972　西德茅斯(Sidmouth)学校

(常玉田，2002，编者译)

【分析】

　　这是一份比较详细的履历，主要强调工作经验和成就，主要注意的问题与前一份一样，也是顺序问题，至于其他方面只要依照正式文体的用词、句法翻译方法就可以了。

　　社会竞争日趋激烈，对简历的撰写也提出了较高的要求。简历本身风格多样，设计、排版讲究，所以如何翻译同样很有讲究。建议读者细读有关专著，做进一步的实践和研究。

14.6　各类总结报告翻译

14.6.1　总结报告的文体特点

　　总结报告大多属于正式文体的范畴，是对决策制定过程中所依据的现状、经验和事实的有组织的客观陈述，使读者对这个项目或事件有大致的了解。根据其内容不同，总结报告可以分为以下几种类型：企业年度总结报告、培训评估总结报告、个人工作总结报告等。虽然类型不同，但它们的语言特点、写作规则都大同小异。其语言特点是简洁严密，它包括语言知识(language knowledge)、交际技能(communication skills)、专业知识(professional knowledge)、管理技能(management skills)和文化背景(culture awareness)等内容。

商业活动的特点为注重表达效果的准确性、时效性和逻辑性。作为正式文体的总结报告，其语言形式、词汇以及内容等方面与专业密切相关，但用词明白易懂、正式规范。例如，在英文报告中会使用 prior to 或者 previous to 而不使用 before；使用 solicit 而不使用 seek 等。另外在日常生活中，人们喜欢用动词短语，如 make an appointment, go on/keep on, add to 等，在总结报告等正式文体中则多用单个的动词，如 appoint, continue, supplement 等。在介词和连词的使用方面，报告文体常用繁复的介词短语来替代简单的介词和连词，如用 for the purpose of 替代 for，用 in the nature of 替代 like，用 with reference to 和 with regard to 替代 about，用 in the event that/of 替代 if 等。

从句子结构来看，报告文体句子结构通常较为复杂，句式规范，文体正式，如：

With the development of regional economy and group economy, however, it is inevitable that the developing countries including China will have more frictions and conflicts with the developed countries or the regional economic groups.

【译文】

然而随着区域经济和集团经济的发展，包括中国在内的发展中国家不可避免地会与发达国家及其区域集团经济产生摩擦和冲突。

报告文体的另一特征是明确、具体，力避含糊、空泛和抽象。比如说，在报告英语中不会说"Parallel to the economic growth in our country, both the living standard and life style of the people have changed greatly in recent years"，而要说"Parallel to the economic growth in China, both the living standard and life style of Beijing residents have changed greatly since 1980/for the past twenty years"，因为前者含糊、笼统，后者清晰、明了。(译文：自从 1980 年/在过去的 20 年里，随着中国经济的增长，北京居民的生活水平和生活方式有了很大改善。)

14.6.2　总结报告翻译

总结报告文体的翻译，是应用文体翻译的一种，比普通文体的翻译要复杂，因为译者除了要精通两种语言及其文化特点外，还必须熟悉报告内容方面的专业知识，了解各个专业领域的语言特点和表达法。总结报告文体的翻译要做到"忠实(faithfulness)、地道(idiomaticness)、统一(consistency)"。"忠实"是指译文所传递的信息不能同原文所传递的信息走样；"地道"是指译文的语言和行文方式都要符合报告文献的语言和行文规范；"统一"是指在总结报告翻译过程中所采用的"译名、概念、术语等在任何时候都应保持统一，不允许将同一概念或术语随意变换译名"(刘法公，1999: 59)。下面来看一个总结报告的例子。

【例 1】

<u>Title of Proposed Project: Yellow River Flood Control Sector Project</u>

Country: People's Republic of China

Date of Advance Action Approval: December 1, 2000

Name and Address of Executing Agency:

Deputy Director

Programming and Planning Department

Yellow River Conservancy Commission (YRCC)

Ministry of Water Resources

People's Republic of China

Fax: (86-10)0000 0000

Brief Description of the Project:

The Project will minimize flood risks through improved flood management in the flood-prone areas in the lower reaches of the Yellow River, especially in Henan and Shandong provinces, thereby promoting economic growth. This will be achieved by building and strengthening flood protection facilities and minimizing flood damages in the inner floodplain.

The Project Scope Comprises:

(a) flood management;

(b) flood control works;

(c) village flood protection; and

(d) project management

Brief Description of Goods and Services to Be Procured:

Procurement of civil works for core subprojects will be through LCB procedures. International (60—80 person) and domestic (400 person) consultants will be enlisted to provide assistance in the non-structural component of the Project.

【译文】

项目名称：黄河洪水分段控制项目

国家：中华人民共和国

批准执行日期：2000 年 12 月 1 日

负责人及执行机构名称及地址：

中华人民共和国水利部黄河防治委员会规划部副部长

传真：(86-10)0000 0000

项目简介：

该项目通过改善黄河下游洪灾多发地区特别是河南和山东两省的洪水控制，使洪灾发生的可能性降到最小，由此来促进经济发展。这个目标的实现取决于在洪水易发平原区防洪设施的建设和巩固，以使洪水带来的破坏降到最低程度。

项目的组成部分：

(1) 洪水控制

(2) 洪水控制工程

(3) 村庄的防洪

(4) 项目管理

所需物品及服务：

作为核心子项目的民用工程要通过 LCB 采购。60—80 名国际顾问和 400 名国内顾问将为该项目的非结构部分提供协助。

(常玉田，2002，编者译)

【分析】

这是一段关于介绍某个黄河治理项目的总结报告，总体介绍了这个项目的负责机构、实施规划和所需的物品及人力服务。中英文文本在文章整体结构上没有差异，不同之处主要还是体现在一些文字细节上。首先应注意的是在注明负责部门的时候，英文习惯是由小到大，也就是从个人到其所在部门再到单位；而中文却恰恰相反。

【例 2】

财务报告

报告目的：向董事会简单陈述 2003—2004 年度财务决算的最新进展，并且准备通过 2004—2005 年度的财务预算。

1. 2003—2004 年度财务支出额

决算报告还在编制中，计划于 2004 年 5 月 14 日完成。这项工作包括完整的国家保健系统内的 inter-NHS (National Health System)协定的资产负债表。虽然日程仍然非常紧张，在有限的时间内仍然有很多工作要完成，但决算编制仍在按计划进行。

4 月的董事会报告预计节省开支为 582000 英镑。艾汶河流域格劳斯特郡和威尔特郡的斯丹呑地区卫生局 AGW STHA (Avon Gloucestershire and Wiltshire, Stanton Territorial Health Authority)已经同意基本保健基金会 PCT (Primary Care Trusts)把这笔资金用于布里斯托·北萨摩塞特郡和南格劳斯特郡的社区 BNSSG (Bristol North Somerset and South Gloucestershire)，特别是北布里斯托基金会所属社区 NBT (North Bristol Trust)，以帮助整体收支平衡。因此，此笔节省开支实际已经支出了。

作为上述安排的一部分，基本保健基金会预计 2004—2005 年度从日常收益可得到 257000 英镑，从资金收益可得到 128500 英镑。

呈交本报告时，已经证实另外的节省开支达 300000 英镑，其中 160000 英镑来源于免费保育护理项目，而 140000 英镑为基本保健中用于害虫控制服务项目开展不力留下的。

因此，基本保健基金会接着预测可在其资金资源的限度内继续履行职责。同样，由于地方基本建设财政措施 LIFT (Local Infrastructure Financing Tool)资源中的节省开支，基本保健基金会将不会超出其资金资源的限度。

2. 增补计划

董事会已经收到一份几乎完全一样的增补计划草案。它为了适应地方发展计划的改变而作了更新，一份修订的计划列在附录 4 中。

如果基本保健基金会能够维持其非指定性存款 220 万的目标，将值得感谢，地方发展计划认为这些存款将源源不断交付，在此基础上基本保健基金会 2005—2006 年度将持续实现平衡。

3. 预算

附录 1 中为有待董事会通过的详细预算。它与上呈董事会的前一批文件是一致的，包括布里斯托·北萨摩塞特郡和南格劳斯特郡财政框架、地方发展计划和增补计划。与预算相关的风险已经向董事会指明。

附录 2 是需要董事会批准的财务预算的另一份陈述，其中提供了一些对 2004—2005 年度提议的预算分析。

4. 建议

提请董事会注意：

• 2003—2004 年度的预测支出额要求基本保健基金会将完成其所有法定的责任。

• 2003—2005 年度地方发展计划的变化。

• 批准通过预算，包括相关的增补计划。

• 批准 2004—2005 年度的资金预算。

李明
2004 年 4 月 26 日

【译文】

<u>Financial Report</u>

Purpose

To present the Board with the brief update on progress with the final accounts for 2003/04 and seek approval for the budget for 2004/05.

1. Financial Outturn 2003/04

The final accounts process is ongoing, with a targeted deadline of 14 May 2004. This process included a full inter-NHS agreement of balances. The process is proceeding to plan to date, although the timetable remains tight and there remains much to do in the time available.

At the April Board a forecast underspend of £582,000 was reported. AGW STHA has agreed with the PCT for these funds to be made available within the BNSSG community-specifically NBT-to assist overall breakeven. Consequently, this underspend has been spent.

As part of the arrangement outlined above, the PCT anticipates a return of £257,000 of revenue resource and £128,500 of capital resource in 2004/05.

At the time of this report further underspends have been identified totaling £300,000. £160,000 in respect of Free Nursing Care and £140,000 in Primary Care slippage on PMS schemes.

The PCT therefore continues to forecast to meet its duty to remain within its revenue resource limit. Similarly, the PCT will be well within its capital resource limit due to underspends on LIFT resources.

2. Recovery Plan

The Board has received a draft Recovery Plan which remains substantially the same. It has been updated for the LDP changes identified above and a revised plan is attached in Appendix 4.

It should be appreciated that the PCT remains with the target of unidentified savings of £2.2m. The LDP assumes that these will be delivered recurringly and on this basis the PCT reaches recurring balance in 2005/06.

3. Budget

Attached in Appendix 1 is a detailed budget for approval by the Board. This is prepared in line with previously submitted papers to the Board, including the BNSSG Financial Framework, the LDP and the Recovery Plan. The risks associated with the budget have been separately identified to the Board.

Attached in Appendix 2 is another presentation of the budget for approval, which provides some analysis of the proposed budget for 2004/05.

4. Recommendations

The Board is asked to:

Note that the forecast outturn for 2003/04 is that the PCT will meet all its statutory duties.

Note the changes in the LDP for 2003/05.

Approve the budget, including the associated Recovery Plan.

Approve the capital budget for 2004/05.

Li Ming

26 April 2004

（常玉田，2002，编者译）

【分析】

　　首先从格式来看，中文表示段落的方法只能是每段另起一行，段首空格，一般是空两个汉字，而英文中表示段落的除了这种方法外，还有顶格空行，这份报告的英译版采用的就是这种方法。这篇报告还体现了中英文商务文体表示年份的差异，如在中文文本中从 2004 年到 2005 年是用 2004—2005 来表示，而英文文本中则用 2004/05；对于数字的表达，英文文本中多位数千分位要加"，"，中文文本不加，当然，根据编辑规范，也可以采用空格键。

【例 3】

2004 Annual Report

Message from Attorney

Terry Goddard

I am proud to present you with the Arizona Executive Office 2004 Annual

Report. This report illustrates the scope and depth of the work of this Office, and its talented staff. It is impossible to read this report without coming away with an enormous respect for the bright and committed staff that serves Arizona through the Attorney Executive Office. Spanning the spectrum of legal jurisdictions from civil to criminal, from children and families to seniors, from agency representation to consumer protection, our work touches the State and her people in the most poignant ways.

It has been an honor to serve as the Arizona Attorney, and I look forward to the challenges we face together in the upcoming year.

Terry Goddard
Arizona Attorney

【译文】

2004 年终报告

律师特里·戈达德的报告

　　我很荣幸能为你们做 2004 年度亚利桑那州行政办公室的年终报告。此份报告阐述州行政办公室工作的范围和深度，并体现了员工们的才干。阅读这份报告后，我们不可能不对在州律师事务行政办公室工作的聪慧敬业的员工肃然起敬。在法律权限所及的各种领域，无论从民法到刑法，从孩童和家庭到老人，从机构代理到消费者权益保护，我们的工作以最关切的方式为本州及州内人民服务。

　　作为亚利桑那州行政办公室的一员是我的荣耀。我期望我们能在来年一起迎接挑战。

特里·戈达德
亚利桑纳州律师

【分析】

　　这是一份年度总结报告的开头部分，特点是以第一人称来写，显得比较亲切，拉近了与听众/读者的距离，同时表达委婉谦逊。语言非常正式，除了在用词上有所体现外，在形式上也有体现，如在英文文本中用"I am"，而不用"I'm"，在英文正式文体中，如学术论文、商务报告等，一般都不用缩略形式。

练习题

1. 菜名翻译[C]：

八宝饭	霸王别姬	白切肉(辣汁)	炒蟮片	春卷
葱油鸡	芙蓉鸡柳	锅巴鸡片	红烧豆腐	黄鱼羹
鸡肝炒鱼片		椒盐排骨		

American White Bread   Assorted Chicken and Duck

Baked Fish American Style   Boiled Salt Cod

Carp Aspic   Chicken Sandwich   Chicken Culets

2. 机构简介翻译[C]：

1)   **全球 PC 领导企业**

新联想是一家极富创新性的国际化的科技公司，由联想及原 IBM 个人电脑事业部所组成。作为全球个人电脑市场的领导企业，联想从事开发、制造并销售最可靠的、安全易用的技术产品及优质专业的服务，帮助全球客户和合作伙伴取得成功。我们成功的基础是让客户实现他们的目标：工作高效、生活丰富多彩。

我们的公司

联想的总部设在纽约的 Purchase，同时在中国北京和美国北卡罗来纳州的罗利设立两个主要运营中心，通过联想自己的销售机构、联想业务合作伙伴以及与 IBM 的联盟，新联想的销售网络遍及全世界。联想在全球有 19000 多名员工。研发中心分布在中国的北京、深圳、厦门、成都和上海，日本的东京以及美国北卡罗来纳州的罗利。

我们的价值观

联想公司及员工郑重承诺，以下四个核心价值观是我们一切工作的基础：

成就客户——致力于客户的满意与成功

创业创新——追求速度和效率，专注于对客户和公司有影响的创新

精准求实——基于事实的决策与业务管理

诚信正直——建立信任与负责任的人际关系

2) Philips put down its first roots in China in the 1920's and formed our initial joint venture in China in 1985. From that point on we have been firmly established in China. Following our long-term commitment, Philips continuously brought in leading products and services of Healthcare, Lifestyle and Technology (HLT) to China market.

Philips now has expanded to become one of the largest industrial investors in China, total accumulated investment exceeds USD 4 billion. Philips now counts 32 joint ventures and wholly owned enterprises (15 JV &17 WOFE), employing around 18,000 employees nationwide. Philips China was awarded, by China Foreign Invested Enterprises Association, as the only winner of "Extraordinary Contribution Award of 2002", for recognition of its contribution in the largest turnover and exports among all FIEs in China. And from then on, Philips China maintained an outstanding contribution in the turnover and exports among all FIEs in China, with the sales in 2005 amounted to Euro 3 billion, which is a 15% increase than the sales of 2004, and contributed to 10% of Philips global sales.

Philips brings quality products with impressive brand image to China's individual and business communities. Among the HLT sectors, we lead the industry in lighting, DAP, LCD monitor, medical systems, optical storage and mobile display systems throughout China. Philips has established 13 world-class R&D facilities in China for developments in semiconductors, lighting, consumer electronics and medical. The Shanghai-based Philips Research East Asia, established in 2000, is the strategic research and development center for Philips in the Asia Pacific Region.

Philips is committed to developing local talents throughout the country.

Dedicated to expanding the skills of tomorrow's business and technology leaders, we are proud to sponsor career development programs in local universities and business schools, such as Tsinghua University, Renmin University, Fudan University, Jiaotong University, Dongnan University and CEIBS. By providing opportunities today, we can find success in the future.

3. 报告翻译[C]:

Customers Comments Received Between (date) and (date):

TERMS OF REFERENCE:

Mrs. Pearce has requested a report on what our clients think of our products and service. She particularly wishes to know about any negative comments. The report should be ready for the next Board of Directors' meeting.

PROCEEDINGS:

I analyzed the results of our telephone and letter enquiries made to all clients within the period _____ (dates).

FINDINGS:

· Customers mentioned very few problems.
· Our burglar alarms were our main sales.
· It was very rare for our burglar alarms, central monitor and security lighting to be thought of as anything but excellent.
· Smoke alarms were rated consistently below our other products.
· One in every twenty of our smoke alarm customers were dissatisfied.
· The main faults mentioned were that the smoke alarms seemed:

    unattractive
    poor quality
    to look cheap
    obtrusive
    too sensitive (many complaints)

CONCLUSIONS:

1. Look for a better quality smoke alarm with

   Less sensitivity

   More pleasant appearance.

2. Consider replacing unsatisfactory models previously sold.

Tom Johnson

January 1st, 2005

4. 个人简历翻译[E]-[I]:

个人履历

王嘉

个人资料：

姓名：王嘉

国籍：中国

性别：男

出生日期：1970 年 5 月 18 日

出生地：广州

婚姻状况：已婚

家庭地址：香港特别行政区半山干道 157 号

　　　　　电话/传真：2590××××

工作地址：香港特别行政区湾仔约翰逊路 213 号奥列佛熟食店

　　　　　电话：2758××××

教育背景：

1990—1994　广东外语外贸大学

　　　　　　经济学学士学位，专业：经济学

工作经验：

1994—1998　广东食品进出口公司　业务员

1998—2001　Simple Supplies 公司　经理

目前月薪：每月 30000 港元

咨询人：

1) 销售经理 Cynthia 女士：香港特别行政区中环云咸街 24 号 Simple Supplies 公司，相识时间：4 年

2) 总经理 Jacques Oliver 先生：香港特别行政区跑马地皇后大道东 650 号奥利维尔副食品有限公司，相识时间：3 年

5. 名片翻译[E]：

名片(1)

捷开通讯有限公司

张明　　人事部经理

上海常熟路 211 号 1315 室

电话：××××

传真：××××

名片(2)

J.P. Morgan Chase & Co., Hangzhou Branch

John Smith

Operations Risk Manager

Marketing Office

18 Yan'an Road

Hangzhou, 310000　　Tel: ××××

Zhejiang Province　　Fax: ××××

P. R. China　　Email:

Appendix I   Reference Keys 部分参考答案

Chapter 6   变译与应用翻译

1. China changes game in Korea (D.P.R.)

    答案可参考正文"6.3编译"部分。

2. The boom is back

    答案可参考正文"6.3编译"部分。

3. 桂林靖江王城简介

    Listed as a major historic relic under state protection since 1996, the construction of the Jingjiang Prince Mansion started in 1372 when Zhu Shouqian, the grand-nephew of the pioneer emperor of the Ming Dynasty (1368—1644), was enthroned as the Jingjiang Prince. Thereafter, fourteen Jingjiang Princes of eleven generations lived in the Mansion.

    The Mansion is the best preserved one built for princes in the Ming Dynasty. Covering an area of about 20 hectares, the Mansion is grandly walled, which seems to be an inner city in Guilin; hence the name the Prince City. What makes it more special is the Duxiu Peak (Solitary Beauty Peak) enclosed in the compound, praised as King of Peaks in Guilin.

    In the Qing Dynasty (1616—1911), the Mansion was used as the Provincial Examination House. In the period of the Republic of China (1912 —1949), it was the headquarters of Dr. Sun Yat-sen, and later housed the provincial government of Guangxi province.

4. 梳子简介

    Our horn combs are made of ox horns or sheep horns by hand. The comb body is glossy and the comb teeth are smooth and static-free. Everyday use of the comb can improve the hair, refresh the mind and help blood circulation, which has been long proved by some historical records in China.

    Horn combs generally fall into two categories: the white and the black.

The white ones are made of sheep horns, scalper horns or buffalo horns. They are tough and translucent, normally taking on a light yellow or light blue color. The black ones are made of black buffalo horns or yak horns, taking on a black color. However, they are not as tough as the white ones.

Caution: The combs are made of natural materials and not resistant to crash and bend. Any deformation can be remedied by subjecting the comb to weight after being heated by an electric blower.

Chapter 7 科技文体翻译

一、英译汉

1. 全息摄影数据存储器

加拿大和西班牙两位研究人员发明了一种以玻璃为基质的材料，可能会在很小的空间内存储大量数据。这种新的类玻璃介质就是全息摄影材料。全息摄影是一种光学方法，不仅能存储"0"、"1"这样的数码数据，还可以存储信用卡和CD包装上常见的那种三维图像。因为数据可以从成百上千的不同照射角度记录在这种存储材料内部并进行检索，而不是仅仅在表面上，所以一英寸厚的材料可以存储大量数据。

这种新介质基本上是充满小孔的玻璃基质，是在"溶胶－凝胶"这种传统玻璃制造工艺的改进基础之上。新的玻璃制造方法不是先用高温熔化沙子再冷却，而是用几种液态母体在室温下制造。这种方法可以加入对全息摄影至关重要的感光化学物质，而传统玻璃制造工艺中使用高温会破坏这种化学物质。

传统全息摄影时，分辨率精细的感光胶片暴露在分成两条光束的激光之中。其中一条光束从物体上反射回来，另一条直接照射到胶片上。两条光束的光波互相干涉，物体的影像就通过干涉条纹形成的图案被记录下来。在全息摄影存储器试验中，明暗条纹组成的比较简单的干涉图案记录在玻璃的感光材料上。全息影像一旦记录下来就不能擦除，所以这种介质适合应用于一次写入、多次读取的场合。

2. 早产女婴成年后易患乳腺癌

几十年来，对乳腺癌的流行病学研究一直集中在成人期间生育因素方面。但有研究表明，围产期的状况会影响妇女一生患乳腺癌的几率，从而开辟了新的研究思路。五项独立的流行病学研究已经验证了这一假设。除了婴儿出生时体重增加与患乳腺癌的危险性增大之间呈弱相关，大部分资料表明这些妇女在绝经前易患乳腺癌，其中，两项研究还显示了孕期出现先兆子痫与后代是否患乳腺癌呈负相关，这与另外三项验证上述假设的研究结果不同。由于先兆子痫的特点是孕期激素降低，这一发现间接支持了早期接触激素会影响患乳腺癌的几率。

目前的研究是由两项独立观察引起的。其中一项研究指出，早产女婴(胎龄不足三十三周)患乳腺癌的风险性会增加。胎龄三十三前出生的女婴在出生后几个月内，促性腺激素水平显著上升，从而刺激卵巢产生过量雌二醇。20世纪上半叶，胎龄三十三周前出生的妇女所占比例极小，在上述研究中，1068例乳腺癌患者中只有10例，但这并不会影响分析出生时体重与乳腺癌相关性研究的结果。不过，若要验证早期接触过多雌性激素与患乳腺癌相关性的假设，这类过早产妇女是非常理想的研究群体。

3. 炭疽热

炭疽热是由炭疽杆菌引发的细菌性传染病。食草的野生动物和牛羊等家畜身上可以找到这种细菌，尤其在亚、非、南美和欧洲的部分地区。炭疽杆菌可以形成许多孢子，在土壤等环境中生存并长期潜伏。这些孢子需要适当的环境才能繁殖，从而导致炭疽热感染。这种环境可能是皮肤，或是肺部，或是肠道。皮肤性炭疽热是最常见的一种，大约 95%的病例都是皮肤性的。和动物尸体打交道的人，如屠宰场工人、鞣皮工人等，最容易感染这种类型的炭疽热。处理炭疽感染过的动物皮毛时，如果细菌直接接触皮肤伤口或擦伤，就会引发感染。只要发现及时，炭疽热在感染初期可以治愈。治疗方法主要是使用抗生素。炭疽热极少在人与人之间传染，因此没必要隔离确诊为炭疽热的患者。

4. 化学原理

正碳阳离子机制常用来解释化学反应。但为了使碳氢化合物转换机制这一概念更完备，人们提出了量子化工原理。在基础阶段，如果洪德规则和泡利原理同时得到满足，就会发生化学反应。其中任何一个条件没有满足，化学反应就不会发生或者中断。该原则是为某一化学反应选择催化剂的标准，或是用来为某一催化剂促成化学反应。群论为此提供主要的依据。非晶体或晶体催化剂都是多面体，其活跃的结构和状态取决于温度，反应混合物的性质，以及受外界作用的时间。活性多面体的结构和状态可能形成于固态催化剂合成的过程中，或形成于催化过程中。在催化过程中，多面体的结构和电子状态发生变化，电子在多面体中重新分布，这些都表明有机准金属硅氧烷以最佳状态沉淀在固态催化剂表面，会大大加快分裂反应，铂重整以及氢化脱硫反应。这为证明催化剂理论和由催化剂合成及研究中得出的结果之间存在联系提供了依据。

5.　　　　　　　　　　量子钟

如果可以让电子从一个电器元件跳跃到另一个电器元件，我们就能制造出不用电线连接的电子设备。随意分流的单个电子可以用来存储量子信息，经过专门设计的电路块可以构建新一代量子计算机的逻辑门。量子棘轮给我们带来意外的收获，它甚至可以帮助我们弄明白肌肉是如何把散布体内的化学能转化为定向运动的。任何棘轮在周期外力的作用下都能产生单向运动。例如，来回拧带棘轮的螺丝刀就会把螺丝向里旋进去。这全靠向一侧倾斜的一圈棘齿：向一侧扭转可使挂栓落在齿轮的凹处，向另一侧扭转可使挂栓向上抵住齿轮的凸出，从而推动整个棘轮转动。自行车的传动装置、十字旋转门和摆钟的摆轮里都用了棘轮。摆钟的摆轮把钟摆的来回摆动变成钟表指针的单向运动。

二、汉译英

RP1255 Multi-Function Asphalt Concrete Paver

RP1255 Asphalt Concrete Paver is mainly used for the paving project on the road base and highway surface of various materials. The machine incorporates the most advanced technology and advantages of similar modals abroad. It is the first one of this type of machine to have the most advanced technology like computer-controlling system, digital control sonic sensor auto-leveling system, breakdown self-diagnose, dual-temper vibration. The key parts for the machine are purchased from international manufacturers to ensure the complete machine with the same quality and reliability as that of the imported machine. RP1255 has become the ideal equipment for the paving job on stabilized soil for road base and asphalt concrete for road surface.

Main Features of RP1255 Asphalt Concrete Paver:

* Driving system with control for right and left hand separately; computer-control auto-control technology for paving with constant speed;

* Four sets of separate full hydraulic closed transmission adopted on material distributing right and left hand; material level controlled with sonic sensor technology to achieve even material feeding;

* Material distributing right and left hand can move up and down expediently, so as to adapt the different paving thickness and increase material prereel complete uniformity;

* Auto-leveling system adopted with the unique digital controlling and multi-probe sonic sensor technology;

* Screed with specific technology of dual temper bars and high pressure pulse vibrating and electric heating;

* Using Duets BF6M1013EC Water-cooling Diesel Engine with a strong power;

* Using strong power radiator to make sure the machine works around the clock under the condition of 50℃;

* Distributing auger made of wearing-resistant alloy; material distributing bottom plate and screed bottom plate made of imported wearing-resistant material;

* Control panel demonstrates all working functions, paving, traveling speed and can be mounted either at right or left hand;

* Mobile or contact less sonic sensor auto-leveling reference beam could be available as an option;

　　* Mechanical extensible screed with double-tamper and high-pressure pulse vibrator could be available as an option.

(选自徐工集团网站http://www.xcmg.com/cp/index.asp?classid=7)

Chapter 8　经贸文体翻译

一、汉译英

1. 信函

Dear Sirs,

Through the courtesy of the Chamber of Commerce in your city, we have learned that ××× Co. Ltd. is interested in doing business with us. We trust that it is advisable for us to know some information on the firm before establishing business relations with them.

We should be very grateful if you can furnish us with their financial and credit standing in details. You may be assured that your information in this respect will be treated as strictly confidential.

Thank you in advance.

Yours faithfully,

×××

2. 信函

Dear Sirs,

In reply to your letter dated March 10, 2005, we are pleased to confirm your order for 10,000 dozen Jian Brand men's shirts. Enclosed herewith you will find our Sales Confirmation No. ST 2000 in duplicate, and as usual, please sign and return one copy of the document to us for our file.

It is understood that the Letter of Credit covering the above-mentioned commodity should be established one month before the time of shipment stipulated in the S/C. and please kindly make sure that the stipulations in the relevant L/C are exactly in conformity with the terms and conditions in the S/C so as to avoid any subsequent amendment in the future. On receipt of your L/C, we will ship the goods without delay.

We wish to thank you for your cooperation and hope that this transaction will pave the way for further development of business between our two parties.

Yours faithfully,

×××

3. 合同片断

The title to the raw materials delivered to Party B and Products made therefrom and risk of loss or damage to the raw materials or Products belong solely to Party A, provided, however, that immediately upon receipt by Party B of shipments of the raw materials and until the delivery of the Products to Party A's expense covering the full value thereof against damage, destruction and loss of every kind from an insurance company approved by Party A. Party A shall be the beneficiary of such insurance.

All disputes arising from the performance of this Contract shall, through amicable negotiations, be settled by the Parties hereto. Should, through negotiation, no settlement be reached, the case in question shall then be submitted for arbitration to the China International Economic and Trade Arbitration Commission, Beijing and the arbitration rules of this commission shall be applied. The award of the arbitration shall be final and binding upon the Parties hereto. The Arbitration fee shall be borne by the losing party unless otherwise awarded by the Arbitration Commission.

二、英译汉

1. 信函

敬启者：

感谢你方 5 月 1 日来函。

正如你方所知，每月只有一艘货船驶往你港，通常上半月出发。就我方所知，本月唯一的货船将在一两天内离港，而且订舱日期早已截止。因此我方不可能在本月将货物装运，故恳请你方按我方信中要求将信用证展期。

如能及时回复将不胜感激。

此致

敬礼

某某某

2. 术语解释

当信用证要求除运输单据、保险单据和商业发票以外的单据时，信用证应规定该单据的出单人及其措词或项目内容。倘若信用证无此项规定，如提交的单据的内容能说明单据中述及的货物及/或服务与提交的商业发票上所述有关联或当信用证不要求商业发票时，与信用证中所述的货物及/或服务有关联，则银行将予接受。

3. 合同片断

兹经买卖双方同意，由买方购进卖方出售下列货物，并按下列条款签订本合同。

……

托运人对承运人或实际承运人所遭受的损失或船舶所遭受的损坏不负赔偿责任，除非这种损失或损坏系由托运人、其受雇人或代理人的过失或疏忽所造成。托运人的任何受雇人或代理人对这种损失或损坏也不负赔偿责任，除非这种损失或损坏系由他自己的过失或疏忽所造成。

……

凡因执行本合同所发生或与本合同有关的一切争议，应由双方通过友好协商解决；如协商不能得到解决，应将争议提交仲裁。仲裁应在双方同意的第三国进行，其裁决应对双方具有最终约束力。仲裁费应由败诉方承担。

4. 合同片断

本协议任何一方未能履行其本协议规定的义务或有所延误，如果是由于发生该方无法控制的事件所造成的，则在此范围内不构成对本协议的违反，也不得引起任何赔偿损失的要求。这类事件在不局限于上述一般概念的前提下包括：政府的行为，自然界的行为，工人罢工或联合行动，火灾，水灾，爆炸，战争，暴乱，风暴，地震，事故，社会公敌行为，叛乱，起义，破坏，传染病，隔离控制，劳动力、原材料或物资短缺，承包者或分包者未能履约或延误，任何政府或国家、下属部门、机构或组织的条例、规定、命令或指示，任何有管辖权的法院的命令。

Chapter 9 法律文体翻译

1. Law of the People's Republic of China on Economic Contracts Involving Foreign Interest

Article 7 A contract shall be formed as soon as the parties to it have reached a written agreement on the terms and have signed the contract. If an agreement is reached by means of letters, telegrams or telex and one party requests a signed letter of confirmation, the contract shall be formed only after the letter of confirmation is signed. Contracts which are subject to the approval of the state, as provided for by the laws or administrative regulations of the People's Republic of China, shall be formed only after such approval is granted.

Article 8 Appendices specified in a contract shall be integral parts of the contract.

Article 9 Contracts that violate the law or the public interest of the People's Republic of China shall be void. In case any terms in a contract violate the law or the public interest of the People's Republic of China, the validity of the contract shall not be affected if such terms are cancelled or modified by the parties through consultations.

Article 13   So far as it may require, a contract shall provide for the limits of the risks to be borne by the parties in performing the object; if necessary, it shall provide for the coverage of insurance for the object.

Article 14   Where a contract needs to be performed continuously over a long period, the parties shall set a period of validity for the contract and may also stipulate conditions for its extension and its termination before its expiry.

Article 15   In the contract the parties may agree to provide a guaranty. The guarantor shall be held liable within the agreed scope of guaranty.

2. Trademark Law of the People's Republic of China

Article 53   Where any party has committed any of such acts to infringe the exclusive right to use a registered trademark as provided for in Article 52 of this Law and has caused a dispute, the interested parties shall resolve the dispute through consultation; where they are reluctant to resolve the matter through consultation or the consultation fails, the trademark registrant or interested party may institute legal proceedings in the People's Court or request the administrative authority for industry and commerce for actions. Where it is established that the infringing act is constituted in its handling the matter, the administrative authority for industry and commerce handling the matter shall order the infringer to immediately stop the infringing act, confiscate and destroy the infringing goods and tools specially used for the manufacture of the infringing goods and for counterfeiting the representations of the registered trademark, and impose a fine. Where any interested party is dissatisfied with decision on handling the matter, it or he may, within fifteen days from the date of receipt of the notice, institute legal proceedings in the People's Court.

According to the Administrative Procedure Law of the People's Republic of China. If there have been instituted no legal proceedings or made on performance of the decision at the expiration of the said period, the administrative authority for industry and commerce shall request the People's Court for compulsory execution thereof. The administrative authority for industry and commerce handling the matter may, upon the request of the interested party, medicate on the amount of compensation for the infringement of the exclusive right to use the trademark; where the medication fails, the interested party may institute legal proceedings in the People's Court according to the Civil Procedure Law of the People's Republic of China.

3. 中华人民共和国专利法

第十九条　在中国没有经常居所或者营业所的外国人、外国企业或者外国其他组织在中国申请专利和办理其他专利事务的,应当委托国务院专利行政部门指定的专利代理机构办理。

中国单位或者个人在国内申请专利和办理其他专利事务的,可以委托专利代理机构办理。

专利代理机构应当遵守法律、行政法规,按照被代理人的委托办理专利申请或者其他专利事务;对被代理人发明创造的内容,除专利申请已经公布或者公告的以外,负有保密责任。专利代理机构的具体管理办法由国务院规定。

第二十条　中国单位或者个人将其在国内完成的发明创造向外国申请专利的,应当先向国务院专利行政部门申请专利,委托其指定的专利代理机构办理,并遵守本法第四条的规定。

中国单位或者个人可以根据中华人民共和国参加的有关国际条约提出专利国际申请。申请人提出专利国际申请的,应当遵守前款规定。

国务院专利行政部门依照中华人民共和国参加的有关国际条约、本法和国务院有关规定处理专利国际申请。

第二十一条　国务院专利行政部门及其专利复审委员会应当按照客观、公正、准确、及时的要求,依法处理有关专利的申请和请求。

在专利申请公布或者公告前,国务院专利行政部门的工作人员及有关人员对其内容负有保密责任。

4. 中华人民共和国对外贸易法

第二十九条 因进口产品数量增加，使国内相同产品或者与其直接竞争的产品的生产者受到严重损害或者严重损害的威胁时，国家可以采取必要的保障措施，消除或者减轻这种损害或者损害的威胁。

第三十条 产品以低于正常价值的方式进口，并由此对国内已建立的相关产业造成实质损害或者产生实质损害的威胁，或者对国内建立相关产业造成实质阻碍时，国家可以采取必要措施，消除或者减轻这种损害或者损害的威胁或者阻碍。

第三十一条 进口的产品直接或者间接地接受出口国给予的任何形式的补贴，并由此对国内已建立的相关产业造成实质损害或者产生实质损害的威胁，或者对国内建立相关产业造成实质阻碍时，国家可以采取必要措施，消除或者减轻这种损害或者损害的威胁或者阻碍。

5. 纺织品与服装协定

20. 如此种措施通过非关税手段实施，则有关进口成员应此类产品的出口在采取保障措施前一年内的任何时候曾受本协定项下限制约束的任何出口成员的请求，应按 GATT1994 第 13 条第 2 款(d)项所列方式实施该措施。有关出口成员应管理此种措施。适用水平不得将有关出口减少到低于最近代表期的水平，该水平通常为可获得统计数字的有代表性的最近 3 年来有关成员的平均出口量。此外，如保障措施实施超过 1 年，则适用水平应在实施期内定期逐步放宽。在此类情况下，有关出口成员不得根据 GATT1994 第 19 条第 3 款(a)项行使中止实质相等的减让或其他义务的权利。

Chapter 10 媒体文体翻译

1. **Chinese, Russian Leaders Talk over Phone**

Thur April 18 Beijing Time *People's Daily*

Beijing, April 17 (Xinhua)—Chinese President Jiang Zemin had a phone conversation with Russian President Vladimir Putin at the latter's request on Wednesday, according to China's Foreign Ministry Jiang, who is paying a state visit to Tunisia, discussed with Putin key issues of common concern, including world peace and security, the role of the United Nations, and a summit meeting of the Shanghai Cooperation Organization which will be held in St Petersburg, Russia.

(引自许明武《新闻英语与翻译》)

2.   **Shenzhou III Soars High**

The spacecraft can carry out the functions of a manned craft, which symbolizes one milestone in china's space science and technology

Tue Mar 26 Beijing Time   *Hubei Urban Daily*

Jiuquan Gansu, March 25 (Xinhua)—The space craft "Shenzhou III" was successfully launched at 22:15 p.m. today in the Jiuquan Satellite Launch Centre in Northwest China's Gansu Province.

Officers in charge of the China Manned Space Programme said that "Shenzhou III", a prototype unmanned spacecraft, was technically suitable for astronauts. Its successful launch symbolizes a milestone in China's space science and technology, and has laid a firm ground for the future's manned space programme.

"Shenzhou III" was boosted by the "Long March II F" carrier rocket and now has precisely entered its preset orbit in normal flight

The spaceship is expected to keep on circling the earth for a couple of days, conducting a series of scientific experiments. After that, its re-entry module will return to the earth while its orbital module will continue to fly in space till the completion of the plane scientific experiments.

(引自许明武《新闻英语与翻译》)

3.   萨达姆倒台   伊拉克人狂欢

巴格达(路透社)——美军突入巴格达市中心，兴高采烈的伊拉克人拉倒他们被赶下台的领导人巨大的雕像，将其捣毁并在断头和残肢上手舞足蹈，至此，萨达姆·侯赛因在伊拉克24年的统治完结了。

在星期三，许多伊拉克人潮水般涌上前去，踩踏着倒伏在地、长达20 英尺的高大金属雕像，而后沿着街道拖曳与雕像分离的头颅，以此表示对这个使整个国家先后三次陷入毁灭性战争，并导致大量人员伤亡、百业凋敝的统治者的蔑视。

随着萨达姆阴魂的散去及其政权的崩溃，这个长期生活在恐怖中的民族突然之间可以自由地表达其感情了。不过美军尚未完全控制这座城市。夜幕降临后，街上空无一人，在底格里斯河西岸还有坦克和火炮开火的隆隆声。

没有关于萨达姆及其儿子乌代和库赛生死的消息，他们是星期一美军对巴格达城西部一居民区轰炸的目标。美国官员说他们不知道伊拉克领导人是否躲过了这次袭击。

(www.vancn.com 温哥华中文网)

4.   **仅想翻过历史的一页**

星期二，欧洲第一、世界第三的经济大国翻开了新的历史篇章。安格拉·默克尔成了德国第一位女总理，也是第一位来自原东德的总理。但是，这些第一还远远不够。

默克尔夫人把振兴和改革她的国家的垂死的、由于福利而负担沉重的经济比作是重建第二次世界大战后德国的任务。

德国的公民虽然因 11%的失业率而变得无所事事，对不温不火的1%的预期经济增长率也感到失望，但他们肯定希望默克尔夫人能成功。邻国，法国也希望如此。法国正在因高失业率而在穆斯林集中的社区中引发的社会暴乱中苦苦挣扎。

但是现在还很难看出默克尔如何能做好她的工作。在德国，没有哪项工作比振兴经济更为迫切。根据基础经济学，有两种方法可选择。依据意识形态上的偏好，政府可选择创造就业机会，或者通过减税来刺激增长。同时，必须用改革德国膨胀的福利制度和不灵活的劳动力市场来辅助这些刺激经济增长的措施。

令人惊讶的是德国新的联合政府的两党没有选择上述方法中的任何一种。

德国财政部没能使用使铁路系统正点运行的相同制度，这不会引起争议。而这不是应该最先考虑的事。增加税收事实上将起到阻止经济增长的作用。

一些有希望的福利改革措施将会被采用，包括提高退休年龄、降低工资税收。但是德国领导人似乎只想翻过历史的一页而不是写上新的一页。这也可能反映出了这个国家内部的冲突，那就是知道必须改革，但不能完全面对它。

(引自《钱江晚报》天下双语 2005 年 11 月 24 日)

5.   被作成人审判的 14 岁孩子

因枪杀自己最喜爱的老师，年仅 14 岁的纳撒尼尔•布拉齐尔 5 月份被判二级谋杀罪名成立。之后他沉默地回到了棕榈滩县的监狱。由于是被当做成人审判，布拉齐尔本有可能被判处一级谋杀的。当法官最后作了裁决时，当这个佛罗里达州的孩子回到他和其他被指控暴力犯罪的孩子们分享的 12 楼的囚房时，他很难想象等待他的监狱生活会是怎么一回事。"怎么样了，内特?"他的同伴们向他打招呼，"在电视上看到你了，已经算好运的了。"内特躺在囚房的卧铺上，一个人哭着。这天夜里，囚友们围着电视收看一部叫"法律与秩序"的电视剧，是关于一次被拍摄到的校园枪杀案件，和他的案件一样，内特看不下去，便回到囚室去了。

星期五早上，当巡回法官理查德•温尼特最后决定他的命运时，内特静静地吞了吞口水。他被判决服刑 28 年外加 7 年的在家软禁和查看期，而不是终身监禁。他的囚友们又对了——他本来可以被重判的。原告和巴里•格鲁诺老师的亲戚们曾一度请求法官判他终身监禁，至少是服刑 40 年。

和学校老师们交流一下，你就会明白为什么他们觉得内特是大难不死了。他们说，谋杀就是谋杀，如果他杀死一个警官，同样是人民公仆，那他无疑会被判终身监禁。自 1992 年以来，教师这一行业已有 29 人被暴力杀害，目前国家教育联盟正为其 260 万会员提供遇害保险。再和遇害都市的家人聊聊，你会明白为什么他们不想哪天在街道上遇到杀死他们所爱的人的凶手。

这位 7 年级的凶手应该被多判还是少判呢？问题仍然存在。法官可以命令内特在服刑期间完成高中学业和接受如何控制愤怒情绪的教育，但他在监狱里长大后会有恢复正常生活的一天么？因为一个致命错误，他要经受多少苦难？他曾是一个荣誉学生。也曾是一个脾气温和，讨人喜欢的孩童，老师和校长们还靠他解决校园争端呢。他爱学校，也爱巴里·格鲁诺。

2000 年 5 月，学期末最后一天，内特因为扔水球被提前赶回家。他被迫离开学校，连跟他真心对待的第一个女朋友(事发 6 天前她给他初吻)说声再见都没有机会。他怒气冲冲地回到家，拿了爷爷的手枪，然后回到学校，在格鲁诺老师所在的教室外面要求见他女朋友。格鲁诺没有把他当一回事，这时他竖起了手枪。他打了一发子弹，射中了格鲁诺的头部。看着最喜欢的老师倒下，内特跑了出去。

5 月份的裁决之前，《时代周刊》采访了内特。当时他说他不是故意扣动扳机的。但事情终究发生了。后来他说：我感觉自己跳进了湖里把自己淹死了。我很失望，我对自己很失望。

在本周的极富感情色彩的判决听讼会上，内特在辩护律师尝试说明法官不判终身监禁时作了陈述。他告诉法官说，"言辞并不能真正表达我深深的歉意，但我所有的就是这些了。"他的母亲，波莉·鲍威尔，为她儿子生命中的悲剧性转变而责备自己。她说儿子在学校也许一直是优秀学生，可是在家却被虐待和酒精所包围。她还说她从来没有选过一个好男人。警察上过他们家门 5 次，都是接到家庭暴力的警报而去的。就在枪杀案发生的几个月前，鲍威尔还被诊断患有乳癌。"我不知道我的孩子发生了什么事情，"鲍威尔告诉法官，"作为(有血性的)人类，我们得好好问自己，看看应不应该放弃像他这样的孩子。"

死者的遗孀，帕姆·格鲁诺，带着丈夫的学生们做的被子来到了听讼会现场。她告诉法官说，"也许明天，另一个女人的丈夫，另一个小孩的父亲，另一个好老师，将不用在愤怒而疯狂的瞬间牺牲生命。"

学校暴乱之后入狱的其他年轻枪手们得到不同程度的处罚，服刑期从两年到好几辈子的都有。内特案子中判处 28 年刑期属于中度处罚。
在等待审判结果期间内特已经服了 428 天的刑期，他将接受评估。

在县里的成人监牢里几个月已使内特变得硬朗。生活使他变得内向，他看起来很老成，整天沉着脸，显得心不在焉。现在见了他的老师们都不会有如此大的转变。他长大了，青春期无疑在决定命运的那天驱使了他的很多行为，从决定带花回学校给自己的小女伴到用枪口对着格鲁诺，同样也使他的肩膀变得宽大了，声音深沉了。他看起来不再是一个小孩。

虽然已经 14 岁了，内特仍然不像成人一样地看待世界。他的成人室友们即使在多年后还可以时常想起犯罪时的每个细节。而某天，内特会发现他正在为已经淡忘了的——如同任何童年回忆一样的犯罪事实而坐牢。大多数人到了 40 多岁时，要回忆起他们 7 年级的老师的名字是很困难的。30 年后，内特也许记不清巴里·格鲁诺的脸长得什么样了，但毫无疑问，他会记得名字的。

(引自许明武《新闻英语与翻译》)

6.   **炸死己方军人的美国兵被控谋杀罪**

美联社肯塔基坎贝尔要塞 3 月 25 日电   美军第 101 空降师的那个用手榴弹炸死了两名己方军官，炸伤 14 名士兵的哈桑·阿克巴尔今天被控犯有谋杀罪。

对 32 岁的阿克巴尔中士的指控是今天宣布的。根据美国军事法，他被控犯有两宗预谋杀人罪和 17 宗故意杀人罪。

退休军事法官丹尼斯·奥尔金说，如判定有罪，他可能会被判处死刑。

阿克巴尔于上星期五被遣送回国，关押在一个秘密军营里。上述手榴弹爆炸事件于 3 月 23 日发生在美国第 101 空降师驻科威特的兵营里，一名少校，一名上尉当场被炸死。

阿克巴尔是个黑人穆斯林，有人说他对美国内部存在的"宗教歧视和种族歧视"有不满情绪。

(引自刘其中《新闻翻译教程》)

7. 美出动特种部队搜索拉登

[本报讯]塔利班从阿富汗首都喀布尔撤退后，美英特种部队开始加紧对拉登的搜索工作。

美国国防部拉姆斯菲尔德透露，已有小股美军特种部队活跃在阿富汗南部城市坎大哈周围以及中南部地区。他说，这些特种部队不是执行联合反对派的任务，而是"独立"行动。他们的首要任务是追踪塔利班和"基地"组织的领导人，其次是摧毁塔利班和"基地"组织的军事力量。

华盛顿军方相信，拉登及他的高级助手及护卫，可能躲在贾拉拉马德市东部。

这一说法与最近所获取的拉登藏身线索相吻合。上周一名巴基斯坦记者前往阿富汗采访拉登，他被人蒙上眼睛从喀布尔出发，乘车经五个小时抵达拉登藏身之地。由于阿富汗路况很差，按照这位记者的路程，有人推测拉登藏在距喀布尔 75 英里的地方。

外界认为，拉登为逃避追捕，不停地变换藏身地，从一个山洞转移到另一个山洞。拉登的私人卫队约有两千余人，大部分躲藏在阿富汗山区，如此规模的私人卫队行动起来容易暴露目标。

拉姆斯菲尔德警告其他国家不要为逃离阿富汗的恐怖分子提供避风港。他说，一些"基地"组织的成员可能会逃到邻国伊朗和巴基斯坦，或者一些过去他们曾在那里从事过恐怖活动的国家，如索马里和苏丹。此外，拉姆斯菲尔德还提到伊朗、叙利亚、利比亚、古巴和朝鲜过去"曾经收留恐怖分子"。

上周采访拉登的巴基斯坦记者哈米德认为，如果拉登坚守其宗旨，最后结局可能是战死。

哈米德说："拉登说他不怕死。我问他为什么。他说，我喜欢死亡就像你们热爱生命一样。二者的区别你们永远也不会明白。"

(引自香港《文汇报》)

Chapter 11　旅游文体翻译

1. West Lake

If West Lake is likened to a beauty, these scenic spots are surely the eyes and brows of the beauty, endowing the lake with various charms and fascinating spell.

Because of the elapse of time and the changes of history, some of the lake's scenic spots have already sunk into oblivion, and others have collapsed or been damaged. In recent years, Hangzhou has once again started a comprehensive rehabilitation of West Lake, redeveloping many scenic sites concealed by the dust of past years while making a new plan for West Lake. Gradually the lake has taken on a fresh look as the beauty grows plump.

The old Xishan Road is familiar and dear to many Hangzhou natives, who have almost forgotten what this place looked like. So when the famous Yanggongdi Causeway dating back 400 years once more presents itself in front of local people, they were stunned beyond all measure. Yes, indeed. They were stunned at the rustic charm, the deep and serene woods, and the beauty flowing from the simpleness and lushness of villages and hills around.

West Lake in the Southern Song Dynasty boasts Top Ten Scenes: Spring Dawn at the Su Causeway, Breeze-ruffled Lotus at Quyuan Garden, Autumn Moon over the Calm Lake, Lingering Snow on the Broken Bridge, Orioles Singing in the Willows, Viewing Fish at Flower Pond, Leifeng Pagoda in Evening Glow, Twin Peaks Piercing the Cloud, Evening Bell Ringing at Nanping Hill, and Three Pools Mirroring the Moon. Dotted on or around the lake, the ten scenic spots landscaped by hills and waters, enhance each other's beauty with different charms in different seasons.

(编者重译)

2. Huaihai Road

Huaihai Road, first built in 1901, was originally known as Baochang Road. It was renamed Joffre after a French general ten years later, and then renamed Luosong, Taishan and Linsen respectively. In 1949 when Shanghai was liberated, its named was changed to Huaihai Road in commemoration of the famous Huai-Hai Campaign in the Chinese People's War of Liberation.

Huaihai Road, six kilometers long, consists of three sections: the east, the central and the west. Noted as a famous commercial street in Shanghai, its busiest section runs from Shaanxi Road to Tibet Road, extending 2.2 kilometers in length. Part of the French Concession, it is a straight and wide road lined with French plane trees and buildings of architectural value, which features a European style.

With more than 400 shops and commodities of medium and high quality, Huaihai Road is as famous as Nanjing Road. Its new modern high-rises standing side by side attract more than a million visitors every day for shopping and sightseeing.

Huaihai Road is also a cultural avenue with elegant taste, on or around which are situated the well-known former residence of Dr. Sun Yat-sen, the former residence of Madam Soong Ching Ling and the Mansion of Zhou Enlai as well as the historic "Site for the First National Congress of the Communist Party of China". In addition, the new Shanghai Library known as one of the ten largest ones in the world and located in central Huaihai Road, was open to the public at the end of 1996.

At the eventide all colorful lights are on along Huaihai Road. Especially the light-decoration on the stainless frameworks which form a "Tunnel of Lights" spanning the street presents a magnificent bright night, attracting a lot of visitors Chinese and foreign alike.

(编者重译)

3. Cruise on the Huangpu River

It is a delight to go on a cruise around the Huangpu River. Standing at the bow, you can have a panoramic view of all sights along both banks. On one bank are seen groups of towering buildings along the Bund and the lofty Monument to the People's Heroes together with the Huangpu Park, the oldest one at the Bund. On the other is the Oriental Pearl TV Tower kissing the cloud, the Pudong New Area under construction, and groups of high-rises at Lujiazui.

The gigantic Yangpu and Nanpu bridges span the river, linking the southern and northern banks closely. The fan-shaped slanting cable stays on both sides of the bridge seem to be the chords of a huge harp playing a heroic and majestic march for the ceaseless flowing water of the river. If you take a look into the distance, you'll see ships big and small either go to and fro across the river or moor at the wharves, presenting a varied and eye-catching scene.

Touring along the river you will see the passenger terminal of Shanghai International Harbor with a chain of wharves in day-to-day operation, The Baoshan Steel Complex, the largest one in China, the remains of the Wushong Battery Fortress, and the three-into-one water or "water sandwich" at the estuary of the Yangtze River. This is an amazing phenomenon, in which three kinds of water—the emerald sea water, the yellow Yangtze river water, and the grayish Huangpu river water—converge into one special body, which looks entirely different from each other while never going mixing up, presenting an even more striking view under the sunshine. (What a spectacular view!)

(编者重译)

4. The Bund

The Bund, also called Section One, Zhongshan Road East, is named after Dr. Sun Yat-sen, the forerunner of the Democratic Revolution in China. Starting in the north from the Waibaidu Bridge, where the Suzhou Creek and the Huangpu River meet, and ending in the south at the mouth of Jinling Road

East, it extends some 1.5 kilometers with the Huangpu River on its east and 52 buildings standing on the west, which feature different styles, including Gothic, Baroque, Romanesque and Classic and Renaissance styles, and even the combined Chinese and Western style. Here used to be the headquarters at which the Western powers exercised control over the politics, economy and culture of Shanghai in the old days. In terms of architectural forms, buildings here, though of different historical periods with a unique style, are basically similar in style and taste. Whether looking at them from afar or just lingering among them, you can feel in both ways their vigorous and virile styles, and their solemn and extraordinary manner. Today, this "Expo of World Architectural Buildings" is one of the symbols of Shanghai.

The Bund is the epitome of Shanghai's history. The Shanghai Club, once renowned in East Asia, is the present-day Dongfeng (East Wind) Hotel, a typical building of the English classical style. Standing at No. 12 of the Bund, this domed building is of an ancient Greek style which, built in 1923 and similar to the ancient Pantheon Temple, used to be the Shanghai and Hong Kong Banking Corporation. It was known at that time as the "finest Building to be found nowhere between the Suez Canal and the Bering Strait". After the liberation of Shanghai the building, once the site of the municipal government of Shanghai, was later relocated due to the needs of the city's reform and opening-up. Next to it, the building with a clock on top is the Shanghai Customs House built in 1927. The nearby present Peace Hotel used to be Sassoon House, a Western-styled building in modern history. Standing by its side is Bank of China built in 1920 and the 22-storied building towering behind the Waibaidu Bridge is Shanghai Mansion which, built in 1934, was then known as Broadway Mansion. By now, the 23 famous buildings lining the Bund have been labeled with signboards in both Chinese and English in order to help visitors get a clear picture of them.

（编者重译）

5. 曼彻斯特（曼城）

　　拥有众多博物馆和画廊的曼彻斯特城是一座艺术和文化之城。曼城美术馆经常展出大量维多利亚时期油画收藏品，其中特别的藏品为曼彻斯特本地出生的工业时代风景画作家劳伦斯·斯蒂文·洛利的画作。其他的艺术殿堂包括希顿大厅美术馆，展出水彩画、瓷器、银器与玻璃工艺品等藏品；女王公园艺术画廊主要收集雕塑和油画，包括著名雕塑家罗丹和爱泼斯坦的作品。另一个值得参观的独特博物馆是英国民族服饰博物馆，馆藏有英国历史服饰，数量最大，品种最全。

　　除了美术等艺术之外，曼彻斯特还是音乐之都，著名的哈莱乐团和皇家北方音乐学院就在曼城。曼彻斯特还有三座引人入胜的图书馆：以曼彻斯特的首富命名的约翰·莱兰兹大学图书馆拥有许多珍本图书和文献，包括所知最早的《新约全书》手稿；欧洲市政图书馆中最大之一的中心图书馆，以及 1653 年开馆而成为英格兰最早向公众免费开放的切塔姆图书馆。

　　坐落于英格兰人口最密集区之一的曼彻斯特，在 19 世纪随着曼彻斯特通海运河的开通而不断扩展，来自这个主要内陆港口的贸易与工业革命的结合，使曼彻斯特成为了一个商业枢纽城市。现在作为一个繁华的大都市中心，曼彻斯特的夜生活给众多学子提供了娱乐和惬意生活。这座繁华的国际都市是充满动感，不断变化的音乐、艺术和时装业的绝佳体现，并常常引领着英国全国的时尚潮流。

（编者改译）

Chapter 12　　公示文体翻译

1. 15% off with this flyer

2. Children and senior citizens free

3. Slow, school

4. Speed limit of 48kmh

5. No parking, constantly in use

6. Fire escape. Keep clear

7. Call now to book and to claim your free color brochure.

8. Tours have live English commentary

9. Price according to season and size of flat

10. No swimming, fishing allowed in this pond

11. Meeting in progress, quiet please

12. Pick pockets operate in this area

13. Please do not leave rubbish here

14. No smoking except in designated area

15. Please retain this receipt as proof of your purchase and your guarantee.

16. 为了公众利益和环境保护机动车停驶时请关闭引擎。

17. 请将机票和登机牌准备好接受安检。

18. 请慢速骑行，接近行人提前示意。

19. 这里是居民区。请安静离开，以免影响左邻右舍。
    谢谢您的合作与关注。

20. 注意左侧(车辆)注意右侧(车辆) / 注意左右两侧车辆 / 注意两边
    (侧)车辆

21. 仅限紧急情况下使用

22. 注意(栅栏) 涂有防攀油漆

23. 夏季款式，半价/减价销售

24. 您的安全，我们的天责

25. 为安全起见，输入密码时请确保无"后顾之忧"!

26. 钱款当面点清，离柜概不负责

27. 严禁从观望台上投掷任何物品。

28. 请勿将手提行李搁置地上。

29. 小吃店营业时间：早餐和午餐早上 7 点—下午 5 点

30. 进入服务区的客人必须在 21 岁以上，并持有身份证明。

Chapter 13 广告文体翻译

1. 将下列广告语译成汉语。

   1) 时间杰作，天长地久 (原答案为约定俗成的译文)

   2) 舒畅享受，阳光心情

   3) 康庄大道任我行(原答案为约定俗成的译文)

   4) 尽心而为，止于至善

   5) 能者何须多劳

   6) 品品甜玉米，岁岁(穗穗)乐开怀(原答案为中国翻译例句，为突出双关语修辞手法)

   7) 殷勤有加 风雨不改/出于挚爱(原答案为约定俗成的译文)

   8) 前所未有，因为之前所有

   9) 成功之路，从头开始

   10) 声有趣，乐无穷/音乐成就我们(原答案为约定俗成的译文)

2. 将下列英文广告译成中文，并分析你所使用的翻译理论与方法：

   1) 啊，太－丰－富－了！脱脂奶含钙实在太丰富了，营养全面，没有一丁点脂肪，我是多多益善！亲爱的，吃了既不胖，又不瘦，健康苗条两相宜！

   2)   **Zoom-zoom**

      马自达6——马自达家族中的运动骄子，蜚声世界的主流车型。它秉承马自达的zoom-zoom冲劲，生气勃勃，锐不可当，集自信外形与强劲动力于一身，全方位塑造运动本色，关注您的每一分驾驭体验。钟爱运动型轿车，请试驾马自达6！

   3)   小而弥精

      小而弥精是爱立信手机一贯的特色。纵观爱立信各款机型，不仅机身日渐玲珑，而且信号更强劲，话质更清晰，"头脑"更聪明。

      看看爱立信GH197吧，这款手机与GSM(全球移动通信系统)同步开发，引领全球数字手机之风潮。机身小巧(仅为147x63x30毫米)、电力强劲(标准电池通话时间长达3小时)、精明灵巧、使用便捷。

更有爱立信EH237模拟手机，技术之卓绝、外形之小巧，诚为全世界最小手机中的一款精品。

3 将下列中文广告翻译成英文，注意中英文广告在语言、文化等方面的差异，并解释你所使用的翻译理论与方法。

1)　　Shenyang Longteng Electronic Co., Ltd., is an ISO-9001 certified Sino-foreign joint venture. Since its establishment in 1990, the company has won many honorary titles from Shenyang municipal government.

It is specialized in producing electronic weighing balances, which come in six series and over 50 different models. Its products feature digital display, accurate weighing, and automatic calibration. When connected with computers and printers, they will prove to be a great help in measuring weight. They not only sell well in China, but also gain a growing market in Europe, America and other countries in Asia.

2)　　**Kunbao Pill**

Based on traditional Chinese medicine theory, Kunbao Climacteric Health Pill has proved an all-natural remedy for climacteric metancholia. With Kunbao, you may have a safe, effective, nontoxic way to significantly relieve the menopause symptoms, including menstrual irregularity, hot flashes, perspiration, forgetfulness, irritability, mood swings, dizziness, thirstiness as well as pain in joints or limbs.

3)　　Tri-cut honey cakes are famous traditional Chinese light refreshments. Legend has it that once in the Northern Song Dynasty (960—1127), Su Dongpo, noted poet and prefect of Xuzhou, chanced upon a treasured sword. He tried the sword on a rock, leaving three deep cuts. After that, he was served with a plate of tasty yet nameless honey cakes, while he was asked to name the cakes. Finding that there were also the traces of three cuts on the cakes, Su just gave the name, that is, "tri-cut honey cakes".

"Mt. Yunlong" Tri-cut Honey Cake is known for its authentic flavor and won the title of Quality Products issued by the Ministry of Commerce in 1983.

Chapter 14 其他应用型文体的翻译

1. 菜名翻译：

Eight-treasure Rice Pudding

Hegemon King Parts with His Favorite Concubine (*Stewed Turtle and Chicken*)

Boiled Pork Slices (with flavored sauce dip)

Stir-fried Eel Shreds

Egg Rolls

Stewed Chicken with Oil-cooked Spring Onion Flavor

Lotus-shaped Chicken Shred

Cooked Rice Crust Fried with Chicken Pieces

Tofu Stewed in Soya Sauce and Chili

Yellow Croaker in Thick Soup

Chicken Liver Stir-fried with Fish fillet

Pork Spareribs Baked with Chinese Pepper and Salt

| 美式白面包 | 杂炒鸡鸭 | 美式烤鱼 | 盐水煮鳕鱼 |
| 阿斯皮克鲤鱼 | 鸡肉三明治 | 炸鸡肉排 | |

2. 机构简介翻译：

    1)   The Leading Enterprise of World PC Industry

        The new Lenovo is an internationalized hi-tech corporation full of creativity, made up with the Lenovo and the original IBM personal computer division. As the leading enterprise of PC market in the world, Lenovo is committed to development, manufacture and sale of the most reliable, safe and user-friendly state-of-art products and quality professional service, helping global clients and business partners achieve success. The basis of our success is to help clients attain to their aim: efficient work, rich and colorful life.

Our Corporation

The headquarters of Lenovo is established at Purchase of New York, simultaneously two major operational centers are set up in Beijing, China and Raleigh, North Carolina, the US. Through our own sale networks, business partners and the merge with IBM, the sale networks of new Lenovo reach every corner of the world. Across the world there are 19000 staff of Lenovo. Our research and development centers are distributed in Beijing, Shenzhen, Xiamen (Amoy), Chengdu and Shanghai of China, Tokyo of Japan and Raleigh, North Carolina of the United State.

Our Values

The corporation and our staff are sincerely committed to the promise that the following four core values are the basis of our work.

Guaranteeing the Achievement of Our Clients—Be committed to the satisfaction and success of our clients

Committed to Enterprise and Creativity—Be in pursuit of speed and efficiency, concentrating on innovations that will influence both clients and the corporation

Striving for Precision, Accuracy and Realism—Decisions and business management based on facts

Devoted to Good Faith and Honesty—Establishment of trustworthy and responsible interpersonal relationship

2)　　飞利浦上世纪 20 年代首次进入中国，并于 1985 年成立了我们的第一家合资企业。从此以后我们坚定地定位于中国，遵循我们长期的承诺，飞利浦不断地将保健型、风格型和技术型(HLT)引领潮流的产品和服务引入中国市场。

飞利浦现在已经扩展成为在中国最大的工业投资者之一，累计总投资超过了40亿美元。飞利浦现有32家合资和完全独资的企业(15家合资企业和17家独资企业)，在中国各地雇用了18000名雇员。在中国所有的外国投资企业中，作为对其最大产值和出口贡献的认可，中国国外投资企业联合会为中国飞利浦颁发"2002年特别贡献奖"，使它成为该奖的唯一得主。从那以后，飞利浦中国在所有在中国的外资企业中一直保持着最大产值和出口的杰出地位，2005年销售额达到了30亿欧元，增长幅度为2004年销售额的15%，占全球飞利浦销售额的10%。

飞利浦为中国的个人和商业社区带来了拥有引人注目的品牌形象的优质产品。在保健、风格、技术产品部分，在整个中国范围内，我们在照明、家用电器、液晶监视器、医疗系统、光学存储和移动显示系统始终居于领先地位。飞利浦在中国建立了13个世界级的研发中心，开发半导体、照明、用户电器和医疗设备。2000年成立的上海飞利浦东亚地区研究所是飞利浦在亚太地区的战略性研发中心。

飞利浦致力于在全国培养本地人才，致力于拓展未来的商业和技术领导者的能力培养，我们非常自豪地支持本地的大学和商学院的职业发展项目，如清华大学、人民大学、复旦大学、交通大学、东南大学和CEIBS等。通过今天提供机会，我们能在未来找到成功。

3. 报告翻译：

XX 日至 XX 日收到的消费者评价：

参考条件

皮尔斯太太要求提供一份关于我们的客户对我们的产品和服务的报告，她特别想了解任何负面的评价，这份报告应该准备好供下一次董事会使用。

步骤

我分析了我们在此期间与所有客户进行的电话和信件询问的结果(日期)。

调查结果

消费者提出的问题很少。

我们的防盗报警器是我们销售量最大的产品。

很少发现客户认为我们的防盗报警器、中央监控器和安全照明设备有问题。

烟雾报警器的质量一直低于我们的其他产品。

大约有 5%的烟雾报警器用户对我们的产品不满意。

所反馈的烟雾报警器的主要缺陷是：

外观不吸引人

质量差

看上去档次低

太显眼

过分灵敏(投诉很多)

对策

1. 寻找质量更好，不是过分灵敏的烟雾报警器，外观要更讨人喜欢。

2. 考虑更换已经售出的客户不满意的型号。

汤姆·约翰逊

2005 年 1 月 1 日

4. 个人简历翻译：

Personal Vitae

WANG Jia

Biodata:

Name: WANG Jia

Nationality: Chinese

Gender: Male

Date of Birth: 18th, May, 1970

Place of Birth: Guangzhou

Marital Status: Married

Home Address: 157 Conduit Road, Mid-levels, Hong Kong Special Administrative Region

Telephone/Fax: 2590XXXX

Education:

1990—1994　Guangdong University of Foreign Studies

Bachelor of Arts (Economics); Specialty: economics

Working Experiences:

1998—2001　Manager of Simple Supplies Company

Current salary: 30 000 HKD per month

1994—1998　Clerk of Guangdong Foodstuffs Import and Export Corporation

References:

1. Mrs. Cynthia, Sales Manager: Simple Supplies Company, 24 Wyndham Street, Central District, Hong Kong Special Administrative Region, Acquaintance: 4 years

2. Mr. Jacques Oliver, General Manager: Oliver Non-staple Foodstuff Co. Ltd, 650 Queen's Road East, Happy Valley, Hong Kong Special Administrative Region

Acquaintance: 3 years.

5. 名片翻译：

Business card (1)

Jiekai Communication Co. Ltd

ZHANG Min
Manager of Personnel Division

Room 1315, No. 211 Changshu Road, Shanghai
Tel： ××××
Fax： ××××

Business card (2)

美国摩根大通银行有限公司杭州分行

约翰·史密斯

营销办公室
操作风险经理

中华人民共和国浙江省杭州市延安路 18 号(邮编：310000)
电话：XXXX   传真：XXXX
电邮：XXXX

Appendix II   References 主要参考文献

中文文献

1. 安亚平. 中国名牌产品商标词译名分析及其翻译方法[J]. 上海科技翻译，2004(4).

2. 奥格威. 大卫·奥格威谈广告[M]. 曾晶(译). 北京：机械工业出版社，2003.

3. 白光. 中外最具诱惑力的广告短语集成[M]. 北京：中国广播电视出版社，2003.

4. 北京第二外国语学院公示语翻译研究中心. 公示语集锦之一——2005 年夏英国伦敦实地采集[J]. 中国翻译，2006(2).

5. 陈福康. 中国译学理论史稿[M]. 上海：上海外语教育出版社，1992.

6. 陈刚. 西湖诗赞(英文版)[M]. 杭州：浙江摄影出版社，1996.

7. 陈刚. 大杭州旅游新指南(英文版)[M]. 杭州：浙江摄影出版社，2001.

8. 陈刚. 旅游翻译与涉外导游[M]. 北京：中国出版集团中国对外翻译出版公司，2004/6.

9. 陈刚，胡维佳. 功能翻译理论适合文学翻译吗？——兼析《红楼梦》咏蟹诗译文及语言学派批评[J]. 外语与外语教学，2004(2).

10. 陈刚. 新大杭州旅游指南(英文插图版)[M]. 杭州：浙江摄影出版社，2006.

11. 陈刚. 中国旅游指南系列(英文插图版)[M]. 北京：外文出版社，2007.

12. 陈宏薇. 难忘的历程——红楼梦英译事业的描写性研究[J]. 中国翻译，2003(5).

13. 陈建军. 从"目的论"的角度看《波布族——一个社会新阶层的崛起》之中文译本[J]. 中国翻译，2004(5).

14. 陈恪清. 英语广告标题的用词特点[J]. 中国科技翻译，2004(5).

15. 陈小全. 汉英法律语篇翻译中词语意义的界定[DB/OL]. (http://news124.blog.hexun.com/7474477_d.html).

16. 陈小慰. 翻译功能理论的启示[J]. 中国翻译，2000(4).

17. 陈新. 英汉文体翻译教程[M]. 北京：北京大学出版社，2001.

18. 陈养正. 简化词的英译. 上海科技翻译，1996(1).

19. 达维德. 当代世界主要法律体系[M]. 上海：上海译文出版社，1984.

20. 戴文进. 科技英语翻译理论与技巧. 上海：上海外语教育出版社，2003.

21. 戴宗显，吕和发. 公示语汉英翻译研究[J]. 中国翻译，2005(6).

22. 丁衡祁. 对外宣传中的英语质量亟待提高[J]. 中国翻译，2002(4).

23. 丁树德等. 中英文广告实用手册[M]. 天津：天津科技翻译出版公司，1995.

24. 杜金榜，潘庆云. 法律语言特点和法律翻译[DB/OL]. (http://www.chinalaw.gov.cn).

25. 杜金榜，张福，袁亮. 中国法律法规英译的问题和解决[J]. 中国翻译, 2004(3).

26. 范祥涛. 翻译层次性目的的多维描写[J]. 外语教学，2003(2).

27. 范祥涛，刘全福. 论翻译选择的目的性[J]. 中国翻译，2002(6).

28. 范勇. 目的论观照下的翻译失误——一些大学网站英文版例析[J]. 解放军外国语学院学报，2005(1).

29. 方梦之. 我国的应用翻译：定位与学术研究[J]. 中国翻译，2003(6).

30. 戈玲玲. 顺应论对翻译研究的启示——兼论语用翻译标准[J]. 外语学刊，2002(3).

31. 顾维勇：实用文体翻译[M]. 北京：国防工业出版社，2005.

32. 郭建中. 翻译中的文化因素：归化与异化[J]. 外国语，1998(2).

33. 郭建中. 再谈街道名称的翻译[J]. 中国翻译，2005(6).

34. 韩荣良，韩志宇. 上海导游[M]. 北京：中国旅游出版社，2005.

35. 韩子满. 应用翻译：实践与理论研究[J]. 中国科技翻译，2005(4).

36. 何自然，冉永平. 语用学与英语学习[M]. 上海，上海外语教育出版社，1999.

37. 何自然，冉永平. 语用学概论(修订本)[M]. 长沙：湖南教育出版社，2002.

38. 贺川生. 商标英语[M]. 长沙：湖南大学出版社，1997.

39. 黄德先. 民航陆空通话英语的特点与翻译[J]. 中国科技翻译，2004(4).

40. 黄龙. 翻译学[M]. 南京：江苏教育出版社，1988.

41. 黄振定. 翻译学——艺术论与科学论的统一[M]. 长沙：湖南教育出版社，1998.

42. 黄忠廉. 翻译变体研究[M]. 中国对外翻译出版公司，2000.

43. 黄忠廉. 变译理论 [M]. 中国对外翻译出版公司，2002.

44. 黄忠廉. 变译观的演进[J]. 外语与外语教学，2002(8).

45. 黄忠廉. 变译全译：一对新的翻译范畴[J]. 上海科技翻译，2002(3).

46. 黄霑. 广告翻译，蓄意叛逆[A]. 刘靖之. 翻译论丛[C]. 香港：商务印书馆，1986.

47. 侯维瑞. 英语语体[M]. 上海：上海外语教育出版社，1988.

48. 胡清平. 技术写作、综合科学与科技翻译[J]. 中国科技翻译，2004(2)

49. 胡晓云. 世界广告经典案例[M]. 北京：高等教育出版社，2004.

50. 华先发. 新实用英译汉教程[M]. 武汉：湖北教育出版社，2000.

51. 贾文波. 应用翻译功能论[M]. 北京：中国对外翻译出版公司，2004.

52. 姜望琪. 当代语用学[M]. 北京：北京大学出版社，2003.

53. 金惠康. 跨文化旅游翻译[M]. 北京，中国对外翻译出版公司，2006.

54. 况新华，谢华. 国内语用学研究概述[J]. 外语与外语教学，2002(6).

55. 蓝红军. 关于英汉经贸翻译的"信"[J]. 中国科技翻译，2004(1).

56. 李成滋，刘敏. 苏联翻译理论及其发展.[J]. 中国翻译，1990(1).

57. 李俊. 英汉经贸合同精选[M]. 北京：对外经济贸易大学出版社，2002

58. 李淑琴，马会娟. 从符号学看商标词的翻译[J]. 上海科技翻译，

2000(4): 43—46.

59. 李亚舒，黄忠廉. 科学翻译学[M]. 北京：中国对外翻译出版公司，2004.

60. 黎难秋. 论我国科技翻译理论之发轫[J]. 上海科技翻译，1994(2).

61. 连淑能. 英汉对比研究[M]. 北京：高等教育出版社，2002.

62. 廖七一等. 当代英国翻译理论[M]. 武汉：湖北教育出版社，2001.

63. 廖开洪，李锦. 文化语境顺应对翻译中词义选择的制约——兼谈语用翻译对翻译教学的启示[J]. 山东外语教学，2005(5).

64. 廖晟，瞿贞. 从目的论视角解析吉祥物"福娃"的英译[J]. 上海翻译，2006(2).

65. 林克难，籍明文. 应用英语翻译呼吁理论指导[J]. 上海翻译，2003(3).

66. 林巍. 试论英汉法律术语的不完全对等现象与翻译[J]. 中国翻译，2006.

67. 刘宝杰. 文化差异与语用翻译[J]. 天津大学学报(社会科学版)，2002(4).

68. 刘法公. 商贸汉英翻译专论[M]. 重庆：重庆出版社，1999.

69. 刘洪潮. 怎样做新闻翻译[C]. 北京：中国传媒大学出版社，2005.

70. 刘宓庆. 文体与翻译[M] 北京：中国对外翻译出版公司，1998.

71. 刘其中. 新闻翻译教程[M]. 北京：中国人民大学出版社，2004.

72. 刘润青. 西方语言学流派[M]. 北京：外语教学与研究出版社，1995.

73. 刘绍铭. 情到浓时[M]. 上海：上海三联书店，2000.

74. 刘肖岩. 略论语用翻译观[J]. 北京第二外国语学院学报，2002(2).

75. 陆国强. 英汉和汉英语义结构对比[M]. 上海：复旦大学出版社，1999.

76. 陆乃圣. 最新英语应用文大全[M]. 上海：上海世界图书出版公司，2002.

77. 吕和发，单丽平. 汉英公示语词典[Z]. 北京：商务印书馆，2004.

78. 马斯风. 简谈世界新闻的编译[J]. 新闻纵横，2005(4).

79. 马骁骁，庞亚飞. 从语用学理论探讨翻译的本质[J]. 山西大学学报(哲学社会科学版)，2006(5).

80. 马祖毅. 中国翻译简史[M]. 北京：中国对外翻译出版公司，1998.

81. 孟庆元. 力学专业英语[M]. 哈尔滨：哈尔滨工业大学出版社，2002.

82. 莫爱屏. 语用翻译中语境的三维[J]. 西安外国语学院学报，2004(4).

83. 穆雷. 翻译学专著述评[J]. 外语与外语教学，2001(8).

84. 潘红. 跨文化语境下商务语篇的译文连贯构建[J]. 福州大学学报(哲学社会科学版)，2005(3).

85. 潘平亮. 翻译目的论及其文本意识的弱化倾向[J]. 上海翻译，2006(1).

86. 潘文国. 当代的西方翻译学研究[J]. 中国翻译，2002(1).

87. 庞广康，袁宪军. 汉英涉外经济合同大全[M]. 北京：北京大学出版社，1996.

88. 裴文. 现代英语语体学[M]. 合肥：安徽大学出版社，2000.

89. 彭坚，卢立程. 商贸口译中的语用失误例析[J]. 徐特立研究——长沙师范专科学院学报，2005(4).

90. 彭卓吾. 翻译学——一门新兴科学的创立[M]. 北京：北京图书馆出版社，2000.

91. 平洪. 文本功能与翻译策略[J]. 中国翻译，2002(5).

92. 戚云方. 广告与广告英语[M]. 杭州：浙江大学出版社，2003.

93. 秦秀白. 英语语体和文体要略[M]. 上海：上海外语教育出版社，2002.

94. 冉永平. 语用学：现象与分析[M]. 北京：北京大学出版社，2006.

95. 邵志洪. 汉英对比翻译导论[M]. 上海：华东理工大学出版社，2005.

96. 谭卫国. 英汉广告修辞的翻译[J]. 中国翻译，2003(3).

97. 谭载喜. 翻译学[M]. 武汉：湖北教育出版社，2000.

98. 谭载喜. 西方翻译简史[M]. 北京：商务印书馆，2004.

99. 唐见端. 英语新闻标题翻译技巧简析[J]. 新闻记者，2005(9).

100. 田九胜. 英汉委婉语的语用翻译[J]. 天津外国语学院学报，2003(5).

101. 田淑芳. 旅游英语[M]. 北京：中国商业出版社，2003.

102. 仝一旻，王慧莉. 译入语中信息量的调控和源语会话含义的再现[J]. 中国翻译，2004(3).

103. 王可羽. 英语报刊阅读技巧[M]. 北京：石油工业出版社，2001.

104. 王蕾. 新闻英语[M]. 杭州：浙江大学出版社，2003.

105. 王小凤. 文化语镜顺应与文学翻译批评[J]. 外语与外语教学，2004(8).

106. 王燕希. 广告英语一本通[M]. 北京：对外经贸大学出版社，2004.

107. 王颖，吕和发(主编). 公示语汉英翻译[M]. 北京：中国对外翻译出版社公司，2007.

108. 王佐良，丁往道. 英语文体学引论[M]. 北京：外语教学与研究出版社，1987/2000.

109. 魏巍，李伟. 材料科学与化工工程[M]. 北京：国防工业出版社，2004.

110. 文进. 科技英语翻译理论与技巧[M]. 上海：上海外语教育出版社，2003.

111. 文军，高晓鹰. 归化异化，各具一格——从功能翻译理论角度评价《飘》的两种译本[J]. 中国翻译，2003(5).

112. 文军，高晓鹰. 功能翻译理论在文学翻译批评中的应用[J]. 外语与外语教学，2003(11).

113. 吴南松. 功能翻译理论及其在文学翻译批评中的适用性[J]. 解放军外国语学院学报，2003(3).

114. 吴伟雄. 跳出标语译标语，现场见效最相宜——中文标语英译的语句特点与现场效果[J]. 上海翻译，2006(2).

115. 吴自选. 德国功能派翻译理论与 CNN 新闻短片英译[J]. 中国科技翻译，2005(1).

116. 吴渝，何逸等. 品味杭州[M]. 杭州：浙江人民出版社，2005.

117. 孙茂荪. 专业化、信息化、网络化与翻译理论[J]. 上海科技翻译，2003(3).

118. 许钧. 文学翻译的理论与实践[M]. 南京：译林出版社，2001.

119. 徐泉，王婷. 试论软新闻的翻译方法及其理论依据[J]. 语言与翻译，2001(3).

120. 许嘉璐. 翻译是社会进步的加油器——在中国译协第五全国理事会会议开幕式上的书面讲话[J]. 中国翻译，2005(1).

121. 许建忠. 工商企业翻译实务[M]. 北京：中国对外翻译出版公司，2002.

122. 徐敏慧. 模糊语言的构成特点及其语用翻译[J]. 西安外国语学院学报，2003(2).

123. 许明武. 新闻英语与翻译[M]. 北京：中国对外贸易出版社，2003.

124. 杨全红. 也谈公示语的汉英翻译[J]. 中国翻译，2005(6).

125. 杨全红. 译者，绎也[J]. 中国科技翻译，2002(2).

126. 杨全红. 汉英广告翻译的一个误区[J]. 中国科技翻译，2002(10).

127. 杨文慧. 现代商务英语写作集粹[M]. 广州：中山大学出版社，2005.

128. 杨信彰. 语用学概论[M]. 北京：高等教育出版社，2005.

129. 维索尔伦，耶夫. 语用学诠释[M]. 钱冠连，霍永寿译. 北京：清华大学出版社，2003.

130. 曾立. 广告翻译与认知语境[J]. 外语教学，2003(7): 43—46.

131. 曾立. 试析谐音双关法在商标词汉译中的运用[J]. 中国科技翻译，2003(8).

132. 曾文雄. 中国语用翻译研究[J]. 解放军外国语学院学报，2005(2).

133. 曾文雄. 语用学翻译研究[DB/OL].
(www.toopoo.com/book/tushu/307-05451-6.html).

134. 张长明，仲伟合. 论功能翻译理论在法律翻译中的适用性[J]. 语言与翻译，2005(3).

135. 张琛权. 翻译习语如何处理语用问题[J]. 广东教育学院学报，1999(5).

136. 张锦兰. 目的论与翻译方法[J]. 中国科技翻译，2004(2).

137. 张基佩. 外宣英译的原文要适当删减[J]. 上海科技翻译，2001(3).

138. 张克亮，崔钦华. 科技英语文体特点的实证法分析[J]. 外语研究，2001(1).

139. 张美芳. 功能加忠诚——介评克里丝汀·诺德的功能翻译理论[J]. 外国语，2005(1): 60—65.

140. 张南峰. 走出死胡同，建立翻译学[J]. 外国语，1995(3): 1—4.

141. 张南峰. 中西译学批评[M]. 北京：清华大学出版社，2004.

142. 张宁. 旅游资料翻译中的文化思考[J]. 中国翻译，2000(5): 54—56.

143. 张新红，何自然. 语用翻译：语用学理论在翻译中的应用[J]. 现代外语，2001(3).

144. 郑延国. 语用翻译探索[J]. 上海科技翻译，2002(1).

145. 中国翻译协会科技翻译委员会，中国科学院科技翻译工作者协会. 科技翻译信息化[C]. 北京：科学出版社，2005.

146. 仲伟合，钟钰. 德国的功能派翻译理论[J]. 中国翻译，1999(3).

147. 周红民. 实用文本翻译三论. 上海科技翻译，2002(4).

148. 周胜林. 高级新闻写作[M]. 上海：复旦大学出版社，1997.

149. 周晓. 周怡. 现代英语广告[M]. 上海：上海外语教育出版社，1998.

150. 周学艺. 美英报刊导读[M]. 北京：北京大学出版社，2003.

151. 周兆祥. 翻译与人生[M]. 北京：中国对外翻译出版公司，1998.

152. 朱葆琛. 二十一世纪实用旅游英语[M]. 北京：旅游教育出版社，2001.

153. 朱志瑜. 类型与策略：功能主义的翻译类型学[J]. 中国翻译，2004(3).

外文文献

1. Abrams, H. M. *A Glossary of Literary Terms* [Z]. Beijing: Foreign Teaching and Research Press, 2004.

2. Baker, Mona. *Routledge Encyclopedia of Translation Studies* [Z]. Shanghai: Shanghai Foreign Language Education Press, 2004.

3. Bassnett, Susan. *Translation Studies* (Third Edition) [M]. Shanghai:

Shanghai Foreign Language Education Press, 2004.

4.   Bell, T. Roger. *Translation and Translating: Theory and Practice* [M]. Beijing: Foreign Teaching and Research Press, 2001.

5.   Cook, Guy. *Discourse and Literature* [M]. Shanghai: Shanghai Foreign Language Education Press, 1999.

6.   Catford, J. C. *A Linguistic Theory of Translation* [M]. London: Oxford University Press, 1965.

7.   Fasold, R. *The Sociolinguistics of Language* [M]. Beijing: Foreign Teaching and Research Press, 2000.

8.   Gentzler, Edwin. *Contemporary Translation Theories* (Revised Second Edition) [M]. Shanghai: Shanghai Foreign Language Education Press, 2004.

9.   Gutt, Ernst-August. *Translation and Relevance—Cognition and Context* [M]. Shanghai: Shanghai Foreign Language Education Press, 2004.

10.   Hall, R. A., *Introductory Linguistics* [M]. Philadelphia: Chilton Company, 1964.

11.   Halton, E. Charles Morris—A Brief Outline of His Philosophy with Relations to Semiotics, Pragmatics, and Linguistics (c) [OB/OL]. (http://www.nd.edu/~ehalton/Morrisbio.htm), 1992.

12.   Hatim, Basil. *Teaching and Researching Translation* [M]. Beijing: Foreign Language Teaching and Research Press, 2005.

13.   Hatim, Basil. *Communication Across Cultures* [M]. Shanghai: Shanghai Foreign Language Education Press, 2001.

14.   Hatim, Basil. Text Politeness: A Semiotic Regime for a More Interactive Pragmatics [A]. Hickey, Leo. *The Pragmatics of Translation* [C]. Shanghai: Shanghai Foreign Language Education Press, 2001.

15.   Hatim, Basil & Ian Mason. *Discourse and The Translator* [M]. Shanghai: Shanghai Foreign Language Education Press, 2001.

16.   Hermans, Theo. *Translation in Systems* [M]. Shanghai: Shanghai Foreign

Language Education Press. 2004.

17. Hickey, Leo. *The Pragmatics of Trans'ation* [C]. Shanghai: Shanghai Foreign Language Education Press, 2001.

18. House, Juliane. Politeness and Translation [A]. Hickey, Leo. *The Pragmatics of Translation* [C]. Shanghai: Shanghai Foreign Language Education Press, 2001.

19. Jakobson, Roman. On Linguistic Aspects of Translation [A]. R. Brower. *On Translation* [C]. Cambridge U.P., 1959.

20. Jewler, A. Jerome & Bonnie L. Drewniany. *Creative Strategy in Advertising* [M]. Dalian: Dongbei University of Finance & Economics Press, 1998.

21. Mueller, Barbarn. *International Advertising, Communication Across Culture* [M]. Dalian: Dongbei University of Finance & Economics Press, 1998.

22. Newmark, Peter. *Approaches to Translation* [M]. Shanghai: Shanghai Foreign Language Education Press, 2001a.

23. Newmark, Peter. *A Textbook of Translation* [M]. Shanghai: Shanghai Foreign Language Education Press, 2001b.

24. Nida, Eugene A. *Toward a Science of Translating* [M]. Leiden, Netherlands: E. J. Brill, 1964.

25. Nida, Eugene A. & Taber, C. R. *The Theory and Practice of Translation* [M]. Leiden, Netherlands: E. J. Brill, 1969:25

26. Nida, Eugene A. *Language and Culture—Contexts in Translating* [M]. Shanghai: Shanghai Foreign Language Education Press, 2001.

27. Nord, Christine. *Translating as A Purposeful Activity—Functionalist Approaches Explained* [M]. Shanghai: Shanghai Foreign Language Education Press, 2001.

28. Reiss, Katharine. *Translation Criticism* [M]. Shanghai: Shanghai Foreign Language Education Press, 2004.

29. Shuttleworth, M and M. Cowie. *Dictionary of Translation Studies* [Z]. Shanghai: Shanghai Foreign Language Education Press, 2004.

30. Snell-Hornby, Mary. *Translation Studies—An Integrated Approach* [M]. Shanghai: Shanghai Foreign Language Education Press, 2001.

31. Sperber, Dan & Deirdre Wilson. *Relevance: Communication and Cognition* [M]. Beijing: Foreign Language Teaching and Research Press & Blackwell Publishers Ltd., 2001.

32. Toury, Gideon. *Descriptive Translation Studies and Beyond* [M]. Shanghai: Shanghai Foreign Language Education Press, 2001.

33. Verschueren, J. *Understanding Pragmatics* [M]. Beijing: Foreign Teaching and Research Press, 2001.

34. Williams, J. and Chesterman, A. *The Map—A Beginner's Guide to Doing Research in Translation Studies* [M]. Shanghai: Shanghai Foreign Language Education Press, 2004.

35. Wilss, Wolfram. *The Science of Translation—Problems and Methods* [M]. Shanghai: Shanghai Foreign Language Education Press, 2001.

新世纪翻译学 R&D 系列著作

图书在版编目(CIP)数据

应用文体翻译：理论与实践 / 伍锋，何庆机主编. 一杭州：浙江大学出版社，2008.1(2018.2 重印)
（新世纪翻译学 R&D 系列著作 / 陈刚主编）
书名原文：Pragmatic Translation: Theory & Practice
ISBN 978-7-308-05767-7

I. 应… II. ①伍… ②何… III. 英语－应用文－翻译
IV. H315.9

中国版本图书馆 CIP 数据核字(2008)第 009585 号

新世纪翻译学 R&D 系列著作(总主编、主审　陈　刚)
应用文体翻译：理论与实践 Pragmatic Translation: Theory & Practice
伍　锋　何庆机　主编

责任编辑	张颖琪
封面设计	刘依群
出版发行	浙江大学出版社
	（杭州天目山路 148 号　邮政编码 310007）
	（网址：http://zjupress.com）
排　　版	杭州中大图文设计有限公司
印　　刷	浙江良渚印刷厂
开　　本	880mm×1230mm　1/32
印　　张	17
字　　数	562 千
版印次	2008 年 1 月第 1 版　2018 年 2 月第 3 次印刷
书　　号	ISBN 978-7-308-05767-7
定　　价	30.00 元

版权所有　翻印必究　　印装差错　负责调换
浙江大学出版社发行中心联系方式：(0571)88925591，http://zjdxcbs.tmall.com